D1746821

Buch-Updates
Registrieren Sie dieses Buch auf unserer Verlagswebsite. Sie erhalten dann Buch-Updates und weitere, exklusive Informationen zum Thema.

Galileo
BUCH UPDATE

Und so geht's
> Einfach www.galileocomputing.de aufrufen
<<< Auf das Logo **Buch-Updates** klicken
> Unten genannten **Zugangscode** eingeben

Ihr persönlicher Zugang zu den Buch-Updates

103501002445

Johannes Gamperl

AJAX

Grundlagen, Frameworks, APIs

Liebe Leserin, lieber Leser,

wahrscheinlich kennen Sie bereits viele Beispiele für erfolgreiche AJAX-Anwendungen. Virtuelle Landkarten wie Google Maps, webbasierte Büroanwendungen wie AJAXWrite, IRows oder nexImage, Social-Web-Software wie Flickr oder del.icio.us oder andere innovative Websites haben die Welt der Internetprogrammierung deutlich verändert. Allen gemeinsam ist die Verwendung von **A**synchronous **J**avaScript **a**nd **X**ML als Basistechnologie. AJAX-Anwendungen finden sich heute aber nicht nur auf großen professionellen Seiten. Selbst kleine Projekte nutzen das Zusammenspiel von JavaScript und XML und stellen so Nutzern und Benutzern benutzerfreundliche Webseiten zur Verfügung.

Unser Autor Johannes Gamperl gehört zu den Pionieren der professionellen Webentwicklung in Deutschland. Seine Webseiten *Kakao & Kekse*, *Milch & Zucker* bzw. *Kaffee und Kuchen* waren für viele die erste Anlaufstelle im Netz, wenn es um JavaScript, DHTML oder Java ging. Auch die Möglichkeiten von AJAX hat Johannes Gamperl bereits früh für sich entdeckt.

Und schon die erfolgreiche erste Auflage dieses Buches hat gezeigt, dass er auch als Autor sein Handwerk versteht. Grundkenntnisse in JavaScript sollten Sie allerdings bereits mitbringen. Johannes Gamperl führt Sie souverän um alle Klippen der AJAX-Entwicklung, vermittelt Ihnen die Grundlagen des Document Object Model (DOM), der objektorientierten Programmierung sowie der Client-/Server-Entwicklung mit JavaScript. Einen besonderen Schwerpunkt legt er dabei auf die Arbeit mit gängigen Libraries (z. B. Google Maps) oder mit JavaScript-Frameworks wie Prototype und script.aculo.us, mit denen Sie schnell auf AJAX-Grundfunktionen zugreifen und visuelle Effekte nutzen können. Zahlreiche Praxisbeispiele hat Johannes Gamperl für dieses Buch entwickelt, die er Ihnen im letzten Teil ausführlich vorstellt.

Ihre Meinung ist uns wichtig. Kritik oder Zuspruch hilft uns bei der Arbeit an weiteren Auflagen. Ich freue mich deshalb, wenn Sie sich mit Ihren kritischen Anmerkungen an mich wenden oder den Kontakt zum Autor auf seiner Webseite oder in seinem Forum unter **www.ajax-scripting.de** suchen.

Ihr Stephan Mattescheck
Lektorat Galileo Computing

stephan.mattescheck@galileo-press.de
www.galileocomputing.de
Galileo Press · Rheinwerkallee 4 · 53227 Bonn

Auf einen Blick

1	Einleitung	11
2	JavaScript und DOM	21
3	JavaScript und CSS	69
4	JavaScript und OOP	99
5	JavaScript und XML	129
6	JavaScript und HTTP	165
7	JavaScript und Libraries	233
8	Praxisbeispiele	375
9	Google & Yahoo!	451
10	Inhalt der Buch-DVD-ROM	497

Der Name Galileo Press geht auf den italienischen Mathematiker und Philosophen Galileo Galilei (1564–1642) zurück. Er gilt als Gründungsfigur der neuzeitlichen Wissenschaft und wurde berühmt als Verfechter des modernen, heliozentrischen Weltbilds. Legendär ist sein Ausspruch *Eppur se muove* (Und sie bewegt sich doch). Das Emblem von Galileo Press ist der Jupiter, umkreist von den vier Galileischen Monden. Galilei entdeckte die nach ihm benannten Monde 1610.

Gerne stehen wir Ihnen mit Rat und Tat zur Seite:
stephan.mattescheck@galileo-press.de bei Fragen und Anmerkungen zum Inhalt des Buches
service@galileo-press.de für versandkostenfreie Bestellungen und Reklamationen
stefan.krumbiegel@galileo-press.de für Rezensions- und Schulungsexemplare

Lektorat Stephan Mattescheck
Fachgutachten Carsten Möhrke und Julian Dreißig
Korrektorat René Wiegand
Cover Barbara Thoben, Köln
Titelbild Corbis
Typografie und Layout Vera Brauner
Herstellung Vera Brauner
Satz Typographie & Computer, Krefeld
Druck und Bindung Koninklijke Wöhrmann, Zutphen, NL

Dieses Buch wurde gesetzt aus der Linotype Syntax Serif (9,25/13,25 pt) in FrameMaker. Gedruckt wurde es auf fein holzhaltigem Naturpapier.

Bibliografische Information der Deutschen Bibliothek
Die Deutsche Bibliothek verzeichnet diese Publikation in der Deutschen Nationalbibliografie; detaillierte bibliografische Daten sind im Internet über http://dnb.ddb.de abrufbar.

ISBN   978-3-89842-857-6

© Galileo Press, Bonn 2007
2., aktualisierte und erweiterte Auflage 2007

Das vorliegende Werk ist in all seinen Teilen urheberrechtlich geschützt. Alle Rechte vorbehalten, insbesondere das Recht der Übersetzung, des Vortrags, der Reproduktion, der Vervielfältigung auf fotomechanischem oder anderen Wegen und der Speicherung in elektronischen Medien. Ungeachtet der Sorgfalt, die auf die Erstellung von Text, Abbildungen und Programmen verwendet wurde, können weder Verlag noch Autor, Herausgeber oder Übersetzer für mögliche Fehler und deren Folgen eine juristische Verantwortung oder irgendeine Haftung übernehmen. Die in diesem Werk wiedergegebenen Gebrauchsnamen, Handelsnamen, Warenbezeichnungen usw. können auch ohne besondere Kennzeichnung Marken sein und als solche den gesetzlichen Bestimmungen unterliegen.

Inhalt

1 Einleitung ... 11
1.1	Eine kurze Reise durch die AJAX-Welt	12
1.2	Zielgruppe des Buches	17
1.3	Aufbau des Buches	18
1.4	Anmerkungen zur zweiten Auflage	19
1.5	Hinweise zu den Inhalten	19
1.6	Danksagung	20
1.7	Support zum Buch	20

2 JavaScript und DOM ... 21
2.1	Der Dokumentenbaum		22
	2.1.1	Knoten	23
	2.1.2	Konstanten	24
	2.1.3	Eigenschaften	25
	2.1.4	Attribute	30
	2.1.5	Methoden	33
	2.1.6	Einfaches Beispiel	39
2.2	Zugriff auf einzelne Elemente		44
	2.2.1	Eigenschaften	45
	2.2.2	Elemente selektieren	48
	2.2.3	Attribute bearbeiten	54
	2.2.4	Elemente erzeugen	58
	2.2.5	Einfaches Beispiel	60
2.3	Beispielprojekt »Planetensystem«		63

3 JavaScript und CSS ... 69
3.1	Grundlagen		70
3.2	Style-Eigenschaften		71
	3.2.1	getComputedStyle() und currentStyle	74
3.3	Stylesheet-Eigenschaften		76
	3.3.1	Praxisbeispiel StyleSwitcher	81
	3.3.2	setProperty(), getPropertyValue() und removeProperty()	85
	3.3.3	Eigenschaften des styleSheets[]-Arrays	87
3.4	Regeln für Stylesheets		95

4 JavaScript und OOP ... 99

- 4.1 Klassen ... 100
- 4.2 Eigenschaften ... 101
- 4.3 Abfragen ... 103
- 4.4 Methoden ... 104
- 4.5 Prototypen ... 107
- 4.6 Literale ... 109
- 4.7 JSON ... 116
- 4.8 Praxisbeispiel ... 120

5 JavaScript und XML ... 129

- 5.1 Grundlagen ... 130
- 5.2 XML laden ... 131
- 5.3 XML parsen ... 135
  - 5.3.1 XML mit dem DOM parsen ... 136
  - 5.3.2 Gecko-Browser und das DOM ... 138
  - 5.3.3 Geckos DOMParser ... 140
- 5.4 Beispielprojekt »Buchladen« ... 144
- 5.5 Vorschau auf E4X ... 150
  - 5.5.1 Elemente auslesen ... 153
  - 5.5.2 Attribute auslesen ... 155
  - 5.5.3 Filter verwenden ... 155
  - 5.5.4 Struktur verändern ... 159
  - 5.5.5 Platzhalter verwenden ... 161
  - 5.5.6 Elemente löschen ... 163
  - 5.5.7 Fazit ... 164

6 JavaScript und HTTP ... 165

- 6.1 Grundlagen ... 166
  - 6.1.1 Client-Request-Methoden ... 167
  - 6.1.2 Server-Antwortcodes ... 168
  - 6.1.3 HTTP-Header ... 173
- 6.2 XMLHttpRequest ... 178
  - 6.2.1 Das Objekt erzeugen ... 179
  - 6.2.2 Methoden ... 182
  - 6.2.3 Eigenschaften ... 185
  - 6.2.4 Hallo Ajax ... 188
  - 6.2.5 ajaxRequest-Klasse ... 189
  - 6.2.6 Den Ladezustand anzeigen ... 200
  - 6.2.7 Eine Verbindung unterbrechen ... 202

	6.2.8	Automatische Updates	204
	6.2.9	JavaScript ausführen	205
	6.2.10	Probleme mit dem Cache	208
	6.2.11	AJAX mit JSON	209
	6.2.12	Externe Quellen nutzen	210
	6.2.13	Das Historie-Problem	217
	6.2.14	Beispielprojekt Shoutbox	224

7 JavaScript und Libraries 233

7.1	Prototype		234
	7.1.1	ajax.js	235
	7.1.2	array.js	253
	7.1.3	base.js	259
	7.1.4	dom.js	272
	7.1.5	enumerable.js	286
	7.1.6	event.js	300
	7.1.7	form.js	308
	7.1.8	hash.js	320
	7.1.9	range.js	322
	7.1.10	string.js	323
7.2	script.aculo.us		328
	7.2.1	Ajax.InPlaceEditor	328
	7.2.2	Ajax.InPlaceCollectionEditor	332
	7.2.3	Builder-Klasse	333
	7.2.4	Drag&Drop	336
	7.2.5	Visuelle Effekte	354
	7.2.6	Kombinationen	361
7.3	Behaviour		366

8 Praxisbeispiele 375

8.1	ajaxBooks		376
	8.1.1	Die Daten abrufen	383
8.2	ajaxChat		384
	8.2.1	Das Anmelden	391
	8.2.2	Das Abmelden	393
	8.2.3	Beiträge speichern	394
	8.2.4	Die Userliste und Beiträge anzeigen	395
8.3	ajaxComplete		396
	8.3.1	Lokale Auswahl	398
	8.3.2	Formatierungen	400
	8.3.3	Auswahl per AJAX	401

8.4	ajaxDict		404
	8.4.1	Erklärung abrufen und eintragen	410
8.5	ajaxDir		413
	8.5.1	Auslesen der Verzeichnisstruktur	421
	8.5.2	Anzeige des Dateiinhalts	422
	8.5.3	Zippen der Packliste	423
8.6	Sichere Passwörter mit ajaxPass		424
	8.6.1	Die Passwortsicherheit überprüfen	428
	8.6.2	Zufällige Passwörter erzeugen	429
8.7	ajaxTic – ein Strategiespiel		430
	8.7.1	Die XML-Datei erzeugen	440
	8.7.2	Die XML-Datei aktualisieren	442
8.8	Ajax.FCKeditor		444
	8.8.1	Den FCKEditor installieren	445
	8.8.2	Editierbare Elemente erzeugen	445
	8.8.3	Die Werkzeugleiste des FCKEditor anpassen	448
	8.8.4	Sicherheitsüberlegungen	449

9 Google & Yahoo! 451

9.1	Google Maps		452
	9.1.1	Grundlagen	452
	9.1.2	Steuerelemente	457
	9.1.3	Markierungspunkte	458
	9.1.4	Detailinformationen	462
	9.1.5	Event-Modell	465
	9.1.6	Linien zeichnen	470
	9.1.7	AJAX	472
	9.1.8	Beispielanwendung	473
9.2	Yahoo! Maps		478
	9.2.1	Grundlagen	479
	9.2.2	Steuerelemente	482
	9.2.3	Markierungspunkte	484
	9.2.4	Detailinformationen	487
	9.2.5	Beispielanwendung	489

10 Inhalt der Buch-DVD-ROM 497

Index 499

Video-Lektionen auf der DVD

Sie finden die Video-Lektionen im Verzeichnis */videotraining* auf der Buch-DVD.

DOM – Document Object Model

1.1 Einleitung

1.2 Grundlagen von DOM

1.3 DOM-Zugriffsmöglichkeiten

1.4 Elemente in den DOM-Baum einfügen

Zusammenfassung

Wissenstest zu diesem Kapitel

AJAX & Co

2.1 Einleitung

2.2 Daten serialisieren mit JSON

2.3 Daten serialisieren mit XML

2.4 XSL und XSLT erstellen

2.5 Der XSLTProcessor

2.6 AJAX-Frameworks: Atlas

2.7 AJAX-Frameworks: Dojo

Zusammenfassung

Wissenstest zu diesem Kapitel

»After all, when was the last time you heard someone rave about the interaction design of a product that wasn't on the Web? All the cool, innovative new projects are online.«
Jesse James Garrett

1 Einleitung

Sie haben dieses Buch gekauft, um sich mit der Thematik AJAX[1] vertraut zu machen. Vorab: Was ist AJAX nicht? AJAX ist keine holländische Fußballmannschaft, kein Asteroid, kein Haushaltsreiniger und auch keiner der beiden griechischen Heeresführer im Trojanischen Krieg aus Homers Ilias, AJAX der Große oder AJAX der Kleine.

Aber was ist AJAX dann? Ausgeschrieben bedeutet es Asynchronous (**A**) JavaScript (**J**) and (**A**) XML (**X**). Das Geheimnis von AJAX liegt nicht in einer neuen Technik, sondern in einer sinnvollen und kreativen Anwendung bestehender Techniken. Die wesentlichen Grundlagen von AJAX sind nicht neu. Sie wurden bisher nur noch nicht in der Form und dem Ausmaß angewandt, wie es aktuell der Fall ist. Auf eine historische Betrachtung wird hier verzichtet. Im Internet finden sich zahlreiche Quellen mit entsprechenden Informationen.[2]

Das Apronym AJAX wurde erstmalig in einem kurzen Artikel von Jesse James Garrett mit dem Titel »A New Approach to Web Application«[3] erwähnt und hat von da an einen neuen, bis heute anhaltenden Boom ausgelöst. Der Begriff selbst ist unter dem Schlagwort »Web 2.0«[4] einzuordnen, das die unterschiedlichen Techniken und Dienste moderner Webanwendungen vereint. Damit wurde die nächste Generation der Webentwicklung eingeläutet.

Mithilfe von AJAX wurde es möglich, eine Datenübertragung zwischen Client/Server im Hintergrund durchzuführen, ohne dass der Anwender dies bemerkt. Die aktuelle Seite wird dabei nicht neu geladen, es werden lediglich die relevan-

---

1 http://de.wikipedia.org/wiki/ajax
2 Beispielsweise http://garrettsmith.net/blog/archives/2006/01/microsoft_inven_1.html
3 http://adaptivepath.com/publications/essays/archives/000385.php
4 http://de.wikipedia.org/wiki/Web_2.0

ten Inhalte mit den angeforderten Daten aktualisiert. Die wesentlichen Bausteine von AJAX beruhen auf den folgenden Techniken:

- **XHTML** und **CSS** für die Formatierung einer Webseite
- Das Document Object Model (**DOM**) für den dynamischen Zugriff auf den Dokumentenbaum
- **XML** oder **JSON** für den Datenaustausch und **XSLT** für die Transformation
- Das **XMLHttpRequest**-Objekt für eine Client/Server-Kommunikation auf asynchroner Basis
- **JavaScript** als Schnittstelle all dieser Komponenten

AJAX ist demnach eine Art »Schweizer Taschenmesser« moderner Webentwicklung und kann – kreativ angewendet – für mehr Komfort und Flexibilität in Ihren Anwendungen sorgen. Die Schwierigkeit bzw. Herausforderung in AJAX liegt weniger in den Technologien selbst begründet, als vielmehr im kreativen Umgang des Entwicklers mit den neuen Möglichkeiten.

In den folgenden Kapiteln erhalten Sie alle notwendigen Grundlagen, um die einzelnen Techniken in einer Kombination in Form von AJAX sinnvoll anzuwenden. Ziel dieses Buches ist, Ihnen die fortgeschrittenen Themen der JavaScript-Programmierung für die Anwendung mit AJAX zu vermitteln.

1.1 Eine kurze Reise durch die AJAX-Welt

Für erste Aha-Erlebnisse in Bezug auf AJAX sorgte Google mit seinen Anwendungen »Google Suggest« und »Google Maps«, worauf Yahoo! seine »Yahoo! Maps« einführte. Auf diese Anwendungen wird in den späteren Kapiteln näher eingegangen. Mittlerweile werden zahlreiche mit AJAX entwickelte Anwendungen angeboten. Eine kleine Reise durch die Welt von AJAX soll Ihnen einen ersten Eindruck von den vielfältigen Möglichkeiten dieser Technik vermitteln.

Die erste Station der Reise führt zu »Flickr«[5], einem Angebot von Yahoo!, mit dem Sie Ihre Fotos mit anderen Anwendern teilen können. Zahlreiche innovative Elemente sorgen dabei für ein angenehmes Navigieren innerhalb der angebotenen Fotoalben.

Mithilfe von »Netvibes«[6] können Sie eine personalisierte Homepage mit Elementen für die Anzeige von Börsenkursen, des Wetters, Newsfeeds und vieles mehr einrichten. Die einzelnen Inhalte können mit der Maus per Drag&Drop nach

---

5 http://www.flickr.com/
6 http://www.netvibes.com/

eigenen Wünschen arrangiert werden. In ähnlicher Weise bietet »Protopage«[7] seinen Service an.

Seit AJAX die Karten im Internet neu gemischt hat, erfreuen sich Anwendungen, die typische Office-Applikationen nachbilden, großer Beliebtheit. »Thumbstacks«[8] ist ein interessantes Tool, um Präsentationsfolien für das Web zu erstellen. Für das Gestalten Ihrer Folien stehen Ihnen zahlreiche Werkzeuge zur Verfügung. Texte und Elemente können per Drag&Drop arrangiert und in ihrer Optik angepasst werden. Ebenso ist es möglich, die einzelnen Seiten der Präsentation per Drag&Drop neu anzuordnen. Selbst die rechte Maustaste wird in der Anwendung unterstützt, um beispielsweise mehrere Objekte zu Gruppieren. Mithilfe von »TinyMCE«[9] erhalten Sie einen kostenlosen Online-Editor mit zahlreichen Funktionen, wie beispielsweise einen dynamischen Dateibrowser oder einer Rechtschreibprüfung. Dieser Editor eignet sich hervorragend für den Einsatz in Online-Tools – beispielsweise in einem CMS oder einem Weblog. Unter dem Label »ajax13«[10] werden Ihnen unterschiedliche Tools zur Arbeit im Office-Stil angeboten. Darunter finden sich Anwendungen zur Präsentation, Tabellenkalkulation, Textverarbeitung oder zur Darstellung von Ablaufdiagrammen.

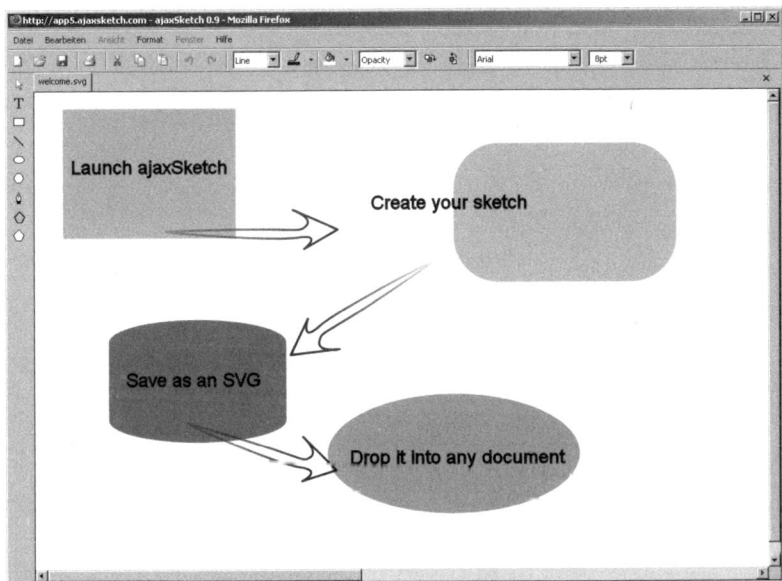

Abbildung 1.1 Unter dem Label ajax13 finden Sie zahlreiche Office-Anwendungen.

7   http://www.protopage.com/
8   http://www.thumbstacks.com/
9   http://tinymce.moxiecode.com/
10 http://eu.ajax13.com/

Bilder können Sie mit »Picresize«[11] per AJAX direkt online bearbeiten. Dazu laden Sie eine oder mehrere Grafiken auf den Server des Anbieters, der diese temporär zwischenspeichert. Anschließend können Sie die Grafiken nach Ihren Vorstellungen ausschneiden, verkleinern oder vergrößern. Für eine optische Veränderung der Bilder ist es möglich, zwischen unterschiedlichen Effekten, wie beispielsweise das Rotieren des Bildes, Farbumwandlungen, einfügen von Unschärfe oder das Einrahmen mit einer gewünschten Farbe zu wählen. Die bearbeiteten Bilder stehen abschließend in den Formaten GIF, JPEG oder PNG für die weitere Verwendung zum Download zur Verfügung.

Für dynamische Webanwendungen ist ein gut durchdachtes Datenbankdesign eine wichtige Voraussetzung für eine erfolgreiche Umsetzung. Mit Hilfe der AJAX-Anwendung »WWW SQL Designer«[12] können Sie die Struktur Ihrer Datenbank interaktiv über Ihren Webbrowser planen. Neben der optischen Darstellung der Tabellenstruktur ist es zudem möglich, Beziehungen einzelner Tabellen zueinander per Drag&Drop zu bestimmen und darzustellen. Die fertige Struktur kann in verschiedene Formate exportiert und anschließend in eine Datenbank importiert werden.

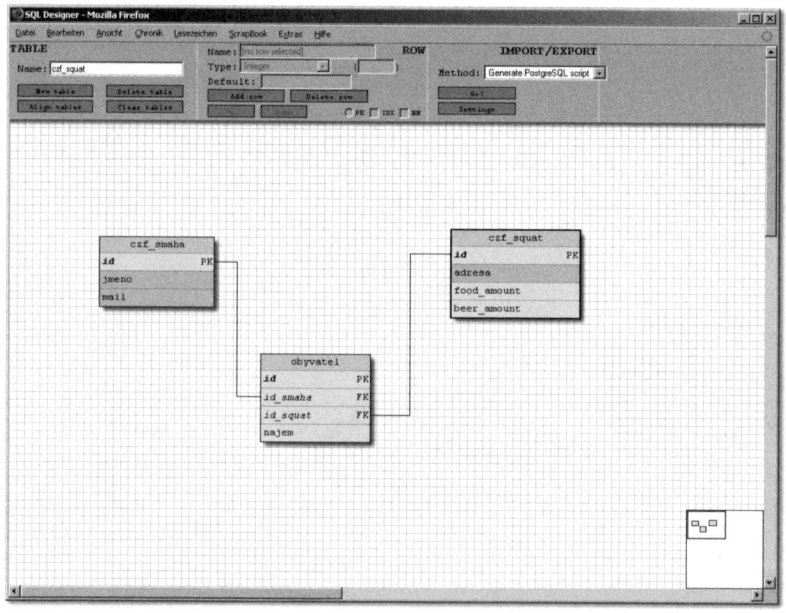

Abbildung 1.2 Der SQL Designer erlaubt es dem Anwender, über eine dynamische Weboberfläche ein Datenmodell zu planen und zu erzeugen.

11 http://www.picresize.com/
12 http://ondras.praha12.net/sql/

»Wufoo«[13] hilft Ihnen bei der Gestaltung von einfachen bis hin zu komplexen Formularanwendungen. Ansprechende Formulare, Umfragen, Mailinglisten, ein Warenkorbsystem und vieles mehr, sind somit im Handumdrehen erzeugt. Dazu werden Sie schrittweise an das Ergebnis herangeführt. »Wufoo« beschränkt sich dabei aber nicht nur auf die Gestaltung, sondern erzeugt auch zugleich dynamisch alle relevanten Skripte für die Datenverarbeitung und Fehlerbehandlung; falls nötig auch die Datenbankanbindung sowie ein Backend für die Administration der eingehenden Daten. Die Anwendung selbst wird auf dem Server von »Wufoo« gehostet. Sie können dabei aus verschiedenen Dienstleistungspaketen wählen. Zum Kennenlernen wird Ihnen ein kostenloser Account mit eingeschränkter Möglichkeit angeboten. In den kostenpflichtigen Varianten stehen Ihnen unter anderem ein großer Speicherplatz, unlimitierte Formularanwendungen sowie eine SSL-Verschlüsselung zur Verfügung. Die Anwendung selbst ist dank AJAX komfortabel und übersichtlich zu bedienen.

»Sidekiq«[14] ist ein Suchportal, welches auf der AJAX-Technologie basiert. Für die Suche erzeugt diese Anwendung dynamisch eine Sidebar, welche fortan auf allen Seiten, die im Folgenden angesteuert werden, verfügbar bleibt. Diese Sidebar kann per Mausklick minimiert und wieder vergrößert werden. Bei Ihrer Recherche ist es möglich aus über 20 Kategorien zu wählen, in denen Sie nach bestimmten Begriffen suchen können. »Sidekiq« steuert dazu aus unzähligen Suchmaschinen selbstständig eine für die aktuelle Anfrage am geeignetsten erscheinende an. Per Standard wird die Suche mit Google ausgeführt.

Sie wollten immer schon wissen, was die Stunde in Hong Kong oder in Sydney schlägt? Dann ist World »Clockr«[15] genau das Richtige für Sie. Mit dieser AJAX-Anwendung können Sie sich die aktuelle Uhrzeit für eine beliebige Zielstadt anzeigen lassen. Die Vorgehensweise dazu ist denkbar einfach. Zunächst tragen Sie in einem Suchfeld die gewünschte Stadt ein, zu der Sie die Uhrzeit wissen möchten. Nach dem Absenden der Anfrage wird die Zieladresse mit Hilfe von Google Maps angezeigt. Hier können Sie dann noch eine Feinjustierung des Ziels vornehmen. Anschließend wird eine Uhr als Widget in einem ansprechenden Design für Ihre Webseite erzeugt. Nach diesem Muster ist es möglich, sich beliebig viele Uhren – etwa für einen Vergleich – anzeigen zu lassen. Die jeweiligen Zeiten können Sie im amerikanischen oder europäischen Format darstellen und zwischen diesen Ansichten jederzeit wechseln.

---

13 http://www.wufoo.com/
14 http://www.sidekiq.com/
15 http://www.worldclockr.com/

Für mathematisch ambitionierte Anwender bietet »Fooplot«[16] ein interessantes Angebot. Mit diesem Service können bis zu vier Funktionen gleichzeitig als Plotgrafik angezeigt werden. Für die Darstellung der Funktionen ist es möglich, zwischen einer 2-D- und 3-D-Ansicht zu wählen. Über eine kleine Toolbox können Sie in der Darstellung zoomen und sich per Drag&Drop – ähnlich wie bei Google Maps – im Koordinatensystem bewegen. Die Optik der Darstellung kann nach eigenen Wünschen beeinflusst werden, um beispielsweise das Gitternetz oder das Zahlenraster auszublenden oder einen neuen Koordinatenbereich zu definieren. Neben der Möglichkeit, Funktionen über eine Formulareingabe einzubinden, ist es über eine entsprechend formatierte Query möglich, diese direkt per URL anzeigen. Technisch betrachtet werden die Plots mit Hilfe von SVG und VML erzeugt und per AJAX dynamisch manipuliert.

Ein Wörterbuch der besonderen Art wird von »ObjectGraph Dictionary«[17] angeboten. Hier können Sie dynamisch auf unterschiedliche Ergebnislisten einer Suche springen. Ein Artikel erklärt in einzelnen Schritten das technische Konzept. Einen vollwertigen Messenger für die Dienste von AIM, GTalk, ICQ, Jabber, MSN oder Yahoo! über eine webbasierte Oberfläche bietet eine Anwendung mit dem Namen »meebo«[18] .Für eine webbasierte E-Mail-Verwaltung erhalten Sie mit »Zimbra«[19] eine mächtige Anwendung mit zahlreichen Funktionen. Die Arbeit mit diesem Tool vermittelt dem Anwender fast das Gefühl einer echten Desktop-Anwendung.

Die Liste interessanter AJAX-Anwendungen ließe sich beliebig lang fortsetzen. Zahlreiche Webangebote, wie beispielsweise »Ajaxian«[20], »AJAX Matters«[21], »AJAX Info«[22] oder »AJAX blog«[23] informieren mittlerweile fast täglich über Neuigkeiten aus der AJAX-Szene.

---

16 http://www.fooplot.com/
17 http://www.objectgraph.com/dictionary/
18 http://www.meebo.com/
19 http://www.zimbra.com/
20 http://www.ajaxian.com/
21 http://www.ajaxmatters.com/
22 http://ajaxinfo.com/
23 http://ajaxblog.com/

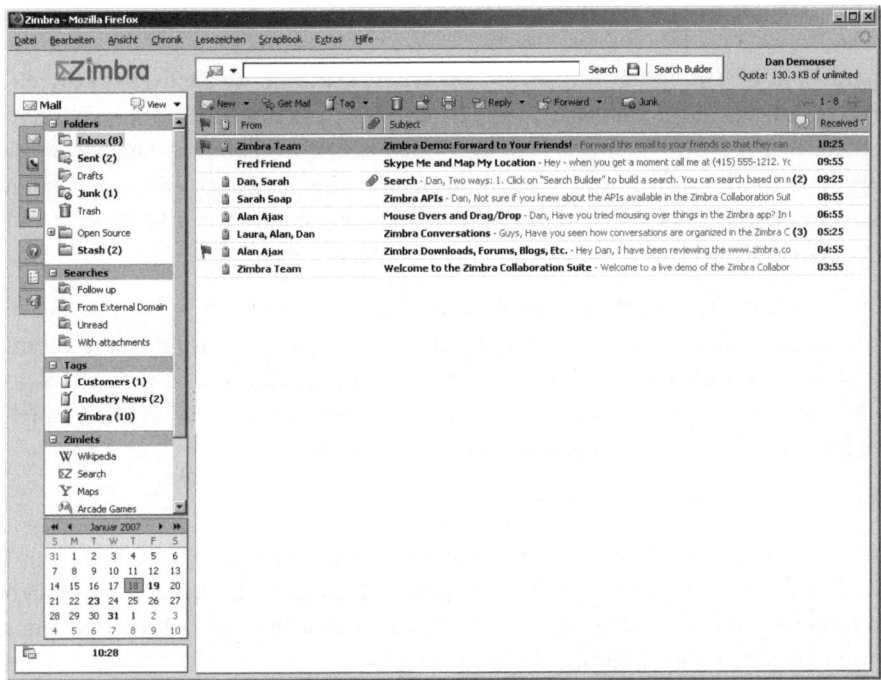

Abbildung 1.3   Zimbra ist ein mächtiger E-Mail-Client mit zahlreichen Funktionen.

1.2   Zielgruppe des Buches

Dieses Buch versteht sich nicht als Einführungslektüre. Es richtet sich in erster Linie an fortgeschrittene Webentwickler sowie an Profis, die sich mit AJAX aus beruflichen oder privaten Gründen beschäftigen. Aber auch der interessierte und ambitionierte fortgeschrittene Laie wird sich in diesem Buch zurechtfinden.

Für den sicheren Umgang mit AJAX werden in diesem Buch die wesentlichen Grundlagen von CSS, JavaScript, PHP sowie XHTML vorausgesetzt. Sie sollten daher bereits erste Erfahrungen in der clientseitigen Webentwicklung gesammelt haben und mit den Grundlagen der CGI-Programmierung anhand der Skriptsprache PHP vertraut sein. Begriffe wie Variablen, Arrays oder Schleifen sollten Ihnen bekannt sein. Für einen schnellen Zugang zu den Themen des Buches wurden die Inhalte und Beispiele möglichst einfach gestaltet.

1.3 Aufbau des Buches

Bei der Aufbereitung der Inhalte wurde darauf geachtet, möglichst praxisorientiert auf das jeweilige Thema einzugehen. Die Beispiele in den einzelnen Kapiteln helfen, den Lernerfolg zu beschleunigen, und geben Anregungen und Ideen für eigene Erweiterungen und Anwendungen. Für die Transformation der Daten wird in diesem Buch nicht auf XSLT eingegangen, sondern mit DOM und CSS gearbeitet, die in der Webentwicklung als Standards anzusehen sind.

Die einzelnen Kapitel können sowohl nacheinander gelesen als auch einzeln nach Ihren Interessen durchgearbeitet werden. Einige Kapitel erwarten dabei Kenntnisse aus vorangegangenen Kapiteln, sind aber in der Regel auch für sich allein gut zu verstehen. Jedes der acht Arbeitskapitel schließt mit einem Praxisbeispiel, in dem die vermittelten Inhalte angewendet werden.

Das Buch ist wie folgt aufgebaut:

In Kapitel 2, *JavaScript und DOM*, werden die Grundlagen des Document Object Models vorgestellt. Dabei wird auf die wichtigsten Eigenschaften und Methoden mit kurzen Beispielen eingegangen. Der sichere Umgang mit DOM ist eine der Grundvoraussetzungen für die Arbeit mit AJAX.

Das notwendige Wissen über die Möglichkeiten mit JavaScript dynamisch ein Stylesheet zu bearbeiten vermittelt Kapitel 3, *JavaScript und CSS*.

Für ein besseres Verständnis der OOP in Verbindung mit JavaScript werden in Kapitel 4, *JavaScript und OOP*, die Grundlagen und fortgeschrittene Aspekte vorgestellt.

Wie Sie mit JavaScript auf XML-Daten zugreifen und diese bearbeiten können, zeigt Kapitel 5, *JavaScript und XML*. Darüber hinaus erhalten Sie hier einen ersten Ausblick auf den zukünftigen Standard E4X.

Die relevanten Grundlagen zu AJAX und dem XMLHttpRequest-Objekt werden in Kapitel 6, *JavaScript und HTTP*, vorgestellt. Dabei wird auch auf die Grundlagen des HTTP-Protokolls eingegangen, was für das Verstehen von Client/Server-Anwendungen erforderlich ist.

Kapitel 7, *JavaScript und Libraries*, stellt einige der interessantesten JavaScript-Bibliotheken in Verbindung mit AJAX vor. Diese dienen zugleich als Grundlage für die Praxisbeispiele des nächsten Kapitels.

Damit Sie den praktischen Nutzen von AJAX besser nachvollziehen können, werden in Kapitel 8, *Praxisbeispiele*, sieben unterschiedliche Projekte in ihren einzelnen Schritten vorgestellt. Die jeweiligen Anwendungen sollen Ihnen Anregungen und Ideen für eigene Erweiterungen und Projekte geben.

Mit einem Einblick in die Arbeit zu Google und Yahoo! Maps in Kapitel 9, *Google & Yahoo!*, schließt dieses Buch. Hier erfahren Sie alles, was für den erfolgreichen Einsatz dieser Anwendungen erforderlich ist.

1.4 Anmerkungen zur zweiten Auflage

Zunächst möchte ich mich bei allen Lesern bedanken, die mich auf Fehler der ersten Auflage aufmerksam gemacht haben. Diese Hinweise haben mir sehr bei der Überarbeitung dieses Buches geholfen.

Generell wurden alle Kapitel einer textlichen und wo nötig, einer inhaltlichen Überarbeitung unterzogen.

Das Kapitel 7, *JavaScript und Libraries*, wurde komplett überarbeitet. Meine Absicht hierbei ist es, eine möglichst umfassende Dokumentation zur Prototype-Bibliothek anzubieten. Zahlreiche kleinere Beispiele werden Ihnen helfen, die umfangreichen Methoden und Möglichkeiten dieser Bibliothek besser verstehen und anwenden zu können. Dabei wurde die zum Zeitpunkt der Bearbeitung aktuelle Version 1.4.0 als Basis verwendet. Der Abschnitt über die script.aculo.us-Bibliothek ist gegenüber der ersten Auflage um bisher unberücksichtigt gebliebene Methoden und Tools ergänzt worden. Auch hier bringen Ihnen kurze Beispiele die praktische Anwendung der angebotenen Möglichkeiten näher.

Kapitel 8, *Praxisbeispiele*, erhielt ein neues Beispiel »Ajax.FCKeditor«. Dabei handelt es sich um eine Erweiterung für die Prototype-Bibliothek, mit der Sie beliebige Inhalte einer bestehenden Webseite mit einer WYSIWYG-Komponente ausstatten können.

Für das Kapitel 9, *Google & Yahoo!*, war die wichtigste Erkenntnis, dass nun endlich auch Deutschland weitgehend kartografiert wurde und somit viele Ideen für den lokalen Markt umgesetzt werden können.

1.5 Hinweise zu den Inhalten

In den einzelnen Kapiteln finden Sie an einigen Stellen Fußnoten mit Webadressen zu vertiefenden oder ergänzenden Themen.

Zahlreiche Beispiel wurden in den Kapiteln als kurze Codesnippets eingebunden, um den Inhalt nicht unnötig aufzublähen. Umfangreiche Beispiele zeigen zum

Teil das XHTML-Grundgerüst, bei dem jeweils die Doctype-Deklaration und weitere sinnvolle Auszeichnungen weggelassen wurden. In den Beispielen auf der DVD-ROM sind die vollständigen Auszeichnungen aber enthalten.

In manchen Fällen mussten die Listings der Beispiele aus Platzgründen umbrochen werden. Bitte beachten Sie dies bei Ihren eigenen Versuchen, den Quellcode abzutippen und vergleichen Sie Ihr Ergebnis gegebenenfalls mit dem Quellcode auf der DVD-ROM.

Sämtliche Beispiele dieses Buches wurden in einer möglichst einfachen Syntax formuliert. So wurde beispielsweise bei allen PHP-Skripten auf den Einsatz der OOP verzichtet.

1.6 Danksagung

Zunächst möchte ich dem Verlag Galileo Press für sein Interesse an diesem Thema und die unkomplizierte Zusammenarbeit danken. Insbesondere bedanke ich mich bei meinem Lektor Stephan Mattescheck für seine unermüdliche und freundliche Unterstützung. Darüber hinaus gilt mein Dank allen Freunden und Bekannten, die mich bei diesem Buchprojekt unterstützt haben. Besonders möchte ich meiner Freundin Alexandra danken, deren Name in einigen Beispielen herhalten musste, und die mich geduldig und verständnisvoll bei diesem Projekt begleitet hat.

1.7 Support zum Buch

Sämtliche Beispiele aus diesem Buch finden Sie auf der beiliegenden DVD-ROM und auf der Support-Seite des Buches unter **http://www.ajax-scripting.de**. Hier wird auch auf mögliche Errata hingewiesen und es werden gegebenenfalls sinnvolle Ergänzungen zu den Inhalten sowie Themen, die im Rahmen des Buches nicht berücksichtigt werden konnten, angeboten. Für den Erfahrungsaustausch über dieses Buch und das Thema AJAX überhaupt ist darüber hinaus die Community von Devshare unter **http://www.devshare.de** vorgesehen.

Viel Erfolg und Spaß beim Lesen dieses Buches wünscht

Johannes Gamperl
Forstinning

Die Zeit ist reif für ein neues Verständnis der Webprogrammierung. Offizielle Standards haben sich entwickelt, die zum großen Teil von aktuellen Browsern gleichermaßen interpretiert werden. Das Document Object Model ist ein wesentlicher Baustein, wenn nicht sogar das Fundament moderner Webanwendungen. Das WWW bricht auf in die nächste Generation.

2 JavaScript und DOM

Das W3C Document Object Model (DOM)[1] ist eine plattform- und sprachunabhängige Schnittstelle für den Zugriff auf XML- und XHTML-Dokumente. Mittels DOM können Sie dynamisch auf einzelne Elemente eines Dokuments zugreifen, diese auswerten, bearbeiten und sogar löschen. Für diese Aufgaben wird das Dokument als hierarchisch geordnete Struktur erfasst, was wiederum eine korrekte Anwendung bestehender Formate erfordert. Eine Seite, die auf diese Weise bearbeitet wird, muss nicht einmal neu geladen werden, um vorgenommene Änderungen anzuzeigen, diese werden sofort dargestellt. Für die Arbeit mit dem DOM an einer Webseite dient als Schnittstelle die Skriptsprache JavaScript, die im ECMA-262 Standard[2] definiert ist.

Historisch betrachtet ist das DOM aus der Skriptsprache JavaScript[3] hervorgegangen, die seit ihrer Einführung zunehmend an Bedeutung gewonnen hat. Anfangs beschränkte sich JavaScript auf sinnvolle Erweiterungen für Formularelemente und ein paar kleine »Spielereien« wie beispielsweise das dynamische Austauschen von Grafiken beim Darüberstreifen mit der Maus, die sogenannten Rollover-Effekte. Später entstand durch neue Möglichkeiten seitens der großen Browserhersteller Netscape und Microsoft das Dynamic HTML. Hier wurde es erstmals möglich, interaktive Anwendungen zu erzeugen und die Elemente einer Seite über ein Objekt-Modell zu manipulieren und zu animieren. Dies war auch die Zeit der großen Browserkriege, die zu uneinheitlichen Implementierungen verschiedener Möglichkeiten von JavaScript führten. Für Entwickler war dies eine denkbar ungünstige Zeit, da man immer für mindestens zwei verschiedene

---

[1] http://www.w3.org/DOM/
[2] http://www.ecma-international.org/publications/standards/Ecma-262.htm
[3] http://developer.mozilla.org/en/docs/JavaScript

Browser programmieren musste.[4] Der erste DOM-Standard[5] des W3C war der Versuch, eine einheitliche Schnittstelle für dynamische Skriptanwendungen zu definieren. Daraus hervorgegangen ist das heutige DOM[6], das eine Schnittstelle für den Zugriff auf strukturierte Dokumente im XML-Format[7] bietet.

Die Möglichkeiten, den der aktuelle Stand des DOM bietet, sind vielfältig und garantieren bei kreativem Gebrauch das Erstaunen Ihrer Besucher. Anwendungen im Stil traditioneller Applikationen sind nun kein Wunschgedanke mehr.

In diesem Kapitel erhalten Sie die wesentlichen Grundlagen, um mithilfe von DOM[8] eigene Anwendungen mittels JavaScript zu programmieren.

2.1   Der Dokumentenbaum

Eine vollständig übertragene Webseite repräsentiert gemäß dem W3C-DOM-Standard[9] einen hierarchisch geordneten Dokumentenbaum. Die Hierarchie orientiert sich dabei am Aufbau der XHTML-Struktur der Seite. Man kann sich dies als eine Baumstruktur vorstellen, die wiederum in Knotenelemente aufgeteilt ist. Jeder dieser Knoten beinhaltet ein bestimmtes XHTML-Element (z. B. das img-Tag), die entsprechenden Attribute, den Inhalt und gegebenenfalls eigene zusätzliche Merkmale. Über die DOM-API können Sie die jeweiligen Merkmale dieser Objekte auslesen und dynamisch manipulieren. Dabei ist es nicht notwendig, die angezeigte Seite neu zu laden. Wird die Seite verlassen oder wieder neu geladen, sind die zuvor vorgenommenen Änderungen natürlich hinfällig. Genau hier greift AJAX ein, indem es zum Beispiel dynamische Änderungen serverseitig abspeichern kann, ohne die Seite neu laden zu müssen. Details dazu erfahren Sie in Kapitel 6, *JavaScript und HTTP*.

Technisch betrachtet werden diese Möglichkeiten über das node-Objekt realisiert, dessen Merkmale in diesem Abschnitt vorgestellt werden.

Das folgende Beispiel soll Ihnen bei den weiteren Ausführungen dieses Abschnitts helfen, sich eine bessere Vorstellung über die Struktur einer XHTML-

---

4   Bedauerlicherweise ist es heute auch nicht besser. Solange sich die Browserhersteller nicht umfassend an den Standards des W3C orientieren, gehört Mehrarbeit leider zum Tagesgeschäft.
5   http://developer.mozilla.org/en/docs/DOM
6   http://www.w3.org/DOM/
7   http://www.w3.org/XML/
8   Viele Fragen zum DOM werden unter http://www.w3.org/DOM/faq.html beantwortet.
9   http://www.w3.org/DOM/

Seite und ihrer Ausgabe in DOM zu machen. Das `script`-Element dient vorerst nur als Platzhalter und hat für dieses Beispiel keine weitere Bedeutung.

```
<html>
<head>
   <title>JavaScript und DOM</title>
</head>
<body>
<h1>Hallo DOM</h1>
<p>Ein <strong><em>kurzes</em></strong> Beispiel</p>
</body>
</html>
```

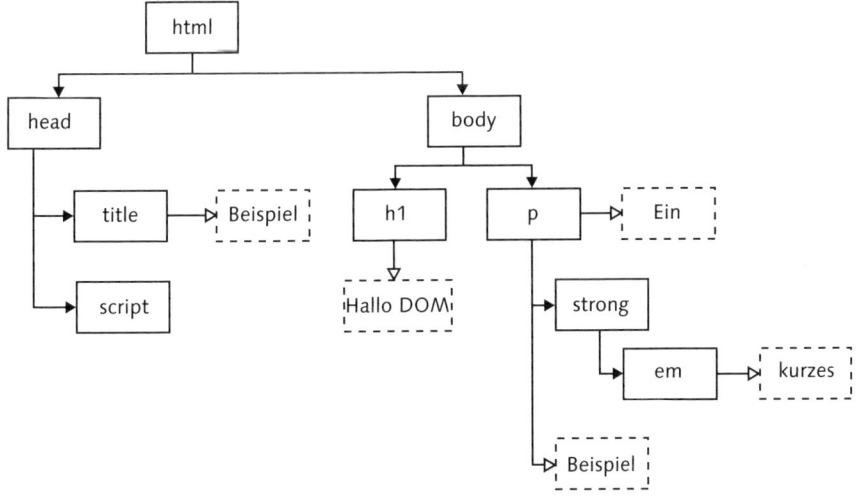

Abbildung 2.1   Darstellung der Beispielseite als Baumstruktur

2.1.1   Knoten

Wie Sie der Abbildung 2.1 entnehmen können, wird das Dokument aus obigem Beispiel in einer Baumstruktur gemäß der XHTML-Auszeichnung dargestellt. Daraus ergeben sich der Reihe nach geordnet acht Elementknoten:

- `html`
- `head`
- `title`
- `body`
- `h1`
- `p`

- strong
- em

Die Elementknoten stehen untereinander in sogenannten Eltern/Kind-Beziehungen. In unserem Beispiel ergeben sich folgende Abhängigkeiten, die als Pfeile zwischen den Elementen repräsentiert sind.

- html → head
- head → title
- html → body
- body → h1, p
- p → strong
- strong → em

Innerhalb der einzelnen Elemente können sich beliebig tief verschachtelte weitere Elementknoten befinden. Jeder Knoten besitzt Konstanten, Eigenschaften und Methoden, mit denen Sie den Dokumentenbaum auslesen und bearbeiten können.

2.1.2 Konstanten

Jeder Knoten besitzt zahlreiche Eigenschaften, auf die wir gleich noch zu sprechen kommen. Eine dieser Eigenschaften lautet nodeType, mit ihr können Sie die Art des entsprechenden Elements ermitteln. Darunter zählen in XHTML beispielsweise die Typen Text oder Attribut, die zum einen Text-Objekte – also einen Stringwert aus dem eigentlichen Inhalt – und zum anderen die vorhandenen Attribute eines Knotens auflisten. Eine Abfrage würde sich syntaktisch wie folgt darstellen.

```
if (Knoten.nodeType == 8) alert('Ich bin ein Kommentar.');
```

Über den Sinn und Zweck der Abfrage brauchen Sie sich hier noch keine Gedanken zu machen, dieser wird später deutlich werden.

Die Typ-Definitionen sind gemäß dem DOM als Konstanten mit festen Werten hinterlegt. Intern ist diese Definition über Eigenschaften in einem Node-Objekt hinterlegt. Dies können Sie nutzen, um eine Abfrage auch über Konstanten statt in numerischen Werten zu formulieren.

```
if (Knoten.nodeType == Node.COMMENT_NODE) ...
```

Ein Vorteil dabei ist, dass sich dadurch die Lesbarkeit des Quellcodes verbessert, da Sie nun sofort erkennen können, was in der Bedingung abgefragt wird. Leider wird dies nur von Gecko-Browsern und nicht vom Microsoft Internet Explorer unterstützt. Über eine Helferroutine können Sie aber die Kompatibilität dennoch herstellen. Hierbei wird über ein Literal-Objekt (siehe dazu Kapitel 4, *JavaScript und OOP*) ein eigenes `Node`-Objekt erzeugt, das nur dann zur Anwendung kommt, falls das eigentliche `Node`-Objekt im verwendeten Browser nicht implementiert ist.

```
if (!window.Node)
{
    var window.Node = {
        ELEMENT_NODE   : 1,
        ATTRIBUTE_NODE : 2,
        TEXT_NODE      : 3,
        COMMENT_NODE   : 8,
        DOCUMENT_NODE  : 9
    };
}
```

Die wichtigsten Konstanten und deren Bedeutung für die Arbeit mit JavaScript in Verbindung mit XHTML sind in der folgenden Tabelle dargestellt.

nodeType	Konstante	Beschreibung
1	ELEMENT_NODE	Element
2	ATTRIBUTE_NODE	Attribut
3	TEXT_NODE	Text
8	COMMENT_NODE	Kommentar
9	DOCUMENT_NODE	Dokument

Tabelle 2.1 Knotentypen, die in HTML häufig vorkommen

2.1.3 Eigenschaften

Wie bereits erwähnt, besitzt jeder Knoten des Dokumentbaumes bestimmte Eigenschaften, von denen Sie bereits im Abschnitt zuvor eine kennengelernt haben. Über die Eigenschaften erhalten Sie wichtige Informationen zu den Beziehungen der Knoten untereinander und natürlich zu einem Knoten selbst.

childNodes, firstChild, lastChild

Für die Arbeit mit dem Dokumentenbaum müssen Sie zunächst einen Wurzelknoten (den Einstiegsknoten) auswählen. Der oberste Knoten in einem XHTML-Dokument wird durch das `document`-Objekt repräsentiert, das als erstes Element auf das `HTML`-Tag zeigt.

```
alert(
    "Typ: "+document.firstChild.nodeType+"\n"+
    "Tag: "+document.firstChild.nodeName
);
```

Als Ergebnis dieser Abfrage erhalten Sie für die Eigenschaft `nodeType` den Wert 9, der in der Konstanten `DOCUMENT_NODE` (siehe obigen Abschnitt) hinterlegt ist. Als Name des Knotens wird der String `HTML` angezeigt. Zur Verdeutlichung der dahinter stehenden Logik für die folgenden Ausführungen dient ein Teilabschnitt der grafischen Übersicht des Dokumentenbaumes aus dem einführenden Beispiel.

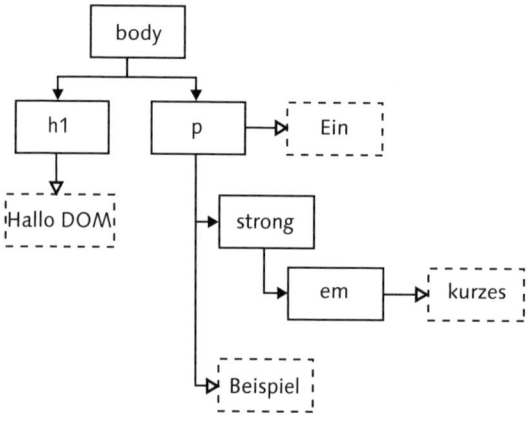

Abbildung 2.2 Teilabschnitt eines Dokumentenbaumes

Als Wurzelknoten beginnen Sie in diesem Beispiel mit dem `body`-Element des Dokuments. Die vorhandenen Kindknoten können Sie nun über die entsprechenden Eigenschaften für die Struktur aus Abbildung 2.2 bequem ermitteln.

```
document.body.childNodes[0]  → h1
document.body.childNodes[1]  → p
document.body.firstChild     → h1
document.body.lastChild      → p
```

Mit den Eigenschaften `firstChild` und `lastChild` erhalten Sie den jeweils ersten und letzten Knoten der Struktur. Das gleiche Ergebnis erreichen Sie auch über das `childNodes[]`-Array. Unverzichtbar wird dieses Array aber erst dann, wenn Sie einen Dokumentenbaum automatisch durchlaufen möchten, oder falls mehr als zwei Elemente pro Ebene existieren. Die jeweiligen Knoten werden hier über den Array-Index angesprochen, wobei die Zählung traditionell mit 0 beginnt. Beide Varianten können auch kombiniert werden. Den letzten Knoten des Beispiels könnten Sie auch wie folgt ermitteln.

```
body.childNodes[body.childNodes.length-1];
```

Sofern die gegebene Struktur nicht weiter verschachtelt ist, endet hier die Abfrage. Bei tiefer verschachtelten Knoten, wie es im Beispiel im p-Element der Fall ist, müssen Sie sich rekursiv durch alle Ebenen arbeiten.

```
document.body.childNodes[1].childNodes[0] → "Ein"
document.body.childNodes[1].childNodes[1] → strong
document.body.childNodes[1].childNodes[1].firstChild → em
document.body. childNodes[1].childNodes[1].firstChild.
firstChild → "kurzes"
document.body.childNodes[1].childNodes[1].childNodes[0].
childNodes[0]→ "kurzes"
document.body.lastChild.childNodes[2] → "Beispiel"
document.body.lastChild.firstChild → "Ein"
document.body.lastChild.lastChild → "Beispiel"
```

Bei den bisherigen Beispielen haben Sie gezielt einen bestimmten Knoten angesteuert, der als nodeType entweder vom Typ ELEMENT_NODE oder TEXT_NODE war. Den eigentlichen textuellen Inhalt des Knotens erhalten Sie auf diese Weise noch nicht. Dafür benötigen Sie weitere Eigenschaften.

nodeName, nodeValue, nodeType

Mit der Eigenschaft nodeValue erhalten Sie den Inhalt des Knotens, sofern dieser vom Typ TEXT_NODE ist. Andernfalls erhalten Sie als Ergebnis den Wert null zurück. Den Namen des XHTML-Elements, also des aktuellen Knotens, erhalten Sie über die Eigenschaft nodeName bzw. über tagName. Dabei wird als Information die Bezeichnung des XHTML-Tags in Großbuchstaben ohne die zugehörigen Klammern angezeigt, beispielsweise P. Falls es sich bei einem Knoten um einen Text handelt, wird der Wert #text zurückgegeben. Diese Eigenheiten lassen sich bei einem rekursiven Durchlaufen des Dokumentenbaumes gut für notwendige Abfragen verwenden, was Sie später an einem Beispiel noch sehen werden.

```
document.body.lastChild.firstChild.nodeValue → "Ein"
document.body.lastChild.firstChild.nodeName → #text
document.body.lastChild.childNodes[1].tagName → STRONG
```

Durch die Eigenschaften nodeType können Sie den Typ des entsprechenden Elements ermitteln. Als Information erhalten Sie dabei den Wert des Elements, der in den Konstanten hinterlegt ist.

```
document.body.lastChild.firstChild.nodeType → 3
document.body.lastChild.firstChild.nodeType → 3
document.body.lastChild.childNodes[1].nodeType → 1
```

> **Zeilenumbrüche & Co.**
>
> Der Zugriff auf den Dokumentenbaum – wie in den eben gezeigten Beispielen – ist gemäß dem W3C-DOM-Standard korrekt. Leider arbeiten die Abfragen aber nur im Microsoft Internet Explorer wie erwünscht. Gecko-Browser interpretieren Leerzeichen[10] und den Zeilenumbruch als eigene TEXT_NODE mit dem Wert #text, weshalb Sie ein verfälschtes Ergebnis erhalten. Mit einem kleinen Trick können Sie aber auch in Gecko-Browsern das gewünschte Ergebnis erzielen.
>
> ```
> document.body.innerHTML = document.body.innerHTML.replace(/\
> s{2,}/g,'').replace(/[\r\n]/g,'');
> ```
>
> Mit diesem Code-Schnipsel wird der komplette Inhalt im Body der Seite ausgelesen und mithilfe der Methode replace() werden zunächst alle Leerzeichen, die mindestens zweimal hintereinander vorkommen, und darüber hinaus alle Zeilenumbrüche und Leerzeichen entfernt. Anschließend wird der »überarbeitete« Inhalt dem Body wieder zugewiesen. Nun erhalten Sie auch in Gecko-Browsern das erwartete Ergebnis. Bei großen Dokumenten ist diese Technik allerdings nicht gerade Ressourcen schonend und sollte daher lieber nicht in umfangreichen Projekten zum Einsatz kommen. Eine bessere Möglichkeit beschreibt der Artikel »Whitespace in the DOM«[11] auf dem Mozilla Development Center.
>
> In diesem Zusammenhang ist es zudem interessant zu wissen, dass sich der Dokumentenbaum ebenfalls automatisch erweitert, sobald Sie mit document.write() neue Inhalte ausgeben. Die Verwendung von document.write() oder document.writeln() sollten Sie aber, falls möglich, in Ihren Anwendungen vermeiden.
>
> Es sei noch angemerkt, dass Gecko-Browser eigentlich ein Vorbild in Sachen W3C-Konformität sind und dieses Problem eher eine Ausnahme sein sollte. Aber wie dieses Beispiel zeigt, kann man sich nie ganz sicher sein.

previousSibling, nextSibling

Sie können auch auf der horizontalen Ebene Informationen zu den Nachbarknoten eines Knotens ermitteln. Mit den Eigenschaften nextSibling und previousSibling erhalten Sie jeweils den Knoten links oder rechts vom aufrufenden Element. Falls kein Nachbarknoten vorhanden ist, wird der Wert null zurückgegeben.

```
document.body.childNodes[0].nextSibling → p
document.body.firstChild.nextSibling → p
document.body.childNodes[0].previousSibling → null
document.body.firstChild.previousSibling → null
```

---

10 http://www.w3.org/TR/html401/struct/text.html#h-9.1
11 http://developer.mozilla.org/en/docs/whitespace_in_the_DOM

parentNode, ownerDocument

Nun bleiben noch drei weitere Eigenschaften mit den Namen `parentNode`, `ownerDocument` und `attributes` zu erklären. Auf die beiden letzten wird im nächsten Abschnitt genauer eingegangen.

Wie der Name bereits vermuten lässt, beinhaltet `parentNode` Informationen über den Elternknoten eines Knotens. Falls kein Elternknoten vorhanden ist, wird dabei der Wert `null` übergeben. Beachten Sie in diesem Zusammenhang auch, dass Knoten vom Typ `DOCUMENT_NODE` und `ATTRIBUTE_NODE` keinen Elternknoten besitzen.

```
document.body.firstChild.parentNode          → body
document.body.firstChild.parentNode.nodeName → "BODY"
```

Mithilfe der Eigenschaft `ownerDocument` erhalten Sie das `document`-Objekt, zu dem dieser Knoten gehört. Knoten vom Typ `DOCUMENT_NODE` erhalten dabei den Wert `null`.

```
document.body.firstChild.ownerDocument.nodeType → 9(DOCUMENT_NODE)
```

Zur Übersicht werden in der folgenden Tabelle alle für die Arbeit mit JavaScript und XHTML relevanten Eigenschaften aufgelistet.

Eigenschaft	Beschreibung
attributes	Array mit allen Attributen eines Knotens vom Typ ELEMENT_NODE
childNodes	Array mit allen Kindknoten eines Knotens, falls vorhanden, sonst wird als Wert `null` bzw. eine leere Liste zurückgeliefert.
firstChild	Erstes Kind eines Knotens, falls vorhanden, sonst wird der Wert `null` zurückgegeben.
lastChild	Letztes Kind eines Knotens, falls vorhanden, sonst wird `null` als Wert ausgegeben.
nextSibling	Rechter Nachbarknoten, falls vorhanden, sonst wird `null` als Wert ausgegeben.
nodeName	Name des Knotens, z. B. bei Elementknoten der Tag-Name in Großbuchstaben. ELEMENT_NODE → Tagname ATTRIBUTE_NODE → Attributname TEXT_NODE → #text COMMENT_NODE → #comment DOCUMENT_NODE → #document
nodeType	Typ des entsprechenden Knotens aus der Konstantenliste.

Tabelle 2.2 Wichtige Eigenschaften der Knoten des DOM

Eigenschaft	Beschreibung
nodeValue	Wert des Knotens, z. B. bei Textknoten der Inhalt. ELEMENT_NODE → null ATTRIBUTE_NODE → Attributname TEXT_NODE → Text des Knotens COMMENT_NODE → Text des Kommentars DOCUMENT_NODE → null
ownerDocument	document-Objekt, zu dem der Knoten gehört. Knoten vom Typ DOCUMENT_NODE erhalten den Wert null.
parentNode	Elternknoten, falls vorhanden, sonst wird der Wert null zurückgegeben.
previousSibling	Linker Nachbarknoten, falls vorhanden, sonst wird als Wert null zurückgegeben.
tagName	siehe nodeName

Tabelle 2.2 Wichtige Eigenschaften der Knoten des DOM (Forts.)

2.1.4 Attribute

In DOM können Sie zweierlei Arten von XHTML-Attributen verwenden. Zunächst die gemäß der XHTML-Spezifikation vorgesehenen Attribute wie beispielsweise das href- und das target-Attribut des Anker-Tags (a) für Verweise, welche durch den Browser gemäß Vorschrift interpretiert werden.

```
<a href="seite.html" target="_blank">Eine Seite</a>
```

In diesem Beispiel sind href und target Attributelemente des übergeordneten Elements a, also sozusagen Kindelemente. Dieses Beispiel besitzt demnach zwei Attributknoten.

```
a → href
a → target
```

Darüber hinaus können Sie in DOM auch eigene Attribute einfügen, auf die Sie später in Ihren Skripten zugreifen können. Erweitern Sie dazu zur Veranschaulichung das zuvor gezeigte Ankerelement wie folgt.

```
<a href="seite.html" ... info="Nichts besonderes.">Eine Seite</a>
```

Das zusätzliche Attribut info wird in der Darstellung der Webseite ignoriert und vom Webbrowser nicht weiter ausgewertet. Dies bedeutet, dass Sie weiterhin eine korrekte XHTML-Webseite erzeugt haben. Der zusätzliche Nutzen liegt nun in einer weiteren Informationsquelle, die Sie in Ihren Anwendungen verwenden und bearbeiten können. Der Knoten zu diesem erweiterten Beispiel besitzt die folgenden Beziehungen.

```
a → href
a → target
a → info
```

Sie können jedes Element mit einer beliebigen Anzahl von Attributen erweitern. Die grafische Darstellung der Attributelemente aus unserem Beispiel sieht nun folgendermaßen aus.

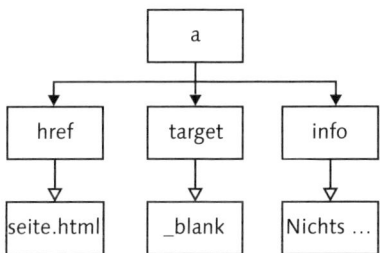

Abbildung 2.3   Struktur der Attribute eines Links

Über die Eigenschaft `attributes` ermitteln Sie den Inhalt der Attribute. Die Eigenschaft `attributes` erzeugt ein Array mit allen Attributen eines Knotens sowie den weiteren Merkmalen der Attributknoten. Das folgende Beispiel zeigt eine mögliche Anwendung hierzu.

```
<html>
<head>
   <title>JavaScript und DOM</title>
<script type="text/javascript">
//<![CDATA[
window.onload = function()
{
    alert(document.body.firstChild.attributes.notiz.nodeValue);
}
//]]>
</script>
</head>
<body>
<h1 notiz="Eine Überschrift">Hallo DOM</h1>
<p>Ein <strong><em>kurzes</em></strong> Beispiel</p>
</body>
</html>
```

Listing 2.1   Ausgabe des Inhalts eines Attributs in einer Dialogbox

Sie können auf den Inhalt des Attributs über die Punktnotation (.) – wie eben gezeigt – oder über den Namen als assoziatives Array zugreifen. Die folgenden Notationen erzeugen die gleichen Ausgaben.

```
alert(document.body.firstChild.attributes.notiz.nodeValue);
alert(document.body.firstChild.attributes["notiz"].nodeValue);
```

Einfacher und eleganter erhalten Sie über spezielle Methoden aus dem Element-Interface des DOM Zugriff auf die Attribute eines Knotens. Diese werden Sie in Abschnitt 2.2 kennenlernen.

XHTML und DTDs

Beachten Sie in diesem Zusammenhang, dass Sie im Beispiel zwar eine fehlerfrei arbeitende Webseite erzeugt haben, diese aber nicht als wohlgeformt im Sinne von XHTML gilt. Falls Sie Attribute in Elemente einfügen, die nicht zum Sprachstandard von XHTML zählen, ist es notwendig, die zugrundeliegende DTD[12] zu erweitern, um ein gültiges XHTML-Dokument zu erzeugen. Das W3C hält dazu eine gut verständliche Empfehlung (Recommendation[13]) bereit, die Sie genau studieren sollten.

Damit das Beispiel dieses Abschnitts zu einem gültigen XHTML-Dokument wird, müssen Sie das neue Attribut `notiz` der DTD hinzufügen, was nicht besonders kompliziert ist. Die Syntax für neue Attribute in einer DTD sieht wie folgt aus.

```
<!ATTLIST
   elementName attributeName type optionalStatus
>
```

Für das zuletzt gezeigte Beispiel bedeutet dies, dass Sie das Überschriftenelement `h1` um ein neues Attribut `notiz` erweitern müssen, was im folgenden Beispiel gezeigt wird.

```
<!ATTLIST h1 notiz CDATA #IMPLIED>
```

Mit dieser Anweisung erweitern Sie die DTD, wobei der Typ `CDATA` für das Attribut `notiz` alle Zeichen als Wert erlaubt. Mit der Angabe `#IMPLIED` bestimmen Sie, dass es sich bei dem Attribut um eine optionale Erweiterung handelt, die also nicht zwingend im Element enthalten sein muss. Nähere Einzelheiten dazu und zu den weiteren Möglichkeiten entnehmen Sie bitte der entsprechenden Spezifikation des W3C.

---

12 Die Dokumententypdefinition (Document Type Definition) ist eine Deklaration in SGML- und XML-Dokumenten, die die Struktur eines solchen Dokuments festlegt. (http://de.wikipedia.org/wiki/DTD)

13 http://www.w3.org/TR/xhtml-modularization/

Die Erweiterung der DTD müssen Sie nun für die Überprüfung in einem Validator[14] bereitstellen. Die einfachste Möglichkeit besteht darin, die Erweiterung im DOCTYPE des entsprechenden Dokuments einzufügen.

```
<!DOCTYPE html PUBLIC
"-//W3C//DTD XHTML 1.0 Transitional//EN"
"http://www.w3.org/TR/xhtml1/DTD/xhtml1-transitional.dtd"
[
  <!ATTLIST h1 notiz CDATA #IMPLIED>
]>
```

Wenn Sie das auf diese Weise erweiterte Dokument aufrufen, bemerken Sie, dass am Anfang der Seite die abschließenden Zeichen]> der DOCTYPE-Deklaration erscheinen. Leider tritt dieser Bug in Gecko-Browsern und im Microsoft Internet Explorer auf; Opera liefert dagegen eine korrekte Anzeige. Einen Workaround zu diesem Fehler gibt es nicht.

Etwas aufwändiger ist es, die DTD direkt anzupassen und manuell in die Seite einzubinden.[15] Der Vorteil dieser Variante liegt darin, dass hier der zuvor beschriebene Anzeige-Bug nicht auftritt. Interessante Artikel zu diesem Thema finden Sie auf der Webseite von »A List Apart«[16].

Abschließend bleibt noch anzumerken, dass Sie auf eigene Erweiterungen von XHTML verzichten und sich lieber auf die vorhandenen Möglichkeiten beschränken und diese kreativ anwenden sollten.

2.1.5 Methoden

Bisher wurden die Eigenschaften der Knoten vorgestellt und damit auch schon die ersten Beispiele umgesetzt. Mithilfe der Methoden des DOM erhalten Sie mächtige Werkzeuge, um eine Seite nach Ihren Vorstellungen zu bearbeiten. Dabei wird es möglich, dynamisch neue Inhalte in ein Dokument einzufügen oder gezielt einzelne Inhalte daraus zu entfernen. Darüber hinaus erhalten Sie Zugriff auf Methoden, um nützliche Informationen für die Routinen Ihrer Anwendung abzurufen.

Die wichtigsten Methoden werden in diesem Abschnitt vorgestellt.[17] Eine Übersicht liefert vorab die folgende Tabelle.

---

14 http://validator.w3.org
15 http://www.w3schools.com/dtd/default.asp
16 http://www.alistapart.com/articles/customdtd/ und
   http://www.alistapart.com/articles/customdtds2/
17 Auf http://www.zvon.org/xxl/DOM2reference/Output/index.html finden Sie eine umfangreiche Dokumentation zu den Methoden des DOM mit zahlreichen kurzen Beispielen.

Methode	Argument	Beschreibung
appendChild		Fügt einen Knoten unterhalb (d. h. als Kindelement) eines anderen Knotens ein.
	newNode	Knoten, der eingefügt werden soll.
cloneNode		Kopiert einen Knoten.
	deep	Boolescher Wert, der bei true alle Kindelemente des Knotens mitkopiert. Fehlt dieses Argument, wird nur der Knoten selbst kopiert.
hasAttributes		Prüft, ob ein Knoten Attribute besitzt.
hasChildNodes		Prüft, ob ein Knoten weitere Kindelemente enthält.
insertBefore		Fügt einen Knoten als Kindelement vor einem bereits vorhandenen Kindelement im Dokumentenbaum ein.
	newNode	Knoten, der eingefügt werden soll.
	target	Knoten, vor dem der neue Knoten eingefügt werden soll.
removeChild		Entfernt ein Kindelement aus dem Dokumentenbaum.
replaceChild		Ersetzt ein Kindelement des Dokumentenbaumes durch ein anderes Element.
	newNode	Neues Element
	oldNode	Altes Element

Tabelle 2.3 Die wichtigsten Methoden des node-Objekts in einer Kurzübersicht

hasChildNodes()

Mit `hasChildNodes()` ermitteln Sie, ob ein Knoten ein oder mehrere Kindelemente besitzt. Als Ergebnis dieser Prüfung erhalten Sie einen booleschen Wert. Sind Kindelemente vorhanden, nimmt dieser als Wert true, andernfalls false an.

```
alert(document.body.lastChild.hasChildNodes());
```

Dieses Beispiel orientiert sich an der Beispielstruktur aus der Einleitung. Dabei wird der Knoten für das p-Tag abgefragt. Als Ergebnis wird hier der Wert true zurückgeliefert, da weitere Kindelemente vorhanden sind.

hasAttributes()

Diese Methode prüft, ob ein ausgewählter Knoten ein oder mehrere Attribute beinhaltet. Auch hier erhalten Sie wieder einen booleschen Wert mit true oder false als Ergebnis.

```
alert(document.body.lastChild.hasAttributes());
```

Da im Beispiel keine Attribute eingebunden wurden, erhalten Sie hier als Ergebnis den Wert false. Beachten Sie bei der Anwendung von hasAttributes(), dass diese Methode nur auf Elementknoten angewandt sinnvoll ist, da nur diese Knotentypen Attribute besitzen können. Eine kurze Abfrage hilft, Ressourcen zu sparen und unnötige Abfragen zu vermeiden.

```
if (document.body.lastChild.nodeType == 1)
{
    alert(document.body.lastChild.hasAttributes());
}
```

In diesem Beispiel wird vor dem Aufrufen der Methode geprüft, ob der entsprechende Knoten ein Elementknoten ist (siehe Abschnitt 2.1.2).

Beachten Sie bei der Verwendung von `hasAttributes()`, dass diese Methode für den Microsoft Internet Explorer nicht zur Verfügung steht. Sie können aber eine eigene Funktion schreiben, die die gleiche Aufgabe übernimmt. Das folgende Listing zeigt eine mögliche Variante.

```
hasAttributesIE = function(node)
{
    var n = node.attributes;
    if (!n) return false;
    for (i = 0; i < n.length; i++)
    {
        if (n.item(i).specified)
        {
            return true;
            break;
        }
    }
    return false;
}
alert(
    hasAttributesIE(document.getElementsByTagName("h1")[0])
);
```

In diesem Beispiel übergeben Sie der Funktion `hasAttributesIE()` zunächst einen Elementknoten als Argument. Eine Schleife durchläuft nun alle Inhalte der `attributes`-Eigenschaft des Knotens. Mit dem Microsoft Internet Explorer erhalten Sie dabei alle möglichen Eigenschaften, die auf das entsprechende Element anwendbar sind. Aus diesem Grund müssen Sie jede dieser Eigenschaften über eine weitere Eigenschaft `specified` abfragen, mit der Sie testen, ob ein Attribut auch explizit gesetzt wurde. Damit erhalten Sie alle tatsächlich vorhandenen Attribute eines Elements.

cloneNode()

Mithilfe von `cloneNode()` ist es möglich, einen Knoten aus dem Dokumentenbaum zu kopieren. Als Argument ist ein boolescher Wert möglich, der bei `true` rekursiv alle Kindelemente mitkopiert. Wird diese Methode ohne Argument aufgerufen, so wird lediglich der Knoten selbst kopiert.

```
var p2 = document.body.lastChild.cloneNode(true);
```

In der Variablen `p2` befindet sich nun eine exakte Kopie samt der Kindelemente des aufgerufenen Knotens. Beachten Sie hierbei, dass durch das Kopieren zwar eine temporäre Kopie des aufgerufenen Knotens erzeugt wird, diese aber nicht zum Bestandteil des Dokumentenbaumes wird.

appendChild()

Die Methode `appendChild()` wird dazu verwendet, um in einen Knoten ein neues Kindelement einzufügen. Das neue Element wird dabei als letztes Kindelement am Ende der Hierarchie eingefügt. Um ein einzufügendes Element zu erzeugen, wird dieses als Argument der Methode übergeben. Die Methode selbst wird über das Zielelement aufgerufen. Betrachten Sie dazu das folgende Beispiel.

```html
<html>
<head>
    <title>JavaScript und DOM</title>
</head>
<body>

<p>Absatz 1</p>

<script type="text/javascript">
//<![CDATA[
var p = document.body.firstChild.cloneNode(true);
document.body.appendChild(p);
//]]>
</script>

</body>
</html>
```

Listing 2.2 Die Kopie eines Knotens wird im Dokument an das Ende angehängt.

Zunächst wird hierbei das erste Element mithilfe der Methode `cloneNode()` in die Variable `p` kopiert. Anschließend wird die so entstandene Kopie mithilfe von `appendChild()` an das Ende des Dokuments eingefügt. Als Rückgabewert erhalten Sie den hinzugefügten Knoten.

insertBefore()

Diese Methode arbeitet ähnlich wie `appendChild()`, mit dem Unterschied, dass ein neues Element am Anfang des entsprechenden Knotens eingefügt wird. Als Argumente werden dabei das neue Element und das gewünschte Zielelement erwartet. Das folgende Beispiel fügt eine Kopie des zweiten Absatzes vor den ersten Absatz ein.

```
<html>
<head>
    <title>JavaScript und DOM</title>
</head>
<body>

<p>Absatz 1</p>
<p>Absatz 2</p>

<script type="text/javascript">
//<![CDATA[
document.body.innerHTML =
document.body.innerHTML.replace(/\s{2,}/g,'').replace(/[\r\n]/g,'');
var node = document.body.firstChild;
var p2 = document.body.childNodes[1].cloneNode(true);
document.body.insertBefore(p2,node);
//]]>
</script>

</body>
</html>
```

Listing 2.3 Ein neues Element wird dynamisch in den Dokumentenbaum eingefügt.

Um Fehler in Gecko-Browsern zu vermeiden, wird das Dokument zunächst von überflüssigen Leerzeichen und Zeilenumbrüchen befreit (siehe dazu auch Abschnitt 2.1.3). Als Rückgabewert erhalten Sie den hinzugefügten Knoten.

removeChild()

Um ein Element aus dem Dokumentenbaum zu entfernen, können Sie die Methode `removeChild()` anwenden. Als Argument wird dabei eine Referenz auf das zu löschende Element übergeben. Als Rückgabewert erhalten Sie eine Kopie des gelöschten Elements bzw. das gelöschte Element selbst. Dieses können Sie später, etwa in einer Art Undo-Funktion, wieder in das Dokument einfügen. Sehen Sie sich dazu das folgende Beispiel an.

```
<html>
<head>
    <title>JavaScript und DOM</title>
</head>
<body>

<p>Absatz 1</p>
<p>Absatz 2</p>

<script type="text/javascript">
//<![CDATA[
document.body.innerHTML =
document.body.innerHTML.replace(/\s{2,}/g,'').replace(/[\r\n]/g,'');
var node = document.body.firstChild;
var temp = document.body.removeChild(node);
function undo()
{
    var node = document.body.firstChild;
    document.body.insertBefore(temp,node);
}
//]]>
</script>

<a href="#" onclick="undo();">Undo</a>

</body>
</html>
```

Listing 2.4 Das Löschen eines Elements kann auch wieder rückgängig gemacht werden.

Beachten Sie dabei, dass Sie innerhalb der Funktion `undo()` das Zielelement erneut auslesen müssen, da die ursprüngliche Referenz auf das erste Element nach dem Löschen nicht mehr korrekt ist.

replaceChild()

Durch die Methode `replaceChild()` können Sie ein Element des Dokumentenbaums durch ein anderes Element ersetzen. Das alte Dokument wird dabei gelöscht. Es bleibt aber als Rückgabewert der Methode temporär erhalten. Das folgende Beispiel tauscht die beiden Absätze untereinander aus.

```
<html>
<head>
<title>JavaScript und DOM</title>
</head>
```

```
<body>

<p>Absatz 1</p>
<p>Absatz 2</p>

<script type="text/javascript">
//<![CDATA[
document.body.innerHTML =
document.body.innerHTML.replace(/\s{2,}/g,'').replace(/[\r\n]/g,'');
var p1  = document.body.childNodes[0];
var p2  = document.body.childNodes[1];
var pc1 = p1.cloneNode(true);
var pc2 = p2.cloneNode(true);
document.body.replaceChild(pc2,p1);
document.body.replaceChild(pc1,p2);
//]]>
</script>

</body>
</html>
```

Listing 2.5 Die Position von zwei Absätzen wird im Dokumentenbaum getauscht.

Damit die beiden Inhalte ausgetauscht werden können, wird vor dem Ersetzen jeweils eine Kopie des alten Knotens angefertigt.

2.1.6 Einfaches Beispiel

Eine gute Möglichkeit, die Methoden und Eigenschaften des Dokumentenbaums besser zu verstehen, ist, eine Anwendung zu entwerfen, die rekursiv eine vorgegebene Struktur abarbeitet und diese visuell darstellt.[18] Diesem Zweck dient das folgende Beispiel.

```
<html>
<head>
<title>JavaScript und DOM</title>
<script type="text/javascript">
//<![CDATA[
var str="";
function domTree(tree) {
    if(tree.hasChildNodes())
    {
        str+="<ul><li>\n";
```

---

18 http://www.brainjar.com/dhtml/domviewer/

```
            str+="<strong>"+tree.nodeName+" : </strong>";
            for(var i=0; i<tree.childNodes.length; i++)
            {
                domTree(tree.childNodes[i]);
            }
            str+="</li></ul>\n";
        }
        else
        {
            str+="<ul><li>\n";
            str+=(tree.nodeValue)?tree.nodeValue:tree.nodeName;
            str+="</li></ul>\n";
        }
        return str;
    }
    window.onload=function()
    {
        document.body.innerHTML =
        document.body.innerHTML.replace(/\s{2,}/g,'').replace(/[\r\n]/g,'');
        var w=window.open();
        w.document.open();
        w.document.write(domTree(document.body));
        w.document.close();}
//]]>
</script>
</head>
<body>

<h1 notiz="Eine Überschrift">Hallo DOM</h1>
<p id="b">Ein
<strong><em>kurzes</em></strong> Beispiel</p>

</body>
</html>
```

Listing 2.6 Darstellung der Struktur eines Dokuments in einer Dialogbox

Dieses Programm durchläuft alle im Dokument enthaltenen Knoten solange rekursiv, bis kein Kindelement mehr gefunden wird. Die Prüfung erfolgt über die Methode `hasChildNodes()`. Als Ergebnis erhalten Sie eine baumartige Darstellung der XHTML-Struktur, die in einem dynamisch erzeugten Fenster angezeigt wird.

Dabei ist zu beachten, dass Sie für Gecko-Browser zuvor den Inhalt bearbeiten müssen, um vorhandene Leerzeichen und Zeilenumbrüche zu entfernen. In Abschnitt 2.1.3 wurde diese Eigenart des Gecko-Browsers bereits angesprochen. Eine interessante Anwendung in diesem Zusammenhang stellt der DOM Node Tree Viewer[19] dar, mit dem Sie die aktuelle Struktur einer Webseite in einem neuen Fenster analysieren können.

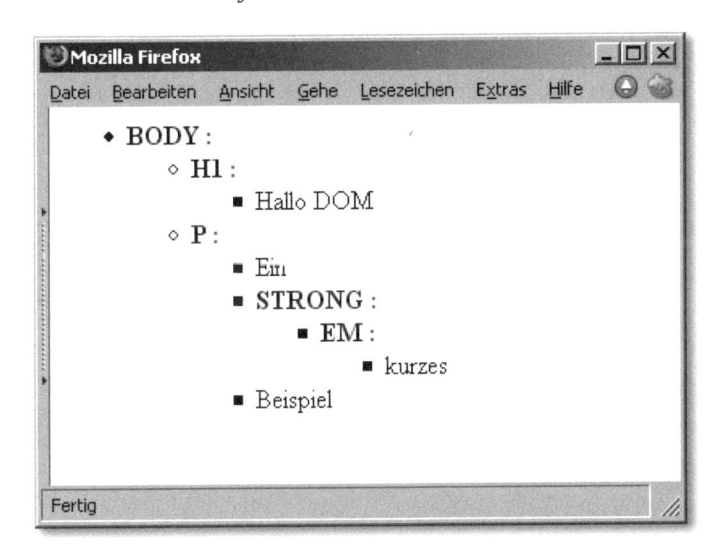

Abbildung 2.4 Einfache Darstellung der Dokumentstruktur

Eine alternative Variante des eben gezeigten Beispiels erzeugt einen sauber formatierten Dokumentenbaum als ASCII-Ausgabe in einer Dialogbox. Die Programmlogik für die Formatierung der Baumstruktur erfolgt wieder über eine Rekursion[20] und ein wenig Formatierungsarbeit. Für die Einrückung und die Ausgabe der zusätzlichen ASCII-Zeichen orientiert sich das Skript an der aktuellen Tiefe mittels der Variablen lvl, in der es sich beim Durchlaufen der Struktur gerade befindet.

```
<html>
<head>
<title>JavaScript und DOM</title>
<script type="text/javascript">
//<![CDATA[
var str = "";
function domTree(nodes, lvl)
```

19 http://www.vladdy.net/WebDesign/DOM_TreeViewer.html
20 http://de.wikipedia.org/wiki/Rekursion

```
{
    lvl = lvl || 1;
    if (nodes)
    {
        var j;
```

Bis hierhin sollte der Programmcode klar sein. Nun folgt eine Abfrage, ob es sich bei dem aktuellen Knoten um einen Elementknoten handelt. Ist dies der Fall, wird das entsprechende XHTML-Tag mittels der Eigenschaft `nodeName` dem Ausgabestring zugewiesen. Andernfalls handelt es sich in der Regel um ein Textelement, dessen Inhalt über die Eigenschaft `nodeValue` angezeigt wird.

```
        str += (nodes.nodeType==1)
                ?
                "<"+nodes.nodeName+">"
                :
                "#"+nodes.nodeValue+"#";
        var i=0;
```

In einer `while`-Schleife wird jetzt jedes Kindelement des aktuellen Knotens durchlaufen.

```
        while (nodes.childNodes[i])
        {
            var n = nodes.childNodes[i];
            str += "\n";
```

Über eine weitere `for`-Schleife, die die aktuelle Tiefe, in der wir uns befinden, darstellt, erfolgt die Einrückung der Linien für die Darstellung der Baumstruktur.

```
            for (j=0; j<lvl; j++)
            {
                str += "   |";
            }
            str += "--";
```

Nachdem die Formatierung für die neue Zeile abgeschlossen ist, springt das Programm über eine Rekursion wieder an den Anfang und durchläuft die weiter verschachtelten Knoten. Für diese Aufgabe werden der aktuell zu bearbeitende Knoten sowie die neue Tiefe übergeben.

```
            domTree(n,lvl+1);
            i++;
        }
```

Der restliche Programmcode dient dazu, die Baumstruktur wieder zu schließen, weshalb die Einrückung über eine Rückwärtszählung der Tiefe erfolgt. Dabei werden nur Knoten berücksichtigt, die als Elementknoten erkannt werden. Die Prüfung dazu erfolgt über die Eigenschaft `nodeType`.

```
            if (nodes.nodeType==1) str += "\n";
            for (j=0; j<lvl-2; j++)
            {
                if (nodes.nodeType==1) str += "   |";
            }
            if (nodes.nodeType==1) str += "   ";
            if (nodes.nodeType==1)
            {
```

An dieser Stelle wird geprüft, ob der Zeiger sich an der letzten Stelle des Programmablaufs befindet. Ist dies der Fall, wird der Wurzelknoten wieder geschlossen. Als Kriterium dient dazu erneut die Tiefe, die mit dem Wert 1 an der Wurzel angelangt ist.

```
                str += (lvl>1)
                ?
                "|--</"+nodes.nodeName+">"
                :
                "</"+nodes.nodeName+">";
            }
        }
    return str;
}

window.onload=function()
{
    document.body.innerHTML =
    document.body.innerHTML.replace(/\s{2,}/g,'').replace(/[\r\n]/g,'');
    alert(domTree(document.body));
}
//]]>
</script>
</head>
<body>

<h1>Hallo DOM</h1>
<p>Ein <strong><em>kurzes</em></strong> Beispiel</p>

</body>
</html>
```

Listing 2.7 Rekursives Auslesen der aktuellen Dokumentstruktur

Der Zugriff auf den Dokumentenbaum über seine Methoden und Eigenschaften ist zwar sehr mächtig, aber in vielen Fällen auch etwas umständlich. Dies gilt auch für die Identifizierung des Wurzelknotens. Wie diese Aufgabe wesentlich komfortabler zu erledigen ist, erfahren Sie im nächsten Abschnitt.

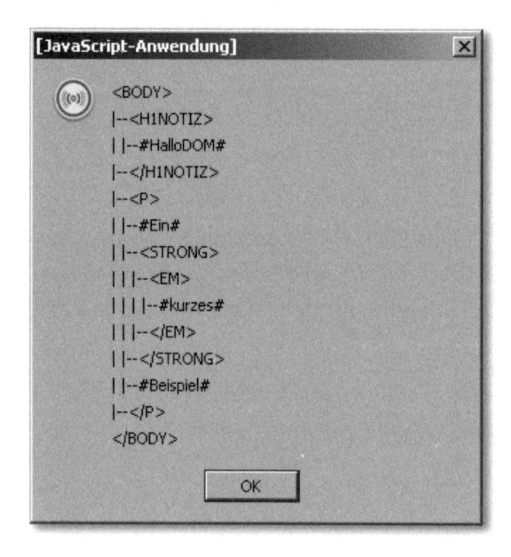

```
[JavaScript-Anwendung]                    [X]
   (o)   <BODY>
         |--<H1NOTIZ>
         | |--#HalloDOM#
         |--</H1NOTIZ>
         |--<P>
         | |--#Ein#
         | |--<STRONG>
         | | |--<EM>
         | | | |--#kurzes#
         | | |--</EM>
         | |--</STRONG>
         | |--#Beispiel#
         |--</P>
         </BODY>
                    [   OK   ]
```

Abbildung 2.5   Ausgabe der Dokumentstruktur über eine Dialogbox

2.2   Zugriff auf einzelne Elemente

Der Zugriff auf die einzelnen Knoten des DOM[21] kann sich mitunter etwas umständlich gestalten. Glücklicherweise gibt es aber eine Reihe von Eigenschaften und Methoden, die sich direkt auf ein ausgewähltes Element anwenden lassen. Die am häufigsten verwendete Methode dürfte dabei getElementById()sein, mit der Sie gezielt ein Element über seine CSS-ID selektieren können.

Zur Erinnerung: Für den Zugriff auf ein Element des Wurzelknotens dient als Ausgangsbasis das document-Objekt.

In den folgenden Abschnitten werden Sie sehen, wie einfach die Arbeit mit dem DOM über den direkten Zugriff auf ein Element sein kann. Welche Technik Sie für Ihre Anwendungen einsetzen, hängt letztlich von den Anforderungen und Ihrem Programmierstil ab.

---
21 Eine empfehlenswerte Einführung zum DOM finden Sie unter http://www.brainjar.com/dhtml/intro/. Darin werden unter anderem die Methoden für den Zugriff auf einzelne Elemente erklärt.

2.2.1 Eigenschaften

Im Gegensatz zu den Eigenschaften des `node`-Objekts liefern die Eigenschaften des `document`-Objekts Angaben zum aktuellen Dokument. Dies können beispielsweise Informationen über eingebundene Stylesheet-Dateien oder das Wurzelelement selbst sein. Die folgende Tabelle gibt einen kurzen Überblick zu den vorhandenen Eigenschaften des `document`-Objekts. Auf die beiden wichtigsten Eigenschaften wird in den folgenden Ausführungen kurz eingegangen.

Eigenschaft	Beschreibung
`defaultView`	Beschreibt die Standardansicht des aktuellen Dokuments, welche in Webbrowsern durch das `window`-Objekt repräsentiert wird.
`doctype`	Zeigt den Inhalt einer `<!DOCTYPE ...>`-Deklaration an, falls diese vorhanden ist. Wurde sie nicht gesetzt oder kann nicht ausgelesen werden, wird `null` als Wert zurückgegeben. Diese Information ist schreibgeschützt und kann daher nur lesend verwendet werden.
`documentElement`	Referenz auf den Wurzelknoten des Dokumentenbaums.
`implementation`	`DOMImplementation`-Objekt[22], mit dem das aktuelle Dokument dargestellt wird.
`styleSheets`	Liefert ein Array mit Referenzen auf Stylesheets, die mittels des `link`- oder `style`-Tags in ein Dokument eingebunden sind.

Tabelle 2.4 Eigenschaften des document-Objekts

documentElement

Diese Eigenschaft beinhaltet eine Referenz auf den Wurzelknoten des Dokumentenbaums. In XHTML-Dokumenten ist dies immer das `html`-Tag. Über diese Eigenschaft können Sie anschließend den kompletten Dokumentenbaum auswerten und weiterverarbeiten. Typischerweise gelangt diese Eigenschaft in Verbindung mit XML-Daten zum Einsatz, was Sie in Kapitel 5, *JavaScript und XML*, noch sehen werden.

```
<html>
<head>
    <title>JavaScript und DOM</title>
</head>
<body>

<script type="text/javascript">
//<![CDATA[
alert(document.documentElement.childNodes[0].nodeName);
//]]>
```

---

22 http://www.xulplanet.com/references/objref/DOMImplementation.html

```
</script>

</body>
</html>
```

Listing 2.8 Darstellung von Informationen über die Eigenschaft documentElement

Das Ergebnis dieser Abfrage liefert den Namen des ersten Elements, also HEAD, in Großbuchstaben zurück.

styleSheets

Mittels der Eigenschaft styleSheets erhalten Sie ein Array mit allen eingebundenen Cascading Style Sheets (CSS) des aktuellen Dokuments. Über den entsprechenden Index können Sie auf ein bestimmtes CSS zugreifen und die enthaltenen Regeln dynamisch auslesen und ändern. Auf diese Arbeitsweise wird in Kapitel 3, *JavaScript und CSS,* detailliert eingegangen. Ein einfaches Beispiel soll das Prinzip der Anwendung demonstrieren.

```
<html>
<head>
    <title>JavaScript und DOM</title>
<link href="css1.css" rel="stylesheet" type="text/css">
<script type="text/javascript">
//<![CDATA[
function swapCSS()
{
    document.styleSheets[0].href =
        (document.styleSheets[0].href == "css1.css")

        ? "css2.css" : "css1.css";
}
//]]>
</script>
</script>
</head>
<body>

<p onclick="swapCSS();">Ein Absatz ohne besonderem Inhalt.</p>

</body>
</html>
```

Listing 2.9 Dynamisches Ändern eines CSS per Mausklick

Jeder Mausklick auf den dargestellten Absatz führt dazu, dass das eingebundene CSS dynamisch ausgetauscht wird. Beachten Sie dabei, dass dieses Beispiel nur mit dem Microsoft Internet Explorer funktionsfähig ist. Für Gecko-Browser ist die href-Eigenschaft des styleSheet-Objekts nur lesend verfügbar. In Kapitel 3, *JavaScript und CSS,* wird Ihnen eine Alternative für Gecko-Browser vorgestellt.

innerHTML

Die Eigenschaft innerHTML[23] wurde von Microsoft mit dem Internet Explorer Version 5 eingeführt. Mit ihr kann der Inhalt eines Elementknotens ausgelesen und verändert werden. Dank der einfachen Möglichkeit, einzelne Inhalte dynamisch zu verändern, erfreut sich diese Eigenschaft größter Beliebtheit. Das hat damals auch Netscape erkannt und mit der Version 6 des Browsers diese Eigenschaft ebenfalls implementiert. Mittlerweile unterstützen alle gängigen Browser, wie Gecko-Browser[24] oder Opera ab Version 7[25], diese Eigenschaft. Beachten Sie bei der Verwendung, dass diese Methode kein offizieller Bestandteil des DOM ist. Durch die große Unterstützung in den gängigen Browsern stellt eine Verwendung in der Regel aber kein Problem dar; sie wird stillschweigend akzeptiert. Ob Sie innerHTML verwenden oder lieber doch konsequent auf die Methoden des DOM zurückgreifen, bleibt also Ihre persönliche Entscheidung.

Um den Inhalt eines Elements zu ändern, können Sie diesem über die Eigenschaft innerHTML einfachen Text oder mit XHTML formatierten Inhalt übergeben. Dabei ist sogar das Einfügen von komplexen Strukturen möglich. Die Ausgabe der geänderten Inhalte wird ohne große Verzögerung dargestellt und ist zum Teil wesentlich schneller als die relevanten Methoden des DOM.[26]

```
var e = document.body.childNodes[0];
e.innerHTML = "Neuer Inhalt mit <strong>XHTML</strong>!";
alert(e.innerHTML);
alert(e.firstChild.nodeValue);
```

In diesem Beispiel wurde dem Inhalt des ersten Elementknotens eines Dokuments ein neuer Inhalt zugewiesen und der neue Inhalt anschließend über diese Eigenschaft dargestellt. Ein ähnliches Ergebnis würden Sie mit der Eigenschaft nodeValue erreichen, allerdings mit dem Unterschied, dass Sie lediglich den reinen Text, nicht aber die XHTML-Struktur erhalten.

---

23 http://msdn.microsoft.com/workshop/author/dhtml/reference/properties/innerhtml.asp
24 http://www.mozilla.org/docs/dom/domref/dom_el_ref8.html
25 http://www.opera.com/docs/specs/opera7/
26 http://www.quirksmode.org/dom/innerhtml.html

Neben der Eigenschaft `innerHTML` bietet der Microsoft Internet Explorer noch weitere interessante Möglichkeiten, von denen aber keine zum offiziellen DOM-Standard zählt und auch von den anderen Browsern nicht unterstützt wird.[27] Auf den informativen Seiten von WebFX finden Sie eine nützliche API[28], um einige der zusätzlichen Eigenschaften des Microsoft Internet Explorers auch für andere Browser anwenden zu können.

2.2.2 Elemente selektieren

Über die Methoden des `document`-Objekts im DOM ist es möglich, einen Knoten gezielt zu selektieren. Ein Zugriff auf ein Element kann dabei entweder über die CSS-ID, den Namen des Elementtyps oder über das `name`-Attribut erfolgen. Das ausgewählte Element kann anschließend mit den Eigenschaften und Methoden des Dokumentenbaums weiterbearbeitet werden.

Diese Methoden dienen der Auswahl des Wurzelknotens. Die folgende Tabelle zeigt die vorhandenen Methoden in einer Übersicht.

Methode	Beschreibung
`getElementById`	Selektiert ein Element anhand seiner CSS-ID.
`getElementsByName`	Selektiert alle Elemente als Array, die als `name`-Attribute das Argument der Methode enthalten.
`getElementsByTagName`	Selektiert alle Elemente als Array, die als `Tag`-Name das Argument der Methode enthalten.

Tabelle 2.5 Methoden des DOM, um gezielt einzelne Elemente anzusprechen

getElementById()

Diese Methode stellt die am häufigsten verwendete Möglichkeit dar, ein Element auszuwählen. Als Argument wird dabei die CSS-ID des gewünschten Elements erwartet. Das folgende Beispiel zeigt den Textinhalt eines `<h1>`-Tags in einer Dialogbox.

```
<html>
<head>
    <title>JavaScript und DOM</title>
<script type="text/javascript">
//<![CDATA[
window.onload = function()
{
    alert(
```

[27] http://msdn.microsoft.com/workshop/author/dhtml/reference/dhtml_reference_entry.asp
[28] http://webfx.eae.net/dhtml/ieemu/js.html

```
        document.getElementById("e1").firstChild.nodeValue
    );
}
//]]>
</script>
</head>
<body>

<h1 id="e1">Hallo DOM</h1>

</body>
</html>
```

Über die Methode `getElementById()` wird dazu zunächst auf das gewünschte Element anhand der CSS-ID zugegriffen. Über die Eigenschaft `nodeValue` des ersten Kindelements (`firstChild`) wird dann der Inhalt ausgegeben.

Nach diesem Prinzip können Sie das gewünschte Element Ihren Anforderungen gemäß bearbeiten. Möchten Sie beispielsweise den Inhalt des Elements verändern, können Sie Folgendes notieren.

```
var e = document.getElementById("e1");
e.firstChild.nodeValue = "Neue Überschrift";
```

getElementsByName()

Die Methode `getElementsByName()` liefert ein Array mit allen Elementen, deren `name`-Attribut das gesuchte Merkmal beinhaltet. Als Argument wird dabei der Name des gesuchten `name`-Attributs erwartet. Typischerweise kommt diese Methode beim Zugriff auf Formularelemente zum Einsatz, was im folgenden Beispiel demonstriert wird.

```
<html>
<head>
<title>JavaScript und DOM</title>
<script type="text/javascript">
//<![CDATA[
window.onload = function()
{
    var str = "";
```

Nach dem Laden der Seite wird zunächst eine Referenz auf alle Elemente mit dem `name`-Attribut `r` erzeugt. Auf den Inhalt des Arrays der gefundenen Elemente wird anschließend über eine Schleife zugegriffen.

```
        var r = document.getElementsByName('r');
        for (var i=0, len = r.length; i < len; i++)
        {
            str += "Element: " +i+ " Value: " +r[i].value+ "\n";
        }
```

Das Ergebnis wird über eine Dialogbox am Bildschirm angezeigt. Am Ende wird das zweite Radio-Element nach drei Sekunden automatisch markiert.

```
        alert(str);
        setTimeout(function() { r[1].checked=true; }, 3000);
}
//]]>
</script>
</head>
<body>

<form>
    <input type="text" name="inhalt"
    onblur="alert(
        document.getElementsByName('inhalt')[0].value
    );"
    />
    <input type="radio" name="r" value="1"/>
    <input type="radio" name="r" value="2"/>
    <input type="radio" name="r" value="3"/>
</form>

</body>
</html>
```

Listing 2.10 Der Zugriff auf Elemente über das name-Attribut eines Elements

Nach jeder Texteingabe im Formularfeld wird der Inhalt ebenfalls über eine Dialogbox angezeigt. Beachten Sie bei der Verwendung dieser Methode, dass für den Zugriff auf die Feldinhalte die Eigenschaften der jeweiligen Formularelemente[29] verwendet werden müssen.

getElementsByTagName()

Mit der Methode getElementsByTagName() können Sie alle Elemente eines bestimmten XHTML-Tags ermitteln. Als Ergebnis erhalten Sie ein Array mit einer Referenz auf alle gefundenen Elemente. Als Argument erwartet diese Methode

---

29 http://de.selfhtml.org/html/formulare/index.htm

den Namen des gewünschten Tags. Das folgende Beispiel zeigt eine mögliche Anwendung.

```
<html>
<head>
   <title>JavaScript und DOM</title>
<script type="text/javascript">
//<![CDATA[
window.onload = function()
{
    var e = document.getElementsByTagName("p");
    alert(e[1].firstChild.nodeValue);
    e[0].firstChild.nodeValue = "1. Jetzt mit Sinn.";
    document.body.removeChild(e[2]);
}
//]]>
</script>
</head>
<body>

<p id="e2">1. Ein Absatz ohne Sinn.</p>
<p id="e3">2. Ein Absatz mit tiefem Sinn.</p>
<p id="e4">3. Ein Absatz ohne irgendwas.</p>

</body>
</html>
```

Listing 2.11 Der Zugriff auf Elemente über ein bestimmtes XHTML-Tag

In diesem Beispiel werden zunächst alle <p>-Elemente des Dokuments ermittelt. Über den jeweiligen Index werden diese dann gezielt angesprochen. Dabei wird der Textinhalt des ersten Elements abgeändert, der Inhalt des zweiten Elements über eine Dialogbox ausgegeben und das dritte Element aus dem Dokumentenbaum gelöscht.

getElementsByClassName()

Über das DOM können Sie auf einfache Weise anhand der bereits vorgestellten Methoden auf die gewünschten Elemente zugreifen. In manchen Fällen kann es praktisch sein, über einen Klassennamen auf ein oder mehrere Elemente Zugriff zu bekommen. Für diesen Zweck bietet sich eine eigene Funktion mit dem Namen getElementsByClassName() an. Auch hierbei gibt es wieder zahlreiche

Möglichkeiten, um zum Ziel zu gelangen.[30] Das folgende Beispiel wurde bewusst einfach gehalten.

```
function getElementsByClassName(c){
    var array = [];
    var tags = document.getElementsByTagName("*");
    for (var i=0, len = tags.length; i<len; i++)
    {
        if (tags[i].className == c)
        {
            array.push(tags[i]);
        }
    }
    return array;
}
```

In dieser Funktion werden zunächst über die Methode getElementsByTagName() alle Elemente des aktuellen Dokuments in der Variablen tags als Array gespeichert. Dabei hilft ein kleiner Trick: Indem Sie der Methode als Argument einen Asterisk * übergeben, werden alle Elemente eingelesen. Die gefundenen Elemente werden anschließend über eine Schleife durchlaufen. Dabei wird der jeweilige Klassenname mit dem Namen aus dem Argument der Funktion überprüft. Stimmen die Namen überein, wird das entsprechende Element als Objekt in das Array array eingefügt. Wird diese Funktion nun aufgerufen, erhalten Sie ein Array mit den gefundenen Elementen zurück.

Die Verwendung der Funktion stellt sich wie folgt dar. Im Beispiel wird nach allen Elementen gesucht, deren Klassenbezeichnung msg lautet.

```
var elemente = getElementsByClassName("msg");
for (var i in elemente)
{
        alert(elemente[i].firstChild.nodeName);
        ... weitere Bearbeitung ...
}
```

Eine kleine Erweiterung dieser Funktion sorgt dafür, dass Sie bei Ihrer Selektion zusätzlich zum Klassennamen auch noch nach einem bestimmten XHTML-Tag suchen können. Auf diese Weise ist es möglich, gezielt nach bestimmten Elementen eines Tags mit entsprechender CSS-Klasse zu suchen bzw. einzelne XHTML-Tags auszuschließen. Die überarbeitete Funktion sieht wie folgt aus.

---

30 Eine weitere Möglichkeit, um auf Elemente über deren Klassennamen zuzugreifen, finden Sie unter http://www.dustindiaz.com/getelementsbyclass/.

```
function getElementsByClassName(c,t){
    var array = [];
    var tags = document.getElementsByTagName("*")
    for (var i=0, len = tags.length; i<len; i++);
    {
        if (t)
        {
            if (tags[i].tagName != t) continue;
        }
        if (tags[i].className == c)
        {
            array[array.length] = tags[i];
        }
    }
    return array;
}
```

Falls das zweite Argument beim Funktionsaufruf übergeben wird und die Eigenschaft `tagName` des entsprechenden Elements mit dieser übereinstimmt, wird das aktuelle Element in das Array eingefügt. Andernfalls wird der Schleifendurchlauf unterbrochen und an den nächsten Index gesprungen. Sie können statt `tagName` auch die Eigenschaft `nodeName` verwenden. Ein einfaches Beispiel soll die Funktionsweise verdeutlichen.

```
<html>
<head>
    <title>JavaScript und DOM</title>
<script type="text/javascript">
//<![CDATA[
function getElementsByClassName(c,t){
    ...
}
window.onload = function()
{
```

In diesem Beispiel wird zunächst nach allen Elementen gesucht, die als Klassennamen den Wert a aufweisen. Eine Dialogbox gibt anschließend den Inhalt des ersten gefundenen Elements aus.

```
    alert(
        getElementsByClassName("a")[0].firstChild.nodeValue
    );
```

Als Nächstes werden alle Absätze mit einem Klassennamen a gesucht. Beachten Sie dabei, dass das gesuchte XHTML-Tag in Großbuchstaben notiert werden muss, da die Eigenschaft `tagName` oder `nodeName` des DOM als Ergebnis das aktuelle XHTML-Tag in Großbuchstaben liefert. Alternativ dazu können Sie die zu vergleichenden Zeichenketten mit der toLowerCase-Methode des String-Objekts in Kleinbuchstaben umwandeln, was Ihnen aber bei Gefallen als Aufgabe überlassen bleiben soll.

```
var elem = getElementsByClassName("a","P");
for (i in elem)
{
```

Schließlich wird allen gefundenen Absätzen eine neue Klasse zugewiesen, die die Textfarbe auf Rot abändert.

```
            elem[i].className = "rot";
        }
}
//]]>
</script>
<style type="text/css">
.rot
{
    color: #cc0000;
}
</style>
</head>
<body>

<p id="e2">1. Ein Absatz ohne Sinn.</p>
<p id="e3" class="a">2. Ein Absatz mit tiefem Sinn.</p>
<p id="e4" class="a">3. Ein Absatz ohne irgendwas.</p>
<a href="#" class="a">Ein Link.</a>

</body>
</html>
```

Listing 2.12 Zugriff auf Elemente über deren CSS-Klassennamen

2.2.3 Attribute bearbeiten

In XHTML besitzen viele Tags Attribute, die für eine Ausgabe im Browser bestimmte Eigenschaften beinhalten. Diese Attribute können über die Methoden des DOM ausgelesen, verändert und sogar gelöscht werden. Zudem ist es möglich, neue Attribute dynamisch in ein Element einzufügen. Auf diese Weise können Sie beispielsweise zu einer gewünschten Aktion einem Element eine neue Klasse zuweisen oder dessen CSS-ID verändern. Zur Erklärung der jeweiligen Methoden in diesem Abschnitt soll das folgende Beispiel als Grundlage dienen.

```
<div id="bsp" title="Was zum Testen." lang="de">
Ein Beispiel.
</div>
```

Die wichtigsten Methoden werden in diesem Abschnitt vorgestellt. Eine Übersicht vorab liefert die folgende Tabelle.

Methode	Argument	Beschreibung
getAttribute		Liefert den Wert bzw. Inhalt eines Attributs zurück. Falls das Attribut nicht existiert, wird der Wert null zurückgegeben.
	attribut	Attribut, nach dem gesucht werden soll.
getAttributeNode		Liefert für das gesuchte Attribut eine Objektreferenz auf den Attributknoten zurück. Der eigentliche Wert wird dabei nicht ausgelesen.
	attribut	Attribut, nach dem gesucht werden soll.
hasAttribute		Gibt den booleschen Wert true zurück, falls das gesuchte Attribut im Element vorhanden ist, andernfalls false.
	attribut	Attribut, nach dem gesucht werden soll.
removeAttribute		Löscht einen Attributknoten aus einem Element.
	attribut	Attribut, das gelöscht werden soll.
removeAttributeNode		Löscht einen Attributknoten aus einem Element. Dabei wird eine Referenz auf das zu löschende Element als Argument erwartet.
	Objektreferenz	Objektreferenz auf das zu löschende Attribut, die mittels der Methode getAttributeNode() angelegt werden kann.
setAttribute		Fügt ein neues Attribut mit dem gewünschten Wert in ein Element ein.
	attribut	Name des neuen Attributs
	wert	Wert des neuen Attributs
setAttributeNode		Fügt einen neuen Attributknoten in ein Element ein.
	attribut	Name des neuen Attributs

Tabelle 2.6 Methoden des DOM für den Zugriff auf Attributelemente

getAttribute(), getAttributeNode()

Die Werte einzelner Attribute eines Elements können, wie bereits in Abschnitt 2.1.4 gesehen, über die attributes-Eigenschaft ermittelt werden. Zusätzlich bietet das DOM eine spezielle Methode getAttribute(), um den Inhalt einzelner

Attribute auszulesen. Als Argument wird dabei der Name des gesuchten Attributs erwartet.

```
var e = document.getElementById("bsp");
alert(
    "lang: "+e.getAttribute("lang")+
    "\ntitle: "+e.getAttribute("lang")
);
```

In diesem Beispiel werden die Attribute title und lang des entsprechenden Elements ausgelesen und in einer Dialogbox angezeigt.

Im Gegensatz zu getAttribute() liefert die Methode getAttributeNode() für das gefundene Attribut den Attributknoten als Objektreferenz zurück. Auch hierbei wird als Argument das gesuchte Attribut erwartet.

```
var e = document.getElementById("bsp");
alert(e.getAttributeNode("lang").nodeValue);
```

hasAttribute()

Mithilfe der Methode hasAttribute() können Sie testen, ob ein Element ein Attribut mit dem gesuchten Namen enthält. Als Argument wird dabei der gesuchte Attributname erwartet. Beachten Sie dabei, dass diese Methode nur die Existenz eines Attributs testet, den Inhalt aber nicht zurückgibt.

```
var e = document.getElementById("bsp");
alert(e.hasAttribute("class"));
```

Als Rückgabewerte erhalten Sie die booleschen Werte true oder false, je nachdem, ob das gesuchte Attribut gefunden wurde. Im Beispiel wird der Wert false angezeigt.

Diese Methode existiert nur in Gecko-Browsern, nicht aber im Microsoft Internet Explorer. Für ihn können Sie den Rückgabewert der Methode getAttribute() zum Testen verwenden. Falls diese den Wert null zurückgibt, wurde das Attribut im entsprechenden Element nicht gefunden.

```
var e = document.getElementById("bsp");
var b = (e.getAttribute("class")!=null) ? true : false;
alert(b);
```

removeAttribute(), removeAttributeNode()

Einzelne Attribute können Sie über die Methode removeAttribute() aus einem Element entfernen. Als Argument wird dabei der Attributname, der gelöscht werden soll, erwartet.

```
var e = document.getElementById("bsp");
e.removeAttribute("lang");
```

Falls Sie mit dieser Methode versuchen, ein Attribut zu löschen, das nicht vorhanden ist, wird dieser Versuch ohne Fehlermeldung ignoriert.

Die gleiche Funktion erfüllt die Methode `removeAttributeNode()`, mit dem Unterschied, dass hierbei ein Objekt als Referenz für das Argument erwartet wird. Diese Referenz erhalten Sie über die Methode `getAttributeNode()`.

```
e.removeAttributeNode(
    e.getAttributeNode("lang")
);
```

In den meisten Fällen ist es einfacher, über die Methode `removeAttribute()` das gewünschte Attribut zu löschen.

setAttribute(), setAttributeNode()

Die Methode `setAttribut()` ermöglicht es, für ein Element dynamisch ein neues Attribut zu setzen. Als Argumente werden dabei der Name des Attributs sowie der entsprechende Wert erwartet. Falls Sie die Methode auf ein bereits bestehendes Attribut anwenden, wird der alte Inhalt überschrieben.

```
var e = document.getElementById("bsp");
e.setAttribute("lang","en");
alert(e.getAttribute("lang"));
```

Etwas umständlicher gestaltet es sich, ein neues Attribut mithilfe der Methode `setAttributeNode()` in ein Element einzufügen. Sehen Sie sich hierzu das folgende Beispiel an.

```
var e = document.getElementById("bsp");
var a = document.createAttribute("class");
a.nodeValue = "meineKlasse";
e.setAttributeNode(a);
alert(e.getAttribute("class"));
```

Für das erfolgreiche Einfügen eines Attributs müssen Sie zunächst ein neues Attribut mit der Methode `createAttribute()` (siehe Abschnitt 2.2.4) erzeugen und diesem einen Inhalt zuweisen. Auch hierbei werden die Inhalte bestehender Attribute überschrieben, falls das eingefügte Attribut bereits existiert.

Das folgende Beispiel erweitert alle Links in einem Dokument um ein `title`-Attribut, das die Beschreibung des jeweiligen Links zum Inhalt hat.

```
<html>
<head>
<title>JavaScript und DOM</title>
<script type="text/javascript">
//<![CDATA[
window.onload = function()
{
    var a = document.getElementsByTagName("a");
    for (var i=0, len = a.length; i<len; i++)
    {
        a[i].setAttribute("title", a[i].firstChild.nodeValue);
    }
}
//]]>
</script>
</head>
<body>

<a href="seite1.html">Link 1</a>
<a href="seite2.html">Link 2</a>
<a href="seite3.html">Link 3</a>

</body>
</html>
```

Listing 2.13 Das Einfügen eines title-Tags in allen Ankerelementen auf bequeme Art

2.2.4 Elemente erzeugen

Ein wesentliches Merkmal des DOM ist es, neue Elemente dynamisch erzeugen und diese an eine beliebige Position in der aktuellen Dokumentenstruktur einhängen zu können. Auf diese Weise erhalten Sie ein mächtiges Werkzeug für die Arbeit mit den Inhalten eines Dokuments. In Verbindung mit den weiteren Methoden des DOM haben Sie nun die volle Kontrolle über den Dokumentenbaum. Die folgende Tabelle zeigt die wichtigsten Methoden für die Arbeit mit XHTML in einer Übersicht.

Methode	Beschreibung
createAttribute	Erzeugt ein neues Attributelement.
createElement	Erzeugt einen neuen Elementknoten.
createTextNode	Erzeugt einen neuen Textknoten.

Tabelle 2.7 Methoden des DOM zum Erzeugen neuer Elemente

createAttribute()

Wie bereits in einem Beispiel zur Methode `setAttributeNode()` gesehen, erzeugt die Methode `createAttribute()` des `document`-Objekts einen neuen Attributknoten für ein Element. Als Argument wird dabei der Name des Attributs erwartet. Das entsprechende Beispiel noch einmal zur Erinnerung.

```
var e = document.getElementById("bsp");
var a = document.createAttribute("class");
a.nodeValue = "meineKlasse";
e.setAttributeNode(a);
alert(e.getAttribute("class"));
```

Sie sollten – wenn möglich – darauf verzichten, ein neues Attribut über diese Methode in ein Element einzufügen, da sich die Anwendung nicht gerade komfortabel gestaltet. Verwenden Sie für diesen Zweck stattdessen die Methode `setAttribute()`.

createElement()

Mithilfe der Methode `createElement()` des `document`-Objekts können Sie ein neues XHTML-Element erzeugen. Als Argument übergeben Sie der Methode den Namen des gewünschten Tags. Als Rückgabewert erhalten Sie einen neuen Elementknoten, der anschließend in den Dokumentenbaum eingefügt werden kann. Die Anwendung dazu ist denkbar einfach.

```
var e = document.getElementById("bsp")
var hr = document.createElement("hr");
e.appendChild(hr);
```

In diesem Beispiel wird dem Element mit der CSS-ID `bsp` ein `hr`-Tag angehängt, das zuvor durch die Methode `createElement()` erzeugt wurde. Das Einfügen des neuen Knotens erfolgt durch die Methode `appendChild()`.

createTextNode()

Die Methode `createTextNode()` erzeugt einen neuen Textknoten vom Typ TEXT_NODE. Mit ihr können Sie an einen neu erzeugten Knoten einen Textinhalt einfügen. Als Argument wird der gewünschte Text erwartet. Als Rückgabewert erhalten Sie den erzeugten Textknoten als Referenz zur weiteren Verwendung.

```
var txt = document.createTextNode("Hallo");
alert(
    "Typ:\t" +txt.nodeType+
    "\nName:\t" +txt.nodeName+
    "\nValue:\t" +txt.nodeValue
);
```

Wie zu erwarten war, erhalten Sie als Ergebnis dieser Ausgabe als Typ den Wert 3 (TEXT_NODE), als Name des Knotens den Wert #text und als Wert den String "Hallo".

Den auf diese Weise erzeugten Textknoten können Sie nun an die gewünschte Stelle im Dokumentenbaum einfügen. Das folgende Beispiel bedient sich dazu der Methode appendChild().

```
var txt = document.createTextNode("Hallo");
document.body.firstChild(txt);
```

Beachten Sie dabei, dass Sie mit dieser Anweisung den neuen Textknoten zwar am Ende der aktuellen Dokumentenstruktur eingefügt, aber kein gültiges XHTML erzeugt haben. Dazu fehlt noch ein umschließendes XHTML-Tag, das beispielsweise zuvor mit createElement() erzeugt wurde.

```
var t = document.createTextNode("Hallo");
var p = document.createElement("p");
document.body.appendChild(
    p.appendChild(t)
);
```

In diesem Beispiel wurden zunächst ein neuer Textknoten und ein neues Absatzelement angelegt. Der Textknoten wird anschließend in den Absatz eingefügt und dieser wiederum der Dokumentenstruktur zugewiesen.

2.2.5 Einfaches Beispiel

Das folgende Beispiel erzeugt über die Eigenschaften und Methoden des DOM ein einfaches Inhaltsverzeichnis einer Webseite. Zu diesem Zweck werden alle enthaltenen Überschriften ausgelesen und weiterverarbeitet. Im Web finden Sie für diese Aufgabe zahlreiche Anwendungen, die oft unter dem Begriff »Table of Contents (TOC)«[31] aufgeführt werden. Eine mögliche Variante dazu lernen Sie in diesem Abschnitt kennen. Dabei wurde darauf geachtet, dass es möglichst einfach gehalten ist, da es lediglich als Anregung für eigene Experimente dienen und die in diesem Abschnitt besprochenen Techniken noch einmal abschließend verdeutlichen soll.

Ziel der Anwendung ist es, alle XHTML-Überschriften zu einem Inhaltsverzeichnis zusammenzufassen, über das Sie gezielt auf die jeweiligen Inhalte springen können. Das Beispiel beinhaltet die folgenden Überschriften.

---

31 http://www.bazon.net/mishoo/toc.epl oder http://www.quirksmode.org/dom/toc.html

```
<h1>Überschrift 1</h1>
<h2>Überschrift 1.1</h2>
<h3>Überschrift 1.1.1</h3>
<h1>Überschrift 2</h1>
<h2>Überschrift 2.1</h2>
<h3>Überschrift 2.2</h3>
<h4>Überschrift 2.3</h4>
<h5>Überschrift 2.4</h5>
<h6>Überschrift 2.5</h6>
```

Diese Struktur wird nun nach dem vollständigen Laden der Seite ausgelesen. Das Inhaltsverzeichnis soll in einem dynamisch erzeugten `div`-Element mit der CSS-ID `toc` ausgegeben werden.

```
window.onload = function()
{
    var toc = document.createElement("div");
    toc.setAttribute("id","toc");
```

Um das Dokument nach allen Überschriften durchsuchen zu können, werden zunächst alle Elemente als Objekte in einem Array `nodes` abgespeichert, das anschließend der Reihe nach über eine Schleife durchlaufen wird.

```
    var nodes = document.body.childNodes;
    for (var i=0, len=nodes.length; i<len; i++)
    {
```

Ein regulärer Ausdruck prüft den Namen des jeweiligen Knotens, ob dieser mit einem `h` beginnt, was mit der Methode `match()` des `String`-Objekts und dem Ausdruck `/^[h|H]/` erreicht wird. Die Groß-/Kleinschreibung spielt dadurch keine Rolle.

```
        if ( nodes[i].nodeName.match(/^[h|H]/) )
        {
```

Damit die einzelnen Überschriften über das Inhaltsverzeichnis verknüpft werden können, werden diese mit einem Link erweitert, der als Attribut eine CSS-ID[32] mit dem aktuellen Schleifenzähler als Wert erhält.

---

[32] Üblicherweise würden Sie hier ein `name`-Attribut für Sprungmarken verwenden. Leider erlaubt der Microsoft Internet Explorer es nicht, ein entsprechend benanntes Attribut über die Methode `setAttribute()` in einem Anker-Tag zu notieren. Gecko-Browser haben damit keine Probleme. Das gleiche Ergebnis lässt sich aber auch mithilfe einer CSS-ID erreichen, die ebenfalls als Sprungmarke verwendet werden kann.

```
                var tar = document.createElement("a");
                tar.setAttribute("id","n"+i);
                nodes[i].appendChild(tar);
                var h = document.createElement(
                        nodes[i].nodeName
                    );
```

Im nächsten Schritt wird das Inhaltsverzeichnis auf ähnliche Weise erzeugt, und die einzelnen Einträge werden dem dafür vorgesehenen Element hinzugefügt.

```
                var a = document.createElement("a");
                a.setAttribute("href","#n"+i);
                a.appendChild(
                    document.createTextNode(
                        nodes[i].firstChild.nodeValue
                    )
                );
                h.appendChild(a);
                toc.appendChild(h);
            }
        }
```

Das vollständige Inhaltsverzeichnis wird am Ende an erster Stelle im Body-Block des Dokuments dynamisch eingefügt.

```
        document.body.insertBefore(toc,nodes[0]);
}
```

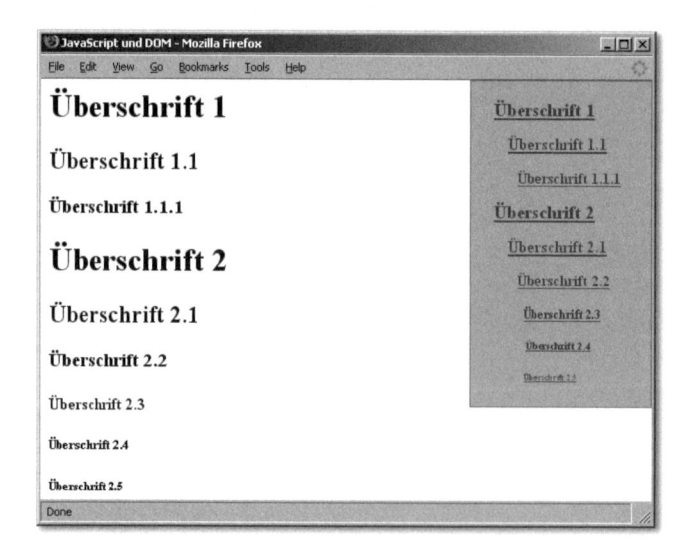

Abbildung 2.6 Das Inhaltsverzeichnis links wurde automatisch aus der Dokumentenstruktur erzeugt.

Für die Darstellung der Ausgabe ist ein CSS zuständig, das – je nach Anforderung – das Inhaltsverzeichnis am Bildschirm ausrichtet und formatiert. In diesem Beispiel wird es oben links auf der Webseite angezeigt.

Sie können dieser Anwendung zu mehr Komfort verhelfen, indem Sie vor jeder Überschrift ein Element einfügen, mit dem der Anwender wieder zurück an den Anfang der Seite springen kann. Das aber soll Ihnen selbst als Herausforderung überlassen bleiben.

2.3 Beispielprojekt »Planetensystem«

Das abschließende Beispiel dieses Kapitels soll die Mächtigkeit des DOM demonstrieren. Zu diesem Zweck wird das Planetensystem in kleinem Maßstab abgebildet. Es beschränkt sich dabei auf die animierte Darstellung von Sonne, Erde und Mond. Die Umlaufbahn der Erde um die Sonne soll optisch dargestellt werden. Erde und Mond kreisen jeweils unendlich in ihren Bahnen. Bei der Programmierung fand eine exakte Berechnung der Umlaufbahnen oder Ähnliches keine Berücksichtigung.[33]

Zur Darstellung der Animation dient ein einfaches XHTML-Dokument, das wie folgt aussieht.

```
<html>
<head>
    <title>DOM - Universe</title>
<style type="text/css">
body { background: #000; }
</style>
<script src="domUniverse.js" type="text/javascript"></script>
</head>
<body>

</body>
</html>
```

Der Einfachheit halber wurde ein schwarzer Hintergrund gewählt. Um etwas mehr Atmosphäre herzustellen, können Sie einen Sternenhintergrund einbinden.

---

33 Für eine maßstabsgetreue Nachbildung unseres Sonnensystems sind zahlreiche Berechnungen notwendig. Unter http://www.exploratorium.edu/ronh/solar_system/ oder http://www.solarsystem.org.uk/ finden Sie interessante Quellen dazu.

Das zugrunde liegende JavaScript wurde als Literal-Objekt (siehe Kapitel 4, *JavaScript und OOP*, Abschnitt 4.6) aufbereitet und beinhaltet die folgende Struktur.

```
var universe = {

    top  : 200,
    left : 500,
    re   : 180,
    rm   :  20,
    cnt  :   1,
    node : null,

    init : function() { ... },
    drawOrbit : function() { ... },
    setSun : function() { ... },
    setEarthMoon : function() { ... },
    animateIt : function() { ... }
};
```

Die Eigenschaften `top` und `left` dienen der Positionierung des Modells. Zur Berechnung der Umlaufbahn der Erde dient die Eigenschaft `re` und für die des Mondes die Eigenschaft `rm`. Über die Eigenschaft `cnt` werden die einzelnen Schritte zum Bewegen der Elemente berechnet, und in `node` wird später eine Referenz auf das Dokument abgelegt, um sich unnötige Tipparbeit zu sparen.

```
init : function()
{
    this.node = document.body;
    this.drawOrbit();
    this.setSun();
    this.setEarthMoon();
    setInterval(this.animateIt, 50);
},
```

Über die Methode `init()` erfolgt die Initialisierung des Sonnensystems. Die entsprechenden Methoden werden im Folgenden erklärt. Ein automatisches Update für die Animation der Objekte erledigt die Methode `animateIt()`, die alle 50 Millisekunden aufgerufen wird.

Die optische Ausgabe der Umlaufbahn der Erde um die Sonne wird über die Methode `drawOrbit()` realisiert. Auf weitere Erklärungen bezüglich der mathematischen Grundlagen und der sonstigen Methoden wird hier verzichtet, da dies den Rahmen des Kapitels sprengen würde.

```
drawOrbit : function()
{
    for (var i=0; i<=180; i++)
    {
        var radius = (i*Math.PI)/90;
        var xe = this.left - 1.6*this.re*Math.cos(radius);
        var ye = this.top  - 0.8*this.re*Math.sin(radius);
```

Zum Zeichnen der Ellipse werden Span-Tags verwendet, wobei die Formatierung über ein dynamisch zugewiesenes CSS erfolgt.

```
        var s = document.createElement("span");
        s.setAttribute("class","orbit");
        with (s.style)
        {
            position = "absolute";
            left = xe+"px";
            top  = ye+"px";
            color = "#cfcfcf";
        }
```

Die Ellipse selbst wird über einen einfachen Punkt (.) dargestellt, der über die entsprechenden Methoden des DOM in den Dokumentenbaum eingefügt wird.

```
        s.appendChild(
            document.createTextNode(".")
        );
        this.node.appendChild(s);
    }
},
```

Die Darstellung der Sonne wird durch eine Grafik realisiert, wobei das entsprechende XHTML-Element über das DOM eingebunden wird. Auch dabei wird das zugrunde liegende CSS dynamisch übergeben.

```
setSun : function()
{
    var i = document.createElement("img");
    i.setAttribute("src","sun.gif");
    with (i.style)
    {
        position = "absolute";
        left = (this.left+30)+"px";
        top  = (this.top-40)+"px";
    }
    this.node.appendChild(i);
},
```

Ähnlich wie in der Methode zuvor beschrieben, erfolgt die Ausgabe der Erde und des Mondes über `setEarthMoon()`. Dabei werden die benötigten Elemente dynamisch über das DOM angelegt und die entsprechenden Attribute zugewiesen. Die Berechnung der Positionierung ist an dieser Stelle noch nicht erforderlich, sie erfolgt später. Für die Animation ist es notwendig, dass die neu erzeugten Elemente mittels `absolute` positioniert werden.

```
setEarthMoon : function()
{
    var e = document.createElement("img");
    e.setAttribute("id","earth");
    e.setAttribute("src","earth.gif");
    e.style.position = "absolute";
    this.node.appendChild(e);
    var m = document.createElement("img");
    m.setAttribute("id","moon");
    m.setAttribute("src","moon.gif");
    m.style.position = "absolute";
    this.node.appendChild(m);
},
```

Die Hauptarbeit dieser Anwendung wird über die Methode `animateIt()` abgebildet. Dabei wird zunächst die neue Position von Erde und Mond auf der Umlaufbahn im aktuellen Schritt berechnet.

```
animateIt : function()
{
    var radius = (domUniverse.cnt*Math.PI)/360;
    var xe = domUniverse.left -
            1.6*domUniverse.re*Math.cos(radius)- 12;
    var ye = domUniverse.top -
            0.8*domUniverse.re*Math.sin(radius) ;
    var xm = xe - 2*domUniverse.rm*Math.cos
            (50*domUniverse.cnt) ;
    var ym = ye + 2*domUniverse.rm*
            Math.sin(50*domUniverse.cnt);
```

Bei jedem Aufruf dieser Methode werden die entsprechenden Elemente über eine Zuweisung der neuen x/y-Koordinaten über das `style`-Objekt bewegt.

```
    document.getElementById('earth').style.left = xe+"px";
    document.getElementById('earth').style.top = ye+"px";
    document.getElementById('moon').style.left = xm+"px";
    document.getElementById('moon').style.top = ym+"px";
    domUniverse.cnt++;
```

Sobald die Umlaufbahn einmal umrundet wurde, erfolgt die Positionszählung wieder von vorne, was durch einen Reset der Eigenschaft cnt eingeleitet wird.

```
        if (domUniverse.cnt >7200){ domUniverse.cnt=0; }
    }
};
```

Schließlich wird die Anwendung nach dem vollständigen Laden der Seite ausgegeben, was über das onload-Event sichergestellt wird. Dies ist notwendig, da die dynamisch erzeugten Elemente in die aktuelle Dokumentenstruktur über eine Zuweisung an document.body eingebunden werden.

```
window.onload = function()
{
    domUniverse.init();
}
```

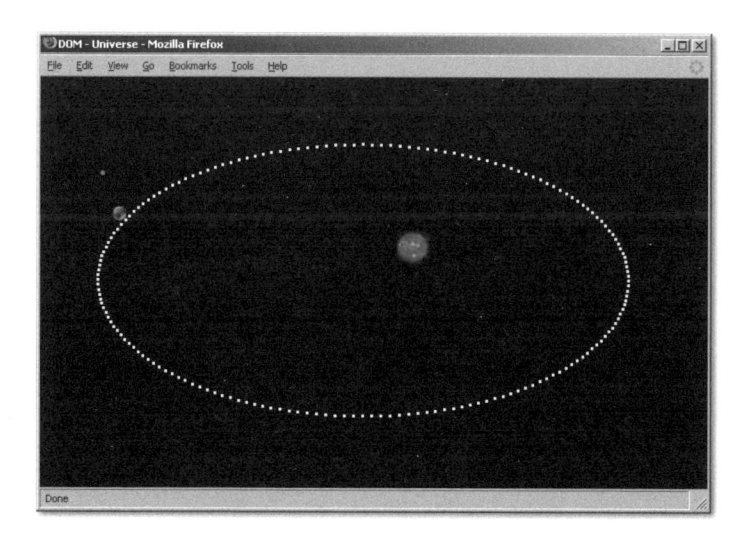

Abbildung 2.7 Und wir sind doch allein? Ein minimalistisches Sonnensystem

Zahlreiche AJAX-Projekte bedienen sich der Möglichkeit von CSS, um beispielsweise das erfolgreiche Ausführen einer Aktion durch das Ändern der Hintergrundfarbe eines Elements zu signalisieren.

3 JavaScript und CSS

Seit der Einführung der Cascading Style Sheets (CSS)[1] ist es möglich, die Formatierung einer Webseite von der HTML-Struktur klar zu trennen. Was sich anfangs beispielsweise auf das Ersetzen der Schriftdarstellung durch das `font`-Tag oder einfache Farbzuweisungen und das Einrahmen von Elementen beschränkte, ist mittlerweile zu einem unverzichtbaren Bestandteil moderner Webseiten geworden. Die Verbindung mit XHTML und CSS ermöglicht es, neue Wege in der Gestaltung von Webseiten zu beschreiten.[2] Spätestens seit der Veröffentlichung des »CSS Zen Garden«-Projekts[3] dürften der Entwicklergemeinde die bisher ungeahnten Möglichkeiten der Gestaltung einer Webseite bewusst geworden sein. Zahlreiche Webangebote beschäftigen sich seit langem mit dem kreativen Einsatz von CSS.

Abbildung 3.1 CSS Vault bietet eine umfangreiche Sammlung kreativ gestalteter Webseiten.

---

1 http://www.w3.org/Style/CSS/
2 http://cssvault.com/
3 http://www.csszengarden.com/

Die CSS-Eigenschaften eines Dokuments oder bestimmter Elemente können Sie mithilfe von JavaScript manipulieren und auslesen. Auf diese Weise ist es möglich, dynamisch Inhalte neu zu formatieren und anzuordnen. In diesem Kapitel erhalten Sie die notwendigen Grundlagen, um dynamische Änderungen der Style-Eigenschaften in Ihren Programmen anzuwenden. Mit den Grundlagen von CSS[4] sollten Sie allerdings vertraut sein; diese werden hier nicht näher betrachtet.

3.1 Grundlagen

Der W3C-Standard Document Object Model (DOM) erlaubt es, über das `style`-Objekt auf die einzelnen Eigenschaften eines Elementknotens zuzugreifen. Dabei ist es zunächst erforderlich, dass Sie eine Referenz auf das entsprechende Element erzeugen. Wie bereits in Kapitel 2, *JavaScript und DOM*, beschrieben, haben Sie dazu unterschiedliche Möglichkeiten. Das folgende Beispiel zeigt, wie man per Mausklick die Hintergrund- und Textfarbe eines Absatzes dynamisch ändern kann.

```
<p onclick="this.style.background='#00ff00';this.style.color=
'#fff'">
    Lorem ipsum dolor sit amet, consectetuer adipiscingelit.
    Phasellus tempor facilisis magna. Vestibulum sapien.
    Aliquam consequat libero vitae sem. Nulla facilisi.
</p>
```

Über das Schlüsselwort `this` erzeugen Sie eine Referenz auf das aktuelle Element und übergeben dabei die gewünschten Formatierungsanweisungen für dieses Element. Das Prinzip dazu ist denkbar einfach. Die gewünschte CSS-Eigenschaft wird durch den Punkt-Operator am `style`-Objekt an ein Element gebunden und mit den neuen Angaben dynamisch verändert. Auf diese Weise können Sie beliebige CSS-Eigenschaften nach Ihren Vorstellungen anpassen.

In CSS werden zahlreiche Bezeichnungen von Eigenschaften mit einem Bindestrich notiert. Ein Bindestrich innerhalb einer JavaScript-Notation führt aber zu einer ungültigen Schreibweise und somit zu einer entsprechenden Fehlermeldung. CSS-Eigenschaften, die über einen Bindestrich beschrieben werden, müssen für JavaScript nach der folgenden einfachen Regel definiert werden:

---

4 http://jendryschik.de/wsdev/einfuehrung/

> **Notationsregel**
>
> Die CSS-Eigenschaften des `style`-Objekts in Anwendungen mit JavaScript beginnen immer mit Kleinbuchstaben. Enthält eine Eigenschaft in ihrer Beschreibung einen oder mehrere Bindestriche, werden diese weggelassen und der jeweils darauf folgende Buchstabe großgeschrieben. Ein paar Notationen sollen diese Regel verdeutlichen.
>
> color → element.style.color
> border-bottom → element.style.borderBottom
> margin-top → element.style.marginTop
> font-family → element.style.fontFamily
> word-spacing → element.style.wordSpacing

3.2 Style-Eigenschaften

Bei der Arbeit mit CSS-Eigenschaften werden Sie am häufigsten Änderungen der Formatierung sowie Positionsangaben vornehmen. Wie Sie im einführenden Beispiel gesehen haben, ist das Ändern einer Eigenschaft einfach. Das Auslesen von aktuellen Werten einer Eigenschaft kann sich dagegen etwas aufwändiger gestalten. So können Sie beispielsweise den Farbwert der Schriftfarbe nicht über den Namen der Eigenschaft ermitteln. Möchten Sie also die Textfarbe eines Absatzes herausfinden, würden Sie zunächst wohl eine Anweisung wie `alert(element.style.color)` notieren.

```
<html>
<head>
<title>JavaScript und CSS</title>
</head>
<body>

<p>
    Lorem ipsum dolor sit amet, consectetuer adipiscing
    elit. Phasellus tempor facilisis magna. Vestibulum
    sapien. <span id="innen">Aliquam consequat</span> libero
    vitae sem. Nulla facilisi.
</p>
<script type="text/javascript">
//<![CDATA[
alert(document.getElementsByTagName("p")[0].style.color);
//]]>
</script>
```

```
</body>
</html>
```

Listing 3.1 Das Auslesen der Schriftfarbe eines Absatzes führt hier zu einem Fehler bzw. einer leeren Ausgabe.

Als Ergebnis erhalten Sie in diesem Beispiel aber nicht wie erwartet den Farbwert der Schriftfarbe des Elements, sondern eine leere Anzeige. Dies liegt daran, dass dem Element bisher kein eindeutiger Style zugewiesen wurde. Erweitern Sie das Beispiel um eine einfache Style-Angabe, und schon können Sie diese Eigenschaft auslesen. Gleiches gilt, wenn Sie zunächst eine Eigenschaft zuweisen und diese anschließend auslesen, was im folgenden Beispiel gezeigt wird.

```
<html>
<head>
<title>JavaScript und CSS</title>
</head>
<body>

<p style="color:#0000ff;">
    Lorem ipsum dolor sit amet, consectetuer adipiscing
    elit. Phasellus tempor facilisis magna. Vestibulum
    sapien. <span id="innen">Aliquam consequat</span> libero
    vitae sem. Nulla facilisi.
</p>
<script type="text/javascript">
//<![CDATA[
alert(document.getElementsByTagName("p")[0].style.color);
alert(document.getElementById("innen").style.color);
document.getElementById("innen").style.color = "#ff0000";
alert(document.getElementById("innen").style.color);
//]]>
</script>

</body>
</html>
```

Listing 3.2 Die Schriftfarbe eines Absatzes und darin enthaltene Elemente anzeigen

Der eingebundene Absatz erscheint nun in blauer Schrift, was durch die Zuweisung eines Style-Attributs mit entsprechendem Merkmal erreicht wird. Der Farbwert kann jetzt über die jeweilige CSS-Eigenschaft ausgelesen werden, da er zu Beginn sofort vorhanden ist. Im Unterschied dazu kann der Farbwert des span-Elements nicht ermittelt werden; dazu müssen Sie zunächst den gewünschten

Farbwert zuweisen. Auch hier könnte man natürlich eine `style`-Eigenschaft als Startwert einbinden.

Aus diesen Betrachtungen ergibt sich, dass bei der Ermittlung einer CSS-Eigenschaft über das `style`-Objekt der jeweilige Wert zu Beginn bereits gesetzt sein muss. Andernfalls ist es notwendig, einen gültigen Wert selbst zu belegen. Darüber hinaus können Sie die Eigenschaften eines Elements erst dann auslesen, wenn dieses vollständig geladen wurde. Aus diesem Grund wurde im Beispiel die JavaScript-Anweisung nach dem Absatz eingebunden. Würden Sie den JavaScript-Block in diesem Beispiel im Kopfbereich des Dokuments einbinden, hätte dies eine Fehlermeldung zur Folge. Sie können dieses Problem umgehen, indem Sie eine Aktion erst nach dem vollständigen Laden des Dokuments ausführen. Dies erreichen Sie beispielsweise mit dem `onload`-Event des `window`-Objekts, was in späteren Beispielen demonstriert wird.

Bisher haben Sie lediglich die Formatierung von Elementen verändert. Um ein Element an eine neue Position am Bildschirm zu bewegen, müssen Sie die Werte der x/y-Koordinate mittels der CSS-Eigenschaften `left` und `top` ändern. Im folgenden Beispiel wird ein Absatz nach zehn Sekunden an eine neue Position auf der x-Achse bewegt.

```
<p id="a" style="position:absolute;">Lorem ipsum dolor sit amet
...</p>
<script type="text/javascript">
//<![CDATA[
setTimeout("document.getElementById('a').style.left = '400px'",
10000);
//]]>
</script>
```

Beachten Sie dabei, dass bei Angaben zur Position auch eine gültige Maßeinheit übergeben werden sollte. Sie können in den aktuell gängigen Browsern zwar auch direkt eine Zuweisung über einen Integer-Wert vornehmen (da hier Pixel als Standardmaßeinheit verwendet werden), korrekt ist aber die Schreibweise mit expliziter Angabe der Maßeinheit.

> Beachten Sie in diesem Zusammenhang, dass die Position eines Elements nur dann verändert werden kann, wenn das entsprechende Element die CSS-Eigenschaft `position` besitzt und dabei auch nicht den Wert `static` verwendet.

Falls Sie die Eigenschaft für `top` oder `left` zu einem Element ermitteln, erhalten Sie einen Wert mit der verwendeten Maßeinheit. Bei Rechenoperationen führt dies bei direkter Verwendung zu einem fehlerhaften Ergebnis.

```
var l = document.getElementById('a').style.left;
alert(l+10); // Ergibt z.B. 300px50
```

Da es sich bei dem ermittelten Wert um einen String handelt, müssen Sie diesen zunächst mittels der Methode `parseInt()` in einen Integer-Wert umwandeln, da sonst Fehler auftreten.

```
var l = parseInt(document.getElementById('a').style.left);
alert(l+10);
```

Ein kurzes Beispiel dazu ist die folgende einfache Praxisanwendung, bei der ein Element am Bildschirm schrittweise an eine jeweils neue Position bewegt wird.

```
<p id="a" style="position:relative;left:10px;">Lorem ipsum dolor sit
amet ...</p>
<script type="text/javascript">
//<![CDATA[
function move(x)
{
    document.getElementById('a').style.left = x+"px";
    x += 10;
    if (x < 400) setTimeout("move("+x+")", 100);
}
move(parseInt(document.getElementById('a').style.left));
//]]>
</script>
```

Mittels der Funktion `move()` wird hier das referenzierte Element an eine neue x-Koordinate bewegt. Dazu wird `move()` so lange rekursiv aufgerufen, bis die gewünschte Endposition erreicht ist.

3.2.1 getComputedStyle() und currentStyle

Neben dem `style`-Objekt gibt es noch eine weitere Möglichkeit, um auf die CSS-Eigenschaften zuzugreifen. Gemäß dem W3C-Standard können Sie mit der Methode `getComputedStyle()` des `window`-Objekts eine CSS-Eigenschaft ermitteln. Der Microsoft Internet Explorer kennt diese Methode nicht und verwendet stattdessen lieber ein eigenes Objekt mit dem Namen `currentStyle`. Für beide Varianten gilt, dass eine Eigenschaft auch dann ausgelesen werden kann, wenn diese nicht explizit gesetzt wurde. In diesem Fall wird der gesuchte Wert dynamisch ermittelt. Beachten Sie in diesem Zusammenhang, dass je nach verwendeten Browser unter Umständen unterschiedliche Werte zurückgegeben werden, beispielsweise für die Angabe der Schriftgröße (`fontSize`). Im Gegensatz dazu gilt für das `style`-Objekt, dass eine Eigenschaft nur dann ausgelesen werden kann, wenn diese bereits gesetzt ist oder zuvor übergeben wurde. Der größte

Unterschied zwischen diesen beiden Varianten und dem `style`-Objekt liegt aber darin, dass Sie mit `getComputedStyle()` bzw. `currentStyle` die Eigenschaften sowohl eines eingebetteten CSS als auch die eines eingebundenen CSS ermitteln können. Sehen Sie sich dazu ein Beispiel an.

```
<html>
<head>
<title>JavaScript und CSS</title>
<script type="text/javascript">
//<![CDATA[
window.onload = function()
{
    var e = document.getElementById("demo");
    alert(
        (e.currentStyle)
        ?
        e.currentStyle.color
        :
        window.getComputedStyle(e,null).color
    );
}
//]]>
</script>
</head>
<body>

<p id="demo" style="color:#000;">
    Lorem ipsum dolor sit amet, consectetuer adipiscing
    elit. Phasellus tempor facilisis magna. Vestibulum
    sapien.
</p>

</body>
</html>
```

Listing 3.3 Alternative Möglichkeit, die CSS-Eigenschaften eines Elements zu ermitteln

Die CSS-Eigenschaft eines Elements, dessen CSS mittels der Methode `getComputedStyle()` ausgelesen wurde, kann entweder – wie im Beispiel gezeigt – direkt über den Eigenschaftsnamen oder über eine weitere Methode `getPropertyValue(Eigenschaftsname)` ermittelt werden.

```
window.getComputedStyle(e,null).getPropertyValue("color");
```

Beachten Sie bei Verwendung dieser Varianten auch, dass dabei auf die Eigenschaften der Elemente nur lesend zugegriffen werden kann. Das Setzen neuer Werte, wie es mit dem `style`-Objekt möglich ist, hat keinerlei Auswirkungen.

[»] Den Einsatz von `getComputedStyle()` bzw. `currentStyle` sollten Sie wenn möglich vermeiden, da dabei das komplette Dokument und dessen Styles durchlaufen werden müssen. Als Ergebnis der Abfrage wird dann intern zunächst ein CSS-Objekt mit sämtlichen Eigenschaften des Elements erzeugt. Dieser Vorgang ist also aufwändiger und daher mit größerem Ressourcenbedarf verbunden.

3.3 Stylesheet-Eigenschaften

Man könnte nun meinen, dass eine CSS-Eigenschaft auch dann nach dem eben gezeigten Muster ausgelesen werden kann, wenn diese zuvor direkt in einem Stylesheet definiert wurde.

```
<html>
<head>
<title>JavaScript und CSS</title>
<style type="text/css">
p
{
    color: #0000ff;
}
</style>
</head>
<body>

<p>
    Lorem ipsum dolor sit amet, consectetuer adipiscing
    elit. Phasellus tempor facilisis magna. Vestibulum
    sapien.
</p>

<script type="text/javascript">
//<![CDATA[
alert(document.getElementsByTagName("p")[0].style.color);
//]]>
</script>

</body>
</html>
```

Listing 3.4 Ungültige Abfrage nach einer CSS-Eigenschaft

Leider führt dieses Beispiel nicht zu dem gewünschten Ergebnis, da das `style`-Objekt nicht direkt über ein Element auf dessen CSS-Eigenschaft aus einem eingebetteten CSS zugreifen kann. Für diese Aufgabe benötigen Sie eine veränderte Notation oder die bereits im Abschnitt zuvor besprochen Methode `getComputedStyle()` bzw. das `currentStyle`-Objekt.

Externe oder ausgelagerte (wie im Beispiel zuvor) Cascading Style Sheets können über das `styleSheets[]`-Array des `document`-Objekts angesprochen werden. Dabei handelt es sich genau genommen um ein `StyleSheetList`-Objekt, bei dem Sie das jeweilige Element nicht verändern können. Auf diese Weise wird es möglich, beliebig eingebundene CSS auszulesen und zu ändern. Das Array gibt Ihnen ein Objekt zurück, mit dessen Eigenschaften Sie auf die Inhalte eines CSS zugreifen können. Leider gilt es auch hier – wie so oft in JavaScript –, auf die Unterschiede der einzelnen Webbrowser zu achten.[5] Ein einfaches Beispiel zeigt das Auslesen der im Dokument enthaltenen Stylesheets.

```
<html>
<head>
<title>JavaScript und CSS</title>
<link href="style1.css" rel="stylesheet" type="text/css">
<style type="text/css">
p
{
    color: #000;
    margin: 10px;
}
</style>
</head>
<body>

<p>
    Lorem ipsum dolor sit amet, consectetuer adipiscing
    elit. Phasellus tempor facilisis magna. Vestibulum
    sapien.
</p>

<script type="text/javascript">
//<![CDATA[
alert(
    (document.styleSheets[0].cssRules)
```

---

5 Unter http://www.quirksmode.org/dom/w3c_css.html finden Sie eine sehr gute Quelle zu diesem Thema. Darunter sind zahlreiche Beispiele und eine Übersicht zur Kompatibilität der jeweiligen Methoden und Eigenschaften in den einzelnen Webbrowsern.

```
    ?
    document.styleSheets[0].cssRules[1].style.color
    :
    document.styleSheets[0].rules[1].style.color
)
//]]>
</script>

</body>
</html>
```

Listing 3.5 Anzeigen bestimmter CSS-Eigenschaften der eingebundenen Stylesheets eines Dokuments

Über ein sogenanntes Regel-Objekt können Sie auf bestimmte Eigenschaften eines CSS zugreifen. Der Microsoft Internet Explorer (ab Version 5) verwendet dazu das `rules[]`-Array. Gecko-Browser stellen dazu das `cssRules[]`-Array zur Verfügung. Über beide Arrays wird der Zugriff auf die entsprechenden Regeln eines CSS möglich, wie Sie im Beispiel zuvor sehen können. Dabei wurde der Farbwert der CSS-Eigenschaft `color` der Regel für das `span`-Element aus dem ersten CSS (ein extern eingebundenes CSS) und der darin enthaltenen zweiten Regel angezeigt. Der Inhalt der Datei `style1.css` stellt sich dabei wie folgt dar.

```
p
{
    font-size: 12px;
}
span
{
    color: #ff0000;
    text-decoration: underline;
}
```

Um die CSS-Eigenschaft `color` aus dem direkt eingebundenen CSS des Beispiels zu ermitteln, gehen Sie nach dem gleichen Prinzip vor und ändern dabei lediglich den Index des Arrays für das gewünschte CSS. Wie Sie wissen, beginnt bei einem Array die Zählung des Index immer mit 0.

```
alert(
    (document.styleSheets[0].cssRules)
    ?
    document.styleSheets[1].cssRules[1].style.color
    :
    document.styleSheets[1].rules[1].style.color
);
```

Eine weitere nützliche Eigenschaft des `styleSheets[]`-Arrays ist die `href`-Eigenschaft. Mit ihr können Sie das aktuelle CSS durch ein neues ersetzen und damit das Aussehen einer Webseite dynamisch anpassen. Eine typische Anwendung dazu ist ein sogenannter Style-Switcher[6], der dem Anwender die Möglichkeit einer optisch personalisierten Webseite bietet. Ein kleines Beispiel dazu könnte wie folgt aussehen.

```html
<html>
<head>
<title>JavaScript und CSS</title>
<link href="style1.css" rel="stylesheet" type="text/css">
<script type="text/javascript">
//<![CDATA[
function flip()
{
    if (document.styleSheets[0].href == "style1.css")
        document.styleSheets[0].href = "style2.css";
    else
        document.styleSheets[0].href = "style1.css";
}
//]]>
</script>
</head>
<body>

<p>
    Lorem ipsum dolor sit amet, consectetuer adipiscing
    elit. Phasellus tempor facilisis magna. Vestibulum
    sapien.
</p>
<p><a href="#" onclick="flip();">StyleSheet ändern</a></p>

</body>
</html>
```

Listing 3.6 Einfacher CSS-Switcher für eine optisch personalisierte Webseite

Leider funktioniert diese Anwendung nur mit dem Microsoft Internet Explorer korrekt, da Gecko-Browser auf die `href`-Eigenschaft des `styleSheet[]`-Arrays nur lesend Zugriff haben. Um dieses Beispiel für Gecko-Browser ebenfalls taug-

---

6 http://www.arcadeparadise.org/styleswitcher.html
  http://css.fractatulum.net/sample/wechsel.html
  http://www.css-praxis.de/scripte.html
  http://www.contrastweb.com/switcher/

lich zu machen, können Sie einen kleinen Trick anwenden. Erweitern Sie dazu zunächst die Einbindung des CSS über das `link`-Element um ein zusätzliches Attribut `id`. Entsprechend dem W3C-Standard ist dieses Attribut für jedes Element erlaubt.

```
<link href="style1.css" rel="stylesheet" type="text/css" id="a">

function flip()
{
    if (document.getElementById("a").getAttribute("href") ==
        "style1.css")
    {
    document.getElementById("a").removeAttribute("href");
    document.getElementById("a").setAttribute(
        "href","style2.css");
    }
    else
    {
    document.getElementById("a").removeAttribute("href");
    document.getElementById("a").setAttribute("href","style1.css");
}
}
```

Die Arbeitsweise dabei ist ähnlich der im Beispiel zuvor gezeigten. Zunächst überprüft das Skript, welches CSS aktuell eingebunden ist. Anschließend wird das `href`-Attribut mit der Methode `removeAttribute()` entfernt, um es mithilfe der Methode `setAttribute()` mit einer neuen Eigenschaft erneut einzufügen. Eine auf diese Weise durchgeführte Änderung wird sofort ausgeführt. Die CSS-Datei `style2.css` ist wie folgt definiert.

```
p
{
    color: #ff0000;
    font-size: 14px;
}
span
{
    color: #ccc;
}
a:hover
{
    font-size: 20px;
    text-decoration: none;
}
a:hover:before{
```

```
    content: "!! "
}
a:hover:after{
    content: " !!"
}
```

Beachten Sie hierbei, dass die Pseudoelemente[7] `:after` und `:before` Bestandteil von CSS 2.0 sind und aktuell nicht durch den Microsoft Internet Explorer interpretiert werden.[8]

3.3.1 Praxisbeispiel StyleSwitcher

Sie können mit der zuvor beschriebenen Technik nun eine Funktion schreiben, die als Parameter den Namen einer CSS-Datei erwartet, die auf das aktuelle Dokument angewendet werden soll. In der Praxis hat sich dazu die Bezeichnung »StyleSwitcher«[9] eingebürgert. Auf diese Weise ist es möglich, dass Sie Ihren Anwendern dynamisch verschiedene CSS zur Auswahl anbieten.

```
function setCss(name)
{
    document.getElementById("a").removeAttribute("href");
    document.getElementById("a").setAttribute("href",name+".css");
}
```

Bei der Anwendung ist aber zu bedenken, dass sich die Änderung nicht dauerhaft auswirkt, sondern nur auf der aktuell geladenen Seite Gültigkeit hat. Für dauerhafte und übergreifende Änderungen an einem eingebundenen CSS ist es notwendig, die relevante Information in geeigneter Weise vorzuhalten. Das folgende Beispiel verwendet dazu das Session-Array von PHP.

```
<?php
session_start();
if (isset($_GET['css'])) { $_SESSION['css'] = $_GET['css']; }
?>
```

Zu Beginn wird eine neue Session gestartet und zudem überprüft, ob die Seite über einen Query-String mit dem Key `css` aufgerufen wurde. Ist dies der Fall, wird in der gleichnamigen Session der enthaltene Wert abgelegt.

---

7 Unter http://www.phoenity.com/newtedge/ finden Sie einige interessante Ausführungen zur Anwendung dieser Pseudoelemente.

8 Aktuell werden diese Elemente durch die folgenden Webbrowser unterstützt: Netscape 6, Opera 7, Firefox 1.0, Konquer 3.3 und Safari 1.2.
(Quelle: http://de.selfhtml.org/css/eigenschaften/pseudoformate.htm).

9 Auf den Seiten http://www.csszengarden.com finden Sie hervorragende Beispiele, wie man eine Seite per Stylesheet mit völlig unterschiedlichen Erscheinungsformen ausstatten kann.

```
<html>
<head>
<title>JavaScript und CSS</title>
<link href="style1.css" rel="stylesheet" type="text/css" id="a">
```

Sie erinnern sich an unser Beispiel, in dem wir das `link`-Tag um ein zusätzliches Attribut `id` erweitert haben. Dies ist notwendig, um das CSS browserübergreifend auswechseln zu können.

```
<script type="text/javascript">
//<![CDATA[
function setCss(name)
{
    document.location.href =
document.location.pathname+"?css="+name;
}
```

Die Funktion `setCss()` ermöglicht das Zuweisen eines neuen CSS durch den Anwender und wird per Mausklick ausgeführt. Als Argument wird dabei der Name einer CSS-Datei mit Pfadangabe (falls notwendig) erwartet.

```
window.onload = function()
{
    name = <?= (isset($_SESSION['css']))
           ? "'".$_SESSION['css']."'" : "false"; ?>;
    if (name)
    {
    document.getElementById("a").removeAttribute("href");
    document.getElementById("a").setAttribute("href",name+".css");
    }
}
//]]>
</script>
```

Das Kernstück dieses Beispiels ist für das Einbinden der vom Anwender angeforderten CSS-Datei verantwortlich. Über das `onload`-Event wird geprüft, ob bereits eine Session für ein personalisiertes CSS vorhanden ist. Falls dies der Fall ist, wird dieses CSS dynamisch eingebunden, was wiederum mit der Methode `setAttribute()` erreicht wird.

```
</head>
<body>

<div id="rahmen">
<h1>CSS Session Test</h1>
<p id="lore">
    Lorem ipsum dolor sit amet, consectetuer adipiscing
```

```
    elit. Phasellus tempor facilisis magna. Vestibulum
    sapien.
</p>
<p id="button">
    <span onclick="setCss('style1');">grün</span>
    <span onclick="setCss('style2');">blau</span>
    <span onclick="setCss('style3');">grau</span>
</p>
</div>

</body>
</html>
```

Das restliche XHTML sollte selbsterklärend sein. Im Beispiel werden drei unterschiedliche CSS-Dateien mit den Namen style1.css, style2.css und style3.css angeboten, die nach Belieben aufgerufen werden können. An diesem Beispiel könnte der Query-String stören, der beim Setzen eines neuen CSS mitgeführt wird. Um dies abzustellen, können Sie die Seite per Location-Directive der header-Methode von PHP erneut laden, nachdem die Session gespeichert wurde. Dazu genügt es, eine kleine Erweiterung am Anfang der Datei unterzubringen.

```
<?php
session_start();
if (isset($_GET['css'])) {
    $_SESSION['css'] = $_GET['css'];
    header("Location: ".$_SERVER['HTTP_REFERER']);
}
?>
```

Damit diese Funktionalität auch auf allen weiteren Inhalten angeboten werden kann, müssen Sie das komplette Skript auf allen Seiten der Webseite integrieren, was sinnvollerweise über eine inkludierte Datei erfolgen sollte.

Möchten Sie nur eine Seite anbieten, in der Änderungen vorgenommen werden, können Sie eine einfache Abfrage für die restlichen Webseiten nutzen.

```
<?php
session_start();
$css = (isset($_SESSION['css'])) ? $_SESSION['css'] : "style1.css";
?>
<html>
<head>
<title>JavaScript und CSS</title>
<link href="<?= $css; ?>" rel="stylesheet" type="text/css">
</head>
```

```
<body>

<div id="rahmen">
<h1>CSS Session Test</h1>

<p id="lore">
    Lorem ipsum dolor sit amet, consectetuer adipiscing
    elit. Phasellus tempor facilisis magna. Vestibulum
    sapien. <span id="innen">Aliquam consequat</span> libero
    vitae sem. <a href="#">Nulla</a> facilisi.
</p>

</body>
</html>
```

Listing 3.7 Verwendung einer gespeicherten CSS-Datei in einer Webseite

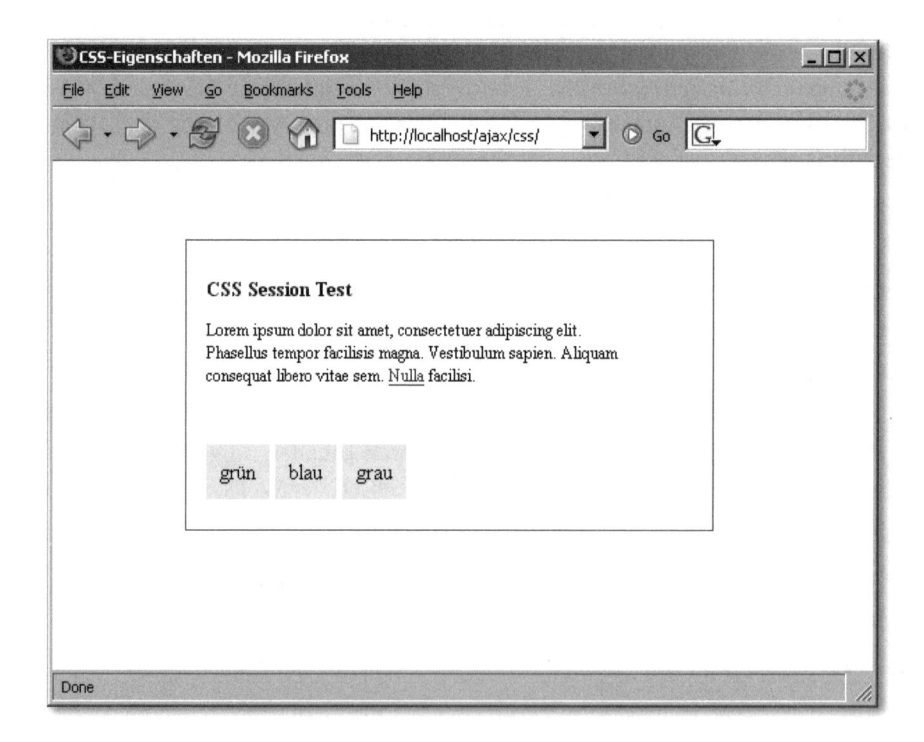

Abbildung 3.2 Ein Klick auf die gewünschte Farbe ändert die Optik der Seite.

Hierbei wird zunächst überprüft, ob ein Session-Array mit dem Schlüsselwort css existiert. Ist dies der Fall, wird dem eingebundenen CSS der darin gespeicherte Wert übergeben, andernfalls der Standard-Style gesetzt.

Dieses Beispiel zeigt natürlich nur eine von vielen Möglichkeiten, einen Style-Switcher einzurichten. Unter dem Weblog »A List Apart«[10] finden Sie dazu – neben den bisher aufgeführten Links – zwei interessante Artikel zum Thema, in denen sich bei dieser Aufgabe alternativer CSS bedient wird.[11]

3.3.2 setProperty(), getPropertyValue() und removeProperty()

Wie die Eigenschaften eines Styles bzw. einer CSS-Datei abgefragt und bearbeitet werden, haben Sie bereits gesehen. JavaScript kennt für diese Aufgabe noch weitere Methoden mit den Namen `setProperty()`, `getPropertyValue()` und `removeProperty()`, die aus dem W3C-Standard DOM Level 2 abgeleitet sind. Wie die Namen bereits andeuten, können Sie damit die Eigenschaften eines Styles auslesen, verändern und sogar löschen. Die Anwendung dieser Methoden kann auf das `style`-Objekt und das `styleSheets[]`-Array gleichermaßen erfolgen.

Beachten Sie bei der Verwendung, dass `removeProperty()` nur in Gecko-Browsern funktioniert. Die Methoden `getProperty()` und `setProperty()` arbeiten zusätzlich auch mit dem Microsoft Internet Explorer unter der Macintosh-Plattform, eigenartigerweise aber nicht unter Windows. Diese Eigenart kann aber vernachlässigt werden, da der Microsoft Internet Explorer unter der Macintosh-Plattform nicht mehr weiterentwickelt wird. Das folgende Beispiel zeigt eine mögliche Anwendung dieser Methoden.

```
<html>
<head>
<title>JavaScript und CSS</title>
<style type="text/css">
p
{
    color: #000;
    margin: 10px;
}
a
{
    color: #336699;
}
</style>
<script type="text/javascript">
window.onload = function() {
```

---

10 http://www.alistapart.com
11 Unter http://alistapart.com/articles/alternate finden Sie ein Beispiel, mit dem Sie via JavaScript und Cookies einen StyleSwitcher realisieren können. Eine Erweiterung zu dieser Lösung für PHP wird unter http://www.alistapart.com/articles/phpswitch/ vorgestellt.

```
        e = document.getElementById("demo");
    }
    function getCss(p) { alert(e.style.getPropertyValue(p)); }
    function setCss(p,v) { e.style.setProperty(p,v,null); }
    function delCss(p) { e.style.removeProperty(p); }
    function showCss() { alert(e.style.cssText); }
    function getCss2(i,j,p)
    {
        if (document.styleSheets[i].cssRules)
        {
            alert(document.styleSheets[i].cssRules[j].
                style.getPropertyValue(p));
        }
        else alert("Error: Funktion wird nicht unterstützt.");
    }
</script>
</head>
<body>

<p id="demo" style="color:#000;width:300px;">
    Lorem ipsum dolor sit amet, consectetuer adipiscing
    elit. Phasellus tempor facilisis magna. Vestibulum
    sapien.
</p>
<p>
    <a href="#" onclick="getCss('color')">getCss</a><br />
    <a href="#"
     onclick="setCss('font-size','18px')">setCss</a><br />
    <a href="#"
     onclick="getCss('font-size')">getCss</a><br />
    <a href="#" onclick="delCss('color')">delCss</a><br />
    <a href="#" onclick="showCss()">showCss()</a><br />
    <a href="#" onclick="getCss2(0,1,'margin')">getCss2</a>
</p>

</body>
</html>
```

Listing 3.8 Bearbeitung eines CSS über die Methoden setProperty(), getPropertyValue() und removeProperty()

In diesem Beispiel wurde nach dem vollständigen Laden der Seite zunächst eine Referenz auf das Element mit der CSS-ID demo in der globalen Variablen e abgelegt. Auf diese Weise stellen Sie sicher, dass dieses Element in den vorhandenen Funktionen verfügbar ist. Beachten Sie in diesem Zusammenhang, dass globale

Variablen innerhalb einer Funktion – in diesem Beispiel eine anonyme Funktion – nicht mit dem Schlüsselwort `var` deklariert werden dürfen, da sie sonst nur lokal verfügbar sind. Denken Sie daran, dass der Microsoft Internet Explorer nicht alle Methoden unterstützt. Aus diesem Grund sollten Sie in jedem Fall eine Prüfung vornehmen, die testet, ob der verwendete Browser die benötigte Methode oder ein bestimmtes Objekt unterstützt. Dieses Prinzip wird exemplarisch in der Funktion `getCss2()` angewandt.

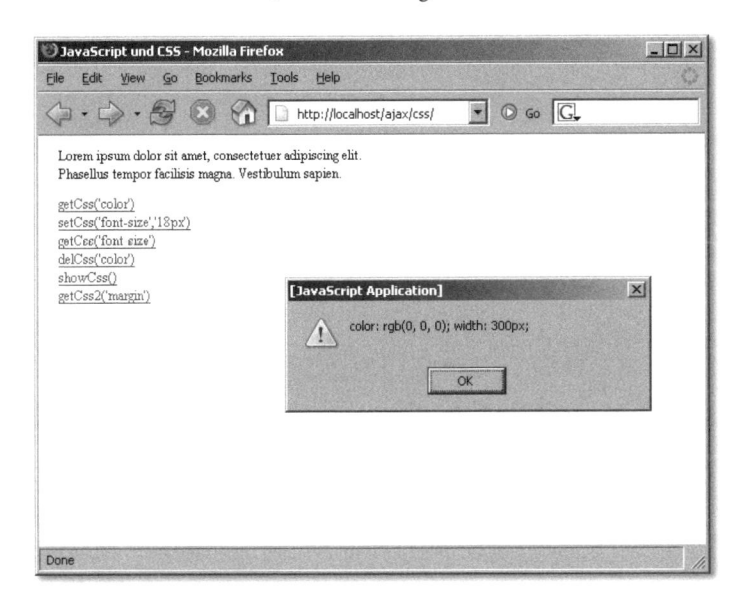

Abbildung 3.3 Anzeige der CSS-Eigenschaften eines Elements

Für den Praxiseinsatz sind diese Methoden zum aktuellen Stand nur bedingt tauglich, da sie die Anwender des Microsoft Internet Explorers ausgrenzen. Falls Sie dennoch damit arbeiten wollen, sollten Sie sich eine interessante Erweiterung mit dem Namen `IEtoW3C.js`[12] ansehen. Diese sorgt dafür, dass diese Methoden auch im Microsoft Internet Explorer genutzt werden können.

3.3.3 Eigenschaften des styleSheets[]-Arrays

Das `styleSheets[]`-Array besitzt neben seinen Methoden auch noch eine Reihe anderer nützlicher Eigenschaften. Eine davon haben Sie bereits als `href`-Eigenschaft kennengelernt. Sie gibt den Namen samt Dokumentpfad eines über das `link`-Tag eingebundenen CSS zurück. Im folgenden Listing wird der Name des ersten eingebundenen CSS eines Dokuments abgefragt.

---

12 http://lojjic.net/script-library/IEtoW3C-doc.html

```
alert(document.styleSheets[0].href);
```

Im Beispiel aus dem Abschnitt zuvor wurde die `cssText`-Eigenschaft bereits verwendet, hier allerdings in Verbindung mit dem `style`-Objekt. Beachten Sie auch, dass nicht alle Eigenschaften im `style`-Objekt verfügbar sind. Sie sollten daher – wenn möglich – das `styleSheets[]`-Array verwenden. Die praktische Verwendung des `styleSheets[]`-Arrays stellt sich wie folgt dar:

```
<html>
<head>
<title>JavaScript und CSS</title>
<style type="text/css">
p
{
    color: #000;
    margin: 10px;
}
a
{
    color: #336699;
}
</style>
</head>
<body>

<p id="demo" style="color:#000;width:300px;">
    Lorem ipsum dolor sit amet, consectetuer adipiscing
    elit. Phasellus tempor facilisis magna. Vestibulum
    sapien.
</p>
<script type="text/javascript">
//<![CDATA[
alert(
    (document.styleSheets[0].cssRules)
    ?
    document.styleSheets[0].cssRules[0].style.cssText
    :
    document.styleSheets[0].rules[0].style.cssText
);
//]]>
</script>

</body>
</html>
```

Listing 3.9 Das styleSheets[]-Array beinhaltet nützliche Eigenschaften.

Das Ergebnis dieser Abfrage ist ein String mit der zweiten Regel aus dem ersten eingebundenen CSS des Dokuments. Im Microsoft Internet Explorer erhalten Sie dabei als String den Inhalt COLOR: #336699 zurück. Wie Sie sehen, werden hier die Eigenschaftsnamen in Großbuchstaben ausgegeben.

Für notwendige Vergleiche empfiehlt es sich, den String mit der Methode toLowerCase() zunächst in Kleinbuchstaben umzuwandeln. Ein weiteres Problem bei der Arbeit in Bezug auf Farbwerte kann mit Gecko-Browsern entstehen, da hierbei der Farbwert als RGB-Tripel zurückgegeben wird. Eine einfache Möglichkeit zum Umwandeln von RGB-Werten in Hexadezimalwerte zeigt die folgende Funktion.

```
function rgbToHex(e)
{
    rgb = e.slice(4, -1).split(",");
    // Alternative Möglichkeit:
    // rgb = e.split("(")[1].split(")")[0].split(",");

    for(i=0; i<rgb.length; i++)
    {
        rgb[i]=(rgb[i]*1).toString(16);
    }
    hex = "#"+rgb.join("");
    return hex;
}
alert(
    document.styleSheets[0].cssRules[1].style.color
    + " = " +
    rgbToHex(document.styleSheets[0].cssRules[1].style.color)
);
```

Listing 3.10 Funktion zum Umwandeln von RGB-Werten in Hexadezimalwerte

In einer Dialogbox wird hier der RGB-Wert dem ermittelten Hexadezimalwert zum Vergleich gegenübergestellt.

Neben der Eigenschaft cssText gibt es noch eine String-Eigenschaft namens selectorText. Damit erhalten Sie den Selektor einer CSS-Regel zurück. Diese Eigenschaft funktioniert in allen gängigen Browsern gleichermaßen.

```
alert(document.styleSheets[0].cssRules[1].selectorText);
```

Angewandt auf das Beispiel, in dem die Eigenschaft cssText abgefragt wurde, erhalten Sie damit als String ein a für die Ankerregel zurück, da die zweite Regel des CSS abgefragt wird. Somit können Sie überprüfen, welcher Selektor[13] in einer bestimmten CSS-Regel angegeben ist. Eine interessante JavaScript-Bibliothek in diesem Zusammenhang nennt sich `cssQuery()`[14], mit der Sie die Elemente des DOM über CSS-Selektoren abfragen können.

Sie können eine CSS-Datei mit der Eigenschaft `disabled` komplett dynamisch aktivieren bzw. deaktivieren. Dazu wird dem gewünschten CSS der boolesche Wert `true` oder `false` übergeben.

```
<html>
<head>
<title>JavaScript und CSS</title>
<style type="text/css">
p
{
    color: #000;
    margin: 10px;
    font-size: 29px;
}
</style>
<script type="text/javascript">
//<![CDATA[
function flipCss(i)
{
    with(document.styleSheets[i])
    {
        disabled = (disabled) ? false : true;
    }
}
//]]>
</script>
</head>
<body>

<p>
    Lorem ipsum dolor sit amet, consectetuer adipiscing
    elit. Phasellus tempor facilisis magna. Vestibulum
    sapien.
</p>
<p>
    <a href="#" onclick="flipCss(0)">flipCss(0)</a>
```

---

13 http://www.w3.org/TR/REC-CSS2/selector.html, http://css.maxdesign.com.au/selectutorial/
14 http://dean.edwards.name/my/cssQuery/

```
</p>

</body>
</html>
```

Listing 3.11 Ein eingebundenes CSS kann dynamisch ein- und ausgeblendet werden.

Per Mausklick auf den Link wird in diesem Beispiel die eingebundene CSS-Datei abwechselnd aus- und eingeblendet. Kreativ angewandt, lässt sich mit dieser Eigenschaft sogar ein StyleSwitcher realisieren.[15]

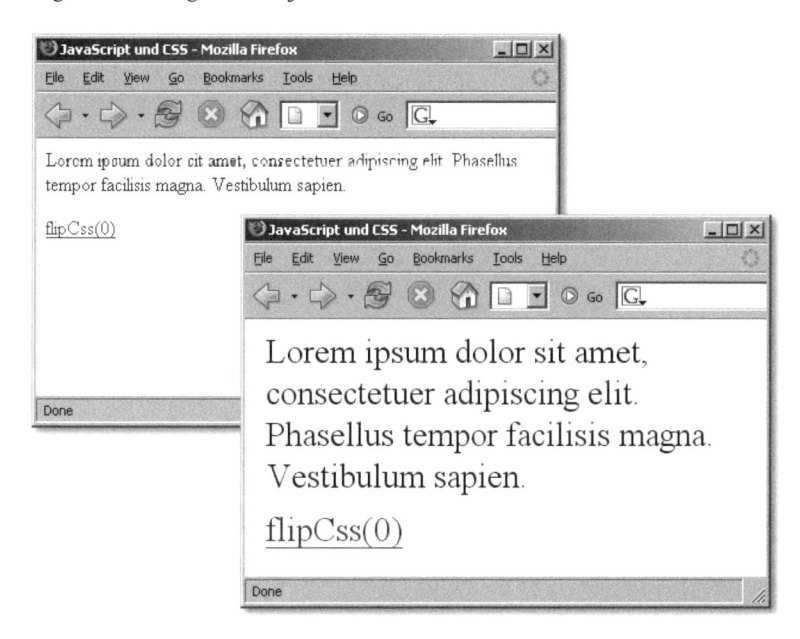

Abbildung 3.4 Wechselnde Formatierung eines Elements per Mausklick

Mit den Eigenschaften media, title und type können Sie auf die entsprechenden Attribute des link-Tags lesend zugreifen. Dies kann beispielsweise sinnvoll sein, um einem CSS mit der media-Eigenschaft print spezielle Formatierungsanweisungen für den Ausdruck einer Seite zu übergeben.

```
<html>
<head>
<title>JavaScript und CSS</title>
<link href="style1.css" rel="stylesheet" type="text/css"
media="print" title="Test">
<script type="text/javascript">
```

---

15 http://www.alistapart.com/articles/alternate

```
//<![CDATA[
css = document.styleSheets[0];
alert(
    "Media:\t"
    +
    (
        (css.media["mediaText"]) ?
          css.media["mediaText"] : css.media
    )
    +
    "\nType:\t"   +css.type+
    "\nTitle:\t"  +css.title
);
//]]>
</script>
</head>
<body>
...
</body>
</html>
```

Listing 3.12 Ausgabe der Attribute des link-Tags

Im Unterschied zum Microsoft Internet Explorer erhalten Sie in Gecko-Browsern als Ergebnis für `css.media` ein Objekt mit weiteren Merkmalen zurück. Um den Text aus dem Attribut auszugeben, müssen Sie in diesem Fall `css.media["media-Text"]` notieren.

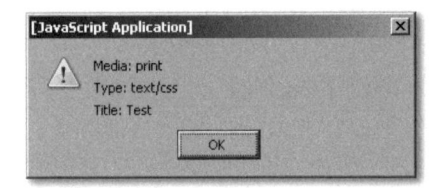

Abbildung 3.5 Anzeige der Attribute des link-Tags in einer Dialogbox

Zu guter Letzt sei noch die Eigenschaft `length` erwähnt, die unter anderem in allen Array-Objekten bereitsteht und somit auch im `styleSheets[]`-Array vorhanden ist. Mit ihr wird die Anzahl der Elemente eines Arrays angezeigt. Für das `styleSheets[]`-Array ist dies die Anzahl der vorhandenen CSS im aktuellen Dokument. Vergessen Sie hierbei nicht, dass die Zählung bei einem Array bei 0 beginnt. Die Eigenschaft `length` beinhaltet daher die Anzahl der Elemente, was sich aus dem letzen Indexwert ergibt. Das letzte Element besitzt also den Index aus der Anzahl der Elemente -1.

```
<html>
<head>
<title>JavaScript und CSS</title>
<script type="text/javascript">
//<![CDATA[
function changeCss()
{
    var p  = document.getElementsByTagName("p");
    var em = document.getElementsByTagName("em");
    for (i=0; i<p.length; i++)
    {
        p[i].innerHTML = "<span>Zeile "+(i+1)+
                         ":</span> " +p[i].innerHTML;
        p[i].style.color = "#993300";
    }
    for (i=0; i<em.length; i++)
    {
        em[i].style.font = "44px";
        em[i].style.color = "#336699";
    }
    var s  = document.getElementsByTagName("span");
    for (i=0; i<s.length; i++)
    {
        s[i].style.color = "#000";
    }
}
window.onload = function()
{
    setTimeout("changeCss()", 3000);
}
//]]>
</script>
</head>
<body>

<p><em>L</em>orem ipsum dolor sit amet, consectetuer adipiscing elit.</p>
<p><em>L</em>orem ipsum dolor sit amet, consectetuer adipiscing elit.</p>
<p><em>L</em>orem ipsum dolor sit amet, consectetuer adipiscing elit.</p>
```

```
<p><em>L</em>orem ipsum dolor sit amet, consectetuer adipiscing
elit.</p>

</body>
</html>
```

Listing 3.13 Dynamische Formatierung eines CSS nach dem Laden des Dokuments

In diesem Beispiel werden nach dem Laden der Seite und einer kurzen Verzögerung von drei Sekunden zunächst alle p- und em-Elemente ermittelt. Über eine Schleife wird nun in jedem Absatz die Zeilennummer eingefügt, und alle em-Tags werden neu formatiert. Am Ende werden die hinzugefügten Zeilennummern ebenfalls ermittelt und mit einer neuen Farbe dargestellt.

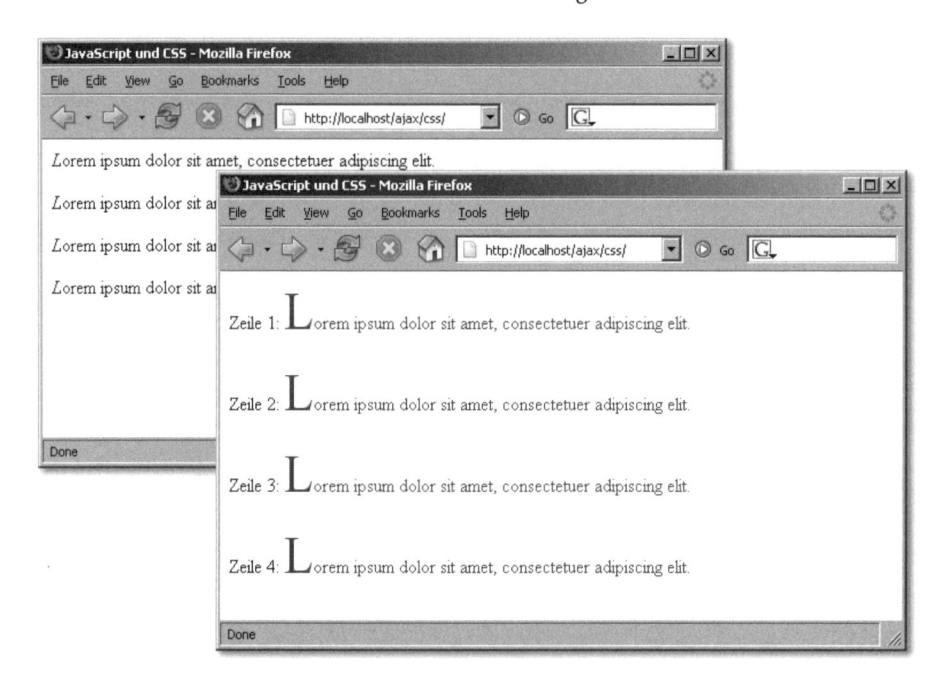

Abbildung 3.6 Automatische Formatierung des Inhalts eines Elements

Einige weitere Eigenschaften sind je nach Browser unterschiedlich oder werden noch gar nicht unterstützt. Sie werden nur in den seltensten Fällen verwendet, weshalb sie hier nicht aufgeführt sind.

3.4 Regeln für Stylesheets

Eingebundene CSS-Dateien können nicht nur ausgelesen und bearbeitet werden, sie können darüber hinaus auch mit neuen Regeln dynamisch erweitert oder reduziert werden. Auch dabei unterscheiden sich die Methoden wieder vom verwendeten Browser. Wie leider so oft, orientiert sich der Microsoft Internet Explorer an eigenen Erweiterungen, Gecko-Browser dagegen am W3C-Standard. Es bleibt Ihnen also nicht erspart, auch hier wieder auf die jeweiligen Browser zu achten und entsprechende Lösungen anzubieten. Die Methoden selbst werden auf das `styleSheets[]`-Array angewendet.

Für das Löschen vorhandener Regeln bietet der Microsoft Internet Explorer die Methode `removeRule()` an. W3C-konforme Browser verwenden dazu die Methode `deleteRule()`. Das folgende Beispiel demonstriert, wie Sie dynamisch die Regeln eines CSS löschen können. Das Ergebnis wird dabei sofort im Browser dargestellt.

```
<html>
<head>
<title>JavaScript und CSS</title>
<style type="text/css">
#demo p
{
    width:300px;
    color: #ff00ff;
    margin: 10px;
    font-size: 20px;
}
a
{
    color: #336699;
}
</style>
<script type="text/javascript">
//<![CDATA[
function delRule(i,j)
{
    (document.styleSheets[i].deleteRule)
    ?
    document.styleSheets[i].deleteRule(j)
    :
    document.styleSheets[i].removeRule(j);
}
//]]>
```

```
</script>
</head>
<body>

<div id="demo">
    <p>Lorem ipsum dolor sit ...</p>
</div>
<p>
    <a href="#" onclick="delRule(0,0);">delRule(0,0)</a>
</p>

</body>
</html>
```

Listing 3.14 Gezieltes Löschen einzelner Regeln eines CSS

Ein Mausklick des Anwenders löscht dabei die erste Regel des ersten CSS, das in das Dokument eingebettet wurde.

Neue Regeln können mithilfe der Methode `addRule()` für den Microsoft Internet Explorer und mit `insertRule()` in Gecko-Browsern dynamisch eingebunden werden. Die letzte Methode richtet sich wieder nach dem W3C-Standard. Auch hierzu ein einfaches Beispiel.

```
<html>
<head>
<title>JavaScript-CSS</title>
<style type="text/css">
#demo p
{
    width:300px;
    color: #ff00ff;
    margin: 10px;
    font-size: 20px;
}
a
{
    color: #336699;
}
</style>
<script type="text/javascript">
//<![CDATA[
function addRule()
{
    (document.styleSheets[0].insertRule)
```

```
        ?
    document.styleSheets[0].insertRule(
        "#demo span { font: 12px courier }",
        document.styleSheets[0].cssRules.length
    )
    :
    document.styleSheets[0].addRule(
        "#demo span",
        "font: 12px courier"
    );
}
//]]>
</script>
</head>
<body>

<div id="demo">
    <p>
        Lorem ipsum dolor sit amet, consectetuer adipiscing
        elit. <span>Phasellus tempor facilisis magna.</span>
        Vestibulum sapien.
    </p>
</div>
<p>
    <a href="#" onclick="addRule();">addRule()</a>
</p>

</body>
</html>
```

Listing 3.15 Per Mausklick werden neue Regeln zum CSS hinzugefügt.

Um eine neue Regel mit addRule() einzufügen, übergeben Sie als erstes Argument den gewünschten Selektor und als zweites Argument die gewünschte(n) Eigenschaft(en). Im Gegensatz dazu erwartet insertRule() zunächst die komplette Regel. Mit dem zweiten Argument geben Sie den Index an, an dem die Regel im cssRules[]-Array eingefügt werden soll. Dazu können Sie die length-Eigenschaft verwenden, die automatisch den neuesten Index zurückgibt, mit dem Sie den Eintrag am Ende des Arrays einfügen können.

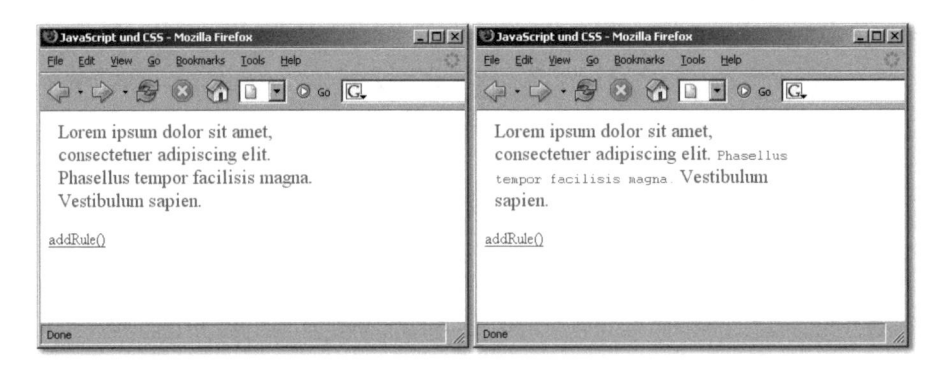

Abbildung 3.7 Darstellung eines Dokuments vor und nach dem Einfügen neuer Regeln

Dieses Kapitel führt Sie in die fortgeschrittenen Themen der OOP unter JavaScript ein. Viele AJAX-Anwendungen verwenden diese Techniken, weshalb Sie damit in den Grundzügen vertraut sein sollten.

4 JavaScript und OOP

Als geübter JavaScript-Programmierer haben Sie schon unzählige Male die eingebauten Objekte dieser Sprache verwendet. Denken Sie beispielsweise an das `window`- oder `document`-Objekt, mit denen Sie die aktuelle Webseite bzw. neue Browserfenster auswerten und beeinflussen können. Mithilfe der OOP ist es möglich, eigene Ideen weit über den Anwendungsspielraum der Standardobjekte hinaus zu entwickeln. Dieses Kapitel führt Sie in die fortgeschrittenen Themen der OOP unter JavaScript ein.

Bevor auf die modernen Möglichkeiten ein Objekt in JavaScript anzulegen eingegangen wird, ist es sinnvoll, den altbewährten Weg zur Erinnerung noch einmal kurz aufzuzeigen. In AJAX sind zahlreiche Anwendungen in der OOP-Notation geschrieben, weshalb Sie darüber Bescheid wissen sollten.

In der OOP[1] steht zunächst die Analyse einer Aufgabenstellung im Vordergrund. Damit verbunden ist, die Abhängigkeiten von Objekten darzustellen. Aufgrund der gewonnenen Erkenntnisse wird dann mit der Modellierung der Anforderungen begonnen. Moderne Methoden wie UML[2] helfen durch ein visuelles Modell, beispielsweise einem Klassendiagramm, die Struktur der Anwendung optisch darzustellen. Auf die Arbeitsweise und Anwendung von UML kann hier nicht näher eingegangen werden. Eine Beschäftigung mit diesem Thema ist aber durchaus empfehlenswert.

Anders als in der prozeduralen Programmierung ist es in der objektorientierten Welt wichtig, sich vorab Gedanken über das Zusammenspiel der einzelnen Objekte untereinander zu machen. Der entscheidende Vorteil der OOP ist die Wiederverwendbarkeit von einzelnen Komponenten in neuen Projekten, was eine Entlastung für den Entwickler bedeutet und somit Kosten und Zeit einsparen hilft.

---

1 http://de.wikipedia.org/wiki/Objektorientierte_Programmierung
2 http://www.uml.org

Genug der langen Vorrede. Ein praktisches Bespiel soll in den folgenden Abschnitten das Prinzip der OOP verdeutlichen. Stellen Sie sich vor, Sie sollen ein Programm schreiben, das unterschiedliche Informationen über die Angestellten eines Unternehmens verwalten kann. Dazu zählen beispielsweise Angaben zum Verdienst, der Abteilung und der Kontaktmöglichkeit. In den folgenden Ausführungen werden Sie schrittweise an die Realisierung dieser Aufgabe herangeführt.

4.1 Klassen

Eine Klasse erzeugen Sie in JavaScript über eine sogenannte Konstruktorfunktion. Darin werden alle Eigenschaften und Methoden der Klasse beschrieben. Die folgende Klasse soll das genannte Beispiel der Personalverwaltung aufgreifen.

```
function CPersonal(id,vname,name,abt,notiz)
{
    this.pid       = id;
    this.vname     = vname;
    this.name      = name;
    this.abteilung = abt;
    this.gehalt    = 9900;
    this.notiz     = notiz || "n/a";
}
```

Hier wurde eine Klasse mit dem Namen CPersonal und den Eigenschaften bzw. Objektvariablen pid (für die Personalnummer), name, vname, abteilung, gehalt und notiz erzeugt. Bei der Bestimmung des Einstiegsgehalts waren Sie großzügig, da Sie die Eigenschaft gehalt mit dem Startwert 9900 Euro belegt haben. Dieses Gehalt gilt nun für alle neu erzeugten Instanzen als Ausgangswert und kann später wieder verändert werden. Der Eigenschaft notiz wird als Standardwert der Inhalt n/a zugewiesen, falls zur Initialisierung dafür kein Wert übergeben wurde.

Ein Objekt erzeugen Sie nun mit dem Schlüsselwort new, gefolgt von der Konstruktorfunktion, also der gewünschten Klasse.

```
var obj = new CPersonal(1,'Johannes','Gamperl','V05');
```

Durch den Aufruf der Klasse mit dem Operator new haben Sie eine Objektinstanz der Klasse CPersonal angelegt.

> **Ungarische Notation**
>
> In der Welt von Windows ist es üblich, den Namen einer Klasse sowie deren Eigenschaften in der sogenannten Ungarischen Notation[3] zu schreiben. Der Vorteil dieser Schreibweise liegt darin, dass dabei sofort der verwendete Datentyp einer Variablen oder Klasse erkannt wird. In streng typisierten Sprachen wie C/C++ findet man diese Schreibweise noch häufig vor, in modernen Sprachen wie Java hingegen eher selten. Auch für JavaScript ist die Verwendung nicht unbedingt notwendig, würde aber für zusätzliche Ordnung und Übersicht in Ihren Programmen sorgen. Letztendlich bleibt es Ihrem persönlichen Programmierstil oder Ihren Vorgaben überlassen, für welche Schreibweise Sie sich entscheiden.

4.2 Eigenschaften

Der eben erzeugten Objektinstanz wurden über den Konstruktor die notwendigen Eigenschaften zur Initialisierung übergeben. Diese Eigenschaften sind nun an diese Instanz gebunden und können über den sogenannten Punkt-Operator abgerufen und verändert werden.

```
alert("Personal-ID: " +obj.pid+ "\n" +
      obj.vname+ " " +obj.name+ "\n" +
      "Abt.: "+obj.abteilung
);
```

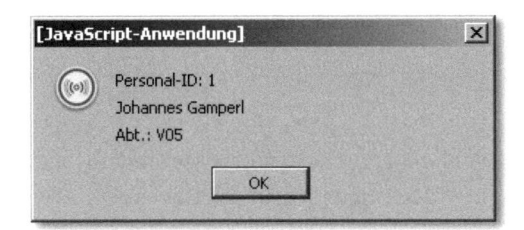

Abbildung 4.1 Ausgabe von Objekteigenschaften über eine Dialogbox

Wie Sie in dem Beispiel erkennen, muss der Wert auf der linken Seite des Operanden ein Objekt und auf der rechten Seite eine gültige Eigenschaft sein. Das Ändern einer Eigenschaft erfolgt über den Zuweisungs-Operator.

```
obj.gehalt += 250;    // Gehalt = 10.150
obj.gehalt -= 50;     // Gehalt = 10.100
obj.gehalt = 9800;    // Gehalt =  9.800
obj.gehalt = 3000;    // Gehalt =  3.000
```

---

3 http://de.wikipedia.org/wiki/Ungarische_Notation

Mit diesen Anweisungen wird das Gehalt zunächst erhöht, anschließend wieder minimiert und schließlich auf den Ausgangswert zurückgesetzt. Am Ende entscheiden Sie sich dafür, dass das Einstiegsgehalt für den betroffenen Mitarbeiter viel zu hoch war, und ändern es entsprechend ab.

Neben dem Punkt-Operator können Sie auch über den Array-Operator `[]` auf Objekteigenschaften zugreifen und die benötigten Werte auslesen bzw. für eine Änderung des Inhalts an das Array übergeben. Man spricht dabei auch von einem assoziativen Array.

```
alert(obj.vname + " " + obj.name);
obj["vname"] = "Hannes";
alert(obj["vname"] + " " + obj["name"]);
```

Welche der beiden Möglichkeiten Sie verwenden, bleibt Ihnen überlassen. Üblicherweise werden Sie den Punkt-Operator, wie er aus Sprachen wie C++ oder Java bekannt ist, vorfinden und wahrscheinlich auch selbst bevorzugen.

Sie können einem Objekt auch nachdem es erzeugt wurde neue Eigenschaften und Methoden zuweisen (siehe dazu auch Abschnitt 4.5).

```
obj.neu = "Besser spät als gar nicht.";
```

Um alle Merkmale eines Objekts anzuzeigen, können Sie eine `for/in`-Schleife verwenden, die die Eigenschaften eines Objekts der Reihe nach durchläuft.

```
for (var e in obj)
{
    document.write(e + " = " + obj[e] + "<br />\n");
}
```

Mit dieser Anweisung bewirken Sie, dass alle Eigenschaften und Methoden – auf die gleich näher eingegangen wird – mit den zugehörigen Werten aufgelistet werden.

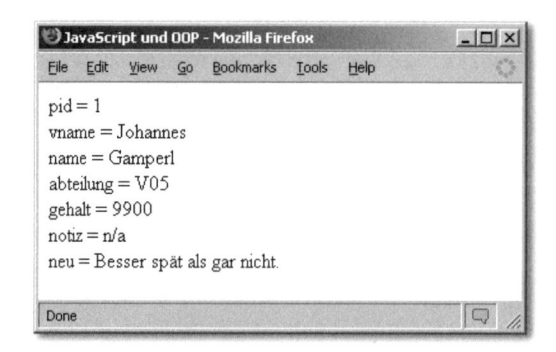

Abbildung 4.2 Objekteigenschaften mittels einer for/in-Schleife anzeigen

Eine weitere Möglichkeit, auf die Eigenschaften und Methoden eines Objekts zuzugreifen, bietet das Schlüsselwort `with`, mit dem Sie innerhalb einer Blockanweisung { ... } direkt die gewünschte Objekteigenschaft auslesen oder verändern können.

```
with (obj)
{
    document.write(vname + " " + name);
}
```

In manchen Fällen sparen Sie sich mit `with` Tipparbeit. In komplexen Programmen sollten Sie `with` allerdings gut überlegt einsetzen, da Sie sonst schnell die Übersicht im Programmcode verlieren können.

4.3 Abfragen

Falls Sie auf eine Objekteigenschaft zugreifen möchten, die bisher keinen Wert zugewiesen bekommen hat, oder die es schlichtweg noch gar nicht gibt, erhalten Sie als Rückgabewert `undefined`. Dies können Sie verwenden, um Eigenschaften auf korrekt gesetzte Werte zu überprüfen. Den gleichen Effekt erzielen Sie mit dem Schlüsselwort `null`. Betrachten Sie dazu die beiden in ihrer Wirkung identischen Möglichkeiten.

```
if (obj.pid != undefined) alert( obj.pid );
if (obj.pid != null) alert( obj.pid );
```

In diesem Zusammenhang sei noch kurz erwähnt, dass der Wert `null` in JavaScript nicht gleich dem Integerwert 0 ist. Ebenfalls wird `undefined` von `null` unterschieden. Für die meisten Anwendungsfälle brauchen Sie sich darüber aber keine Gedanken zu machen, weshalb auf diesen feinen Unterschied hier auch nicht näher eingegangen wird. Die Anwendung des Operators `in` führt zu einem ähnlichen Ergebnis.

```
if ("pid" in obj) alert("Bin da!");
```

Als Rückgabewert dieser Abfrage erhalten Sie `true` oder `false`, je nachdem, ob die Eigenschaft vorhanden ist oder nicht.

Mithilfe des Operators `typeof` ist es möglich, den Datentyp einer Objekteigenschaft oder einer einfachen Variablen zu ermitteln. Dabei können folgende Typen ermittelt werden: `boolean`, `function`, `number`, `object`, `string` und `undefined`. Wurde einer zu prüfenden Eigenschaft oder der Variablen kein Wert zugewiesen, erhalten Sie bei dieser Überprüfung `undefined` als Ergebnis. Dies kann ebenfalls zum Testen auf eine leere oder nicht vorhandene Eigenschaft verwendet werden.

```
var z = 1;
alert(typeof z); // number
if ((typeof obj.pid) != undefined)
{
    alert('Eigenschaft gesetzt');
}
```

Gelegentlich möchte man eine Objekteigenschaft auch löschen. Diese Aufgabe übernimmt der `delete`-Operator.

```
delete obj.pid;
```

Beachten Sie, dass Sie mit dieser Anweisung eine Eigenschaft komplett aus einem Objekt entfernen und nicht nur auf `undefined` setzen.

In manchen Fällen wäre es auch praktisch, ein Objekt auf seine Objektklasse hin zu überprüfen. Für diese Aufgabe wird der Operator `instanceof` verwendet, wobei auf der linken Seite ein Objekt und auf der rechten Seite eine Objektklasse erwartet wird.

```
alert( obj instanceof CPersonal ); // true
var s = new String();
alert(s instanceof String);   // true
alert(s instanceof Object);   // true
alert(s instanceof Number);   // false
```

Falls die Prüfung erfolgreich ist, wird der boolesche Wert `true` zurückgegeben, andernfalls `false`.

4.4 Methoden

Mit dem aktuellen Beispiel-Objekt können Sie derzeit noch nicht besonders viel anfangen. Sie haben der Klasse `CPersonal` bisher lediglich einige Eigenschaften zugewiesen, die abgerufen und geändert werden können. Damit beispielsweise alle Objekteigenschaften auf einmal formatiert ausgegeben werden können, benötigen Sie eine Methode für diese Klasse.

```
function CPersonal(id,vname,name,abt,notiz)
{
    this.pid     = id;
    this.vname   = vname;
    this.name    = name;
```

```
    this.abteilung = abt;
    this.gehalt    = 9900;
    this.notiz     = notiz || "n/a";
    this.getInfo = function() { alert("Hallo!"); }
}
```

Wie Sie diesem Listing entnehmen, wurde in der letzten Zeile der Klasse eine Methode zugewiesen. Sie können Objektmethoden entweder direkt oder ausgelagert notieren. Eine direkte Zuweisung ist nur bei kürzeren Codebausteinen sinnvoll, es sei denn, Sie verwenden eine modernere Schreibweise für Klassen (siehe dazu Abschnitt 4.7). Der Aufruf einer Methode erfolgt wie bei einer Eigenschaft über die Punktnotation.

```
var obj = new CPersonal(1,'Johannes','Gamperl','V05');
obj.getInfo();
```

Diese Anweisung führt dazu, dass eine Dialogbox mit der einfachen Meldung »Hallo!« angezeigt wird.

Abbildung 4.3 Ausgabe einer alert-Box über die Methode einer Klasse

Eine Objektmethode ist somit nichts anderes als eine Funktion, die einer Klasse zugeordnet ist und auch nur von daraus abgeleiteten Instanzen angesprochen werden kann.

Natürlich können Sie einer Methode auch Parameter übergeben, was im folgenden Beispiel gezeigt wird. Erweitern Sie dazu zunächst die Klasse CPersonal um den folgenden Eintrag.

```
this.getMitarbeiter = getMitarbeiter;
```

Damit weisen Sie der Klasse CPersonal eine neue Methode zu, die Sie nun wie folgt definieren.

```
function getMitarbeiter(n)
{
    with(this)
    {
        html = '<pre>'       +
               'Name      : ' + name +
```

```
                '\nVorname  : ' + vname;
       html += (n) ? '\nNotiz    : ' + notiz : '';
       html += '</pre>';
    }
    this.html = html;
    return html;
}
var obj = new CPersonal(
    1,'Johannes','Gamperl',null,"Eine Testnotiz.");
document.write( obj.getMitarbeiter(true) );
```

Dieses Beispiel wendet einige zuvor erklärte Punkte auf einmal an. Zunächst vereinfachen Sie sich die Tipparbeit, indem Sie das Schlüsselwort `this` mit `with` auslagern, andernfalls müssten Sie beispielsweise `this.name` notieren. Das Wort `this` verweist in diesem Zusammenhang auf das globale Objekt. Zugegeben, Sie sparen dabei nicht viel Arbeit, aber es soll ja nur als Beispiel dienen. Des Weiteren wird dem Objekt eine neue Eigenschaft `html` zugewiesen, die fortan global verfügbar ist.

Falls Sie diese Methode ohne Parameter aufrufen, erfolgt eine Ausgabe über den Returnwert der Funktion. Ruft man diese mit dem booleschen Parameter `true` auf, also `getMitarbeiter(true)`, wird zusätzlich die Eigenschaft `notiz` angezeigt.

Natürlich ist es nicht notwendig, einen Rückgabewert zu bestimmen. Sie können auch über die neue Objekteigenschaft `obj.html` auf den erwünschten Inhalt zugreifen. Diese Technik kennen Sie ja bereits aus Ihrer Arbeit mit Funktionen und der Zuweisung von globalen Variablen. Ein kurzes Beispiel dazu soll das Prinzip nochmals aufzeigen.

```
var a = 10;
function addition(b)
{
    a += b;
}
addition(7);
alert(a);
```

In diesem Beispiel wird der Wert der globalen Variablen `a` innerhalb einer Funktion verändert. Globale Variablen können an beliebiger Stelle im Programm ausgegeben und geändert werden. Aus diesem Grund sind globale Variablen fehleranfällig, in großen Programmen schwer wartbar und unübersichtlich. In Hochsprachen wie C++ sind globale Variablen Zeichen eines schlechten Programmierstils und werden weitgehend vermieden. In JavaScript sollten Sie nur in kürzeren Programmen zum Einsatz kommen. Eine bessere Lösung dazu bietet sich über Klasseneigenschaften in der OOP, wie in den Ausführungen oben gezeigt.

Abbildung 4.4 Die Methode getMitarbeiter(true) zeigt eine Notiz zu jedem Mitarbeiter an.

Bisher wurde noch nicht die Schreibweise erklärt, in der einzelne Parameter wahlweise zur Instanziierung angegeben werden können. Möchten Sie beispielsweise beim Erzeugen eines neuen Objekts der Klasse CPersonal keine Abteilung als Eigenschaft angeben, aber bereits eine Notiz eintragen, können Sie zu diesem Zweck einen leeren Wert mit dem Schlüsselwort null übergeben.

```
obj = new CPersonal(1,'Johannes','Gamperl',null,'Post abholen!');
```

Die Auszeichnung mit null führt dazu, dass dieser Parameter bei der Instanziierung ignoriert und der Standardwert gesetzt wird. Dies kann natürlich nur dann funktionieren, wenn ein Standardwert für die entsprechende Eigenschaft vorgesehen wurde.

4.5 Prototypen

Eine wesentlich elegantere Möglichkeit, um neue Eigenschaften und Methoden einem Objekt zuzuweisen, ergibt sich aus der Objekteigenschaft prototype. Dabei ist es nicht notwendig, eine neue Methode bereits in der Klasse zu definieren, bevor das Objekt erzeugt wird. Die Zuweisung erfolgt in diesem Fall direkt. Ändern Sie dazu das obige Beispiel wie folgt ab.

```
CPersonal.prototype.getMitarbeiter = function(n)
{
    with(this)
    {
        html = '<pre>'      +
```

```
                  'Name     : ' + name   +
                  '\nVorname : ' + vname;
        html += (n) ? '\nNotiz   : ' + notiz : '';
        html += '</pre>';
    }
    this.html = html;
    return html;
}
```

Durch diese Alternative wird es möglich, eine Klasse mit beliebigen Eigenschaften und Methoden zu erweitern, ohne die Hauptklassen verändern zu müssen. Dies kann insbesondere bei großen Projekten von Vorteil sein, in denen Sie ein Entwurfsmuster über mehrere einzelne Dateien hinweg entwickeln. Die Erweiterung einer Klasse um neue Eigenschaften stellt sich genauso einfach dar.

```
CPersonal.prototype.groesse = 183;
```

Das Prototype-Objekt ist für alle Objektklassen und eingebauten Objekte von JavaScript (z. B. Math, String oder Array) verfügbar. Ein abschließendes Beispiel soll dies verdeutlichen.

```
function crazy() {
    var r = "";
    for (var i=0; i<this.length; i++)
    {
        r += (i%2) ?
                this.charAt(i).toUpperCase()
                :
                this.charAt(i);
    }
    alert(r);
}
String.prototype.crazy = crazy;
String("Hallo Du, wie geht es Dir?").crazy();
var str = "Hallo Du, wie geht es Dir?"
str.crazy();
"Hallo Du, wie geht es Dir?".crazy();
```

Ziel des Beispiels ist es, jeden zweiten Buchstaben eines Strings in einen Großbuchstaben umzuwandeln und das Ergebnis in einer Dialogbox auszugeben. Dazu wird das String-Objekt mit der klangvollen Methode crazy() erweitert. Im Beispiel wurden drei Varianten gezeigt, die demonstrieren, wie diese neue Methode aufgerufen werden kann.

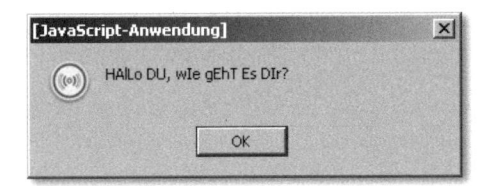

Abbildung 4.5 Eine Textwelle mit der neuen Methode crazy() des String-Objekts

Sie hätten dazu die Methode wie im Beispiel zuvor notieren können. Das Beispiel sollte Ihnen zeigen, dass Sie eine Methode auch über den Funktionsnamen zuweisen können. Auch hierbei bleibt es wieder Ihrem persönlichen Geschmack überlassen, welche Variante Sie wählen. Beachten Sie bei der letzten Variante auch, dass Sie bei dieser Schreibweise die Funktionsklammern ( ) bei der Zuweisung der Methode an das Objekt weglassen müssen. Notwendige Parameter werden automatisch während des Methodenaufrufs zugewiesen.

4.6 Literale

Eine weitere Möglichkeit ein Objekt zu erzeugen, ist die Verwendung sogenannter Literal-Objekte[4]. Diese Variante wurde mit JavaScript 1.2 eingeführt und ist in ECMAScript v3 spezifiziert. Moderne Skripten, insbesondere AJAX-Anwendungen, verwenden häufig diese Notation. Es lohnt sich also, sich mit dieser Schreibweise vertraut zu machen. Sehen Sie sich dazu die zuvor erzeugte Klasse als Literal-Objekt an.

```
var CPersonal = {
    pid:    "1",
    vname:  "Johannes",
    name: "Gamperl",
    abteilung: "V05",
    notiz: "www.ajax-scripting.de",
    getPid: function() { alert(this.pid) }
};
alert( CPersonal.pid );
```

Eigentlich ist diese Schreibweise schon recht übersichtlich, sie stellt aber noch keinen ernsthaften Ersatz für Klassen der OOP dar, da Sie damit keine Instanzen bilden können. Literal-Objekte sind immer dann sinnvoll, wenn Sie keine Objektklassen erzeugen möchten, in Ihrem Programm aber ein einzelnes Objekt mit unterschiedlichen Eigenschaften und Methoden benötigen. Alternativ dazu

---

4 http://developer.mozilla.org/en/docs/Core_JavaScript_1.5_Guide:Literals

kann zunächst ein leeres Objekt mit dem eingebauten `Object`-Objekt erzeugt und diesem anschließend die gewünschten Eigenschaften und Methoden zugewiesen werden.

```
obj = new Object();
obj.pid = 1;
obj.getPid = function() { alert(this.pid) };
obj.getPid();
```

Möchten Sie beispielsweise eigene Datentypen definieren, ist es ratsam, mit `Literal`-Objekten zu arbeiten. Diese sind zudem auch wesentlich übersichtlicher und einfacher nachzuvollziehen als aufwändige Klassendefinitionen.

Falls Sie Erfahrung in der Programmiersprache C/C++ haben, können Sie sich `Literal`-Objekte auch als Strukturen (`struct`) vorstellen.[5]

Beachten Sie auch, dass `Literal`-Objekte beliebig tief verschachtelt sein können oder numerische Werte als Eigenschaften aufweisen dürfen. Dabei gilt, dass numerische Werte als Namen für Variable ungültig sind. Aus diesem Grund können Sie auch nicht über die direkte Schreibweise auf einen entsprechenden Inhalt zugreifen – wie im folgenden Beispiel mit `farbe.7`. Da es sich hierbei intern um einen Array-Wert handelt, müssen Sie beim Zugriff auch die dafür vorgesehene Notation verwenden (`farbe[7]`).

```
var farbe = {
    dunkel: "#000000",
    rgb: {r: 255, g: 0, b: 0},
    1: { 3: [1,2], txt: "hallo" },
    msg: function(){ alert("Danke"); },
    7: "green"
};
document.write(farbe.dunkel + "<br />");      // #000000
document.write(farbe.rgb.r + "<br />");       // 255
document.write(farbe[1][3][0] + "<br />");    // 1
document.write(farbe[1].txt + "<br />");      // hallo
farbe.msg();    // Zeigt eine Dialogbox an.
document.write(farbe[7] + "<br />");          // green
```

Dies ist aber noch lange nicht alles, was mit dieser Notation möglich ist. Sie können einem Literal beliebige Objekte oder weitere Literale übergeben, wodurch sich mächtige und komplexe Strukturen erzeugen lassen.

---

[5] Arnold Willemer, Autor des Buchs »Einstieg in C++«, bietet unter http://www.willemer.de/informatik/cpp/struct.htm ein gutes Tutorial zum Datenverbund `struct` an.

Im nächsten Beispiel sehen Sie, wie man ein Literal mit externen Elementen füllen kann. Anschließend werden diverse Eigenschaften geändert und das Ergebnis über eine Dialogbox angezeigt. Dabei ist gut zu erkennen, wie sich die Änderungen im `Literal`-Objekt `beispiel` auf die externen Elemente auswirken bzw. wie diese zusammenspielen.

```
function CPotenz(zahl, potenz)
{
    this.potenz = potenz || 2;
    this.ergebnis = Math.pow(zahl,this.potenz);
}
var z = new CPotenz(2,3);
var coords = { a:1, b:2 };
var array = [1,2,3];
var beispiel = {
    txt : "Ich bin ein Beispiel",
    zeichen : function() { alert(this.txt.length); },
    obj : z,
    pow : function(a,b) { return new CPotenz(a,b); },
    c : coords,
    c_b : coords.b = 22,
    a : array
};
var msg = "2^2 = "+beispiel.pow(2,2).ergebnis;
beispiel.obj.text = "Test"; // Neue Eigenschaft für z definieren
msg += "\nInhalt von z.text : "+z.text;
msg += "\nInhalt von coords.a = "+beispiel.c.a;
beispiel.c.a = 100;
msg += "\nNeuer Inhalt von coords.a = "+coords.a;
msg += "\nInhalt von coords.b = "+coords.b;
msg += "\nLänge von array = "+beispiel.a.length;
beispiel.a[beispiel.a.length] = 4;
msg += "\nInhalt von array = "+array;
alert(msg);
```

Bei der Arbeit mit Literalen sollten Sie, wie es in der OOP üblich ist, ein Konzept für Ihre Anwendung erarbeiten, da Sie in tiefen Strukturen ansonsten sehr schnell den Überblick verlieren können.

Als abschließendes Beispiel wird ein einfaches Schachbrett erzeugt. Dazu können Sie natürlich auch ein zweidimensionales Array verwenden. Literale ermöglichen es aber, mit relativ geringem Aufwand beliebig tiefe Dimensionen darzustellen.

```
var schach = {
    a: { 8:"", 7:"", 6:"", 5:"", 4:"", 3:"", 2:"", 1:"" },
```

```
    b: { 8:"", 7:"", 6:"", 5:"", 4:"", 3:"", 2:"", 1:"" },
    c: { 8:"", 7:"", 6:"", 5:"", 4:"", 3:"", 2:"", 1:"" },
    d: { 8:"", 7:"", 6:"", 5:"", 4:"", 3:"", 2:"", 1:"" },
    e: { 8:"", 7:"", 6:"", 5:"", 4:"", 3:"", 2:"", 1:"" },
    f: { 8:"", 7:"", 6:"", 5:"", 4:"", 3:"", 2:"", 1:"" },
    g: { 8:"", 7:"", 6:"", 5:"", 4:"", 3:"", 2:"", 1:"" },
    h: { 8:"", 7:"", 6:"", 5:"", 4:"", 3:"", 2:"", 1:"" }
}
```

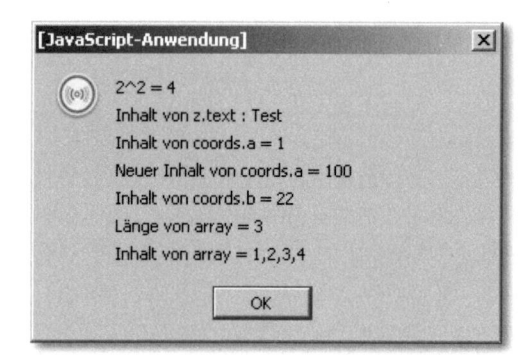

Abbildung 4.6 Ausgabe der Werte aus dem Beispiel über eine alert-Box

Im Literal `schach` ist nun ein Schachbrett als zweidimensionales Muster mit 8x8 Feldern aufgeteilt. Für eine räumliche Darstellung hätten Sie die Eigenschaften über die Zeilen 1–8 setzen müssen, zum Programmieren ist die aktuelle Struktur aber besser geeignet. Wenn Sie beispielsweise eine Figur von `a-2` nach `a-4` ziehen möchten, können Sie dabei über eine geeignete Funktion die beiden Werte mit der Notation `schach.a[2]-schach.a[4]` übergeben. Hätten Sie die Zeilennummern als Eigenschaften verwendet, müssten Sie `schach[1].a-schach[4].a` notieren, was wesentlich umständlicher zu lesen ist. Die in dem Beispiel verwendete Schreibweise entspricht außerdem der üblichen Notation für Schachzüge. Nun können Sie über eine verschachtelte `for/in`-Schleife das Spielfeld im Webbrowser ausgeben.

```
var ccnt = 0;
var html = "<table border='1'>";
for (i in schach)
{
    html += "<tr>";
    for (j in schach[i])
    {
        color = (ccnt%2==0) ? "#ffffff" : "#000000";
        html += "<td style='width:20px;height:20px;background:";
        html += color+"'> " +schach[i][j]+ "</td>";
```

```
        ccnt++;
    }
    html += "</tr>";
    ccnt++;
}
html += "</table>";
document.write(html);
```

Dieses Schachbrett wurde mithilfe einer Tabelle gezeichnet. Für moderne Anwendungen sollten Sie allerdings die einzelnen Felder über div-Elemente darstellen. Die gleiche Aufgabe können Sie beispielsweise wie folgt lösen.

```
var ccnt = 0;
var xpos = 30;
var ypos = 30;
for (i in schach)
{
    for (j in schach[i])
    {
        d = document.createElement("div");
        d.innerHTML = schach[i][j];
        with (d.style)
        {
            position = "absolute";
            border = "1px solid #000";
            left = xpos+"px";
            top = ypos+"px";
            width = "30px";
            height = "30px";
            backgroundColor = (ccnt%2==0) ? "#fff" : "#000";
        }
        document.body.appendChild(d);
        ccnt++;
        xpos+=32;
    }
    ccnt++;
    xpos=30;
    ypos+=32;
}
```

Im Gegensatz zur Tabellen-Lösung müssen Sie sich in diesem Fall selbst um die Positionen der einzelnen Felder kümmern. Dies ist aber nicht besonders kompliziert und wird über entsprechende CSS-Angaben realisiert, wie Sie dem Beispiel entnehmen können.

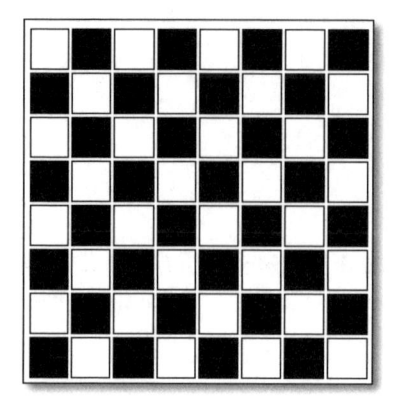

Abbildung 4.7 Ein einfaches Schachbrett, das über ein Literal-Objekt erzeugt wurde

Das Zeichnen eines Schachbretts über ein `Literal`-Objekt allein ist nicht besonders nützlich. Eine einfache Tabelle mit einer Dimension von 8x8 von Hand notiert würde den gleichen Effekt erzielen. Nützlich wird dies dann, wenn Sie in einer Anwendung die Spielfiguren bewegen möchten bzw. die aktuelle Position im Spielbrett ermitteln müssen. In diesem Fall kommen Sie an geeigneten Strukturen oder Arrays nicht vorbei.

Um eine Funktion zum Bewegen der Spielfiguren anzubieten, ändern Sie das zuvor gezeigte Beispiel in ein `Literal`-Objekt für das Schachbrett ab.

```
var schach = {
   brett : {
      a: { 8:"t", 7:"", 6:"", 5:"", 4:"", 3:"", 2:"", 1:"" },
      ...
   },
   draw : function() {
      var ccnt = 0;
      var xpos = 30;
      var ypos = 30;
      for (i in this.brett)
      {
         for (j in this.brett[i])
         {
            d = document.createElement("div");
            d.innerHTML = this.brett[i][j];
            with (d.style)
            {
               position = "absolute";
               border = "1px solid #000";
               left = xpos+"px";
```

```
                top = ypos+"px";
                width = "30px";
                height = "30px";
                color = (ccnt%2==0) ? "#000" : "#fff";
                backgroundColor = (ccnt%2==0)?"#fff":"#000";
                textAlign = "center";
            }
            document.body.appendChild(d);
            ccnt++;
            ypos+=32;
        }
        ccnt++;
        xpos+=32;
        ypos=30;
      }
    },
    move : function(move) {
        var m = move.split("-");
        var temp = this.brett[m[0]][m[1]];
        this.brett[m[0]][m[1]] = "";
        this.brett[m[2]][m[3]] = temp;
        setTimeout("schach.draw()", 1500);
    }
}
schach.draw();
schach.move("a-8-a-4");
```

In diesem Beispiel wurde die Struktur des Schachbretts direkt in das Literal-Objekt eingebunden. Die Methode schach.draw() zeichnet das Schachbrett im Webbrowser und wird jedes Mal erneut aufgerufen, sobald mithilfe der Methode schach.move(item) eine Figur bewegt wird. Die Methode setTimeout() wurde dabei nur deshalb eingebunden, damit sich die Bewegung der Figur für dieses Beispiel optisch nachvollziehen lässt. Es ist noch anzumerken, dass man die CSS-Angaben für das Schachbrett sinnvollerweise selbst in eine externe CSS-Datei auslagern sollte.

Ein funktionales Schachspiel haben Sie damit aber noch lange nicht erzeugt. Dazu fehlen noch viele Funktionen, wie beispielsweise eine Logikabfrage zu erlaubten Spielzügen, die Spielfiguren, die Labels für das Schachbrett und vieles mehr.[6] Im Internet[7] finden Sie zahlreiche Schachprogramme, die mithilfe von JavaScript

---

6 Unter http://www.webreference.com/programming/javascript/javachess/ finden Sie ein interessantes Tutorial zur Logik eines Schachspiels.
7 http://ph4nn.sourceforge.net, http://www.totallysmartit.com/examples/chess/chessintro.asp etc.

realisiert wurden, und die zum Teil sogar mit einer eigenen künstlichen Intelligenz (KI)[8] arbeiten. Falls Sie selbst ein Schachspiel entwickeln möchten, sollten Sie sich von den bereits angebotenen Skripten inspirieren lassen.

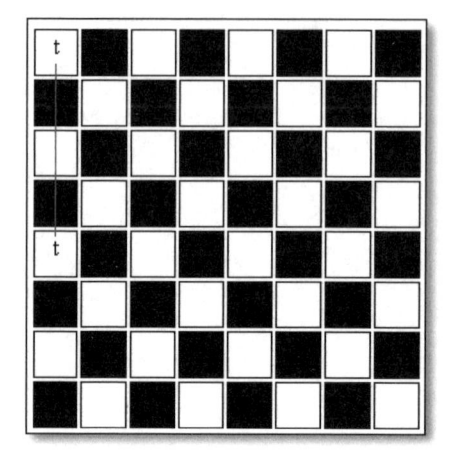

Abbildung 4.8 Die Methode schach.move(»a-8-a-4«) bewegt den Turm (t) an eine neue Position im Spielbrett.

4.7 JSON

JSON[9] steht für »JavaScript Object Notation« und stellt ein für Computer und Mensch leicht lesbares Format zum Austausch von Daten dar. Es wird in einer frei verfügbaren Lizenz ohne Einschränkungen angeboten.

Ursprünglich für den Datenaustausch in JavaScript gedacht, kann JSON dank der zahlreichen Portierungen mittlerweile von allen gängigen Sprachen wie C/C++, C#, Java, Perl, PHP oder Python verwendet werden.

Dank der kompakten Schreibweise und der gut lesbaren Datenstruktur stellt JSON eine überlegenswerte Alternative zu XML[10] dar. JSON ist zudem leichter zu parsen, von der Dateigröße kleiner als XML und damit auch schneller in der Anwendung. Auch der Datenaustausch zwischen verschiedenen Programmiersprachen ist kein unlösbares Problem für JSON. Sie werden dieses Format in einigen Anwendungen und Bibliotheksdateien zu AJAX finden, weshalb Sie mit dieser Struktur vertraut sein sollten. Falls Sie eigene Anwendungen programmieren, kann es ebenfalls interessant sein, dieses Format zu verwenden.

---

8 http://javascript.internet.com/games/javascript-chess-with-cpn-oppo.html
9 http://www.json.org
10 http://www.xml.com

Die Struktur von JSON ist in Objekte, Arrays, Daten und Zeichen unterteilt. Dabei gelten im Groben die folgenden Regeln.

- Ein Objekt ist eine ungeordnete Sammlung von `name/value`-Paaren. Objekte werden in geschweifte Klammern (`{...}`) gepackt. Dem Objektnamen folgt ein Doppelpunkt (:), und die `name/value`-Paare sind mit einem Komma (,) voneinander getrennt.
- Ein Array ist eine geordnete Sammlung von Werten und wird mit eckigen Klammern (`[...]`) umschlossen. Die Werte sind durch ein Komma (,) voneinander getrennt.
- Daten können Strings in Anführungszeichen (`""`), Zahlenwerte, boolesche Werte (`true`, `false`), ein Objekt oder ein Array sein. Diese Strukturen dürfen ineinander verschachtelt sein.
- Ein String (Zeichenkette) ist eine Sammlung von null (leerer String) oder mehreren Unicode-Zeichen, die in Anführungszeichen (`""`) gesetzt sind und durch einen Backslash (\) maskiert werden.

Diese Regeln wirken beim ersten Lesen recht kompliziert, werden aber anhand von Beispielen schnell verständlich. Details zum Format und ausführliche Erklärungen zu möglichen Strukturen entnehmen Sie bitte der Webseite zu JSON. Hier finden Sie auch verschiedene Formatkonvertierungen und Erweiterungen für unterschiedliche Programmiersprachen.

Für die Ausführungen in diesem Abschnitt wird auf die JavaScript-Variante kurz eingegangen. Realisiert wird JSON im Übrigen durch die Anwendung von `Literal`-Objekten in JavaScript, die Sie im vorherigen Abschnitt bereits kennengelernt haben.

Sehen Sie sich zunächst eine typische Datenstruktur in JSON und deren Entsprechung in XML an. Dazu erzeugen Sie ein `Literal`-Objekt mit dem Namen `records` und der Eigenschaft `data`, die wiederum ein Array an Objekten enthält.

```
var records = {
    "data" : [
        {
            "Name"    : "Gamperl",
            "Vorname" : "Johannes",
            "Email"   : "info@jg-webdesign.de",
            "Telefon" : "123456"
        },
        {
            "Name"    : "Mustermann",
            "Vorname" : "Franz",
```

```
                    "Email"   : "eine@mailadresse",
                    "Telefon" : "123456"
                }
        ]
};
<data>
    <item>
        <Name>Gamperl</Name>
        <Vorname>Johannes</Vorname>
        <Email>info@jg-webdesign.de</Email>
        <Telefon>123456</Telefon>
    </item>
    <item>
        <Name>Mustermann</Name>
        <Vorname>Franz</Vorname>
        <Email>eine@mailadresse</Email>
        <Telefon>123456</Telefon>
    </item>
</data>
```

Wie Sie diesem Beispiel gut entnehmen können, ist die XML-Variante fast doppelt so groß wie JSON und auch aufwändiger zu erzeugen. Sie haben nun ein `Literal`-Objekt erzeugt, das – wie im obigen Abschnitt erklärt – weiterverarbeitet werden kann.

```
for (var i in records.data)
{
    with (records.data[i])
    {
        document.write(
            Name+", "+Vorname+", "+Email+", "+Telefon+"<br />"
        );
    }
}
```

Diese Schleife gibt alle Einträge dieser Struktur der Reihe nach im Webbrowser aus. Das Hinzufügen neuer Datensätze mittels JavaScript ist auch nicht besonders kompliziert und kann wie im Folgenden gezeigt realisiert werden.

```
records.data[records.data.length] = {
    "Name"    : "Neuer Name",
    "Vorname" : "Neuer Vorname",
    "Email"   : "eine@mailadresse",
    "Telefon" : "123456"
}
```

Anhand der Eigenschaft `length` ermitteln Sie dabei die Länge des aktuellen Arrays und fügen somit einen neuen Datensatz an das Ende des Arrays ein. Eine weitere Möglichkeit besteht darin, die Methode `push()` des `Array`-Objekts anzuwenden. Damit wird in einem Array ein neues Element am Ende eingefügt.

```
records.data.push({
    "Name"    : "Neuer Name",
    "Vorname" : "Neuer Vorname",
    "Email"   : "eine@mailadresse",
    "Telefon" : "aaa"
});
```

Um einen String, der eine JSON-Struktur enthält, in ein entsprechendes Objekt umzuwandeln, können Sie die `eval()`-Methode von JavaScript verwenden.

```
var jsonobj = eval('(' + string + ')');
```

Die Ausführung von `eval()` ist zwar recht schnell, könnte aber zu Sicherheitsproblemen führen[11], da mit ihr jeder Ausdruck in einen ausführbaren Code umgewandelt werden kann. Sie sollten daher lieber die von JSON direkt angebotene Methode `parse()` verwenden, was zudem schicker aussieht.

```
var jsonobj = JSON.parse(string);
```

Umgekehrt verhält es sich mit der Funktion `stringify()`, mit der Sie ein JSON-Objekt in einen String für die weitere Verarbeitung umwandeln – etwa, um diesen auf dem Server in einer Datei abzulegen.

```
var jsonstr = JSON.stringify(jsonobj);
```

Wie bereits erwähnt gibt es zahlreiche Erweiterungen[12] zu JSON, die beispielsweise einen String im notwendigen Format aufbereiten und ihn serverseitig speichern und manipulieren können.

In Kapitel 5, *JavaScript und XML*, erhalten Sie die wesentlichen Grundlagen für den Zugriff auf XML über JavaScript. Nachdem Sie dieses Kapitel durchgearbeitet haben, sollten Sie die Unterschiede zwischen JSON und XML einander gegenüberstellen und für sich selbst entscheiden, welche dieser Methoden für Sie am einfachsten anzuwenden ist.

---

11 So gefährlich, wie manche Beiträge behaupten, ist `eval()` aber auch nicht, man muss es nur Korrekt und gut überlegt anwenden.

12 Für PHP könne Sie php-json (http://www.aurore.net/projects/php-json/) oder JSON-PHP (http://mike.teczno.com/json.html) verwenden. Beide Module sind einfach zu nutzen und in ihrer Ausführung sehr schnell. Für php-json benötigen Sie Root-Rechte auf Ihrem Server, da es sich hierbei um eine Umsetzung in C handelt, die kompiliert werden muss. Falls Sie PEAR verwenden, bietet sich HTML_AJAX (http://pear.php.net/package/HTML_AJAX/) an.

4.8 Praxisbeispiel

Im folgenden Beispiel erzeugen Sie ein einfaches Adressbuch, das als Datenbasis eine JSON-Struktur verwendet. Ziel ist es, eine kleine Anwendung anzubieten, die Adressdaten am Bildschirm ausgeben und manipulieren kann. Das XHTML für die Anzeige sieht dabei wie folgt aus.

```html
<html>
<head>
<title>Adress-Datenbank, JSON-DB</title>
<meta http-equiv="content-type" content="text/html; charset=iso-8859-1" />
<link rel="stylesheet" type="text/css" href="book.css" />
<script type="text/javascript" src="book.js"></script>
</head>
<body>

<div id="book">
    <h1>Adressbuch-Demo, JSON DB</h1>
    <form name="book">
<pre>
ID      : <span></span>
Name    : <span></span>
Vorname : <span></span>
Email   : <span></span>
Telefon : <span></span>
</pre>
    </form>
    <p>
        <a onclick="adressBook.pager(false)"
           id="btn"> &laquo; </a>
        <a onclick="adressBook.pager(true)"
           id="btn"> &raquo; </a>
        <a onclick="adressBook.edit()" id="btn">edit</a>
        <a onclick="adressBook.add()" id="btn">neu</a>
        <a onclick="adressBook.remove()" id="btn">delete</a>
    </p>
</div>

</body>
</html>
```

Hier gibt es nicht besonders viel anzumerken. Zur Darstellung der Inhalte werden span-Tags verwendet, die später dynamisch mit Inhalt gefüllt werden. Die Optik der Anwendung wird mittels einfacher CSS-Angaben formatiert.

```css
#book
{
    width: 270px;
    padding: 10px;
    background: #ffcc33;
    border: 1px solid #996600;
    font-weight: bold;
}
#btn
{
    cursor: pointer;
    padding: 3px;
    background: #cc6633;
    color: #fff;
    text-decoration: none;
    border-right: 2px solid #fff;
    font-weight: normal;
}
h1
{
    font-size: 1.0em;
    text-decoration: underline;
}
span
{
    font-weight: normal;
}
span,form,pre,p
{
    margin-bottom: 0;
}
```

Die Funktionalität des Adressbuches wurde über ein `Literal`-Objekt abgebildet, das wie folgt aufbereitet ist.

```javascript
var adressBook = {
    data : ... ,
    alerts : ...,
    zeiger : 0,
    init : ...
    load : ...,
    pager : ...,
    add : ...,
    insert : ...,
    remove : ...,
    edit : ...,
    update : ...
};
window.onload = book.init;
```

4 | JavaScript und OOP

Bei diesem Literal-Objekt sind zunächst in book.data die Datenstruktur und in book.alerts Nachrichtentexte zu den jeweiligen Aktionen gemäß der JSON-Syntax abgelegt. In der Eigenschaft book.zeiger ist die aktuelle Position in der Datenstruktur als Integer-Wert hinterlegt, der sich beispielsweise beim Blättern oder Löschen eines Datensatzes verändert.

```
data : [
    {
        "Name"    : "Gamperl",
        "Vorname" : "Johannes",
        "Email"   : "info@jg-webdesign.de",
        "Telefon" : "123456"
    },
    {
        "Name"    : "Mustermann",
        "Vorname" : "Franz",
        "Email"   : "eine@mailadresse",
        "Telefon" : "123456"
    }
],
alerts : {
    "first" : "Sie sind bereits am ersten Datensatz.",
    "last"  : "Dies war der letzte Datensatz",
    "add"   : "Datensatz eingefügt.",
    "edit"  : "Datensatz erfolgreich editiert"
},
zeiger : 0,
```

Mit dem vollständigen Laden der Seite wird über das onload-Event die Methode book.init() aufgerufen. Sie dient lediglich dazu, die Anwendung mittels der internen Methode book.load() zu initialisieren und den ersten vorhandenen Datensatz in der Adressmaske auszugeben.

```
init : function() {
    adressBook.load();
},
load : function() {
    var s = document.getElementById('book').
            getElementsByTagName("span");
    s[0].innerHTML = this.zeiger;
    s[1].innerHTML = this.data[this.zeiger]["Name"];
    s[2].innerHTML = this.data[this.zeiger]["Vorname"];
    s[3].innerHTML = this.data[this.zeiger]["Email"];
    s[4].innerHTML = this.data[this.zeiger]["Telefon"];
}
```

4.8 | Praxisbeispiel

Abbildung 4.9 Ausgabe des ersten Datensatzes beim Start der Anwendung

Wie Sie im Beispiel erkennen können, wird der Inhalt der Datenstruktur, auf die der Zeiger verweist, dynamisch in die entsprechenden span-Tags geschrieben. Dies erfolgt über die Eigenschaft innerHTML, die den bis dahin vorhandenen Inhalt im Dokument überschreibt. Zum Blättern der Einträge wird die Methode book.pager() angewandt.

```
pager : function(d) {
    if (d)
    {
        (this.zeiger == this.data.length-1) ?
            alert(this.alerts.last) : this.zeiger++;
    } else {
        (this.zeiger == 0) ?
            alert(this.alerts.first) : this.zeiger--;
    }
    this.load();
},
```

Dabei wird die Eigenschaft book.zeiger entsprechend den Änderungen aktualisiert, und die jeweiligen Hinweistexte aus dem Array book.alerts werden ausgegeben, falls sich der Anwender am Anfang oder am Ende der Datensätze befindet. Für das Hinzufügen neuer Datensätze wird die Methode book.add() aufgerufen, über die ein Eingabeformular geöffnet wird.

```
add : function() {
    var s = document.getElementById('book').
            getElementsByTagName("span");
    s[0].innerHTML = "Neuer Datensatz";
    for (var i=1; i<s.length; i++)
```

```
        {
            s[i].innerHTML = "<input type=\"text\"
                              name=\"f"+i+"\" />";
        }
        s[s.length-1].innerHTML += " <a
        onclick=\"adressBook.insert(document.book);\"
        id=\"btn\">Speichern</a>" +
        " <a onclick=\"adressBook.load();\"
        id=\"btn\">X</a>";
    },
```

Das Speichern des neuen Datensatzes erfolgt nun über die Methode book.insert(), mit der die Formulardaten an das Ende der Datenstruktur angehängt werden. Für diese Aufgabe wird zunächst überprüft, ob die aktuelle Datenbasis leer oder mindestens ein Eintrag vorhanden ist. Je nach Ergebnis wird der korrekte Index für das Einfügen der neuen Daten ermittelt.

```
    insert : function(f) {
        z = (this.data[0]["Name"] == "leer") ?
            0 : this.data.length;
        this.data[z] = {
            "Name"    : f["f1"].value,
            "Vorname" : f["f2"].value,
            "Email"   : f["f3"].value,
            "Telefon" : f["f4"].value
        };
        alert(this.alerts.add);
        this.load();
    },
```

Abbildung 4.10 Die Eingabemaske für neue Datensätze

Ähnlich wie das Einfügen neuer Datensätze funktioniert das Editieren vorhandener Einträge. Dazu wird anhand der Methode `book.edit()` zunächst ein Eingabeformular geöffnet, in das der aktuell ausgewählte Datensatz ausgegeben wird. Beim Speichern der Änderungen wird anschließend intern die Methode `book.update()` ausgeführt, die das Array in der aktuellen Indexposition über die Eigenschaft `book.zeiger` überschreibt und eine Meldung über die erfolgreiche Aktion in einer Dialogbox ausgibt.

```
edit : function() {
    var s = document.getElementById('book').
            getElementsByTagName("span");
    s[0].innerHTML = "("+this.zeiger+") Datensatz editieren";
    s[1].innerHTML = "<input type=\"text\" name=\"f1\"
    value=\""+this.data[this.zeiger]["Name"]+"\" />";
    s[2].innerHTML = "<input type=\"text\" name=\"f2\"
    value=\""+this.data[this.zeiger]["Vorname"]+"\" />";
    s[3].innerHTML = "<input type=\"text\" name=\"f3\"
    value=\""+this.data[this.zeiger]["Email"]+"\" />";
    s[4].innerHTML = "<input type=\"text\" name=\"f4\"
    value=\""+this.data[this.zeiger]["Telefon"]+"\" />" +
    " <a onclick=\"adressBook.update(document.book)
    ;\" id=\"btn\">Speichern</a>" +
    " <a onclick=\"adressBook.load();\"
    id=\"btn\">X</a>";
},
update : function(f) {
    this.data[this.zeiger] = {
        "Name"    : f["f1"].value,
        "Vorname" : f["f2"].value,
        "Email"   : f["f3"].value,
        "Telefon" : f["f4"].value
    };
    alert(this.alerts.edit);
    this.load();
},
```

Schließlich bleibt noch eine Methode `book.remove()` zu erklären, die einen Datensatz aus der Datenstruktur löschen kann. Dabei ist zu beachten, dass die Zeigerposition beim Löschen aktualisiert werden muss. Vor dem Löschen wird überprüft, ob aktuell nur ein Datensatz vorhanden ist. Sofern dies der Fall ist, wird dieser mit »leeren Angaben« gefüllt, um so das Objekt zu löschen, aber nicht zu zerstören.

4 | JavaScript und OOP

```
remove : function() {
    if (this.data.length == 1)
    {
        this.data[this.data.length] = {
            "Name"    : "leer",
            "Vorname" : "leer",
            "Email"   : "leer",
            "Telefon" : "leer"
        };
    }
    this.data.splice(this.zeiger,1);
    this.zeiger = this.data.length-1;
    this.load();
},
```

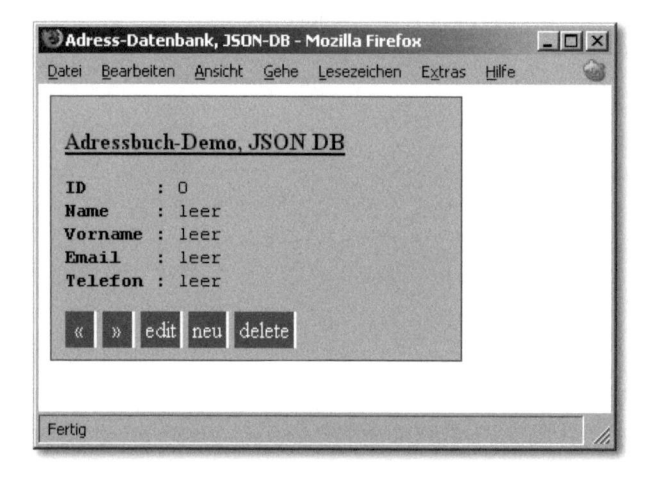

Abbildung 4.11   Die Maske zum Editieren eines Datensatzes

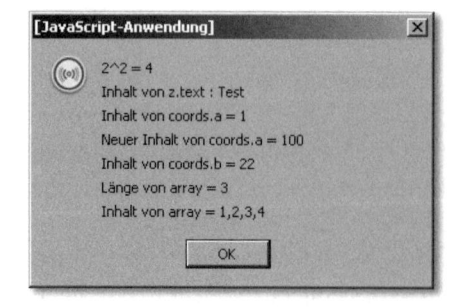

Abbildung 4.12   Anzeige, falls alle Datensätze gelöscht wurden

In Kapitel 6, *JavaScript und HTTP*, erfahren Sie, wie man diese kleine Anwendung so erweitert, dass diese Aktionen dynamisch im Hintergrund mittels AJAX serverseitig gespeichert werden können.

Zur OOP gäbe es noch sehr viel zu sagen, was aber den Rahmen dieses Buches sprengen würde. Ziel dieses Kapitels war es, Ihnen die wesentlichen Themen der OOP in JavaScript näher zu bringen. Sie sollten nun in der Lage sein, moderne objektorientierte Programme zu verstehen und selbst OOP mit JavaScript anzuwenden. In Kapitel 7, *JavaScript und Libraries*, lernen Sie ein interessantes Framework zur OOP und zu AJAX kennen. Falls Sie tiefer in die OOP mit JavaScript einsteigen möchten, sollten Sie sich in weiter fortgeschrittenen Themen[13] wie beispielsweise die Vererbung in Klassen[14] oder Closures[15] einarbeiten.

---

13 http://www.litotes.demon.co.uk/js_info/private_static.html
   http://episteme.arstech-nica.com/groupee/forums/a/tpc/f/6330927813/m/515001254731
14 http://www.crockford.com/javascript/inheritance.html
15 http://jibbering.com/faq/faq_notes/closures.html

Die Extensible Markup Language, abgekürzt XML, ist ein Standard zur Erstellung maschinen- und menschenlesbarer Dokumente in Form einer Baumstruktur. XML definiert dabei die Regeln für den Aufbau solcher Dokumente.

5 JavaScript und XML

XML ist genau genommen eine vereinfachte Teilmenge der Metasprache SGML, mit deren Hilfe verschiedene Auszeichnungssprachen definiert werden können. Auch HTML ist aus SGML hervorgegangen. Für den Austausch von Daten verschiedener Systeme hat das XML-Format in den letzten Jahren rasant an Bedeutung gewonnen. Sie werden heutzutage kaum ein kommerzielles Programm oder eine Anwendung finden, die XML-Daten nicht verarbeiten kann. Auch zahlreiche kostenlose Tools setzen diese Technik als Basis ein. Die Einsatzmöglichkeiten von XML sind umfangreich, angefangen von einfachen Konfigurationsdateien bis hin zu Datenbankstrukturen ist alles möglich.

Für Webentwickler wurde der Einsatz von XML erst interessant, seitdem die gängigen Browser dieses Format gleichermaßen unterstützen. In ersten Anwendungen konnten XML-Daten mittels eingebundenen CSS und XSLT verarbeitet und im Browser angezeigt werden. Diese Methode war aber umständlich und fand daher nicht sonderlich große Verbreitung. Dank des DOM besteht nun aber die Möglichkeit, ein XML-Dokument auf gleiche Art und Weise wie ein XHTML-Dokument zu durchlaufen. Dabei können Sie über die Methoden und Eigenschaften des DOM mit JavaScript die Elemente, Attribute und Inhalte auslesen und manipulieren.

Speziell für JavaScript ist eine neue Technologie mit dem Namen »E4X« in Entwicklung, mit der ein Zugriff auf XML in einfacher, in JavaScript gewohnter Weise möglich wird und die das DOM ablösen soll. E4X wird in künftigen Anwendungen voraussichtlich von entscheidender Bedeutung sein, weshalb in diesem Kapitel darauf bereits kurz eingegangen wird.

In AJAX-Anwendungen steht das »x« für XML, da hierbei in der Regel die zu verarbeitenden Daten im XML-Format ausgetauscht werden. Um AJAX zu verstehen, ist daher der sichere Umgang mit XML in Bezug auf JavaScript und DOM eine wichtige Voraussetzung.

Dieses Kapitel vermittelt die notwendigen Grundlagen für die erfolgreiche Arbeit mit XML und setzt dabei das Wissen aus den zurückliegenden Kapiteln voraus, insbesondere von Kapitel 2, *JavaScript und DOM*.

5.1 Grundlagen

Bevor Sie ein XML-Dokument mithilfe von JavaScript und DOM bearbeiten, sollten Sie sich mit den Grundlagen vertraut machen. Ich setze dabei voraus, dass Sie bereits entsprechende Kenntnisse in XML haben und gehe daher nur kurz auf das zugrunde liegende Prinzip ein. Für die Arbeit in Verbindung mit JavaScript sollte dieser Crashkurs aber ausreichend sein. Trotzdem empfehle ich Ihnen ein vertiefendes Studium von XML.[1]

Eine XML-Datei für die Verwendung mit AJAX muss einen gültigen Header besitzen und syntaktisch korrekt aufbereitet sein. Eine Document Type Definition (DTD) ist nicht erforderlich. Das folgende Beispiel zeigt den Aufbau einer einfachen XML-Datei.

```
<?xml version="1.0" ?>
<root>
    <blume>
        <name>Rose</name>
        <preis>1.10</preis>
    </blume>
    <blume>
        <name>Tulpe</name>
        <preis>0.90</preis>
    </blume>
</root>
```

Listing 5.1 XML-Struktur der folgenden Beispiele

Die erste Zeile dieses Beispiels enthält den Header mit der XML-Signatur, die das Dokument als XML-Datei deklariert. Dieser Header ist zwingend vorgeschrieben und kann weitere Attribute wie beispielsweise die Codierung beinhalten. XML-Dokumente werden mit dem Unicode-Zeichensatz erstellt, wobei Sie ein geeignetes Subset, beispielsweise UTF-8 (8-Bit Unicode Transformation Format) oder ISO-8859-1 (Westeuropa, Latin-1), auswählen können. Die Codierung wird – falls notwendig – im Header über das Attribut encoding eingebunden.

---

[1] Das Buch »Einstieg in XML« von Helmut Vonhoegen, bei Galileo Computing erschienen, vermittelt Ihnen kompetent und detailliert den Umgang mit XML.

```
<?xml version="1.0" encoding="UTF-8" ?>
```

Für AJAX ist die einfache Deklaration aber ausreichend. Wie Sie später sehen werden, können die einzelnen Inhalte über den Wurzelknoten ausgelesen werden.

Ähnlich wie in XHTML können XML-Elemente auch Attribute besitzen, die für eine spätere Verwendung herangezogen werden können. Für das einführende Beispiel könnte das Element preis ein Attribut currency für die zugrunde liegende Währung beinhalten.

```
<preis currency="EUR">...</preis>
```

Für den Aufbau Ihrer XML-Daten können Sie beliebig viele Attribute und Elemente verwenden. Anstatt zusätzliche Informationen als Attribute zu notieren, können Sie diese auch tiefer verschachtelt als Elementknoten darstellen.

```
<preis>
    <betrag>1.10</betrag>
    <currency>EUR</currency>
</preis>
```

Die Art und Weise, wie Sie ein XML-Dokumente aufbereiten, bleibt nun Ihnen und Ihren Anforderungen überlassen. Über eine gültige DTD müssen Sie sich dabei keine Gedanken machen, da die Daten für den Gebrauch mit AJAX vorgesehen sind, und sie dabei nicht benötigt wird. Für die nachfolgenden Beispiele soll die folgende XML-Struktur als Grundlage dienen.

```
<?xml version="1.0" ?>
<root>
    <blume>
        <name>Rose</name>
        <preis currency="EUR">1.10</preis>
    </blume>
    ...
</root>
```

5.2 XML laden

Damit die Daten einer XML-Datei weiterverarbeitet werden können, müssen sie zunächst geladen werden. Über den Webbrowser wurde dies erstmals durch das XML Document Model (XMLDOM)[2] von Microsoft möglich. Dabei handelt es sich um eine ActiveX-Komponente, die den Zugriff auf XML unter anderem mit-

---

2 http://www.topxml.com/dom/

hilfe von JavaScript und dem Microsoft Internet Explorer ab Version 5.0 ermöglicht. Um diese Komponente im Webbrowser zu nutzen, wird sie über eine spezielle JavaScript-Klasse von Microsoft eingebunden. Anschließend wird ein Objekt instanziiert.

```
var xml = new ActiveXObject("Microsoft.XMLDOM");
xml.load("blumen.xml");
```

Über dieses Objekt können Sie nun mit der Methode load() eine XML-Datei in den Arbeitsspeicher laden. Dieser Vorgang kann je nach Größe der Datei und der Übertragungsgeschwindigkeit einige Zeit in Anspruch nehmen. Beachten Sie dabei, dass die Daten nur dann weiterverarbeitet werden, wenn diese erfolgreich und vollständig übertragen wurden. Um dies zu kontrollieren, besitzt das Objekt die Eigenschaft readyState, die einen Wert für den Status der Übertragung zurückliefert. Mit dem Wert 4 wird dabei die vollständige Übertragung signalisiert. Ein möglicher Test dazu könnte wie folgt aussehen.

```
window.onload = function()
{
    xml = new ActiveXObject("Microsoft.XMLDOM");
    xml.load("blumen.xml");
    loadXML();
}

var loadXML = function()
{
    (xml.readyState == 4) ? parseXML()
                          : setTimeout("loadXML()", 1000);
}

var parseXML = function()
{
    var root = xml.documentElement;
    alert(
        "Name der ersten Blume: "+
        root.childNodes.item(0).firstChild.text
    );
    ... weitere Verarbeitung ...
}
```

Listing 5.2 Auslesen einer XML-Datei mit dem Microsoft Internet Explorer

Die Funktion loadXML() wird jede Sekunde erneut, bis das angeforderte XML-Dokument vollständig übertragen ist. Anschließend wird parseXML() zur weiteren Bearbeitung der Daten aufgerufen. Über die Eigenschaft documentElement erhalten Sie eine Referenz auf den Wurzelknoten, mit dem Sie dann die Struktur auswerten können. Im Beispiel wird auf das erste Element `blume` zugegriffen und der Inhalt des ersten Kindknotens `name` angezeigt.

Abbildung 5.1 Der Inhalt eines XML-Knotens in einer Dialogbox

Anstatt mit der Eigenschaft `readyState` zu arbeiten, können Sie auch die Eigenschaft `async` verwenden. Übergeben Sie dieser Eigenschaft den booleschen Wert `false`, so bewirken Sie eine synchrone Datenübertragung. Dies bedeutet, dass Ihr Skript erst dann weiter abgearbeitet wird, sobald die Übertragung vollständig ausgeführt wurde. Per Default ist dieser Wert auf `true` gesetzt. Bei der Anforderung von Daten kann dies zu Problemen führen, da bei einer asynchronen Datenübertragung die Methode `load()` sofort den aktuellen Stream zurückgibt. Das abgewandelte Beispiel dazu sieht wie folgt aus.

```
window.onload = function()
{
    xml = new ActiveXObject("microsoft.xmldom");
    xml.async = false;
    xml.load("blumen.xml");
    var root = xml.documentElement;
    alert(root.childNodes.item(0).firstChild.text);
}
```

Mithilfe der Eigenschaft `documentElement` können Sie eine Referenz auf den Wurzelknoten des geladenen XML-Dokuments erzeugen und anschließend die Daten auswerten.

Für Crossbrowser-Anwendungen unter verschiedenen Betriebssystemen hilft Ihnen diese Möglichkeit von Microsoft allerdings nicht weiter. Kurze Zeit nach Einführung dieses Objekt wurde für Gecko-Browser glücklicherweise ein eigenes Objekt mit dem Namen `document.implementation`[3] für denselben Zweck eingeführt. Dabei kann über die Methode `createDocument()` eine XML-Datei geladen werden. Die Syntax lautet:

---

[3] Beachten Sie bei der Verwendung von `document.implementation`, dass dieses Objekt im Microsoft Internet Explorer ab Version 5 auch unter dem Betriebssystem Macintosh implementiert ist. Die Methode `createDocument()` ist allerdings nicht bekannt.

```
document.implementation.createDocument(Namespace,Wurzelknoten,DOCTYP
E);
```

Der Methode `createDocument()` stehen drei Argumente zur Verfügung, wobei das erste Argument den sogenannten XML-Namespace bestimmt und für eine einfache Anwendung nicht erforderlich ist. Mit dem zweiten Parameter können Sie einen Wurzelknoten bestimmen, ab dem das Dokument eingelesen werden soll. Falls hier kein Wert angegeben wird, wird die Datei komplett eingelesen. Das letzte Argument stellt den `DOCTYPE` dar und kann in der Regel mit dem Wert `null` ignoriert werden. Im folgenden Beispiel wurde kein Argument verwendet. Hier werden diese automatisch über das geladene Dokument zugewiesen.

```
var xml = document.implementation.createDocument("","",null);
xml.load("blumen.xml");
xml.onload = parseXML;
```

Mit der ersten Anweisung haben Sie wie bisher ein neues leeres XML-Dokument erzeugt. Um ein gewünschtes XML-Dokument zu laden, müssen Sie auch in Gecko-Browsern die Methode `load()` verwenden, mit der Sie die Datei in den Arbeitsspeicher laden. Für die Überprüfung der Übertragung wird das `onload`-Event verwendet, das die zugewiesene Funktion nur nach dem vollständigen Übertragen des Dokuments ausführt. Die Eigenschaft `async` für die Übertragungsart steht Ihnen hierbei ebenfalls zur Verfügung.

Um das Laden einer XML-Datei für beide Browserwelten zu ermöglichen, bietet sich eine Funktion an, die beide Möglichkeiten berücksichtigt. Dazu überprüfen Sie zunächst, ob das gesuchte Objekt im Browser implementiert ist, und führen anschließend die entsprechenden Routinen aus.

```
var loadXML = function(xmlDoc)
{
    if (window.ActiveXObject)
    {
        xml = new ActiveXObject("Microsoft.XMLDOM");
        xml.async = false;
        xml.load(xmlDoc);
        parseXML();
    }
    else if (document.implementation &&
document.implementation.createDocument)
    {
        xml = document.implementation.createDocument("","",null);
        xml.async = false;
        xml.onload = parseXML;
        xml.load(xmlDoc);
```

```
    }
    else
    {
        alert("Kann die XML-Datei nicht öffnen.");
    }
}
```

Über das Argument `xmlDoc` können Sie hierbei der Funktion den gewünschten Dateinamen als URL des XML-Dokuments übergeben. Beachten Sie dabei, dass in Gecko-Browsern aus Sicherheitsgründen nur Dateien von der gleichen Domain übergeben werden können. Dies hindert aber den Microsoft Internet Explorer nicht daran, XML-Dokumente aus beliebigen Adressen zu laden. In Kapitel 6, *JavaScript und HTTP,* wird gezeigt, wie auch in Gecko-Browsern externe Quellen geladen werden können.

Das Laden und Auslesen der XML-Daten erfolgt wie im Beispiel zuvor gesehen:

```
window.onload = function()
{
    loadXML("blumen.xml");
}

var parseXML = function()
{
    var root = xml.documentElement;
    alert(
        "Name der ersten Blume: "+
        root.childNodes.item(0).firstChild.text
    );
}
```

Listing 5.3 Beispiele für eine Crossbrowser-Abfrage einer XML-Datei

Als Ergebnis erhalten Sie auch wieder den Namen der ersten Blume der Datenquelle, diesmal aber mit einer Routine für beide Browser.

5.3 XML parsen

Damit Sie die Daten auf einem XML-Dokument für die Verwendung in XHTML weiterbearbeiten können, müssen diese zunächst mit geeigneten Mitteln ausgelesen werden. Dazu stehen Ihnen unterschiedliche Möglichkeiten zur Verfügung. Üblicherweise werden Sie diese Aufgabe mittels der Methoden des DOM lösen. Für Gecko-Browser bietet sich ein zusätzliches Objekt `DOMParser` an. Darüber hinaus finden Sie im Internet zahlreiche interessante Bibliotheken für die Arbeit mit JavaScript und XML.[4]

5.3.1 XML mit dem DOM parsen

In Kapitel 2, *JavaScript und DOM*, haben Sie bereits die notwendigen Grundlagen für die Arbeit mit dem DOM kennengelernt, weshalb hier nicht weiter darauf eingegangen wird. Sie sollten dieses Kapitel gegebenenfalls noch einmal studieren.

Anhand der zuvor gezeigten Methoden haben Sie ein XML-Dokument eingelesen und in einem Objekt xml für die weitere Verarbeitung bereitgestellt. Die erste Aufgabe besteht nun darin, den Wurzelknoten zu ermitteln. Dazu gehen Sie wie folgt vor.

```
var root = xml.getElementsByTagName("root")[0];
```

Damit weisen Sie der Variablen root den Wurzelknoten des Dokuments zu. Beachten Sie dabei, dass sich dieses Beispiel an der Struktur des XML-Dokuments aus Abschnitt 5.1 orientiert. Würde der Wurzelknoten beispielsweise <garten> lauten, müssten Sie ihn über diesen Namen ermitteln.

```
var root = xml.getElementsByTagName("garten")[0];
```

Auf den Wurzelknoten können Sie auch über eine verkürzte Schreibweise zugreifen. Mittels der Eigenschaft documentElement des document-Objekts erhalten Sie eine Referenz auf den Wurzelknoten der XML-Datei.

```
var root = xml.documentElement;
```

Die einzelnen Elemente können nun anhand der Methode childNodes über eine einfache Schleife ermittelt werden. Die Anzahl der vorhandenen Elemente erhalten Sie über die length-Eigenschaft, da es sich hierbei um ein Array handelt.

```
var anzahl = root.childNodes.length;
```

XML-Dokumente können beliebig tief verschachtelt sein. Für bekannte Strukturen bietet es sich an, den Dokumentenbaum über verschachtelte Schleifen zu durchlaufen. Andernfalls müssen Sie einen geeigneten Algorithmus über eine Rekursion entsprechend Ihren Anforderungen entwerfen.

---

4 Einen kostenlosen und äußerst mächtigen XML-Parser für JavaScript finden Sie auf http://xmljs.sourceforge.net/. Eine gute Dokumentation und zahlreiche Beispiele ermöglichen eine schnelle Einarbeitung.

Da Sie das vorliegende XML-Dokument und seinen Aufbau kennen, wissen Sie, dass Sie in der Tiefe für das Beispielformat zwei Ebenen durchlaufen müssen. Die erste Ebene repräsentiert die einzelnen Blumen und die zweite Ebene die entsprechenden Merkmale. Um diese Informationen auszulesen, genügen daher zwei ineinander verschachtelte Schleifen.

Die Daten aus dem geladenen XML-Dokument können über die folgende Funktion in eine XHTML-Tabelle transformiert werden.

```
function parseXML()
{
    var root = xml.getElementsByTagName('root')[0];
    var nod1 = root.childNodes;

    var ta = document.createElement('table');
    ta.setAttribute('border',1);
    var tb = document.createElement('tbody');
    ta.appendChild(tb);
    for (i=0;i<nod1.length;i++)
    {
        var tr = document.createElement('tr');
        if (nod1[i].nodeType != 1) continue;
        for (j=0;j<nod1[i].childNodes.length;j++)
        {
            if (nod1[i].childNodes[j].nodeType != 1) continue;
            var th = document.createElement('th');
            var nn = document.createTextNode(
                nod1[i].childNodes[j].firstChild.nodeValue);
            th.appendChild(nn);
            tr.appendChild(th);
        }
        tb.appendChild(tr);
    }           document.getElementsByTagName("body")[0].
                appendChild(ta);
}
```

Listing 5.4 Dynamische Ausgabe der XML-Daten in einer XHTML-Tabelle

Über die Methoden des DOM wird in diesem Beispiel eine einfache Tabelle erzeugt, in der die Inhalte der XML-Datei ausgegeben werden. Wie Sie erkennen, gleicht die Arbeit mit XML der mit XHTML. Dies ist nicht weiter verwunderlich, da XHTML in einer XML-konformen Struktur dargestellt wird.

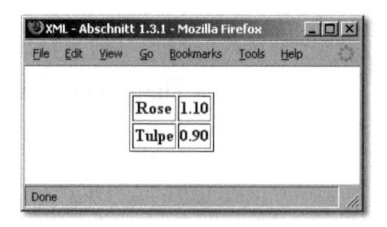

Abbildung 5.2 Darstellung von XML-Daten in einer XHTML-Tabelle

5.3.2 Gecko-Browser und das DOM

Gecko-Browser interpretieren im DOM Leerzeichen und Zeilenumbrüche als Textknoten. Dies führt beim Auswerten von XML-Dateien zwangsläufig zu Problemen. Sehen Sie sich dazu ein kurzes Beispiel an.

```
<root datum="24.12.2005">
    <blume>
        <name>Rose</name>
        <preis currency="USD" faktor="0.5">1.10</preis>
    </blume>
</root>
```

Falls Sie hierbei die Anzahl der Kindelemente des Wurzelknotens ermitteln, sollten Sie als Ergebnis die Länge eins erhalten.

```
alert(xml.documentElement.childNodes.length);
```

Gecko-Browser liefern bei dieser Abfrage allerdings die Länge drei zurück. Dies liegt daran, dass nach dem öffnenden und schließenden Wurzelknoten ein Zeilenumbruch vorhanden ist. Daraus ergeben sich die folgenden Knotentypen, die zu diesem fehlerhaften Ergebnis führen.

```
ELEMENT_NODE
    #text
    ELEMENT_NODE ...
    #text
ELEMENT_NODE
```

Um die korrekte Anzahl der Elemente zu erhalten, muss das Dokument ohne Leerzeichen formatiert werden.

```
<root datum="24.12.2005"><blume><name>Rose</name><preis currency="USD" faktor="0.5">1.10</preis></blume></root>
```

Nun bekommen Sie zwar das korrekte Ergebnis, allerdings nur für das erste Kindelement. Das gleiche Problem bleibt in allen weiter verschachtelten Elementen bestehen.

Da Sie in der Regel nicht erwarten können, dass eine XML-Datei ohne Zeilenumbrüche und Leerzeichen strukturiert ist, benötigen Sie eine sichere Lösung für dieses Problem. Um es zu umgehen, können Sie beim Durchlaufen des Dokumentenbaums überprüfen, ob es sich bei dem aktuellen Element um einen Knoten vom Typ ELEMENT_NODE handelt. Ist dies der Fall, wird der aktuelle Schleifendurchlauf unterbrochen und mit dem nächsten Zähler fortgeführt. Im Beispiel zuvor wurde diese Methode bereits angewendet. Eine veränderte Version soll die Funktionsweise verdeutlichen.

```
function parseXML()
{
    var root = xml.getElementsByTagName('root')[0];
    var nod1 = root.childNodes;
    alert(
        "Anzahl der Kinder: "+
        xml.documentElement.childNodes.length
    );
    var len = 0;
    for (i=0, nl = nod1.length;i<nl;i++)
    {
        if (nod1[i].nodeType != 1) continue;
        len++;
    }
    alert(
        "Korrekte Anzahl der Elemente: "+len+
        "\nübersprungene Knoten: "+(nl-len)
    );
}
```

Listing 5.5 Gezieltes Überspringen von Knoten, die nicht vom Typ ELEMENT_NODE sind

Sie sollten bei der Arbeit mit XML und DOM stets an diese Eigenart der Gecko-Browser denken. Sie ersparen sich damit viel Zeit und Ärger.

Abbildung 5.3 Anzahl der Elemente vor und nach dem Löschen leerer Knoten

5.3.3 Geckos DOMParser

Für die Arbeit mit XML besitzen Gecko-Browser ein spezielles Objekt `DOMParser`, mit dem Sie einen geeigneten String in ein XML-Format überführen können.[5] Die Syntax lautet:

```
var xml = new DOMParser();
xml.parseFromString(string, type);
```

Sie erzeugen so ein neues Objekt, mit dem Sie XML-Daten bearbeiten können. Für die Arbeit mit XHTML steht Ihnen dazu die Methode `parseFromtString()` zur Verfügung. Mit ihr können Sie einen String einlesen und in ein DOM-Objekt überführen, für das Ihnen anschließend alle Methoden und Eigenschaften des DOM zur Verfügung stehen. Als erstes Argument erwartet diese Methode den einzulesenden String. Das zweite Argument stellt den Dokumententyp dar und akzeptiert aktuell nur XML als Format. Dazu stehen die folgenden Typen bereit:

```
text/xml
application/xml
application/xhtml+xml
```

Mit JavaScript werden Sie hauptsächlich `text/xml` verwenden. Ein einfaches Beispiel soll die Arbeitsweise dieses Objekts verdeutlichen. Dabei wird zunächst ein String mit XML erzeugt, mit dem der Inhalt eines Warenkorbs aus einem Shop dargestellt werden soll.

```
var xmlstring = '<?xml version="1.0"?>\
<basket datum="24.12.2005" summe="170.70">\
    <item nr="123">\
        <name>Buch</name>\
        <menge>1</menge>\
    </item>\
    <item nr="456">\
        <name>Hose</name>\
        <menge>2</menge>\
    </item>\
</basket>';
```

Damit Sie sich Tipparbeit ersparen, wurde hierbei ein kleiner Trick angewandt. Mit dem Backslash (\) leiten Sie eine Escape-Sequenz für den Zeilenumbruch ein. Der JavaScript-Interpreter interpretiert den kompletten String nun als eine einzelne Zeile. Den String können Sie anschließend wie folgt einlesen.

```
var xml = new DOMParser();
xml.parseFromString(xmlstring, "text/xml");
```

---

5 http://www.xulplanet.com/references/objref/DOMParser.html

Diese Anweisung kann über eine Klammerung auch in einer Zeile dargestellt werden.

```
var xml = (new DOMParser()).parseFromString(xmlstring, "text/xml");
```

In der Variablen `xml` befindet sich nun das XML-Dokument als DOM-Dokument. Die Verarbeitung der Inhalte kann jetzt wieder wie in Abschnitt 5.3.1 erklärt erfolgen. Eine einfache Auswertung über eine Dialogbox zeigt das folgende Beispiel.

```
var root = xml.documentElement;
var datum = root.getAttribute("datum");
var wert  = root.getAttribute("summe");
var summe = 0;
var order = "";
var result = "Datum der Bestellung: "+datum+ "\n\
----------------------------------------------\n\n";
var items = root.getElementsByTagName("item");
for (var i = 0 ; i < items.length ; i++)
{
    var nr   = items[i].getAttribute("nr");
    var name = items[i].getElementsByTagName("name")[0].
               firstChild.nodeValue;
    var menge = parseInt(
                 items[i].getElementsByTagName("menge")[0].
                 firstChild.nodeValue
               );
    summe += menge;
    order += "Artikel: "+name+" - Menge: "+menge+
             " - Art.Nr.: "+nr+" \n";
}
result += "Bestellte Menge: "+summe+"\n\n";
result += order+"\n\nGesamtbestellwert: "+wert;
alert(result);
```

Listing 5.6 Formatierte Ausgabe von XML-Daten, die mithilfe des DOMParser-Objekts ausgelesen wurden

Für Crossbrowser-Anwendungen ist dieses Objekt allerdings nicht geeignet. Außer von Gecko-Browsern wird das `DOMParser`-Objekt zwar auch von Opera unterstützt, nicht aber vom Microsoft Internet Explorer.

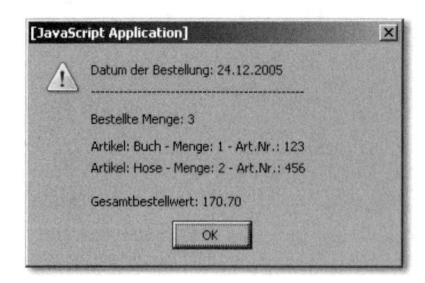

Abbildung 5.4 Ausgabe von XML-Daten durch das DOMParser-Objekt

Möchten Sie dieses Objekt für Ihre Projekte nutzen, sollten Sie eine Lösung implementieren, die auch andere Browser bedienen kann. Dazu überprüfen Sie zunächst, ob das erforderliche Objekt vom verwendeten Browser unterstützt wird. Ist dies nicht der Fall, wird das Objekt über eine eigene Routine nachgebildet.[6]

```
if (typeof DOMParser == "undefined") {
    DOMParser = function () {}

    DOMParser.prototype.parseFromString = function (str,
    contentType) {
        if (typeof ActiveXObject != "undefined") {
            var d = new ActiveXObject("MSXML.DomDocument");
            d.loadXML(str);
            return d;
        } else if (typeof XMLHttpRequest != "undefined") {
            var req = new XMLHttpRequest;
            req.open(
                "GET",
                "data:" + (contentType || "application/xml") +
                ";charset=utf-8," + encodeURIComponent(str),
                false
            );
            if (req.overrideMimeType) {
                req.overrideMimeType(contentType);
            }
            req.send(null);
            return req.responseXML;
        }
    }
}
```

---

6 Dieser nützliche Code-Block stammt aus einem Beitrag eines Weblogs, zu finden unter http://erik.eae.net/archives/2005/07/03/20.19.18/.

In diesem Beispiel wird das Objekt `XMLHttpRequest` verwendet, das im nächsten Kapitel ausführlich erklärt wird. Um es vorwegzunehmen: Dieses Objekt stellt die Grundlage von AJAX-Anwendungen dar. Mit ihm können Sie Daten an den Server übertragen, etwa um beispielsweise überarbeitete XML-Strukturen zurückzuspeichern. Beachten Sie bei der Anwendung, dass diese Routine vor dem eigentlichen Bearbeiten der XML-Datei eingebunden wird, damit sie im Internet Explorer funktionsfähig ist.

Möchten Sie ein XML-Objekt erneut in einen String zurückkonvertieren, können Sie in Gecko-Browsern das Objekt `XMLSerializer()` verwenden.

```
var serializer = new XMLSerializer();
var string = serializer.serializeToString(xml);
```

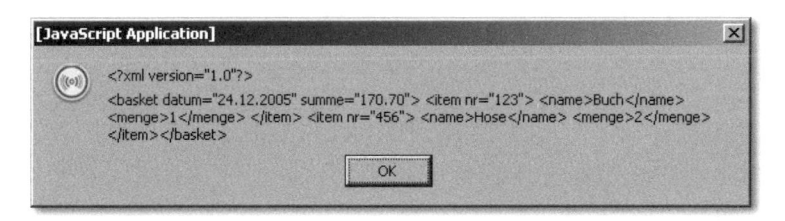

Abbildung 5.5 Das Ergebnis der Serialisierung eines XML-Objekts

Auch für diese Aufgabe empfiehlt es sich, dieses Objekt für den Internet Explorer bereitzustellen. Dazu gehen Sie ähnlich wie im eben gezeigten Beispiel vor.

```
if (typeof XMLSerializer == "undefined")
{
    XMLSerializer = function () {};

    XMLSerializer.prototype.serializeToString = function (obj)
    {
        return obj.xml;
    }
}
```

Wie Sie sehen, wird hier die Eigenschaft `xml` des Internet Explorers verwendet, mit der Sie den Inhalt des übergebenen Objekts als String anzeigen können.

Die Umwandlung eines DOM-Objekts in einen String ist immer dann sinnvoll, wenn Sie das Ausgangsformat verändert haben und es anschließend abspeichern möchten. Wie Sie Daten mittels JavaScript zum Server übertragen, erfahren Sie im nächsten Kapitel.

5.4 Beispielprojekt »Buchladen«

In den zurückliegenden Abschnitten haben Sie erfahren, wie man mit JavaScript auf XML-Daten zugreifen kann. Dieses Wissen soll nun anhand eines kleinen Praxisbeispiels vertieft werden. Als Anwendung dient eine Bücherdatenbank, deren Inhalte mithilfe des DOM dargestellt werden.

Zunächst müssen Sie sich Gedanken über ein geeignetes XML-Format für die Datenbasis machen. Wie so oft in der Programmierung gibt es auch hierbei zahlreiche Möglichkeiten. Sie sollten bei einer Umsetzung darauf achten, dass sich die vereinbarte Struktur möglichst einfach weiterverwenden lässt. Für Anwendungen in Verbindung mit XHTML empfiehlt es sich, eine nicht all zu tief verschachtelte Struktur aufzubereiten, um sich die Arbeit nicht unnötig zu erschweren. In diesem Beispiel sieht die XML-Struktur wie folgt aus.

```xml
<?xml version="1.0" encoding="iso-8859-1" ?>
<buchladen>
    <buch link="...">
        <titel sub="...">...</titel>
        <autor>...</autor>
        <preis>...</preis>
        <isbn>...</isbn>
        <image>...</image>
        <beschreibung>
        ...
        </beschreibung>
    </buch>
    ...
</buchladen>
```

Ein Buch-Element repräsentiert dabei ein Buch mit entsprechenden Eigenschaften. Als Attribut besitzt es den Link zur externen Webseite des Verlages. Das Titel-Element beinhaltet ein weiteres Attribut, mit dem – falls vorhanden – der Untertitel eines Buches eingetragen werden kann.

Die Inhalte aus dieser XML-Datei werden später mittels JavaScript an den Dokumentenbaum der XHTML-Datei angehängt. Die Formatierung der entsprechenden Inhalte der Seite wird über das nachfolgende Code-Fragment realisiert.

```html
<div id="buecher">
    <h1>XML Buch-Datenbank</h1>
    <div id="left"></div>
    <div id="right"></div>
    <div id="ctrl">
      <form>
```

```
            <select onchange="buchladen.printBook(
              this.selectedIndex)"></select>
            <input type="submit" value="Random" class="btn" />
        </form>
    </div>
</div>
```

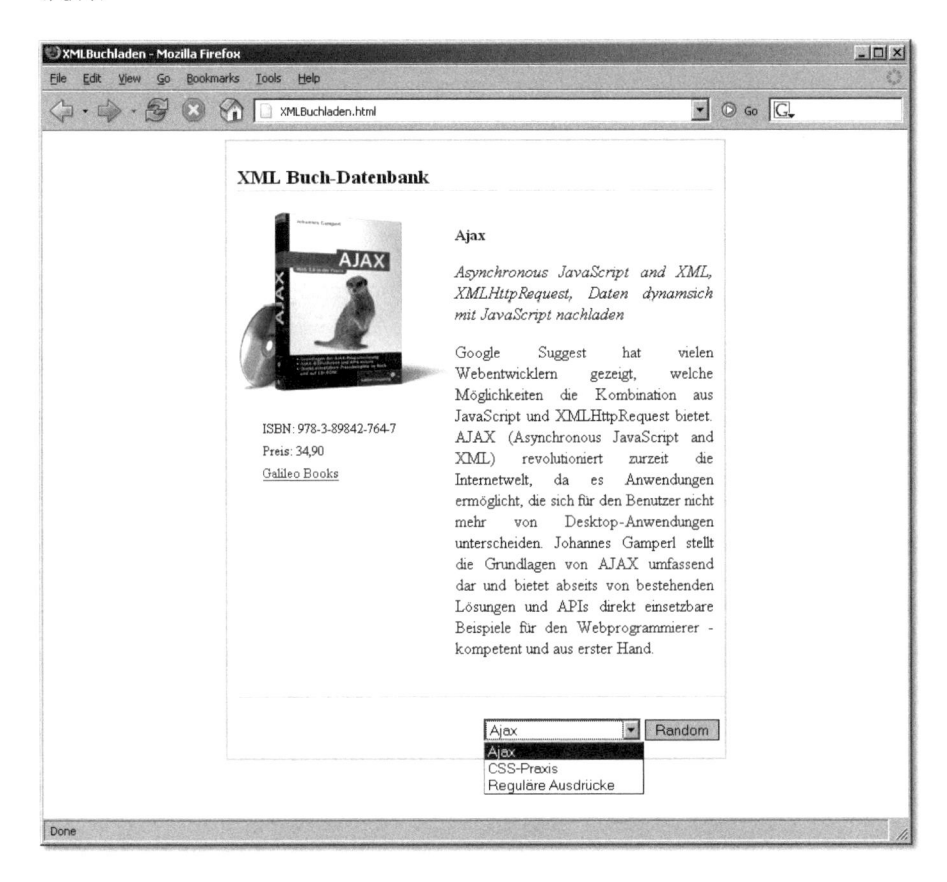

Abbildung 5.6 Der fertige XML-Buchladen in Aktion

Sämtliche Informationen eines Buches werden dabei dynamisch in den Elementen mit der CSS-ID left und right ausgegeben. Das Seitenlayout wird dabei über ein externes CSS spezifiziert, auf das an dieser Stelle nicht weiter eingegangen wird. Im Formularmenü werden die vorhandenen Titel zur Auswahl durch den Anwender angeboten. Dabei werden die entsprechenden Elemente dynamisch nach der Auswahl des Anwenders im Dokument eingefügt.

Für die Bereitstellung der Funktionalität des Skripts wurde ein Literal-Objekt mit der nachfolgenden Struktur angelegt. In der Eigenschaft xml wird darin ein

5 | JavaScript und XML

geladenes XML-Objekt gespeichert, das später in eine Hash-Struktur für die weitere Bearbeitung überführt wird.

```
var XMLBuchladen = {
    xml:'',
    data:[],
    loadXML:function() { ... },
    loadHash:function() { ... },
    printBook:function(i) { ... },
    setTag:function(elm, item, data, attr) { ... },
    cleanBook:function() { ... },
    setOption:function() { ... },
    loadRandom:function() { ... }
};
```

Das Laden der zugrunde liegenden XML-Datei erfolgt über die Methode `loadXML()`, die im Wesentlichen wie in Abschnitt 1.3.1 beschrieben aufbereitet ist. Eine weitere Erläuterung ist an dieser Stelle daher nicht notwendig. Nach dem vollständigen Übertragen der Datei wird die Methode `loadHash()` aufgerufen.

```
loadHash:function()
{
    var books = XMLBuchladen.xml.documentElement.childNodes;
    for (var i=0; i<books.length; i++)
    {
        if (books[i].nodeType != 1) continue;
```

In der Variablen `books` werden hier zunächst die Buch-Elemente über den Wurzelknoten der XML-Datei gespeichert. Über eine Schleife werden anschließend alle Element der Reihe nach durchlaufen. Dabei werden Elemente verschieden vom Typ `ELEMENT_NODE` übersprungen, um Fehler in Gecko-Browsern zu vermeiden.

```
        var childs = books[i].childNodes;
        for (var j=0; j<childs.length; j++)
        {
            if (childs[j].nodeType != 1)
                books[i].removeChild(childs[j]);
        }
```

Als Nächstes werden im Array `childs` alle Kindelemente des aktuellen Knotens gespeichert. Diese werden anschließend ebenfalls einzeln durchlaufen. Für die einfache weitere Verarbeitung werden dabei alle Elemente vom Typ ungleich `ELEMENT_NODE` gelöscht. Das Array `childs` weist nun für jedes Element die korrekten Inhalte auf. Diese werden dem Array `data`, das eine Hash-Struktur beinhaltet, wie folgt zugewiesen.

```
        XMLBuchladen.data[buchladen.data.length] = {
            "Link"  : books[i].getAttribute("link"),
            "Titel" : childs[0].firstChild.nodeValue,
            "SubTi" : (childs[0].getAttribute("sub"))?
                        childs[0].getAttribute("sub"):"",
            "Autor" : childs[1].firstChild.nodeValue,
            "Preis" : childs[2].firstChild.nodeValue,
            "ISBN"  : childs[3].firstChild.nodeValue,
            "Image" : childs[4].firstChild.nodeValue,
            "Infos" : childs[5].firstChild.nodeValue
        };
    }
},
```

Zur Ausgabe der einzelnen Buchinformationen dient die Methode `printBook()`, die als Argument den Hash-Index für den angeforderten Datensatz erwartet. Wird dieses Argument nicht übergeben, erfolgt die Ausgabe des ersten Datensatzes.

```
printBook:function(i)
{
    this.cleanBook();
```

Vor der Ausgabe der Inhalte eines Datensatzes wird der Inhalt der XHTML-Struktur über die Methode `cleanBook()` gelöscht. Andernfalls würden bei einem Wechsel der Buchansicht die Elemente endlos im Dokumentenbaum aneinander angehängt werden.

```
    var i = (i) ? i : 0;
```

Mit geeigneten Mitteln werden die mit Inhalt zu füllenden Elemente Variablen zugewiesen, damit Sie sich Tipparbeit sparen können.

```
    var html  = document.getElementById("buecher");
    var left  = html.getElementsByTagName("div")[0];
    var right = html.getElementsByTagName("div")[1];
```

Über die Methode `setTag()` wird nun der eigentliche Inhalt erzeugt und im Webbrowser ausgegeben.

```
    this.setTag('img',left,buchladen.data[i].Image,"src");
    this.setTag('p',left,"ISBN: "+buchladen.data[i].ISBN);
    this.setTag('p',left,"Preis: "+buchladen.data[i].Preis);
    this.setTag('p',left,buchladen.data[i].Link,"href");
    this.setTag('h2',right,buchladen.data[i].Titel);
    this.setTag('h3',right,buchladen.data[i].SubTi);
    this.setTag('p',right,buchladen.data[i].Infos);
},
```

Für die Ausgabe der Inhalte übergeben Sie als Argument zunächst das XHTML-Element, das für den entsprechenden Inhalt verwendet werden soll. Nun folgt das Element, an das der neue Inhalt angehängt wird. Die letzten beiden Argumente übergeben den Inhalt und mögliche Attribute für das neue Element.

```
setTag:function(elm, item, data, attr)
{
    var tmp = item;
    var elm = document.createElement(elm);
    tmp.appendChild(elm);
```

Für den Link zur Verlagsseite und für das Bild des Buches werden Attribute benötigt. Die restlichen Elemente werden ohne Attribute ausgegeben. Eine Überprüfung dazu erfolgt über eine `if/else`-Abfrage.

```
    if (attr)
    {
        if (attr == "href")
        {
```

Um für eine saubere Formatierung zu sorgen, muss sich das Linkelement innerhalb eines Absatzes befinden. Aus diesem Grund wird es der Methode als p-Element mit dem Attribut `href` übergeben. An dieses neue Element wird nun ein Ankerelement mit entsprechendem Attribut angehängt.

```
            var a = document.createElement("a");
            a.setAttribute(attr, data);
            a.appendChild(
                document.createTextNode("Galileo Books")
            );
            elm.appendChild(a);
        }
```

Für das Erzeugen des Bildelements genügt es, ein Attribut für die Datenquelle anzuhängen, da sich dieses an erster Stelle der Dokumentenstruktur befindet.

```
        else elm.setAttribute(attr, data);
    }
```

Alle übrigen Elemente stellen normale Absätze mit einfachen Textelementen dar.

```
    else
    {
        elm.appendChild(
            document.createTextNode(
                (data)?data:""
            )
```

```
        );
    }
},
```

Um zu vermeiden, dass neu geladene Buchdaten an die bestehende Dokumentenstruktur angehängt werden, muss diese zuvor gelöscht werden. Diese Aufgabe übernimmt die Methode `cleanBook()`, die bei jedem Wechsel der Anzeige mittels `printBooks()` ausgeführt wird.

```
cleanBook:function()
{
```

Diejenigen Elemente, deren Inhalte zum Löschen vorgesehen sind, werden dabei zunächst einem Array zugewiesen.

```
    var html = document.getElementById("buecher");
    var arry = [
        html.getElementsByTagName("div")[0],
        html.getElementsByTagName("div")[1]
    ];
    for (i in arry)
    {
```

Für jedes Array-Element wird nun eine `while`-Schleife über alle Kindelemente des aktuellen Elements solange ausgeführt, bis alle Kindelemente gelöscht sind.

```
        while(arry[i].firstChild)
        {
            arry[i].removeChild(arry[i].firstChild);
        }
    }
},
```

Die Auswahl eines Buches zur Ansicht erfolgt über ein Formularmenü mit den jeweiligen Titeln der angebotenen Bücher. Die Inhalte dazu werden über die Methode `setOption()` gefüllt.

```
setOption:function()
{
```

Dazu wird das Formularelement ermittelt und in einer Variablen gespeichert.

```
    var html = document.getElementById("buecher");
    var fsel = html.getElementsByTagName("select")[0];
```

Eine Schleife durchläuft nun den Inhalt der Datensätze, die im Hash `data` gespeichert sind. Die Titel der Bücher werden dabei dem `select`-Element des Formulars als `option`-Element mit dem Index des aktuellen Datensatzes als `value`-Attribut zugewiesen.

```
        for (var i=0; i<this.data.length; i++)
        {
            var fopt = document.createElement("option");
            fopt.setAttribute("value",i);
            fopt.appendChild(
                document.createTextNode(this.data[i].Titel)
            );
            fsel.appendChild(fopt);
        }
    }
};
```

Die Funktion `loadRandom()` ermöglicht die zufällige Auswahl eines Titels aus der Datenbank beim Aufrufen durch den Anwender. Über einen einfachen Algorithmus wird eine Zufallszahl in Abhängigkeit der Datenmenge ermittelt. Anschließend wird der entsprechende Inhalt angezeigt. Beachten Sie dabei, dass nur in größeren Datenmengen ein brauchbarer Zufallsfaktor entstehen kann. Bei kleinen Datenmengen würde der Anwender unter Umständen mehrfach hintereinander den gleichen Wert angezeigt bekommen.

```
loadRandom:function()
{
    var i = Math.floor((this.data.length-1)*Math.random());
    this.printBook(i);
}
```

Über das `onload`-Event wird nun das Skript nach dem Laden der Webseite initialisiert. Dazu wird zunächst die entsprechende XML-Datei eingelesen, das Formular-Auswahlmenü erzeugt und anschließend das erste Buch im Browser ausgegeben.

```
window.onload=function()
{
    XMLBuchladen.loadXML();
    XMLBuchladen.setOption();
    XMLBuchladen.printBook();
};
```

5.5 Vorschau auf E4X

E4X[7] (ECMAScript for XML) ist eine mächtige Technik, um XML-Daten mit JavaScript zu bearbeiten. Dieser neue Standard wurde bereits im Juni 2004 vom

---

7 http://www.ecma-international.org/publications/standards/Ecma-357.htm.

ECMA definiert und befindet sich zurzeit noch im Entwicklungsstatus. Für eigene Experimente ist E4X bisher nur in Firefox[8] ab Version 1.1 verfügbar und wird dabei intern über den JavaScript-Interpreter SpiderMonkey[9] realisiert, der im Übrigen in allen Gecko-Produkten implementiert ist.

Das Ziel von E4X ist es, eine einfache Schnittstelle zu XML in gewohnter JavaScript-Syntax anzubieten. Dabei ist die Anwendung wesentlich klarer und einfacher als der Weg über das DOM, wie Sie gleich selbst feststellen werden.

In Firefox ist der Support für diese Technologie bereits teilweise per Standard vorhanden. Für den vollen Support von E4X müssen Sie JavaScript um eine Erweiterung des MIME-Types ergänzen.

```
<script type="text/javascript; e4x=1">
```

Mit dieser Notation signalisieren Sie dem Browser, dass der volle Funktionsumfang von E4X freigeschaltet werden soll. Der Unterschied zur einfachen Version besteht unter anderem auch darin, dass hierbei XHTML-Kommentare als E4X-Literale interpretiert werden.

Mit E4X können Sie XML-Daten über eine eingelesene Datei – wie in diesem Kapitel bereits gezeigt – oder direkt über einen String bearbeiten. Dazu wurde ein neues XML-Objekt eingeführt, das in bekannter Syntax initialisiert wird.

```
var e4x = new XML();
```

Mit dieser Anweisung wurde ein XML-Objekt mit dem Namen e4x erzeugt, mit dem Sie nun Zugriff auf alle Merkmale von E4X haben. Sie können einen bereits vorhandenen String mit XML-Daten auch direkt zur Initialisierung zuweisen.

```
var e4x = new XML(xml_string);
```

Darüber hinaus können Sie dem Objekt eine in JavaScript eingebettete XML-Struktur übergeben, da XML mit der Einführung von E4X ein integriertes Sprachmerkmal von JavaScript ist. Sehen Sie sich dazu das folgende Beispiel an, das in den weiteren Ausführungen als Grundlage dienen soll.

```
e4x =
<produkte>
    <produkt top="1">
        <id a="abc" b="123" c="a1">1</id>
```

---

8 Einen guten Einblick in E4X aus erster Hand vom Chefentwickler bei Mozilla finden Sie unter http://developer.mozilla.org/presentations/xtech2005/e4x/.
9 SpiderMonkey wurde in C geschrieben und ist unter Kombination der Lizenzen MPL/GPL/LGPL verfügbar. Weitere Informationen finden Sie unter http://developer.mozilla.org/en/docs/SpiderMonkey.

```
            <titel>Kaffeetasse</titel>
            <preis>3.53</preis>
            <lagerbestand>11</lagerbestand>
        </produkt>
        <produkt top="2">
            <id a="def" b="456" c="b2">2</id>
            <titel>Becher</titel>
            <preis>2.50</preis>
            <lagerbestand>7</lagerbestand>
        </produkt>
</produkte>
;
```

Wie Sie sehen, wird mit dieser Technik das Einbinden von XML in JavaScript auf einfache Weise ermöglicht. Sie müssen sich dabei auch keine Gedanken über Zeilenumbrüche machen. Der interne JavaScript-Interpreter liest den String bis zum Ende, das durch ein Semikolon (;) dargestellt wird, in das XML-Objekt ein. Der benötigte Zeichensatz wird dabei selbstständig ermittelt und angewandt. Dies bedeutet, dass Sie sich keine Gedanken über Umlaute, Sonderzeichen und dergleichen machen müssen.

```
e4x = <test>äöüß@i...</test>;
```

In einer externen XML-Datei erhielten Sie hierbei eine Fehlermeldung, falls Sie den Zeichensatz in der XML-Signatur nicht angeben würden. Um das XML-Objekt wieder als String auszugeben, genügt der Aufruf beispielsweise über eine Dialogbox.

```
alert(e4x);
```

Beachten Sie in diesem Zusammenhang auch, dass nur korrekt formulierte XML-Strukturen berücksichtigt werden. Die übergebene Struktur wird dabei intern überprüft und in der JavaScript-Konsole angezeigt. Es ist zudem wichtig zu wissen, dass im Fall eines Fehlers das Skript ohne Fehlermeldung im Browser abgebrochen wird. Damit werden Sie automatisch gezwungen, korrektes XML zu schreiben.

Parallel zu diesem neuen Objekt wurde ein eigener Datentyp xml in JavaScript eingeführt. Sie können dies über den typeof-Operator testen.

```
alert(typeof e4x);
```

Als Ergebnis wird der Datentyp angezeigt, was in manchen Fällen für eine Prüfung nützlich sein kann.

5.5.1 Elemente auslesen

Nachdem die Daten in das XML-Objekt eingelesen wurden, können sie über verschiedene Operationen ausgewertet werden. Auf die einzelnen Elemente wird dazu über die bekannte Punktnotation zugegriffen. Der Wurzelknoten stellt dabei das Objekt selbst dar, in unserem Beispiel e4x. Alle darunter liegenden Kindelemente werden über den Namen des Knotens angesprochen.

```
alert(e4x.produkt);
```

Mit dieser Anweisung erhalten Sie einen String mit allen Elementen der produkt-Knoten. Hier ist zu erwähnen, dass Sie immer einen String erhalten, sofern Sie keine Abfrage auf Daten direkt erzeugen. Die Anzahl der Elemente können Sie über die Methode length() ermitteln.

```
alert(e4x.produkt.length());
```

Verwechseln Sie diese Methode nicht mit der namensgleichen Eigenschaft des Array-Objekts. Auf die einzelnen Elemente kann nun über den entsprechenden Index zugegriffen werden.

```
alert(e4x.produkt[0]);
```

Um den Titel des ersten Produkts der Beispiel-XML-Datei anzuzeigen, hängen Sie dem Knoten einfach den gewünschten Elementnamen an.

```
alert(e4x.produkt[0].titel);
```

Um die Titel aller vorhandenen Elemente zu erhalten, steht Ihnen eine vereinfachte Schreibweise zur Verfügung.

```
alert(e4x.produkt..titel);
```

Über die Notation mit zwei Punkten (..) erzwingen Sie eine Auflistung aller Kindelemente des Knotens produkt mit dem Elementnamen titel. Man spricht hierbei auch von einem rekursiven Operator[10]. E4X orientiert sich dabei am XPath-Standard[11]. Mit XPath können Sie Ausdrücke formulieren, die Teile des Dokumentenbaums als Ergebnis liefern. Darüber hinaus ist es auch möglich, Zeichenketten zu manipulieren oder eine Suche nach Mustern auszuführen, wie Sie später noch sehen werden.

Die einzelnen Werte der Elemente können Sie nun beispielsweise über den ebenfalls neu eingeführten Schleifentyp for each darstellen.

---

10 In XPath wird der rekursive Operator mit // dargestellt, ein gewünschtes Wurzelelement mit /, was in JavaScript dem Punkt-Operator (.) entspricht.

11 Ein umfangreiches Tutorial zu XPath finden Sie unter http://www.zvon.org/xxl/XPathTutorial/General_ger/examples.html.

```
for each (t in e4x.produkt)
{
    alert(t.titel);
}
```

Je weiter Sie im Pfad nach oben wandern, desto mehr schränken Sie die Ergebnisliste ein. Um direkt die Titel anzuzeigen, können Sie die Bedingung wie folgt abändern.

```
for each (t in e4x.produkt..titel)
{
    alert(t);
}
```

Vom Prinzip her arbeitet diese Schleife wie die bekannte for/in-Schleife, allerdings mit dem Unterschied, dass hierbei nicht der Index, sondern der Inhalt eines Arrays ausgegeben wird. Zum Vergleich hier die Variante über die for/in-Schleife:

```
for (t in e4x.produkt..titel)
{
    alert(e4x.produkt..titel[t]);
}
```

Welchen Schleifentyp Sie anwenden, hängt natürlich von der geforderten Aufgabe und Ihren persönlichen Vorlieben ab. Auch hierbei gilt: Viele Wege führen zum Ziel.

Für die Selektion eines kompletten Teilbaumes können Sie das Wildcard-Zeichen (*) verwenden. Damit erhalten Sie rekursiv alle Kindelemente ab dem Suchpfad zurück.

```
var teilbaum = e4x.produkt.*;
alert(teilbaum);
```

Als Ergebnis wird in diesem Beispiel ein String mit dem gewünschten Teilbaum ausgegeben. Die einzelnen Elemente befinden sich nun als XML-Objekt im Array teilbaum und können über ihren Index angesprochen werden.

```
alert(teilbaum[0]);
```

Beachten Sie dabei, dass alle enthaltenen Elemente der Reihe nach im Array-Objekt angefügt werden. Beim Auswerten der Daten müssen Sie sich daher selbst um die Aufteilung der Knoten kümmern. Im folgenden Beispiel wird davon ausgegangen, dass die Knoten jeweils vier Kindelemente beinhalten.

```
var str = "";
for (var i=0; i<teilbaum.length(); i++)
```

```
{
    if (i%4==0) str += "\n\n";
    str += teilbaum[i]+"\t";
}
alert(str);
```

Für die Auflistung und den Zugriff auf Kindelemente ist das Wildcard-Zeichen eher unpraktisch. Sie sollten es daher in der Regel nicht anwenden. Für diese Aufgabe ist der rekursive Operator (..) besser geeignet.

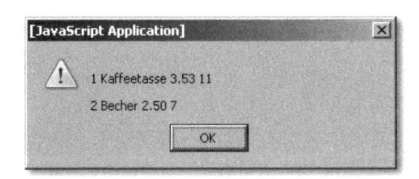

Abbildung 5.7 Inhalt des Teilbaums der XML-Daten

5.5.2 Attribute auslesen

Wie Sie wissen, können XML-Elemente eine beliebige Anzahl von Attributen besitzen. Um den Wert eines bestimmten Attributs eines Elements zu ermitteln, können Sie das @-Zeichen verwenden. Damit selektieren Sie ein bestimmtes Attribut und erhalten seinen Wert zurück.

```
alert(e4x.produkt.@top);
var anzahl = e4x.produkt.@top.length(); // 2
var etop_1 = e4x.produkt.@top[0];       // 1
var etop_2 = e4x.produkt.@top[1];       // 2
```

Mit dieser Anweisung erhalten Sie ein Objekt mit den Werten des Attributs top aller produkt-Elemente. Für den Fall, dass ein Element mehrere Attribute aufweist, können Sie das Wildcard-Zeichen mit dem @-Zeichen kombinieren. Die Beispiel-Struktur beinhaltet dazu ein id-Element mit drei Attributen. Diese können nun wie folgt ermittelt werden.

```
alert(e4x.produkt.id.@*);        // abc 123 a1 def 456 b2
alert(e4x.produkt.id[0].@*);     // abc 123 a1
alert(e4x.produkt.id[1].@*[1]);  // 456
var a = e4x.produkt.id[1].@*;    // def 456 b2
alert(a[2]);                     // b2
```

5.5.3 Filter verwenden

Eine weitere Einschränkung der Ergebnisliste ist über sogenannte XPath-Prädikate möglich, die in JavaScript anstelle von eckigen in runden Klammern notiert werden. Genau genommen kann man mit Prädikaten nach einem bestimmten Muster suchen.

```
e4x.produkt.(id.@b==123);
```

Dieser Ausdruck liefert den ersten `produkt`-Knoten aus der XML-Beispieldatei. Gesucht wurde dabei nach dem Kindelement `id` und einem darin enthaltenen Attribut `b` mit dem Wert 123. Für die Suche ist es ebenso möglich, eine Variable als Platzhalter zu verwenden.

```
var zahl = 123;
e4x.produkt.(id.@b==zahl);
```

Bei einer Suche können Sie die bekannten Vergleichsoperanden ==, >=, <=, >, < und != einsetzen. Eine Kombination von Ausdrücken ist dabei ebenfalls über eine geschachtelte Klammerung möglich.

```
e4x.produkt.((id.@b==123)||(id.@b==456));
```

Mit diesem Ausdruck erhalten Sie beide `produkt`-Knoten der Beispieldatei als Ergebnis zurück. Über die geschickte Kombination von Prädikaten gewinnen Sie ein mächtiges Werkzeug, um eine effektive Suche zu gestalten und den relevanten Teilbaum so weit wie möglich einzuschränken.

Der folgende Ausdruck zeigt eine mögliche geschachtelte Einschränkung der Selektion. Dabei werden die Attribute `a`, `b` und `c` der `produkt`-Elemente nach entsprechenden Kriterien durchsucht.

```
alert(
    e4x.produkt.(
        (
            (id.@b > 123)
            ||
            (id.@a != "xyz")
        )
        &&
        (id.@c == "a1")
    )
);
```

An dieser Stelle sei noch einmal angemerkt, dass Sie als Ergebnis ein `XML`-Objekt mit dem entsprechenden Teilbaum zurückerhalten und die Elemente wiederum über deren Index abfragen können.

```
var len = e4x.produkt.((id.@b==123)||(id.@b==456)).length();
alert(e4x.produkt.((id.@b==123)||(id.@b==456))[0]);
alert(e4x.produkt.((id.@b==123)||(id.@b==456))[0].titel);
```

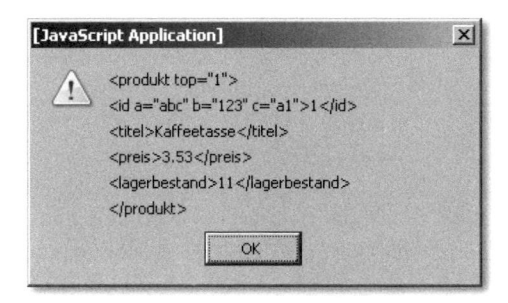

Abbildung 5.8 Anzeige des gefundenen Elements in einer Dialogbox

In der ersten Zeile wurde die Anzahl der Elemente der Abfrage ermittelt. Der zweite Ausdruck zeigt den ersten `produkt`-Knoten an, und der letzte den Inhalt des `titel`-Elements des zweiten `produkt`-Knotens.

Das folgende Beispiel gibt den Inhalt der gesuchten Knoten über eine Dialogbox aus. Dazu wir zunächst ein Filter notiert, der in diesem Fall beide `produkt`-Knoten aus der XML-Beispieldatei zurückgibt.

Über eine einfache Schleife werden nun die Knoten einzeln durchlaufen und dabei alle Kindelemente mit dem Ausdruck `.*` selektiert und dem XML-Objekt `kinder` zugewiesen. Dieses Objekt wird nun ebenfalls der Reihe nach durchlaufen. Die entsprechenden Elemente werden dabei für die Ausgabe vorbereitet.

```
var str = "";
var knoten = e4x.produkt.((id.@b > 123) || (id.@c == "a1"));
for (var i=0; i<knoten.length(); i++)
{
    var kinder = knoten[i].*;
    for (var j=0; j<kinder.length(); j++)
    {
        str += kinder[j]+"\n";
    }
    str += "\n\n";
}
alert(str);
```

Sie können diese Abfrage nun auf die Spitze treiben, indem Sie in der inneren Schleife die Attribute der `id`-Elemente auslesen und die Ausgabe entsprechend erweitern.

```
...
if (knoten[i].id == kinder[j])
{
    var attr = [];
```

```
        for each (a in kinder[j].@*)
        {
            attr.push(a);
        }
        str += kinder[j]+" -> Attribute: "+attr.join(",")+"\n";
    }
    else str += kinder[j]+"\n";
...
```

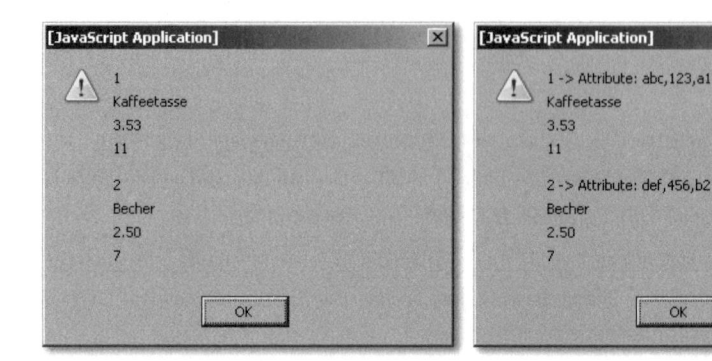

Abbildung 5.9 Einfache und erweiterte Anzeige der Merkmale der Elemente

Bisher haben Sie bereits umfangreiche Möglichkeiten kennengelernt, einen Dokumentenbaum zu durchwandern. Eine Art Schweizer Taschenmesser erhalten Sie mit der Kombination der Filter und regulären Ausdrücke. Als Beispiel dazu dient die Methode `test()` des `RegExp`-Objekts[12] von JavaScript. Mit dieser Methode können Sie in einem String nach einem bestimmten Muster suchen.

Das folgende Beispiel beinhaltet alle `produkt`-Knoten, deren Kindelement `id` im Attribut `a` den String `a` oder `e` enthält.

```
alert(
    e4x.produkt.(
        (/e|a/).test(id.@a)
    )
);
```

Die Methode `test()` gibt den booleschen Wert `true` für eine erfolgreiche Suche zurück. Dies lässt sich hervorragend für eine Verzweigung als Bedingung verwenden.

```
var p = e4x.produkt;
if ( (/tasse/).test(p.titel) )
```

---

12 http://developer.mozilla.org/en/docs/Core_JavaScript_1.5_Guide:Regular_Expressions

```
{
    alert("Treffer!");
}
```

Im Beispiel werden zunächst alle `produkt`-Knoten selektiert, um anschließend in einer `if`-Bedingung zu überprüfen, ob das Kindelement `titel` den Teilstring `tasse` als Wert beinhaltet. Besonders hilfreich kann solch eine Prüfung bei der Abarbeitung einer Schleife sein.

```
var p = e4x.produkt;
for each (var i in p)
{
    if ( (/Kaffeetasse/).test(p.titel) )
    {
        alert(i);
        break;
    }
}
```

Hierbei wird das Durchlaufen der Schleife unterbrochen, sobald die Suche einen Treffer zurückgibt. Auf diese Weise können Sie gezielt einzelne Knoten oder Elemente ausschließen. Richtig interessant werden diese Möglichkeiten natürlich erst bei der Arbeit mit umfangreichen XML-Daten.

5.5.4 Struktur verändern

Das Einfügen neuer Element in eine bestehende XML-Struktur ist denkbar einfach. Für diese Aufgabe genügt es, einen neuen Teilbaum über einen Zuweisungsoperator an die bestehende Struktur anzuhängen.

```
e4x +=
    <produkt top="3">
        <id a="ghi" b="789" c="c3">3</id>
        <titel>Glas</titel>
        <preis>1.45</preis>
        <lagerbestand>77</lagerbestand>
    </produkt>
;
```

Auf diese Weise können Sie die Struktur beliebig erweitern. Im Beispiel zuvor wurde ein neuer `produkt`-Knoten im `XML`-Objekt angehängt. Sie hätten hierbei für die linke Seite des Operanden auch `e4x.produkt` notieren können. Für den Fall, dass Sie ein Element am Anfang des selektierten Knotens einfügen möchten, benötigen Sie eine veränderte Schreibweise.

```
e4x.produkt.*[0] =
    <produkt top="3">
        <id a="ghi" b="789" c="c3">3</id>
        <titel>Glas</titel>
        <preis>1.45</preis>
        <lagerbestand>77</lagerbestand>
    </produkt>
+e4x.produkt.*[0];
```

Über das Wildcard-Zeichen wählen Sie dabei zuerst alle Elemente des Wurzelknotens aus und fügen dann am Anfang über den Index den neuen Inhalt ein. Um ein Element an eine bestimmte Position der Struktur einzufügen, wird es einfach an den ausgewählten Index wie im einleitenden Beispiel angehängt.

```
e4x.produkt[0] +=
    <produkt top="3">
        <id a="ghi" b="789" c="c3">3</id>
        <titel>Glas</titel>
        <preis>1.45</preis>
        <lagerbestand>77</lagerbestand>
    </produkt>
;
```

Falls Sie in einer tieferen Ebene einen Knoten bzw. Elemente einfügen möchten, müssen Sie dazu zunächst den gewünschten Wurzelknoten auswählen. Im folgenden Beispiel wird dazu ein neues Element in den produkt-Knoten eingefügt.

```
e4x.produkt[0].preis +=
<meldebestand>10</meldebestand>
;
```

Auf diese Weise wird nach dem preis-Element ein neues Element eingebunden. Sie können natürlich auch über den Index der Kindelemente neue Elemente einfügen. Die folgende Schreibweise bewirkt die gleiche Aktion wie im Beispiel zuvor.

```
e4x.produkt[0].*[2] +=
<meldebestand>10</meldebestand>
;
```

Hier werden zunächst alle Kindelemente mit dem Wildcard-Zeichen ausgewählt, dann wird nach dem dritten Element ein neues eingefügt. Die Regeln hierbei sind die gleichen wie in den Beispielen zuvor. Für das Einfügen eines neuen Elements an der ersten Stelle der Dokumentenstruktur des gewünschten Elements (in diesem Falls das erste Element) notieren Sie Folgendes:

```
e4x.produkt[0].*[0] =
    <meldebestand>10</meldebestand>
+e4x.produkt[0].*[0];
```

Um in allen produkt-Elementen ein neues Kindelement nach dem preis-Element einzufügen, können Sie eine for/each-Schleife anwenden.

```
for each (items in e4x)
{
    items.*[2] +=
        <meldebestand>10</meldebestand>
    ;
}
```

Für das Einfügen neuer Attribute in ein Element wird über das @-Zeichen eine entsprechende Zuweisung vorgenommen. Das folgende Beispiel fügt im titel-Element des ersten produkt-Knotens ein neues Attribut mit dem Namen subtitel hinzu.

```
e4x.produkt[0].titel.@subtitel = "Bohnen notwendig";
```

5.5.5 Platzhalter verwenden

Für das Einfügen von Variablen benötigen Sie Platzhalter[13], da ein XML-Objekt nicht wie ein String erzeugt wird. Zu diesem Zweck wird die Literal-Schreibweise angewandt. Um beispielsweise ein neues Element in den Dokumentenbaum mit einer Variablen als Inhalt einzufügen, gehen Sie wie folgt vor.

```
var info = "Eine Zusatzinformation zum Produkt";
e4x.produkt[0].titel +=
    <info>{info}</info>
;
```

Die Elementnamen können dabei ebenfalls als Platzhalter nach dem gleichen Muster übergeben werden. Gleiches gilt für Attribute, was im folgenden Beispiel gezeigt wird.

```
var elem = "info";
var attr = 123;
var info = "Eine Zusatzinformation zum Produkt";
e4x.produkt[0].titel +=
    <{elem}>{info}</{elem}>
    <info2 a={attr}>{info}</info2>
;
```

---

13 Man könnte hier auch von einem Template sprechen, da es sich im Prinzip um eine Schablone für ein XML-Konstrukt handelt.

Laut Spezifikation sollte das Setzen von Attributen über Platzhalter – wie im Element `info2` dargestellt – ebenfalls möglich sein. In aktuellen Tests führte dies aber zu einer Fehlermeldung. Das nächste Beispiel demonstriert, wie flexibel Sie mit Platzhaltern komplexe Strukturen in ein XML-Objekt einfügen. Hierbei hilft das folgende `Literal`-Objekt.

```
var struct = {
    eins:'Ein Inhalt',
    zwei:'Noch ein Inhalt',
    drei:[
        'hallo',
        { a:1, b:2, c:3 }
    ]
};
```

Dieses Objekt wird nun über eine Schleife schrittweise durchlaufen. Dabei ist zu prüfen, ob das aktuelle Element vom Typ `string` oder `object` ist. Alle String-Elemente werden an den Anfang des ausgewählten Knotens angefügt. Das `Array`-Objekt `drei` beinhaltet eine verschachtelte Struktur mit einem weiteren Literal, das die gewünschten Attribute enthält.

```
for (e in struct)
{
    if (typeof struct[e] == 'string')
    {
        e4x.produkt[0].*[0] =
            <{e}>{struct[e]}</{e}>
        +e4x.produkt[0].*[0];
    }
    if (typeof struct[e] == 'object')
    {
        e4x.produkt[0].*[0] +=
            <{e}>{struct[e][0]}</{e}>
        ;
        var last = e4x.produkt[0].*[e4x.produkt[0].length()];
        for (a in struct[e][1])
        {
            eval("last.@"+a+"="+struct[e][1][a]);
        }
    }
}
alert(e4x);
```

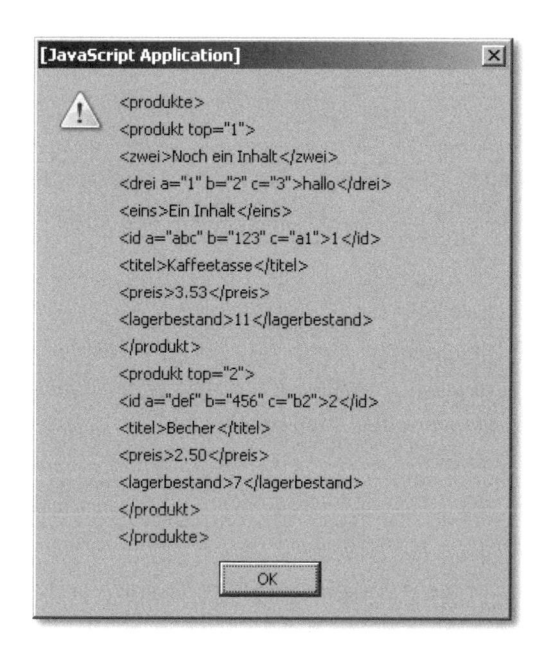

```
[JavaScript Application]
<produkte>
<produkt top="1">
<zwei>Noch ein Inhalt</zwei>
<drei a="1" b="2" c="3">hallo</drei>
<eins>Ein Inhalt</eins>
<id a="abc" b="123" c="a1">1</id>
<titel>Kaffeetasse</titel>
<preis>3.53</preis>
<lagerbestand>11</lagerbestand>
</produkt>
<produkt top="2">
<id a="def" b="456" c="b2">2</id>
<titel>Becher</titel>
<preis>2.50</preis>
<lagerbestand>7</lagerbestand>
</produkt>
</produkte>
         OK
```

Abbildung 5.10 Die neue XML-Struktur nach dem Einfügen neuer Daten

Dieses Beispiel ist nicht unbedingt für die Praxis geeignet. Es sollte lediglich als Anregung für eigene Experimente dienen und das Prinzip der Platzhalter verdeutlichen.

5.5.6 Elemente löschen

Bei der Arbeit mit XML müssen häufig auch komplette Knoten oder einzelne Elemente entfernt werden. Diese Aufgabe übernimmt der Operator `delete`. Im folgenden Beispiel wird der zweite `produkt`-Knoten vollständig aus dem XML-Objekt gelöscht.

```
delete e4x.*[1];
delete e4x.produkt[1];
```

Mit beiden Zeilen erzielen Sie dasselbe Ergebnis. Um gezielt einzelne Elemente aus einem Knoten zu löschen, müssen diese zuvor selektiert werden.

```
delete e4x.produkt[0].id;
```

Hier wurde aus dem ersten `produkt`-Knoten das `id`-Element entfernt. Um alle `id`-Elemente aus dem Dokumentbaum zu entfernen, notieren Sie Folgendes.

```
delete e4x.produkt..id;
```

Ähnlich gehen Sie vor, um ein Attribut aus einem Element zu löschen. Dazu wählen Sie einfach das betreffende Attribut aus.

`delete e4x.produkt..id.@a;`

Mit dieser Anweisung haben Sie aus allen `id`-Elementen das Attribut a entfernt. Sie löschen alle Attribute eines Elements, indem Sie diese über das Wildcard-Zeichen selektieren.

`delete e4x.produkt..id.@*;`

Mit dieser Zeile haben Sie in allen `id`-Elementen sämtliche Attribute entfernt. Das Löschen von Knoten oder Elementen ist unwiderruflich und sollte daher sorgsam ausgeführt werden, um nicht versehentlich die Datenstruktur zu zerstören.

5.5.7 Fazit

Für die Arbeit mit E4X gibt es noch viel mehr Möglichkeiten und Sprachmerkmale, die die Arbeit von JavaScript mit XML deutlich vereinfachen können.[14] Eine komplette Einführung in E4X würde den Rahmen des Kapitels sprengen. In den zurückliegenden Abschnitten haben Sie jedoch einen guten Überblick zu dieser neuen Technologie erhalten. E4X wird in Zukunft voraussichtlich eine entscheidende Rolle bei der Arbeit mit XML spielen. Aus diesem Grund lohnt es sich, die Entwicklung von E4X aufmerksam zu beobachten.

Dank der einfachen Struktur und verkürzten Schreibweise werden Sie schnelle Lernerfolge in der Anwendung von E4X erzielen. Bereits in der ersten Version ist der Vorteil gegenüber dem DOM schon offensichtlich. E4X führt wesentlich einfacher und effizienter zum Ziel als die Methoden des DOM. Sobald diese Technik von den gängigen Browsern unterstützt wird, steht der Verwendung in der Praxis nichts mehr im Wege.

---

14 Eine gute Quelle für Fragen und Antworten zu E4X finden Sie unter http://www.faqts.com/knowledge_base/index.phtml/fid/1762.

Das HTTP-Protokoll dient dem Datenaustausch über ein Netzwerk. Im Internet wird es zur Kommunikation zwischen Webbrowser und Server verwendet und stellt die Grundlage von AJAX dar.

6 JavaScript und HTTP

Als Tim Berners-Lee 1989 mit der Erfindung des HTTP-Protokolls am CERN den Grundstein des heutigen World Wide Web (WWW) legte, konnte noch niemand die rasante Entwicklung dieses Teilbereichs des Internets voraussehen.[1] Das HTTP-Protokoll wurde im WWW für das Abrufen von Daten eines Webservers und deren Anzeige in einem Webbrowser eingeführt. Eine Schnittstelle für dynamische Inhalte ist dabei das Common Gateway Interface[2] (CGI). In den Anfangszeiten wurde als Programmiersprache hierfür Perl eingesetzt. Heute gibt es eine Reihe von Sprachen für die Arbeit mit dem CGI, wobei eine der populärsten Alternativen dazu PHP sein dürfte. Als JavaScript eingeführt wurde, dachte noch niemand an die Möglichkeiten, die sich daraus ergeben würden.

AJAX-Anwendungen basieren auf der Kommunikation von Client und Server. Die Grundlage liefert ein Objekt, das ursprünglich von Microsoft im Internet Explorer eingeführt wurde. Dieses Objekt erlaubt es, über JavaScript eine Anfrage an den Server zu senden und die zurückgelieferte Antwort auszuwerten. Wie Sie bereits in Kapitel 5, *JavaScript und XML*, erfahren haben, wurde diese Technik unter anderem für die Arbeit in Verbindung mit XML-Dateien eingeführt. Glücklicherweise wurde die zugrunde liegende Technik auch von den Entwicklern der Gecko-Browser aufgegriffen und implementiert.

Dieses Kapitel führt Sie Schritt für Schritt in die Grundlagen der Arbeit mit JavaScript und HTTP ein. Dazu ist es zunächst sinnvoll, über Hintergrundwissen in Bezug auf das HTTP-Protokoll zu verfügen. Sie sollten sich dabei bewusst sein, dass Sie mit AJAX in einer klassischen Client-/Server-Architektur entwickeln. Anschließend werden die Details zum XMLHTTP-Objekt für JavaScript erklärt und mögliche Fallstricke aufgezeigt. Eine abschließende Beispielanwendung soll das Prinzip noch einmal verdeutlichen. Für ein besseres Verständnis dieses Kapitels ist es erforderlich, mit den Themen DOM und XML in Bezug auf JavaScript ver-

---

1 http://de.selfhtml.org/intro/
2 http://de.wikipedia.org/wiki/Common_Gateway_Interface

traut zu sein. Zu diesem Zweck sollten Sie gegebenenfalls in den entsprechenden Kapiteln nochmals nachschlagen.

6.1 Grundlagen

Da Sie in AJAX-Anwendungen eine Client/Server-Architektur abbilden, ist es hilfreich, die Grundlagen des HTTP-Protokolls[3] zu verstehen. Das Hypertext Transfer Protocol (HTTP)[4] ist ein Protokoll zur Übertragung von Daten über ein Netzwerk. Es wird hauptsächlich eingesetzt, um Webseiten und andere Daten aus dem World Wide Web (WWW) in einen Webbrowser zu laden. Über einen Webbrowser (Client) wird dazu durch die Eingabe des Anwenders eine Anfrage an einen Webserver (Server) gesendet. Der Server (Empfänger) nimmt die Anfrage entgegen, verarbeitet sie im Hintergrund und liefert anschließend gegebenenfalls eine Antwort an den Sender zurück. Der Übertragung von Informationen im Internet erledigen unterschiedliche Protokolle, wie beispielsweise das FTP-Protokoll zur Datenübertragung oder das SMTP-Protokoll zum Versand von E-Mail-Nachrichten. Für die Arbeit mit dem XMLHTTP-Objekt sind diese Protokolle aber nicht von Bedeutung, da hierbei lediglich HTTP-Transaktionen ausgeführt werden.

Wenn Sie beispielsweise eine Webseite aufrufen, starten Sie zunächst eine Anfrage über den Browser und bekommen im Erfolgsfall als Antwort eine Webseite angezeigt. Der Browser analysiert die Eingabe der URL und stellt beim Erkennen eines Hyperlinks (http://) eine Verbindung über das HTTP-Protokoll her, indem er eine Header-Information sendet. Der Webserver nimmt diese Anfrage entgegen, analysiert den Header und sucht nach dem angeforderten Dokument. Als Antwort sendet er dann eine neue Header-Information zurück, an die das angeforderte Dokument angehängt wird.

Abbildung 6.1 Kommunikation zwischen Client und Server via HTTP

---

3 http://www.w3.org/Protocols/rfc2616/rfc2616.html
4 http://de.wikipedia.org/wiki/Http

Die Header-Informationen des Servers haben in AJAX-Anwendungen die Aufgabe, den Übertragungsstatus festzustellen. Sie können zur Auswertung von Informationen herangezogen werden, beispielsweise des Datums der letzten Änderung eines Dokuments.

6.1.1 Client-Request-Methoden

Bei jeder Anfrage des Clients an den Server wird ein Befehl (Request) mitgeschickt, der den Server zu bestimmten Aktionen veranlasst. HTTP kennt dazu eine Reihe unterschiedlicher Methoden, die zum Teil durch den Server-Administrator erlaubt werden müssen. Die gängigen Methoden sind GET und POST, die zugleich die Hauptrolle in AJAX-Anwendungen spielen. Beachten Sie in diesem Zusammenhang, dass Sie als Anwender in der Regel keinen Einfluss auf die verwendeten Methoden haben. Die Methoden werden in der Regel vom Programmierer einer Anwendung festgelegt und von Ihnen durch eine Aktion ausgelöst. Beim Surfen im Internet wird die entsprechende Seite durch den Browser mittels des GET-Requests angesteuert. Die folgende Tabelle zeigt die wichtigsten Request-Methoden von HTTP. Die Verfügbarkeit dieser Methoden ist von den Servereinstellungen abhängig.

Methode	Beschreibung
DELETE	Mit DELETE kann eine Datei auf einem Server gelöscht werden. Diese Methode ist selten verfügbar, da Sie zu großen Sicherheitsmängeln führen kann.
GET	Die GET-Methode ist die wohl am häufigsten verwendete Methode. Sie fordert eine Datei von einem Server an. Der Methode können auch Daten über den Query-String übergeben werden. Dabei gibt es aber eine Einschränkung in der zulässigen Datenmenge und darüber hinaus einen »unschön« anzusehenden URI.
HEAD	Mit der HEAD-Methode können Sie den HTTP-Header einer Datei auf die gleiche Weise wie mit GET oder POST anfordern, mit dem Unterschied, dass die eigentliche Datei in der Antwort nicht mitgeliefert wird. Diese Methode wird typischerweise verwendet, um beispielsweise die Gültigkeit einer Datei in einem Cachesystem zu überprüfen.
OPTIONS	OPTIONS wird eingesetzt, um eine Liste von Methoden zu beziehen, welche vom Zielserver unterstützt werden. Damit können Sie beispielsweise fallweise entscheiden, welche Methode für einen Request verwendet werden soll.
POST	Die Methode POST arbeitet wie GET, mit dem Unterschied, dass ein zusätzlicher Datenblock an den Request gehängt wird und dessen zulässige Datenmenge für fast alle Anwendungen ausreichend ist. Typischerweise ist die Methode die erste Wahl für einen Formularversand, um die eingegebenen Daten an den Server zu übertragen.

Tabelle 6.1 Die Request-Methoden des HTTP-Protokolls in einer Übersicht

Methode	Beschreibung
PUT	Über die Methode PUT kann eine Datei auf einem Server abgelegt werden. Für diese Aktion benötigen Sie aber die Zugangsdaten des Servers. Aus Sicherheitsgründen dürfte diese Methode kaum verfügbar sein.
TRACE	TRACE liefert eine Anfrage auf die gleiche Weise zurück, wie sie vom Server empfangen wurde. Diese Methode dient hauptsächlich zum Debuggen von Anwendungen.

Tabelle 6.1 Die Request-Methoden des HTTP-Protokolls in einer Übersicht (Forts.)

Neben den vorgestellten Methoden gibt es noch weitere wie CONNECT, LINK, UNLINK und PATCH, die aber äußerst selten genutzt werden.

6.1.2 Server-Antwortcodes

Für jede Anfrage liefert der Server einen Antwort-Code zurück. Auf diese Weise können Sie feststellen, ob eine Anfrage erfolgreich oder fehlerhaft war. In AJAX-Anwendungen ist diese Information die Grundlage für die weitere Verarbeitung und zur Fehlerbehandlung. Die relevante Information für den Antwort-Code ist in der ersten Zeile des HTTP-Headers enthalten.

```
HTTP/1.1 200 OK
...
```

Zunächst wird hier die verwendete HTTP-Version des Servers angezeigt. Nun folgen der Status-Code, der immer aus drei Ziffern besteht, und eine für Menschen lesbare Beschreibung des aktuellen Ereignisses. Die Status-Codes lassen sich dabei in unterschiedliche Gruppen mit entsprechenden Wertebereichen aufteilen, die Sie der folgenden Tabelle entnehmen können.

Wertebereich	Beschreibung
100-199	Informationen während der Anfrage. Die Anfrage wird dabei vom Server noch bearbeitet.
200-299	Erfolgreiche Anfrage. Die eigentliche Aktion kann ausgeführt werden.
300-399	Umleitung der Anfrage. Eine weitere Bearbeitung der Anfrage wird notwendig.
400-499	Die Anfrage war unvollständig bzw. fehlerhaft und wurde daher abgebrochen. Es könnte aber auch die angefragte Datei nicht vorhanden sein oder die Zugriffsrechte fehlen.
500-599	Es ist ein Fehler auf dem Server aufgetreten.

Tabelle 6.2 Wertebereich der jeweiligen Status-Codes des HTTP-Protokolls

Die Wertebereiche von HTTP sind nicht vollständig belegt, aber für künftige Erweiterungen des Protokolls reserviert. Für den Fall, dass ein unbekannter Antwort-Code zurückgegeben wird, lässt sich aus dem entsprechenden Wertebereich dessen ungefähre Bedeutung erschließen. Die Antwort-Codes aus den Bereichen 400 und 500 werden auf dem Client an den Benutzer ausgegeben. Die restlichen Codes werden im Hintergrund ausgeführt.

Wertebereich 100

Dieser Wertebereich wurde mit der Version 1.1 von HTTP eingeführt und war zuvor nicht definiert. Hierbei informiert der Server den Client, zu welchem Zeitpunkt eine Anfrage fertig gestellt werden kann oder ob zur Bedienung der Anfrage zu einem anderen Protokoll gewechselt werden muss.

Code	Info	HTTP	Beschreibung
100	Continue	1.1	Der Anfang der Anfrage wurde empfangen, der Client kann mit dem Request fortfahren. Spielt insbesondere bei Anfragen mit großen Datenmengen eine Rolle.
101	Switching Protocols	1.1	Der Server stimmt zu, auf ein anderes Protokoll zu wechseln. Diese Information muss dabei im Upgrade-Header des Clients angegeben werden.

Tabelle 6.3 Informationen des Wertebereichs 100

Wertebereich 200

Für erfolgreiche HTTP-Transaktionen wird der Code 200 zurückgegeben. Dies bedeutet, dass eine Anfrage des Clients an den Server erfolgreich ausgeführt wurde und die angeforderten Daten vorhanden sind. Die Daten sind für den Anwender also verfügbar und werden mit der Antwort des Servers im Body mitgeliefert.

Code	Info	HTTP	Beschreibung
200	OK	1.0	Die Anfrage des Client war erfolgreich und in der Antwort des Servers sind die angeforderten Daten enthalten.
201	Created	1.0	Die Anfrage war erfolgreich und eine Datei wurde auf dem Server angelegt. Tritt in der Regel bei den Methoden POST oder PUT auf.
202	Accepted	1.0	Die Anfrage wurde zwar akzeptiert, wird aber erst zu einem späteren Zeitpunkt ausgeführt. Statt die Daten zu senden, schreibt der Server diese in eine Datei. Dabei gibt es keine Garantie, ob die Anfrage gelingt.

Tabelle 6.4 Informationen des Wertebereichs 200

Code	Info	HTTP	Beschreibung
203	Non-Authoriative Information	1.1	Die Anfrage wurde bearbeitet, ist aber unter Umständen nicht vollständig oder aktuell. Das angeforderte Dokument wurde dabei von einem Proxyserver und nicht vom Original geliefert. Entspricht dem Code 200.
204	No Content	1.0	Die Anfrage war erfolgreich, es werden aber keine Daten an den Client gesendet. Im Browser soll sich dabei der aktuelle Inhalt nicht verändern. Sinnvoll für CGI-Programme, die eine Aktion ausführen sollen, ohne die aktuelle Seite des Clients zu verlassen.
205	Reset Content	1.1	Die Anfrage war erfolgreich. Falls ein Formular für die Anfrage verwendet wurde, sollte dieses geleert werden, indem die Seite neu geladen wird. Sinnvoll vor allem für CGI-Anwendungen in Verbindung mit Formularen.
206	Partial Content	1.1	Es wurden Daten in einer bestimmten Menge angefordert und erfolgreich zurückgegeben. Die Anfrage muss den Header `Content-Range` mit entsprechender Angabe zur Größe oder den Header `Content-Type` mit dem Wert `multipart/byteranges` enthalten.

Tabelle 6.4 Informationen des Wertebereichs 200 (Forts.)

Wertebereich 300

Dieser Wertebereich dient dazu, dem Client die neue bzw. alternative Zieladresse von verschobenen oder nicht auffindbaren Elementen mitzuteilen. Diese Information wird in etlichen Fällen im Hintergrund ausgetauscht, wobei der Anwender nichts bemerkt. Die wohl bekannteste Meldung, die für den Anwender ersichtlich ist, dürfte der Code 300 sein. Hierbei wird für ein Dokument, das unter gleichem Namen, aber in unterschiedlichen Formaten vorhanden ist, eine Auswahl angeboten. Dokumente können dauerhaft oder temporär verschoben werden. Für die Arbeit in diesen Wertebereichen muss der Server entsprechend konfiguriert sein.

Code	Info	HTTP	Beschreibung
300	Multiple Choices	1.0	Die Anfrage verweist auf mehrere Dateien zur Auswahl. Dieser Code kann beispielsweise für Dokumente, die in unterschiedlichen Sprachen vorliegen, oder für Dokumente, die mit gleichen Namen und unterschiedlicher Dateiendung vorliegen, auftreten. Als Antwort wird dabei vom Server eine Liste von Möglichkeiten zur Auswahl im Client zurückgeliefert.

Tabelle 6.5 Informationen des Wertebereichs 300

Code	Info	HTTP	Beschreibung
301	Moved Permanently	1.0	Das angeforderte Dokument ist auf dem Server nicht mehr verfügbar bzw. wurde an eine andere Position verschoben. Die neue Adresse ist im Request-Header enthalten, falls diese bekannt ist, und sollte vom Client automatisch angesteuert werden.
302	Moved Temporarily	1.0	Das angeforderte Dokument wurde temporär verschoben. Die Position ist im Request-Header des Servers enthalten und sollte automatisch einmalig vom Client angesteuert werden.
303	See Other	1.1	Das angeforderte Dokument ist unter einer anderen URL erreichbar.
304	Not Modified	1.0	Dieser Code wird in Verbindung mit dem Header If-Modified-Since der Anfrage verwendet. Dabei wird überprüft, ob das angeforderte Dokument seit der angegebenen Zeit aktualisiert wurde. Ist dies nicht der Fall, wird eine lokale Kopie aus dem Browsercache verwendet.
305	Use Proxy	1.1	Das angeforderte Dokument wird über den angegebenen Proxy ausgegeben.
307	Temporary Redirect	1.1	Arbeitet auf ähnliche Weise wie der Code 302.

Tabelle 6.5 Informationen des Wertebereichs 300 (Forts.)

Wertebereich 400

Die Codes in diesem Wertebereich werden zurückgegeben, falls der Client in seiner Anfrage an den Server einen Fehler produziert. Bekannte Fehler dürften dabei der Code 401 – für einen nicht berechtigten Zugriff auf einen geschützten Bereich – oder der Code 404 – für ein nicht gefundenes Dokument – sein.

Code	Info	HTTP	Beschreibung
400	Bad Request	1.0	In der Syntax des Requests ist ein Fehler aufgetreten.
401	Unauthorized	1.0	Dieser Code gibt an, dass der Client für den Zugriff auf einen Webbereich keine Berechtigung hat.
402	Payment Required	reserviert	Bisher nicht implementiert und sollte anscheinend für Anwendungen im E-Commerce genutzt werden.
403	Forbidden	1.0	Der Zugriff auf eine Ressource wird nicht erlaubt. Üblicherweise tritt dieser Code beim direkten Aufruf von Verzeichnissen mit besonderen Rechten (z. B. cgi-bin) auf oder falls eine Datei mit einem Passwort geschützt ist.

Tabelle 6.6 Informationen des Wertebereichs 400

Code	Info	HTTP	Beschreibung
404	Not Found	1.0	Das angeforderte Dokument existiert auf dem Server nicht.
405	Method Not Allowed	1.1	Dieser Code gibt an, dass die vom Client angeforderte Methode vom Server nicht unterstützt wird.
406	Not Acceptable	1.1	Die angeforderte Datei ist zwar vorhanden, aber nicht in dem vom Client angeforderten Format.
407	Proxy Authentication	1.1	Die Anfrage an einen Proxyserver muss autorisiert werden, bevor diese ausgeführt werden kann. Ist dies nicht der Fall, wird dieser Code zurückgeliefert.
408	Request Time-out	1.1	Die Anfrage konnte innerhalb einer bestimmten Zeit nicht ausgeführt werden. Der Server bricht die Verbindung daher ab.
409	Conflict	1.1	In der Anfrage ist ein Konflikt in Verbindung mit der Serverkonfiguration oder einem anderen Request aufgetreten.
410	Gone	1.1	Die angeforderten Daten existieren nicht mehr auf dem Server. Sie wurden dauerhaft entfernt.
411	Length Required	1.1	Um die Anfrage fehlerfrei auszuführen, benötigt der Server Angaben zum `Content-Length`-Header.
412	Precondition Failed	1.1	Die Ausführung von einem oder mehreren `If`-Headern ergab den booleschen Wert `false`.
413	Request Entity Too Large	1.1	Die Anfrage wurde abgebrochen, weil der Inhalt des Bodys zu groß war.
414	Request-URI Too Long	1.1	Die Anfrage konnte nicht verarbeitet werden, da die URL zu lang war.
415	Unsupported Media Type	1.1	Der Server konnte die Anfrage nicht bearbeiten, da der Request im Body ein nicht unterstütztes Format beinhaltet.
416	Requested range not satisfiable	1.1	Die Anfrage konnte nicht verarbeitet werden, da der angeforderte Byte-Bereich (Range) nicht verfügbar war.
417	Expectation Failed	1.1	Der Expect-Header einer Anfrage konnte vom Server nicht ausgeführt werden. Der Request wird daher beendet.

Tabelle 6.6 Informationen des Wertebereichs 400 (Forts.)

Wertebereich 500

Für Programmierer stellt dieser Wertebereich eine wichtige Informationsquelle dar. In ihm werden Fehler des Servers oder Fehler in CGI-Programmen aufgezeigt. Der wohl häufigste Fehler dürfte dabei der Code 500 sein, der bei fehlerhaften Skripten ausgegeben wird.

Code	Info	HTTP	Beschreibung
500	Internal Server Error	1.0	Die Anfrage kann nicht beantwortet werden, da ein Fehler auf dem Server aufgetreten ist. Dies kann beispielsweise bei fehlerhaften CGI-Skripten der Fall sein.
501	Not Implemented	1.0	Die Anfrage fordert eine Aktion vom Server an, die nicht ausgeführt werden kann.
502	Bad Gateway	1.0	Um die Anfrage zu beantworten, musste der Server einen anderen Server oder Proxy kontaktieren. Die angeforderten Daten konnten daher nicht gesendet werden.
503	Service Unavailable	1.0	Dieser Code gibt an, dass der Server vorübergehend nicht verfügbar ist. Dies kann beispielsweise bei Wartungsarbeiten der Fall sein. Der Server kann dabei so konfiguriert werden, dass er einen Request-Header mit der Information `Retry-After` zurückgibt. Darin wird die Zeit angegeben, ab der der Server wieder verfügbar ist.
504	Gateway Time-out	1.1	Besitzt die gleiche Bedeutung wie der Code 408, mit dem Unterschied, dass der Timeout auf einem anderen Server oder Proxy erfolgt ist.
505	HTTP Version Not Supported	1.1	Die in der Anfrage verwendete HTTP-Version wird vom Server nicht unterstützt.
509	Bandwidth Limit Exceeded	inoffiziell	Dieser Code wird von einigen Servern inoffiziell verwendet. Er gibt an, dass eine Anfrage nicht erfolgreich war, weil die notwendige Bandbreite des Servers dazu überschritten wurde. Wird beispielsweise bei kostenlos gehosteten Webserverangeboten verwendet.

Tabelle 6.7 Informationen des Wertebereichs 500

6.1.3 HTTP-Header

Bisher wurden die Methoden und Antwort-Codes erläutert, die bei der Kommunikation zwischen Client und Server von Bedeutung sind. Mithilfe der HTTP-Header können Sie darüber hinaus weitere Informationen an den Server senden und empfangen.

Ein Client könnte beispielsweise bei einer Anfrage das Datum der letzten Änderung eines Dokuments erfragen und in Abhängigkeit davon das Ergebnis entsprechend weiterverarbeiten. Eine weitere Header-Information sind Authentifizierungsdaten, die einem Client den Zugriff auf bestimmte Bereiche erlauben. Auch Daten, die über ein Cookie zwischengespeichert werden, sind im Header enthalten.

Die zugrunde liegende Struktur der HTTP-Header lässt sich der folgenden Abbildung 6.2 entnehmen.

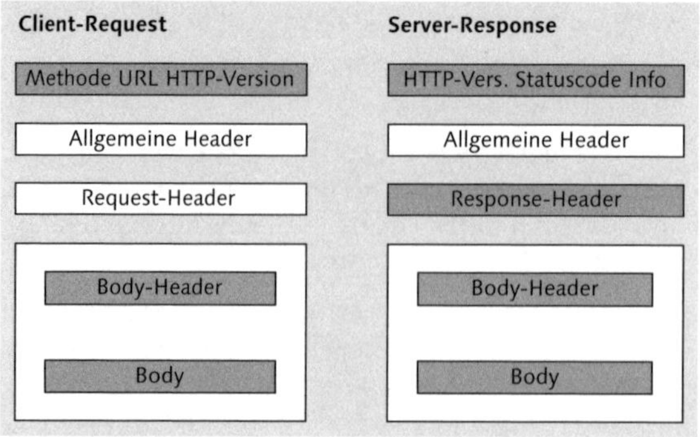

Abbildung 6.2 Schematische Darstellung einer Client/Server-Kommunikation

Wie Sie erkennen, sind die HTTP-Header in Blöcke unterteilt, die jeweils unterschiedliche Informationen beinhalten. Als Erstes erfolgt die Identifikation des HTTP-Headers. Anschließend werden die eigentlichen Header ausgegeben. Es kann eine beliebige Anzahl an Header-Informationen zwischen Client und Server übergeben werden. Anschließend folgt der eigentliche Body (falls vorhanden), der durch eine Leerzeile vom Header-Block getrennt wird. Die in der Grafik weiß dargestellten Blöcke sind optional, die grauen sind für eine erfolgreiche Kommunikation zwingend erforderlich.

Das folgende Beispiel soll den Ablauf des Informationsaustauschs noch einmal verdeutlichen. Ein Client fordert über die Methode GET eine Webseite an und sendet dazu den folgenden Header.

```
GET /index.html HTTP/1.1
Connection: Keep-Alive
User-Agent: Mozilla/5.0 ...
Host: www.devshare.de
Accept: */*
```

Der Server nimmt diese Anfrage entgegen und versucht, das angeforderte Dokument zu finden. Im Erfolgsfall liefert er dann eine Antwort und das Dokument selbst zurück.

```
HTTP/1.1 200 OK
Date: Fri, 02 Dec 2005 23:12:15 GMT
Server: Apache/2.0.54 ...
Content-Type: text/html
Content-length: 777
```

```
Last-modified: Mon, 28 Nov2005 21213:145GMT

<!DOCTYPE html PUBLIC "-//W3C//DTD XHTML 1.0 Transitional//EN"
  "http://www.w3.org/TR/xhtml1/DTD/xhtml1-transitional.dtd">
<html xmlns="http://www.w3.org/1999/xhtml" xml:lang="de" lang="de">
<head>
    <title>HTTP</title>
</head>
<body>
<h1>Hallo</h1>
</body>
</html>
```

Der Client nimmt den Body entgegen und gibt ihn für den Anwender im Webbrowser aus. In AJAX-Anwendungen können Sie die Header des Requests setzen und die des Responses auslesen. Für diese Aufgabe ist es daher wichtig zu wissen, welche Möglichkeiten hierfür bestehen. Im Folgenden finden Sie eine kurze Übersicht, unterteilt in die vier Hauptgruppen der HTTP-Header.

Die Reihenfolge in der Einrichtung der Header kann beliebig gewählt sein. Die Namen der Header werden nicht in Groß-/Kleinschreibung unterschieden, sollten aber einer einheitlichen Linie folgen. Es empfiehlt sich, die Header wie in den folgenden Tabellen dargestellt zu notieren.[5] Auf eine ausführliche Erklärung mit Beispielen wird dabei verzichtet, da dies den Rahmen des Kapitels sprengen würde.

Allgemeine Header

Die allgemeinen Header werden von Client und Server gleichermaßen verwendet. Date dürfte dabei der am häufigsten verwendete Header sein.

Header	Beschreibung
Cache-Control[6]	Bestimmt das Verhalten beim Cachen von Daten.
Connection	Bestimmt, ob die Verbindung zum Server nach der Datenübertragung bzw. nach dem Response abgebrochen werden soll.
Date	Das aktuelle Datum inklusive der Uhrzeit des Clients bzw. des Servers.
Pragma	Übergibt benötigte Direktiven für ein Proxysystem, die Anweisungen für dessen Funktionsweise beinhalten.

Tabelle 6.8 Die allgemeinen Header von Client und Server

---

5 Einige der Informationen wurden mit freundlicher Unterstützung von HTMLWorld zur Verfügung gestellt. Unter http://www.html-world.de/program/http_ov.php finden Sie eine ausführliche Einführung zu HTTP.
6 Ein Tutorial zum Thema Cache finden Sie unter http://www.mnot.net/cache_docs/.

Header	Beschreibung
Trailer	Der Trailer-Header gibt die Header an, die in einer aus mehreren Teilen bestehenden Nachricht enthalten sein werden.
Transfer-Encoding	Informationen über die im Body durchgeführten Transformationen, die für eine sichere Übertragung notwendig waren.
Upgrade	Der Upgrade-Header gibt an, welche weiteren Protokolle oder Protokollversionen der Client verarbeiten kann und gerne verwenden würde.
Via	Der Via-Header dient der Zurückverfolgung des Nachrichtenweges. Proxyserver sind angewiesen, bei jeder durchlaufenden Nachricht diesen Header anzuhängen bzw. durch eigene Daten zu ergänzen.
Warning	Der Warning-Header enthält weitere Informationen zum Statuscode.

Tabelle 6.8 Die allgemeinen Header von Client und Server (Forts.)

Entity-Header

Diese Header dienen zur Beschreibung der Formate von Daten, die zwischen Client und Server ausgetauscht werden. Clients verwenden diese Information beispielsweise in Verbindung mit der Post-Methode.

Header	Beschreibung
Allow	Gibt eine durch Kommata getrennte Liste von HTTP-Methoden an, die für die jeweilige Anfrage möglich bzw. erlaubt sind.
Content-Base	Bestimmt das Home-Verzeichnis für die Auflösung von relativen URLs.
Content-Encoding	Gibt das oder die vom Server verwendete(n) Codierungsschema(ta) an.
Content-Language	Beinhaltet Informationen zur Sprache des Nachrichteninhalts.
Content-Length	Der Content-Length-Header gibt die Anzahl der Zeichen (Bytes) des Nachrichtentextes an.
Content-Location	Alternative Adresse (absolut oder relativ), unter der weiterführende Informationen zur abgerufenen Datei zu finden sind.
Content-MD5	Checksumme der Nachricht. Als Wert wird hier der nach RFC 1864 errechnete MD5-Digest verwendet.
Content-Range	Teilt dem Client mit, welcher Teil einer mehrteiligen Nachricht gerade gesendet wird.
Content-Type	Damit wird der (Datei-)Typ der Nachrichtendaten angegeben.
Expires	Bestimmt den Zeitpunkt als HTTP-Datumsformat, ab dem der übermittelte Nachrichteninhalt verfällt.
Last-Modified	Zeitpunkt als HTTP-Datumsformat, an dem der übermittelte Nachrichteninhalt das letzte Mal geändert wurde.

Tabelle 6.9 Die Entity-Header des HTTP-Protokolls

Response-Header

Diese Header werden nur in der Antwort des Servers verwendet und beinhalten Informationen über das angeforderte Dokument und den Server selbst.

Header	Beschreibung
Accept-Ranges	Gibt an, ob der Server Anforderungen von bestimmten Bereichen zulässt.
Age	Das Alter des Dokuments in Sekunden.
ETag	Gibt eine Kennziffer (Entity) an, mit der das gelieferte Dokument eindeutig identifiziert werden kann.
Location	Zieladresse für ein neu erzeugtes oder verschobenes Dokument.
Proxy-Authenticate	Damit teilt der Proxy dem Client mit, dass er eine Authentifizierung wünscht.
Retry-After	Anweisung an den Client, die Anfrage zu einem späteren Zeitpunkt erneut zu versuchen (z. B. weil der Server gerade gewartet wird).
Server	Gibt als Information den Namen und die Version des Servers zurück.
Set-Cookie	Weist den Client an, ein Cookie zu speichern.
Vary	Informiert den Client, dass es für diese Anfrage mehrere Quellen gibt, die sich in bestimmten Eigenschaften (z. B. der Sprache oder dem Dateityp) unterscheiden.
WWW-Authenticate	Damit teilt der Server dem Client mit, dass er eine Authentifizierung wünscht.

Tabelle 6.10 Die Response-Header des HTTP-Protokolls

Request-Header

Diese Header werden nur in der Anfrage an den Server verwendet und beinhalten Informationen über das zu sendende Dokument und den Client selbst.

Header	Beschreibung
Accept	Dieser Header gibt an, welche Mediatypen (Dateitypen) der Client für diese Anfrage als Antwort erwartet.
Accept-Charset	Gibt den oder die Zeichensätze an, die der Client für das angeforderte Dokument erwartet.
Accept-Encoding	Hiermit gibt der Client an, welche Codierungsverfahren er versteht bzw. verarbeiten kann.
Accept-Language	Dieser Header gibt an, welche Sprache der Client bevorzugt.
Authorization	Damit wird die Authentifizierung des Clients beim Server durchgeführt.
Cookie	Hiermit gibt der Client ein gespeichertes Cookie an den Server zurück.
Expect	Der Expect-Header wird dazu verwendet, die Erwartungen des Clients gegenüber dem Server auszudrücken.

Tabelle 6.11 Request-Header des HTTP-Protokolls

Header	Beschreibung
From	Damit wird die E-Mail-Adresse des Benutzers angegeben.
Host	Gibt den Hostnamen des Servers an, von dem die Datei abgerufen werden soll.
If-Match	Hiermit wird dem Server mitgeteilt, dass dieser nur die Datei senden soll, wenn diese zum angegebenen Entity-Tag (dem Wert) passt.
If-Modified-Since	Die Datei wird nur dann gesendet, wenn sie seit dem als Wert angegebenen Datum verändert/erneuert wurde.
If-None-Match	Dieser Header entspricht dem Gegenteil des If-Match-Headers. Er weist den Server an, die Datei nur zu senden, wenn sie dem angegebenen Entity-Tag (dem Wert) nicht entspricht.
If-Range	Dient dem Zwischenspeichern von Dateien und wird zusammen mit dem Range-Header verwendet.
If-Unmodified-Since	Damit wird der Server angewiesen, die Datei nur zu senden, wenn diese seit dem als Wert angegebenen Datum nicht verändert wurde.
Max-Forwards	Dieser Header kommt lediglich bei TRACE- und OPTIONS-Anfragen zum Tragen. Er gibt als Wert eine Zahl an, die den Proxies mitteilt, wie oft die Nachricht maximal weitergeleitet werden darf, bis sie beim Server ankommt.
Proxy-Authorization	Dieser Header entspricht in etwa dem Authorization-Header, mit dem Unterschied, dass dieser zur Authentifizierung des Clients bei einem Proxy dient.
Range	Durch diesen Header fordert der Client einen oder mehrere Bereiche einer Datei an, den/die er noch benötigt.
Referer	Beinhaltet die URL des Dokuments, das den Verweis auf das aktuell angeforderte Dokument enthielt.
TE	Hiermit gibt der Client an, ob und welche Codierungsverfahren er für diese Anfrage zulässt und ob er Trailer bei mehrteiligen Nachrichten erlaubt.
User-Agent	Damit hat der Client die Möglichkeit, den Server über sich selbst zu informieren.

Tabelle 6.11 Request-Header des HTTP-Protokolls (Forts.)

6.2 XMLHttpRequest

Das Herz von AJAX sind das XMLHTTP- und das XMLHttpRequest-Objekt, mit dem eine Client/Server-Kommunikation mittels JavaScript realisiert werden kann. Historisch betrachtet wurde diese Möglichkeit von Microsoft mit der ActiveX-Komponente XMLHTTP realisiert und ab dem Internet Explorer 5.0 eingeführt. Wie in Kapitel 5, *JavaScript und XML*, bereits beschrieben, können damit Daten von einem Server angefordert werden. Kurze Zeit danach haben die Entwickler von Mozilla eine entsprechende Möglichkeit für Netscape 7 und Mozilla 1.0 implementiert. In Gecko-Browsern steht dafür das `XMLHttpRequest`-Objekt[7] bereit. Unter Macintosh wurde dieses Objekt mit Safari 1.2 ebenfalls integriert. In den folgenden Ausführungen wird für beide Objekte der Begriff `XMLHttpRequest`-Objekt verwendet.

Bei der Arbeit mit AJAX sollten Sie wissen, dass aufgrund von Sicherheitsbestimmungen der Browser nur Quellen aus dem eigenen Server angesteuert werden können. Für die Arbeit mit externen Quellen direkt per JavaScript existiert dennoch eine eingeschränkte Möglichkeit, die in Abschnitt 6.2.12 erklärt wird. Um dieses Problem zu umgehen, können Sie externe Quellen in Ihren serverseitigen Skripten ansteuern und das Ergebnis via AJAX abfragen.

Das W3C hat für eine ähnliche Funktionalität eine Spezifikation als Empfehlung unter dem Titel »Document Object Model (DOM) Level 3 Load and Save Specification«[8] freigegeben. Durch die rasante Verbreitung des `XMLHttpRequest`-Objekts hat sich aber vorab bereits ein inoffizieller Standard entwickelt, der mittlerweile von allen modernen Browsern unterstützt wird.

Für die Arbeit in Verbindung mit diesem Objekt sind üblicherweise XML-Daten vorgesehen. Es können aber auch reine Textdaten verwendet werden. In PHP erzeugen Sie eine Textdatei mit dynamischem Inhalt, indem Sie den gewünschten Inhalt über die Funktion `print()` oder `echo()` ausgeben.

Um die Inhalte in Ihrer AJAX-Anwendung weiterzuverarbeiten, können Sie bei Verwendung von XML die Methoden des DOM anwenden. Beispiele dazu wurden bereits in Kapitel 2, *JavaScript und DOM*, vorgestellt, weshalb an dieser Stelle nicht näher darauf eingegangen wird. Am Ende des Kapitels finden Sie ein Praxisbeispiel für eine AJAX-Anwendung, das die Arbeitsweise noch einmal demonstriert.

6.2.1 Das Objekt erzeugen

Für die Arbeit mit AJAX muss zunächst ein `XMLHttpRequest`-Objekt erzeugt werden. Da für Gecko-Browser und den Microsoft Internet Explorer dazu unterschiedliche Objekte notwendig sind, müssen beide berücksichtigt werden. In Gecko-Browser stellt sich die zugrunde liegende Syntax wie folgt dar.

```
var ajax = new XMLHttpRequest();
```

Anwender des Microsoft Internet Explorers kleiner als Version 7 benötigen ein ActiveX-Objekt. Die grundlegende Syntax sieht folgendermaßen aus.

---

7 http://developer.mozilla.org/en/docs/XMLHttpRequest
8 http://www.w3.org/TR/DOM-Level-3-LS/

```
var ajax = new ActiveXObject(programm.version);
```

Während es Gecko-Browser einfach halten, bietet Microsoft für den Request unterschiedliche ActiveX-Objekte[9] an, die zum Teil einen erweiterten Funktionsumfang beinhalten. Die Grundlage dafür stellt der MSXML-Parser von Microsoft dar. Im Internet Explorer 5.0 wurde dazu die Komponente XMLHTTP benutzt.

```
var ajax = new ActiveXObject("Microsoft.XMLHTTP");
```

Diese Version ist unabhängig von einer bestimmten Version des Parsers und arbeitet somit für alle Versionen des Internet Explorers. Für AJAX-Anwendungen reicht diese Variante in der Regel vollkommen aus.

> **Microsoft Internet Explorer 7**
>
> Mit der siebten Version des Internet Explorers von Microsoft unterstützt dieser Browser nun auch ein natives XMLHTTP-Objekt, das wie bei Gecko-Browsern über die XMLHttpRequest-Klasse bereitgestellt wird. Damit löst sich Microsoft nun von seiner bisherigen Abhängigkeit von ActiveX in Verbindung mit AJAX-Anwendungen. Für Webentwickler ist dies eine gute Nachricht, da künftig AJAX noch einfacher anwendbar ist. Sie sollten aber denoch eine Browserweiche für ältere Versionen des Internet Explorers in Ihren Anwendungen integrieren, da die Verbreitung der neusten Version sicherlich noch etwas Zeit benötigt. Die im Folgenden vorgestellte Klasse berücksichtigt dies bereits, was über die Prüfung auf das Vorhandensein der XMLHttpRequest-Klasse realisert wird.

Eine versionsabhängige Einbindung der Komponente ist meist dann sinnvoll, wenn Sie bestimmte Möglichkeiten für Ihre Anwendungen benötigen, die in Abhängigkeit zur jeweiligen Version stehen. Bedenken Sie dabei aber, dass Sie beim Verwenden versionstypischer Methoden die Anwender anderer Browser ausschließen. Eine Initialisierung der Komponente in Abhängigkeit der Version sieht so aus:

```
var ajax = new ActiveXObject("Msxml2.XMLHTTP.3.0");
var ajax = new ActiveXObject("Msxml2.XMLHTTP.4.0");
var ajax = new ActiveXObject("Msxml2.XMLHTTP.5.0");
```

In vielen Bibliotheken oder Skripten werden Sie eine Abfrage nach unterschiedlicher Unterstützung vorfinden, was im Grunde gar nicht zwingend notwendig wäre. Dazu wird meist über eine try/catch-Anweisung nach einem Objekt gesucht und dies im Erfolgsfall eingebunden. Auf die Spitze getrieben kann eine Abfrage dazu wie folgt aussehen.

---

9 Auf der Seite http://support.microsoft.com/?kbid=269238 finden Sie eine gute Übersicht der verschiedenen Versionen und ihrer Besonderheiten.
10 http://blogs.msdn.com/ie/archive/2006/01/23/516393.aspx

```
if (window.ActiveXObect)
{
    try {
        req = new ActiveXObject("Msxml2.XMLHTTP.5.0");
    }
    catch(e) {
        try {
            req = new ActiveXObject("Msxml2.XMLHTTP.4.0");
        }
        catch(e) {
            try {
                req = new ActiveXObject("Msxml2.XMLHTTP.3.0");
            }
            catch(e) {
                try {
                    req = new ActiveXObject("Microsoft.XMLHTTP");
                }
                catch(e) {
                    req = false;
                }
            }
        }
    }
}
```

Um diese Abfrage zu vereinfachen, könnte man ein Array mit allen bekannten Komponenten erzeugen und es über eine Schleife auf seine Kompatibilität überprüfen.

```
var msxml = [
    "MSXML2.XMLHTTP.5.0",
    "MSXML2.XMLHTTP.4.0",
    "MSXML2.XMLHTTP.3.0",
    "MSXML2.XMLHTTP",
    "Microsoft.XMLHTTP"
];
if (window.ActiveXObject) {
    for (var i=0; i<msxml.length; i++) {
        try {
            ret = new ActiveXObject(msxml[i]);
            break;
        } catch(e) {}
    }
}
...
```

Dieses Konstrukt ist allerdings nur dann sinnvoll, wenn Sie wirklich wissen, dass Sie für manche Aufgaben bestimmte Möglichkeiten der einzelnen Komponenten nutzen müssen. Dies dürfte hauptsächlich bei der Programmierung einer auf Microsoft-Technik basierenden Anwendung der Fall sein.[11] In allen anderen Fällen reicht meist die Komponente `Microsoft.XMLHTTP` vollkommen aus, weshalb hier auch nicht näher auf die zum Teil schlecht dokumentierten Unterschiede eingegangen wird.

Um diese Objekte möglichst browserunabhängig einsetzen zu können, muss in Abhängigkeit des verwendeten Browsers die entsprechende Syntax angewandt werden. Für diese Aufgabe bietet sich eine Abfrage nach dem implementierten Objekt an.

```
var req = (window.XMLHttpRequest)
          ?
          new XMLHttpRequest()
          :
          ((window.ActiveXObject)
          ?
          new ActiveXObject("Microsoft.XMLHTTP")
          :
          false
          );
```

In der Variablen `req` wurde ein `XMLHttpRequest`-Objekt für die Verbindung mit dem Server gespeichert. Über dessen Methoden und Eigenschaften können Sie nun eine Anfrage an den Server senden und die Antwort entsprechend Ihren Vorgaben auswerten.

6.2.2 Methoden

Beide Objekte enthalten eine Schnittmenge an Methoden, die auf gleiche Art und Weise arbeiten. Darüber hinaus gibt es noch browserspezifische Methoden, auf die hier nicht näher eingegangen wird. Mit den gemeinsamen Methoden erhalten Sie alle relevanten Mittel, um anspruchsvolle Client/Server-Anwendungen zu entwickeln. Die folgende Tabelle beschreibt die angebotenen Methoden.

---

11 Wenn Sie weitere Informationen dazu benötigen, sind die Seiten des MSDN von Microsoft (http://msdn.microsoft.com) eine geeignete Anlaufstelle.

Methode	Beschreibung
abort()	Mit dieser Methode können Sie den aktuell laufenden Request beenden.
getAllResponseHeaders()	Gibt eine Liste aller vorhandener Header als key/value-Paare in einem String zurück.
getResponseHeader(name)	Gibt den Wert für den im Argument angegebenen Header zurück.

open(
    method,url[,syncFlag
    ,username,password]
)
	Hiermit wird der Request an die gewünschte Zieladresse gestartet und die Art der Übertragung vereinbart.

send(body|null)	Sendet den Request an den Server mit einem optionaler Body.
setRequestHeader (key, value)	Mit dieser Methode können Sie einen optionalen Header für den Request als key/value-Paar setzen

Tabelle 6.12 Die Methoden des XMLHttpRequest-Objekts

Für einen gültigen Request benötigen Sie mindestens die Methoden open() und send().

Um eine Anfrage an den Server zu starten, erwartet open() zunächst die gewünschte Methode des Requests (siehe dazu auch Abschnitt 6.1.1) und die URL, die dazu aufgerufen werden soll. Die meistbenutzte Methode dürfte dabei GET sein, mit der Sie Daten vom Server anfordern, beispielsweise eine XML-Datei. Nun folgt optional ein boolescher Wert, der die Art der Übertragung bestimmt. Der Wert true besagt dabei, dass der Request über eine asynchrone Übertragung realisiert werden soll. Dies ist zugleich die Defaulteinstellung und wird verwendet, falls kein anderer Wert angegeben wird. Wünschen Sie eine synchrone Datenübertragung, geben Sie den Wert false an. In der Regel sollten Sie aber einen asynchronen Request ausführen. Für einen Request, der Daten auf dem Server ändern oder löschen soll (PUT oder DELETE), benötigen Sie eine Authentifizierung. Die beiden optionalen Argumente dafür geben den Usernamen und das Passwort an. Der einfachste Aufruf dieser Methode könnte bei spielsweise wie folgt lauten.

```
req.open("GET","/beispiel.xml");
```

Erst mit dem Aufruf der Methode send() erfolgt das Senden der Anfrage an den Server. Wurde dabei eine asynchrone Übertragung vereinbart, erfolgt die Antwort des Servers unmittelbar nach dem Senden der Anfrage, und zwar so lange, bis das Ende der Übertragung erreicht wurde. Bei einer synchronen Verbindung erfolgt der Response erst nach dem vollständigen Übertragen der Daten, weshalb hierbei auch keine Statusänderung zur Laufzeit der Anfrage ermittelt werden kann. Ihrer Anfrage können Sie einen optionalen Inhalt übergeben, der als Body des Headers mitgesendet wird. Der Inhalt kann dabei ein beliebiger String, ein DOM- oder XML-Objekt oder die Daten einer Formulareingabe sein. Falls kein Inhalt übergeben wird, muss dieser Methode ein Nullwert übergeben werden. Jedes der folgenden Beispiele stellt einen gültigen Aufruf dieser Methode dar. Weitere Beispiele dazu werden weiter unten in diesem Kapitel vorgestellt.

```
req.send(null);
req.send("");
req.send(xml);
req.send("Ein beliebiger Inhalt");
```

> **Asynchron oder Synchron?**
>
> In einer asynchronen Datenübertragung mit AJAX wird der aktuelle Status der Verbindung solange aktualisiert und als Information zurückgeliefert, bis die Anfrage vom Server vollständig ausgeführt wurde. Auf diese Weise können Sie den jeweiligen Status einer Anfrage überwachen und gegebenenfalls bestimmte Aktionen durchführen. So erhalten Sie eine optimale Kontrolle über den Ablauf einer Anfrage an den Server. Mit AJAX sollten Sie daher stets eine asynchrone Datenübertragung wählen. In den meisten Bibliotheken und Anwendungen zu AJAX ist dies auch die Standardeinstellung.
>
> Bei einer synchronen Anfrage mit AJAX erfolgt die Antwort erst nach dem vollständigen Übertragen der angeforderten Daten. Die Anfrage bleibt also solange aktiv, bis eine Antwort vom Server erzeugt wird. Das Ergebnis ist erst nach der Übertragung sofort und komplett verfügbar. Das größte Problem bei einer synchronen Datenübertragung liegt darin, dass der weitere Programmablauf solange blockiert bleibt, bis alle Daten vollständig übertragen wurden, und dabei keine Information über den aktuellen Status übertragen wird. Dauert dieser Vorgang zu lange, könnte der Anwender vermuten, dass die Anfrage abgebrochen wurde, und deshalb versuchen, die Seite neu zu laden bzw. ganz zu verlassen. Auf eine synchrone Datenübertragung sollte mit AJAX deshalb wenn möglich verzichtet werden.

In manchen Fällen kann es vorkommen, dass Sie mit Ihrer Anfrage bestimmte Header-Informationen an den Server übergeben möchten. Für diese Aufgabe verwenden Sie die Methode setRequestHeader(), die vor der Methode send() eingebunden werden muss. Dabei übergeben Sie die benötigten HTTP-Header (siehe Abschnitt 6.1.3, HTTP-Header). Sie können eine beliebige Anzahl von Headern übergeben, indem Sie diese Methode jeweils erneut einzeln aufrufen.

```
...
req.setRequestHeader("Beispiel","Inhalt");
req.setRequestHeader("Accept","image/gif");
...
req.send(null);
```

Durch das Setzen eines entsprechenden HTTP-Headers erhalten Sie nun das gewünschte Ergebnis. Wie im Beispiel zuvor gezeigt, können Sie zusätzlich zu den offiziellen HTTP-Headern eigene Merkmale definieren. Dies kann in manchen Fällen praktisch für die Logik eigener Routinen sein.

In PHP können Sie die gesendeten HTTP-Header mit der Funktion `getallheaders()`[12] wie folgt ermitteln.

```
<?php
print_r( getallheaders() );
?>
```

Als Ergebnis erhalten Sie ein assoziatives Array mit den entsprechenden Werten. Im verwendeten Beispiel würde unter anderem das folgende Ergebnis stehen.

```
Array
(
    [Host] => localhost
    [Accept] => image/gif
    ...
)
```

Mit den Methoden `getAllResponseHeaders()` und `getResponseHeader()` können Sie die Header-Informationen aus der Antwort des Servers für eine weitere Verarbeitung auslesen. Beachten Sie dabei, dass die möglichen Response-Header in den unterschiedlichen Browsern variieren können.

```
req.getResponseHeader("Date");
```

Die Methode `abort()` sollte selbsterklärend sein. Sie beendet einen Response vorzeitig – etwa bei einer Zeitüberschreitung während der Übertragung. Ein entsprechendes Beispiel wird weiter unten gezeigt.

6.2.3 Eigenschaften

Auch bei den Eigenschaften des `XMLHttpRequest`-Objekts gibt es für beide Objekte eine Schnittmenge. Darüber hinaus existieren browserspezifische Eigenschaften, die in der nachfolgenden Ausführung aber nicht berücksichtigt werden. Die übereinstimmenden Eigenschaften bieten alle relevanten Informationen, die für eine erfolgreiche Arbeit mit AJAX notwendig sind.

---

12 http://de.php.net/get_all_headers

Eigenschaft	Beschreibung
onreadystatechange	Event-Handler, der eine zugeordnete Funktion bei jeder Änderung im Status des Requests ausführt. Wird in Verbindung mit der Eigenschaft readyState verwendet.
readyState	Diese Eigenschaft gibt den aktuellen Status des Requests zurück und ändert sich solange, bis das Ende der Anfrage erreicht ist. Nachfolgend finden Sie die möglichen Werte, ihre Bedeutung und eine kurze Beschreibung in der folgenden Reihefolge: <table><tr><th>Wert</th><th>Bedeutung</th><th>Beschreibung</th></tr><tr><td>0</td><td>uninitialized</td><td>Der Request wurde noch nicht durch die Methode open() ausgelöst.</td></tr><tr><td>1</td><td>loading</td><td>Der Request wird gestartet, wurde bisher aber noch nicht abgeschickt.</td></tr><tr><td>2</td><td>loaded</td><td>Der Request wurde durch die Methode send() ausgeführt. Eine Antwort des Servers steht noch aus.</td></tr><tr><td>3</td><td>interactive</td><td>Die Übertragung der Antwort des Servers läuft. Teile davon sind bereits im Buffer und mittels der Eigenschaften responseText oder responseXML verfügbar.</td></tr><tr><td>4</td><td>complete</td><td>Der Request wurde vollständig ausgeführt und beendet, bzw. durch den Anwender abgebrochen.</td></tr></table>
responseText	Inhalt des Bodys als String aus der Antwort des Servers
responseXML	XML-Objekt für die Verarbeitung mit dem DOM, falls eine XML-Datei angefordert wurde
status	Numerischer Wert des Serverstatus am Ende der Übertragung, d. h., sobald die Eigenschaft readyState den Wert 4 beinhaltet
statusText	String mit einer Beschreibung des Serverstatus am Ende der Übertragung, d. h., sobald die Eigenschaft readyState den Wert 4 beinhaltet

Tabelle 6.13 Die Eigenschaften des XMLHttpRequest-Objekts

Um in AJAX-Anwendungen den aktuellen Status der Anfrage zu erfahren, wird das onreadystatechange-Event in Verbindung mit einer geeigneten Funktion verwendet. Der jeweilige Status wird dazu in Echtzeit überprüft.

`var req.onreadystatechange = funktionsname;`

Eine zugewiesene Funktion kann dabei ausgelagert – wie im Beispiel zuvor – oder direkt an den Handler gebunden werden.

```
var req.onreadystatechange = function()
{
    ... Anweisungen ...
}
```

Damit Sie in geeigneter Weise auf den jeweiligen Status reagieren können, müssen Sie den jeweiligen Zustand abfragen und für das gewünschte Ereignis eine Aktion anbieten. Um diese Informationen abzufragen, können Sie die Eigenschaften `readyState`, `status` und `statusText` benutzen.

```
if (req.readyState == 4)
{
    if (req.status == 200 || req.statusText == "OK")
    {
        ... Antwort weiterverarbeiten ...
    }
    else
    {
        ... Fehler in der Anfrage ...
        alert("ERROR:\n"+req.statusText);
    }
}
```

In diesem Beispiel wird zunächst mit dem Wert 4 von `readyState` überprüft, ob die Anfrage erfolgreich ausgeführt wurde. Als Nächstes wird der Status des zurückgelieferten Dokuments abgefragt. Besitzt dieser Status den Wert 200 bzw. die Information »OK«, so liefert der Response ein gültiges Dokument für die weitere Bearbeitung. Für die Überprüfung des Status genügt es, den numerischen Wert abzufragen. Im Beispiel sollen zur Veranschaulichung beide Möglichkeiten dargestellt werden.

Meldet der Server ein Problem in der Anfrage, können Sie eine geeignete Fehlermeldung für den Anwender ausgeben. Dazu kann über die Eigenschaft `statusText` die Fehlerinformation aus der Antwort des Servers ausgegeben werden (z. B. »Not Found« für eine nicht gefundene Datei). Auch diese Information kann dazu verwendet werden, um eine geeignete weitere Aktion herbeizuführen. So ist es beispielsweise möglich, eine erneute Anfrage mit einer alternativen URL an den Server zu senden.

Die angeforderten Daten erhalten Sie über die Eigenschaften `responseText` und `responseXML`. Wie die Namen bereits andeuten, erhalten Sie mit `responseText` den Inhalt des Bodys aus der Antwort des Servers als String zurück.

```
var str = req.responseText;
```

Für die weitere Bearbeitung müssen Sie gegebenenfalls den Inhalt in geeigneter Weise auswerten, was mitunter aufwändig sein kann. Aus diesem Grund sollten Sie diese Eigenschaft nur dann verwenden, wenn Sie wissen, dass der Inhalt der Antwort kein XML-Format besitzt, oder Sie einen kompletten Inhaltsblock mit der Antwort austauschen möchten.

In AJAX-Anwendungen ist für das Austauschformat üblicherweise XML vorgesehen. Als Alternative können Sie beispielsweise JSON (siehe Kapitel 4, *JavaScript und OOP*) verwenden. Mithilfe der Eigenschaft `responseXML` erhalten Sie ein XML-Objekt aus dem Inhalt der Antwort zurück. Dieses können Sie anschließend über das DOM und zukünftig mit E4X weiterverarbeiten.

```
var xml = req.responseXML;
```

Für ein korrektes Ergebnis ist es wichtig, dass die angeforderte XML-Datei einen gültigen Header besitzt, der beispielsweise wie folgt aussehen kann.

```
<?xml version="1.0" encoding="iso-8859-1" ?>
```

Ist diese Information nicht enthalten, erhalten Sie ein leeres Objekt als Ergebnis, da der angeforderte Dokumententyp nicht als `text/xml` ausgewiesen ist. Für den Fall, dass Sie eine XML-Datei über ein Skript erzeugen, muss diese Information ebenfalls vorhanden sein. Um im Zweifelsfall sicherzustellen, dass der korrekte Dokumententyp ausgeliefert wird, können Sie die Funktion `header()`[13] von PHP einsetzen, die am Anfang der Datei eingebunden wird.

```
<?php
header("Content-type: text/xml");
...
?>
```

Um Fehler zu vermeiden, sollten Sie diese Methode immer dann anwenden, wenn Sie über PHP dynamisch eine XML-Datei erzeugen.

6.2.4 Hallo Ajax

Einer Tradition folgend, soll das erste AJAX-Beispiel eine »Hello World«-Variante von AJAX sein. Dazu wird mittels AJAX eine Datei auf dem Server angefragt und der Inhalt in einer Dialogbox und einem XHTML-Element ausgegeben. Der Einfachheit halber wird dabei Text und nicht XML angefordert, zumal nur eine Zeile zurückgeliefert wird. Der Inhalt der Datei stellt sich wie folgt dar.

```
Hallo Ajax!
```

---

[13] http://de2.php.net/manual/de/function.header.php

Dies ist nicht besonders aufregend, aber für ein erstes Beispiel bestens geeignet. Der Inhalt dieser Datei soll nun unter anderem in einem Element mit der CSS-ID `hallo` angezeigt werden.

```
<div id="hallo"></div>
```

Durch das `onload`-Event wird die Anfrage nach dem Laden der Seite ausgeführt und die Antwort des Servers entsprechend weiterverarbeitet.

```
window.onload = function()
{
    var req = (window.XMLHttpRequest)
                ?
                new XMLHttpRequest()
                :
                ((window.ActiveXObject)
                ?
                new ActiveXObject("Microsoft.XMLHTTP")
                :
                false
                );
    req.open("GET","hallo.txt",true);
    req.onreadystatechange = function()
    {
        if (req.readyState==4)
        {
            if (req.status == 200)
            {
                var d = document.getElementById("hallo")
                d.innerHTML = req.responseText;
                alert(req.responseText);
            }
        }
    }
    req.send(null);
}
```

Das Ergebnis dieser Anfrage wird anschließend im Browser dynamisch ausgegeben.

6.2.5 ajaxRequest-Klasse

Um eine Anfrage an den Server zu senden, müssen Sie immer wieder aufs Neue dieselben Aufgaben erledigen: ein `XMLHttpRequest`-Objekt erzeugen, die Verbindung öffnen, die Anfrage senden und während der Übertragung den Status überwachen. Für eine ökonomische Programmierung bietet sich die Kapselung dieser Arbeitsschritte in einer eigenen Klasse an.

Für die folgenden Beispiele in diesem Kapitel wurde hierfür eine `ajaxRequest`-Klasse erstellt. Der Konstruktor dieser Klasse erwartet mindestens zwei Argumente, die Zieladresse und eine Funktion für die weitere Bearbeitung des Requests.

```
var ajaxRequest = function(u,f,m,b,h,s)
{
```

Zunächst werden die benötigten Eigenschaften für die Arbeit mit AJAX definiert. Einige der Eigenschaften sind bereits mit einem Defaultwert belegt, um sich Tipparbeit zu sparen.

```
this.url      = u;
this.wState   = f || function() { };
this.method   = m || "GET";
this.body     = b || null;
this.headers  = h || false;
this.sync     = s || true;
this.abortReq = false;
```

Die Eigenschaft `wState` dient dazu, den Callback der Anfrage an den Server zu bearbeiten. Falls der Klasse keine Funktion übergeben wird, erzeugt der Prototype einer Funktion eine anonyme Methode. Als Nächstes wird das `XMLHttpRequest`-Objekt abhängig vom verwendeten Browser initialisiert.

```
this.req = (window.XMLHttpRequest)
    ?
    new XMLHttpRequest()
    :
    ((window.ActiveXObject)
    ?
    new ActiveXObject("Microsoft.XMLHTTP")
    :
    false
    );
```

Über die Methode `doRequest()` wird nun die Logik für die Anfrage an den Server abgebildet. Die Methode `open()` des `XMLHttpRequest`-Objekts wird dazu eine Verbindung zum Server anhand der übergebenen Argumente öffnen.

```
this.doRequest = function()
{
    this.req.open(this.method,this.url,this.sync);
```

Falls Sie für eine Anfrage zusätzliche Header-Informationen übergeben müssen, werden diese über die nachfolgend gezeigte Routine eingefügt. Als Argument wird dazu ein Array mit entsprechenden Werten erwartet. Das Array wird intern in Zweierschritten durchlaufen, und die Inhalte der Methode `setRequestHeader()` werden übergeben.

```
if (this.headers)
{
    for (var i=0; i<this.headers.length; i+=2)
    {
        this.req.setRequestHeader(
            this.headers[i],this.headers[i+1]
        );
    }
}
```

Nun kann die Anfrage an den Server ausgeführt werden. Für die weitere Bearbeitung der Antwort des Servers wird die Funktion verwendet, die bei der Initialisierung des Objekts an das `onreadystatechange`-Event übergeben wurde.

```
        this.req.onreadystatechange = this.f;
        this.req.send(this.body);
    }
};
```

Diese Klasse bietet nun die grundlegende Funktion für eine AJAX-Anwendung. Sie wurde bewusst einfach gehalten. Auf die weiteren Abläufe bei der Arbeit mit AJAX wird in den folgenden Beispielen zum besseren Verständnis näher eingegangen. Im Internet finden Sie mittlerweile zahlreiche kleinere und größere Bibliotheken für die Arbeit mit AJAX.[14]

Ein neues `ajaxRequest`-Objekt legen Sie mit dieser Klasse wie folgt an.

```
var xmlhttp = new ajaxRequest(url, (function) [, headers, method, body, modus]);
```

Wie bereits erwähnt, sind die Argumente `url` und `function` dabei Pflichtangaben. Die Bedeutung der einzelnen Argumente können Sie der folgenden Tabelle entnehmen.

---

14 Eine gute Übersicht zu den angebotenen Bibliotheken finden Sie unter den folgenden Seiten:
http://edevil.wordpress.com/2005/11/14/javascript-libraries-roundup/
http://blog.joshuaeichorn.com/ajax-resources/library/
http://wiki.osafoundation.org/bin/view/Projects/AjaxLibraries

6 JavaScript und HTTP

Argument	Defaultwert	Beschreibung
url		Zieladresse für den Request
funktion		Funktion, die den Status überwachen soll und für eine weitere Verarbeitung des Response zuständig ist. Alternativ können Sie die interne Methode wState() verwenden.
headers	false	Ein Array mit den gewünschten Werten für die zusätzlichen Header der Anfrage. Diese müssen als key/value-Paare getrennt angegeben werden.
method	GET	Methode, die für den Request verwendet wird
body	null	Inhalt, der bei einem Request gesendet werden soll
modus	true (async)	Die Art der Übertragung. Per Default ist hierbei eine asynchrone Übertragung mit dem Wert true eingestellt.

Tabelle 6.14 Eingenschaften der ajaxRequest-Klasse

Falls Sie bei der Initialisierung des Objekts keine Funktion als Argument übergeben, müssen Sie einen Prototype der anonymen Methode wState() der ajaxRequest-Klasse erzeugen.

```
ajaxRequest.prototype.wState = function()
{
    ... Überwachung des Status ...
}
```

Welche der beiden Varianten (eine Funktion per Argument übergeben oder über einen Prototype definieren) Sie verwenden, bleibt Ihnen überlassen.

Nachdem Sie ein neues Objekt mit den gewünschten Eigenschaften erzeugt haben, muss der Request über die Methode doRequest() ausgeführt werden.

```
xmlhttp.doRequest();
```

Die Antwort des Servers kann nun mithilfe der übergebenen Funktion gemäß Ihren Anforderungen ausgewertet werden.

HEAD-Request

Ein erstes Beispiel soll die Funktionsweise dieser Klasse verdeutlichen. Dazu sollen alle verfügbaren Header-Informationen anhand der Request-Methode HEAD ausgelesen und über eine Dialogbox im Browser ausgegeben werden.

```
var xmlhttp = new ajaxRequest(
    "/index.php",
    new Function(
        "",
        "\
        if (xmlhttp.req.readyState==4)\
```

```
        {\
            alert(xmlhttp.req.getAllResponseHeaders());\
        }\
        "
    ),
    "HEAD",
);
xmlhttp.doRequest();
```

Wie Sie dem Beispiel entnehmen, kann eine Funktion auch direkt als Argument übergeben werden. Dies kann entweder in Verbindung mit dem Function-Objekt oder als anonyme Funktion – wie später gezeigt wird – erfolgen. Bei umfangreichen Funktionen empfiehlt es sich allerdings, diese der besseren Übersichtlichkeit wegen ausgelagert einzubinden.

```
var xmlhttp = new ajaxRequest(
    "/index.php",
    showHeader,
    "HEAD"
);
xmlhttp.doRequest();
var showHeader = function()
{
    if (xmlhttp.req.readyState==4)
    {
        alert(xmlhttp.req.getAllResponseHeaders());
    }
}
```

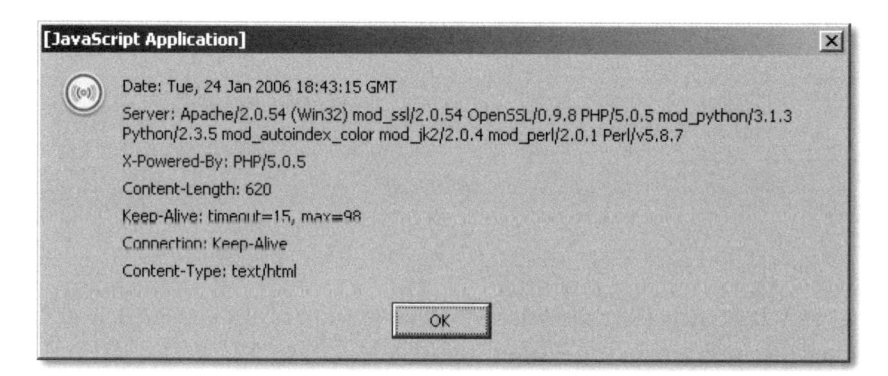

Abbildung 6.3 Ausgabe der Header aus der Antwort eines Servers

Eine weitere Möglichkeit bietet die Methode wState(), mit der Sie dem Objekt ebenfalls eine Funktion übergeben können. Bei einer Verwendung muss das entsprechende Argument für das Erzeugen des Objekts den Wert `null` erhalten, damit intern die Methode benutzt wird.

```
var xmlhttp = new ajaxRequest(
    "/index.php",
    null,
    "HEAD"
);
xmlhttp.wState = function()
{
    ...
}
xmlhttp.doRequest();
```

Beachten Sie dabei auch, dass die Methode `wState()` vor dem Senden der Anfrage mit `doRequest()` eingebunden werden muss. Auch hierbei können Sie eine Referenz auf eine ausgelagerte Funktion übergeben.

```
xmlhttp.wState = showHeader;
```

Es bleibt Ihnen überlassen, welche dieser Möglichkeiten Sie verwenden. Als Nächstes soll das Datum der letzten Änderung einer angeforderten Datei ermittelt werden. Die benötigte Information dazu ist in der Header-Information `Last-Modified` hinterlegt.

```
var xmlhttp = new ajaxRequest(
    "/index.php",
    function()
    {
        if (xmlhttp.req.readyState==4)
        {
            alert(
            xmlhttp.req.getResponseHeader("Last-Modified"));
        }
    },
    "HEAD"
);
xmlhttp.doRequest();
```

Das Ergebnis lässt sich beispielsweise verwenden, um zu testen, ob sich der Inhalt einer Zieladresse seit dem letzten Zugriff geändert hat. Welche Header verfügbar sind, ist natürlich auch von den Einstellungen des Servers abhängig. Für die Auswertung der Information wurde eine anonyme Funktion übergeben.

Im nächsten Beispiel wird die Gültigkeit einer Zieladresse überprüft. Für diese Aufgabe wird der Status aus der Antwort des Servers analysiert und eine entsprechende Meldung für den Anwender ausgegeben.

```
var xmlhttp = new ajaxRequest(
    "/index.php",
    function()
    {
        if (xmlhttp.req.readyState==4)
        {
            switch(xmlhttp.req.status)
            {
                case 200 :
                    alert("Die URL ist erreichbar"); break;
                case 404 :
                    alert("Die URL ist erreichbar"); break;
                default  :
                    alert("Status der URL: "+xmlhttp.req.status);
            }
        }
    },
    "HEAD"
);
xmlhttp.doRequest();
```

An dieser Stelle sei noch einmal erwähnt, dass Sie mit JavaScript keine Zieladresse außerhalb der eigenen Domain aufrufen können. Dies würde zu einer Sicherheitsverletzung führen, die das Skript mit einem entsprechenden Fehler beendet. Um Abfragen außerhalb des eigenen Servers zu realisieren, müssen Sie in Ihrem Backend ein Skript für diese Aufgabe anbieten. Ein entsprechendes Beispiel dazu wird im nächsten Abschnitt gezeigt.

GET-Request

Im Gegensatz zu einem HEAD-Request erhalten Sie mit GET als Antwort neben dem Header einen Inhalt über den Body-Block zurück. Der Inhalt ist dabei entweder eine gültige XML-Datei oder eine Datei im Textformat. Eine einfache Anwendung könnte wie folgt aussehen.

```
var xmlhttp = new ajaxRequest(
    "beispiel.xml",
    function()
    {
        if (xmlhttp.req.readyState==4)
        {
```

```
            var r = xmlhttp.req;
            var c = r.getResponseHeader("Content-Type");
            alert(
                (c.indexOf("xml")>-1)
                ?
                r.responseXML
                :
                r.responseText
            );
        }
    }
);
xmlhttp.doRequest();
```

Da die Methode GET per Default eingestellt ist, wird keine Angabe für die Methode des Requests bei der Initialisierung des Objekts benötigt. Im Beispiel wird zunächst geprüft, ob der Dokumententyp der angeforderten Datei in der Inhaltsbeschreibung den String xml enthält.[15] Je nach Ergebnis wird eine Dialogbox mit dem Inhalt der Antwort anhand der jeweiligen Eigenschaft ausgegeben.

Sie werden in Ihren Anwendungen in zahlreichen Fällen einen Query-String mit geeigneten Parametern übergeben müssen. Dazu genügt es, die Zieladresse in entsprechender Schreibweise zu notieren.

```
beispiel.php?key1=value1&key2=value2& ...
```

Mit PHP können Sie diesen Query-String nun über das assoziative Array $_GET für die weitere Verwendung auslesen.

```
<?php
if ( isset($_GET["key1"]) )
    ... weitere Bearbeitung ...
?>
```

Ein kurzes Beispiel dazu fordert vom Server eine PHP-Datei an, die in Abhängigkeit vom Query-String einen Textinhalt ausgibt.

```
var xmlhttp = new ajaxRequest(
    "beispiel.php?flag=1",
...
```

---

15 Ein XML-Dokument kann in unterschiedlichen Dokumenttypen dargestellt werden. In Zusammenarbeit mit XHTML sind dies üblicherweise die Typen text/xml oder application/xml. Weitere Infos dazu sind im W3C unter http://www.w3.org/TR/xhtml-media-types/ oder in RFC 3023 (http://www.rfc-editor.org/rfc/rfc3023.txt) zu finden.

Das zugrunde liegende PHP-Skript liest diesen Query-String nun über `$_GET` aus und bietet gemäß dem ermittelten Wert einen unterschiedlichen Inhalt als Antwort an.

```php
<?php
if ( isset($_GET["flag"]) )
{
    print ($_GET["flag"]==1) ? "ROT" : "BLAU";
}
else
{
    print "Kein Flag gesetzt.";
}
?>
```

Bei der Übergabe des Query-Strings müssen Sie darauf achten, dass Sonderzeichen korrekt maskiert werden, andernfalls könnten Sie ein verfälschtes Ergebnis erhalten. In JavaScript wird dazu die Methode `encodeURI()` angewandt.

```
var querystr = "key1="+encodeURI("Inhalt mit den Zeichen ? %");
var xmlhttp = new ajaxRequest(
    "beispiel.php?"+querystr,
...
```

Dabei empfiehlt es sich, einen langen Query-String über eine Variable zu initialisieren und der Zieladresse wie im Beispiel zuvor zu übergeben.

> **XML vs. Text**
>
> Bei der Arbeit mit AJAX werden die zurückgelieferten Daten aus der Antwort des Servers üblicherweise im XML-Format aufbereitet. Diese können dann über das DOM weiterverarbeitet werden. In zahlreichen Beispielen aus dem Internet werden Sie aber auch auf einfache Textdaten als Rückgabewert stoßen.
>
> Wann sollte nun XML und wann Text verwendet werden? Wie Sie wissen, steht das »x« in AJAX für XML, was aber nicht dazu verpflichtet, mit XML-Daten zu arbeiten. Für die Auswertung des Inhalts stehen Ihnen zwei Eigenschaften für Text oder XML zur Verfügung. Wenn Sie bei einer Anfrage nur ein einzelnes Element aktualisieren möchten, genügt in der Regel einfacher Text als Antwort. Für umfangreiche Datenstrukturen benötigen Sie aber XML oder alternativ JSON. Andernfalls müssten Sie ein eigenes Datenformat, das mit JavaScript analysiert und ausgewertet werden kann, entwerfen – was aber unsinnig wäre und auch für den Austausch mit anderen Quellen nicht geeignet ist.
>
> Als Faustregel sollte gelten: Ein einzelner Inhalt kann mit Text dargestellt werden, mehr als ein Inhalt oder Datenstrukturen mit XML oder JSON.
>
> Letztendlich müssen Sie aber selbst entscheiden, welches Format für Ihre Zwecke am geeignetsten ist. Unter der Internet-Adresse **http://ajaxpatterns.org/Web_Services** finden Sie weitere geeignete Formate.

6 | JavaScript und HTTP

POST-Request

Ein POST-Request sendet die Daten für eine Anfrage mit dem Body-Block des Requests. Die Inhalte werden dabei genau wie bei einem GET-Request als key/value-Paare übergeben. Die Methode POST wird in HTML üblicherweise in Formularanwendungen ausgeführt. Fehlt diese Information, können die Daten des Body-Blocks nicht korrekt ausgelesen werden.

Um Daten via POST zu senden, müssen Sie dem Request über den Header Content-Type und den application/x-www-form-urlencoded-Wert mitteilen, dass es sich bei den gesendeten Daten um Formulardaten handelt.[16] Dieser Header ist für eine erfolgreiche Übermittlung der Daten zwingend vorgeschrieben.

```
var xmlhttp = new ajaxRequest(
    "beispiel.php",
    function() { ... },
    "POST",
    bodystr,
    ["Content-Type","application/x-www-form-urlencoded"]
);
xmlhttp.doRequest();
```

Als Beispiel für einen POST-Request soll ein einfacher Taschenrechner dienen. Für Berechnungen werden dem Anwender lediglich die vier Grundrechenarten angeboten. Die Eingaben dazu und das Ergebnis der Berechnung werden über Formularfelder realisiert. Das XHTML für die Eingabe sieht so aus:

```
<form>
    <input type="text" name="a" />
    <select name="o">
        <option value="p">+</option>
        <option value="-">-</option>
        <option value="*">*</option>
        <option value="/">/</option>
    </select>
    <input type="text" name="b" />
    <input type="button" value=" = "
     onclick=" ajaxRechner(this.form)" />
    <input type="text" name="ergebnis" />
</form>
```

Die Berechnung wird über den Button = ausgelöst, indem die Funktion ajaxRechner() aufgerufen wird. Als Argument wird dabei das aktive Formularobjekt

---

16 http://www.w3.org/TR/REC-html40/interact/forms.html#didx-applicationx-www-form-urlencoded

als Referenz übergeben. Über diese Funktion wird nun ein Request vorbereitet und ausgeführt. Die Antwort des Servers wird anschließend im Ergebnisfeld angezeigt.

```
var ajaxRechner = function(f)
{
    var query = "a="+escape(f.a.value)+"&"+
                "b="+escape(f.b.value)+"&"+
                "o="+escape(f.o.options[f.o.selectedIndex].value);
    var xmlhttp = new ajaxRequest(
        "rechner.php",
        function()
        {
            var r = xmlhttp.req;
            if (r.readyState==4)
            {
                f.ergebnis.value = (r.status == 200)
                ? r.responseText : "ERROR";
            }
        },
        "POST",
        query,
        ["Content-Type","application/x-www-form-urlencoded"]
    );
    xmlhttp.doRequest();
}
```

Das PHP-Skript für die Berechnung der Eingaben ist recht einfach gehalten und sollte selbsterklärend sein. Über eine `switch`-Bedingung erfolgt dabei die Zuweisung der jeweiligen Rechenoperation.

```
<?php
if ( $_POST["a"]!="" && $_POST["b"]!="" )
{
    $a = $_POST["a"];
    $b = $_POST["b"];
    switch ($_POST["o"])
    {
        case "p": print $a+$b; break;
        case "-": print $a-$b; break;
        case "*": print $a*$b; break;
        case "/": print $a/$b; break;
    }
}
else  print "FALSCHER INPUT";
?>
```

Um Eingabefehler zu vermeiden, sollte hierbei eine Prüfung auf gültige Integer-Werte erfolgen, auf die in diesem Beispiel aber verzichtet wurde. Die Prüfung könnte dabei serverseitig mit PHP, clientseitig mit JavaScript oder mit beiden zusammen erfolgen.

> **GET oder POST?**
>
> Die Methoden POST und GET sind in ihrer Funktionsweise sehr ähnlich. Beide senden die Daten über key/value-Paare im gleichen Format an den Server. Die Daten selbst werden bei GET an die URL gehängt und bei POST im Body-Block übergeben.
>
> Aufgrund der Limitierung der Länge eines Query-Strings ist GET nur für kleinere Datenmengen geeignet. Für große Datenübertragungen wird die Methode POST verwendet, bei der kein Limit bezüglich der Dateimenge besteht. Dies gilt auch im Speziellen für das Übertragen von Dateien zum Server.
>
> In der Praxis wird GET meist für das Abrufen von Informationen verwendet. Falls Daten auf dem Server geändert oder an ihn übertragen werden sollen, ist POST die empfohlene Methode. Zudem sollten Sie bei sensiblen Daten berücksichtigen, dass die mittels POST gesendeten Daten nicht in Proxy-Logdateien oder im Referer auftauchen.

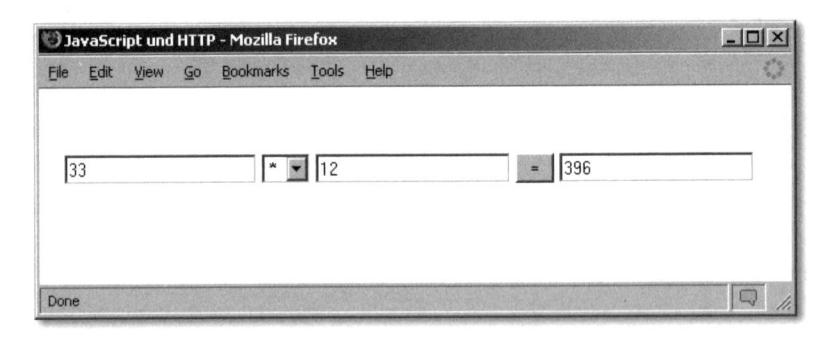

Abbildung 6.4 Ein mit AJAX realisierter einfacher Taschenrechner

6.2.6 Den Ladezustand anzeigen

In AJAX-Anwendungen werden die Aktionen zwischen Client und Server im Hintergrund ausgetauscht, ohne dass dies der Anwender bemerkt. Diese Eigenart kann aber auch zu Problemen führen, da ein Anwender denken könnte, dass eine Aktion keine Auswirkung hat, insbesondere bei einer längeren Datenübertragung. Ruft er nun deshalb erneut das Event für den Request auf, so kann dies zu fehlerhaften Ergebnissen führen. Aus diesem Grund ist es in Verbindung mit AJAX zu empfehlen, eine Anfrage optisch zu dokumentieren.

Ein gängiges Mittel dafür ist ein separater Informationsblock, der textlich oder grafisch den aktiven Ladezustand symbolisiert. Sobald die Antwort erfolgreich übermittelt wurde, kann die Anzeige wieder gelöscht bzw. unsichtbar geschaltet werden.

Die Logik für eine mögliche Umsetzung der optischen Anzeige ist denkbar einfach. Zunächst erzeugen Sie ein Element im Dokumentenbaum für diese Information. Der Inhalt kann gemäß Ihren Vorstellungen zum Design beliebig aufbereitet werden. Im folgenden Beispiel wurde es möglichst einfach gehalten.

```
<div id="loading" style="display:none;">
    <img src="../http/wait.gif" />
    Bitte warten, die Übertragung läuft ...
</div>
```

Dabei wird ein entsprechender Bereich mit der CSS-ID loading an einer sinnvollen Stelle im Dokument eingebunden. Darin wurden eine animierte Grafik, die den Ladezustand symbolisiert, und eine geeignete Textinformation eingefügt. Dieses Element ist nach dem Laden der Seite über die entsprechende CSS-Eigenschaft zunächst unsichtbar. Sobald der Anwender eine Anfrage an den Server sendet, wird diese Ebene eingeblendet. Dies erfolgt am Anfang der Funktion, die für die Überwachung des Status der Anfrage zuständig ist.

```
var xmlhttp = new ajaxRequest(
    "beispiel.php",
    function()
    {
        ...
        var elm = document.getElementById("loading");
        elm.style.display = "block";
        ...
```

Das Element bleibt nun so lange eingeblendet, bis eine erfolgreiche Antwort des Servers zurückgegeben wird. Die Überprüfung erfolgt über die Eigenschaft readyState. Der Ladezustand ist so lange aktiv, bis der Wert 4 zurückgeliefert wird.

```
        if (r.readyState==4)
        {
            elm.style.display = "none";
            ...
        }
    },
    ...
);
xmlhttp.doRequest();
```

Sobald die Antwort des Servers erfolgt ist, wird das Element für den Ladezustand wieder ausgeblendet. Auf eine ähnliche Weise können Sie nach einer erfolgreichen Übertragung auf eine vollständige Verarbeitung der Antwort hinweisen.

6.2.7 Eine Verbindung unterbrechen

Es kann vorkommen, dass die Verbindung zu einem Server nicht aufgebaut werden kann bzw. ein Versuch zu lange dauert. Für diese Fälle ist es über die Methode abort() möglich, die aktuelle Anfrage vorzeitig zu beenden. Wird die Anfrage nicht unterbrochen, erhalten Sie einen entsprechenden Fehlercode zurück. Bei einer nicht gefundenen Zieladresse ist dies beispielsweise der Code 404, was soviel wie »Not Found« bedeutet. Diese Information erhalten Sie über die Eigenschaft status bzw. statusText.

Für die vorzeitige Unterbrechung einer Anfrage müssen Sie ein Kriterium für die Abbruchbedingung bestimmen. Da der Abbruch erst nach einer bestimmten Zeit der vergeblichen Verbindungsaufnahme erfolgen soll, wird dazu die maximal erlaubte Zeit als Bedingung festgelegt. Für diese Aufgabe erweitern Sie die ajaxRequest-Klasse um die zusätzliche Eigenschaft abortReq, die den booleschen Wert true oder false beinhalten kann.

Eigenschaft	Defaultwert	Beschreibung
abortReq	false	Bestimmt, ob eine Anfrage weiter gesendet oder unterbrochen werden soll. Der Wert true führt dabei zum Abbruch der aktuellen Anfrage.

Tabelle 6.15 Eigenschaft der ajaxRequest-Klasse zur Unterbrechung eines Requests

Während der Initialisierung ist die Eigenschaft abortReq auf den booleschen Wert false gesetzt. Dies bedeutet, dass eine Übertragung nicht unterbrochen werden soll.

```
ajaxRequest = function(u,f,m,b,h,s)
{
    ...
    this.abortReq = false;
    ...
}
```

Sobald die Eigenschaft abortReq den Wert true annimmt, wird dem Objekt signalisiert, dass die laufende Anfrage abgebrochen und der Request über die Methode send() nicht weiter ausgeführt werden soll. In der ajaxRequest-Klasse muss dazu die entsprechende Bedingung wie folgt abgeändert werden.

```
ajaxRequest = function(u,f,m,b,h,s)
{
    ...
    this.doRequest = function()
    {
        ...
        (!this.abortReq) ?
           this.req.send(this.body) : this.req.abort();
    }
}
```

Man könnte nun erwarten, dass der Aufruf der Methode `abort()` den Verbindungsaufbau beendet und das Senden der Anfrage unterbricht. Es wird aber lediglich die Verbindung unterbrochen, nicht aber der Versuch, die Anfrage zu senden, was unweigerlich zu einer Fehlermeldung führt. Aus diesem Grund ist es notwendig, über einen Schalter – in diesem Beispiel die Eigenschaft `abortReq` – den Abbruch der Verbindung zu prüfen und entsprechend die geeignete Methode auszuführen.

Die Bedingung für den Abbruch der Verbindung wird nun in derjenigen Funktion untergebracht, die den Status der Anfrage überwacht. Dazu bietet sich die Methode `setTimeout()` an, mit der Sie nach einer bestimmten Zeit eine zugewiesene Aktion ausführen können. Im folgenden Beispiel wird nach zehn Sekunden einer erfolglosen Verbindung die Eigenschaft `abortReq` auf `true` gesetzt, was den Abbruch der laufenden Verbindung bewirkt.

```
function watchState()
{
    var t = setTimeout(
        function()
        {
            xmlhttp.abortReq = true;
        },
        10000
    );
    if (xmlhttp.req.readyState==4 && !xmlhttp.abortReq)
    {
        clearTimeout(t);
        ...
    }
}
```

Falls eine Anfrage erfolgreich ausgeführt werden konnte, wird die Überprüfung der Verbindung mittels `clearTimeout()` ordnungsgemäß beendet. Die Überprüfung dazu erfolgt anhand der Eigenschaft `readyState` und der Klasseneigenschaft `abortReq`.

6.2.8 Automatische Updates

Einige Anwendungen erfordern es, dass die zugrunde liegenden Daten auf Änderungen überprüft werden. Dazu wird in regelmäßigen Abständen eine erneute Verbindung zum Server aufgenommen, und die Daten werden aktualisiert. Ein Chatsystem, eine vom Server gefütterte Slideshow oder eine selbst aktualisierende Wetteranzeige arbeiten beispielsweise nach diesem Prinzip. Die zugrunde liegende Logik für AJAX-Anwendungen ist denkbar einfach. Über die Methoden `setTimeout()` oder `setInterval()` wird eine Funktion in einem festgelegten Zeitabstand ständig erneut aufgerufen und das Ergebnis zurückgeliefert.

Das folgende Beispiel startet alle drei Sekunden eine Anfrage an den Server und zeigt die Uhrzeit des Servers sowie die Anzahl der Anfragen in einem Element mit der CSS-ID `info` an. Dazu wird zunächst überprüft, ob das aktuelle Objekt die Eigenschaft `count` besitzt. Ist dies nicht der Fall, wird diese mit dem Wert `0` initialisiert. In einer weiteren neuen Eigenschaft `t` wird eine Referenz auf die Methode `setTimeout()` erzeugt. Diese Referenz ist notwendig, um den Timer später wieder beenden zu können.

```
var xmlhttp = new ajaxRequest(
    "/",
    function()
    {
        var r = xmlhttp.req;
        if (r.readyState==4)
        {
            if (!xmlhttp.count) xmlhttp.count = 0;
            var elm = document.getElementById("info");
            elm.style.display = "block";
            var time = xmlhttp.req.getResponseHeader("Date");
            elm.innerHTML  = "Server-Zeit: "+time;
            elm.innerHTML += " Count: "+(++xmlhttp.count);
            xmlhttp.t = setTimeout("xmlhttp.doRequest()", 3000);
        }
    },
    "Head"
);
xmlhttp.doRequest();
```

Um den Timer wieder zu stoppen, wird die Methode `clearTimeout()` bzw. `clearInterval()` aufgerufen und dabei die zuvor gespeicherte Referenz übergeben. Zum Löschen des Zählers wird die Eigenschaft `count` mithilfe des Operators `delete` aus dem Objekt entfernt.

```
var stopTimer = function()
{
    if (xmlhttp.count)
    {
        clearTimeout(xmlhttp.t);
        delete xmlhttp.count;
    }
}
```

Eine Variante dazu wäre, den Timer gezielt ein- und ausschalten zu können. Für diese Aufgabe genügt es, die Funktion um einen `else`-Zweig zu erweitern.

```
var stopStartTimer = function()
{
    if (xmlhttp.count)
    {
        clearTimeout(xmlhttp.t);
        delete xmlhttp.count;
    }
    else xmlhttp.doRequest();
}
```

Jedes Mal, wenn Sie die Funktion `stopStartTimer()` aufrufen, wird dabei der aktuelle Request abwechselnd gestoppt und wieder gestartet.

6.2.9 JavaScript ausführen

Für manche Projekte kann es hilfreich sein, JavaScript-Anweisungen auszuführen, die aus externen Quellen mittels AJAX eingelesen werden. Sie können beispielsweise über eine externe Datei versteckte Elemente aufdecken, Funktionen ausführen oder Variablen setzen, die in der eigentlichen Datei des Clients enthalten sind. Für diese Aufgabe reicht es nicht aus, den Code etwa über die Methode `responseText` auszugeben. Diese Annahme ist ein häufiger Fallstrick, der in ersten Versuchen mit AJAX auftreten kann. Betrachten Sie dazu den möglichen Inhalt einer Datei.

```
alert(123);
```

Diese Datei soll über AJAX vom Server angefragt und das Skript ausgeführt werden. Da es sich bei der Antwort aber nicht um eine ausführbare Datei, sondern um Text- oder XML-Daten handelt, wird das Skript nicht ausgeführt. Für diese Aufgabe können Sie sich der Methode `eval()` bedienen, mit der ein String in ausführbaren JavaScript-Code umgewandelt werden kann.

```
eval(req.responseText);
```

Als Ergebnis dieser Anweisung wird eine Dialogbox mit dem Inhalt »123« im Browser ausgegeben. Auf diese Weise können Sie beliebige JavaScript-Anweisungen ausführen.

Abbildung 6.5 JavaScript-Meldung mittels eval()

Dieses Beispiel setzt allerdings voraus, dass der Quellcode ohne die ihn umgebenen script-Elemente dargestellt wird. Erweitern Sie dazu das Beispiel wie im Folgenden gezeigt.

```
<script type="text/javascript">
alert(123);
</script>
```

Der Quellcode wird bei einer erneuten Anfrage nicht wie beabsichtigt ausgeführt. Stattdessen erhalten Sie den Inhalt des JavaScript-Blocks als String angezeigt. Möchten Sie zudem noch weitere JavaScript-Blöcke einbinden, würde die Anwendung mit einer Fehlermeldung beendet.

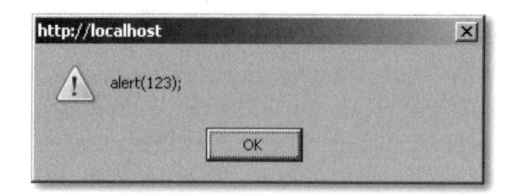

Abbildung 6.6 eval() erzeugt einen String, anstatt den Code auszuführen

Darüber hinaus ist es in vielen Fällen sinnvoll, eine Kombination von JavaScript und Textinhalten vorzunehmen. Um auf diese Anforderung zu reagieren, muss der zurückgelieferte Inhalt zunächst ausgewertet und dabei enthaltener JavaScript-Code vom eigentlichen Textinhalt getrennt werden. Für diese Aufgabe bietet sich die Anwendung eines regulären Ausdrucks[17] an.

---

17 Als Vorlage zu diesem Code-Block dient die JavaScript-Bibliothek prototype.js, die in Kapitel 7 ausführlich vorgestellt wird. Weiterführende Informationen zu regulären Ausdrücken finden Sie unter http://www.regular-expression.info

```
reg = '(?:<script.*?>)((\n|\r|.)*?)(?:<\/script>)';
var match = new RegExp(reg, 'img');
var response = r.responseText.replace(match, '');
var scripts  = r.responseText.match(match);
match2 = new RegExp(reg, 'im');
for (var i = 0; i < scripts.length; i++)
{
    eval(scripts[i].match(match2)[1]);
}
```

Auf diese Weise können Sie beliebige Script-Blöcke und auch Textinhalte miteinander in unterschiedlicher Reihenfolge kombinieren. Dabei werden die eingebundenen JavaScript-Blöcke automatisch ausgeführt und der Textinhalt in der Variablen response für eine weitere Verarbeitung zwischengespeichert.

Dieses Prinzip würde auch in Verbindung mit XML-Daten funktionieren. Es ist aber hierbei nicht besonders sinnvoll, JavaScript und Textinformationen in einem Element zu kombinieren. In XML-Dateien empfiehlt es sich, Skriptdaten in einem eigenen Element unterzubringen. Dieses Element kann beispielsweise für das komplette Dokument oder separat in jedem Element-Block mit jeweils unterschiedlichen Funktionen eingebunden werden. Eine mögliche Struktur könnte so aussehen:

```
<?xml version="1.0" encoding="iso-8859-1" ?>
<root>
    <script>
        var elm = document.getElementById("geheim");
        elm.style.display = "block";
    </script>
    ...
</root>
```

Bei der Auswertung der XML-Daten kann anschließend der Inhalt jedes Elements mit dem Tag-Namen script an eval() übergeben und ausgeführt werden. Eine mögliche Umsetzung ist:

```
var r = req.responseXML;
eval(
    r.getElementsByTagName("script")[0].firstChild.nodeValue
);
```

Nach dem Ausführen der Anweisung wird ein verstecktes Element im Dokument eingeblendet. Mithilfe dieser Möglichkeiten lassen sich eigene Anwendungen sehr flexibel gestalten. Auch hier ist wieder die eigene Kreativität gefordert.

6.2.10 Probleme mit dem Cache

In manchen Browsern (insbesondere mit dem Microsoft Internet Explorer[18]) besteht in Bezug auf einen AJAX-Request ein Problem mit dem Cache. Daten, die via AJAX mehrmals angefordert werden, haben oft die gleiche URL. Dies veranlasst den Browser, statt des neuen Inhalts aus der aktuellen Anfrage, den alten Inhalt aus dem Cache zu verwenden. Das gleiche Problem besteht auch in Verbindung mit Proxyservern. Um es zu beheben, müssen zusätzliche HTTP-Header[19] mit einer Anfrage versendet werden, wie im Folgenden gezeigt wird.

```
xmlhttp.req.setRequestHeader("Pragma", "no-cache");
xmlhttp.req.setRequestHeader(
   "Cache-Control", "must-revalidate");
```

Sie werden aber in zahlreichen Fällen feststellen, dass trotz dieser Angaben die Daten aus dem Browsercache verwendet werden. Eine bessere Möglichkeit, dies zu verhindern, bietet die folgende Variante.

```
xmlhttp.req.setRequestHeader(
   "If-Modified-Since", "Sat, 1 Jan 2000 00:00:00 GMT");
```

Der If-Modified-Since-Header gibt an, dass nur Daten gesendet werden sollen, wenn diese nach dem angegebenen Zeitpunkt geändert worden sind. Wurde das Dokument nach dem angegebenen Datum erzeugt, liefert eine Anfrage immer das aktuelle Dokument aus. Dieser Angabe bedienen sich besonders Proxyserver, wenn sie die Daten bereits in ihrem Cache haben.

Eine andere gängige Praxis ist, der Anfrage einen zusätzlichen Parameter mit einer Zufallszahl anzuhängen. Damit spielen Sie dem Server bei jeder Anfrage eine neue URL vor und erhalten somit stets das aktuelle Dokument.

```
var rnd = parseInt(Math.random()*99999999);
xmlhttp.req.open("beispiel.php?random="+rnd, ...);
```

Statt einer Zufallszahl können Sie auch die jeweils aktuelle Uhrzeit in Millisekunden verwenden.

```
var rnd = new Date().getTime();
```

Seitens des Servers können Sie der Antwort ebenfalls zusätzliche HTTP-Header mit PHP übergeben. Eine mögliche Umsetzung dazu kann wie folgt aussehen.

```
<?php
// Datum in der Vergangenheit
```

---

[18] http://msdn.microsoft.com/workshop/author/perf/perftips.asp#Use_Cache-Control_Extensions

[19] http://www.w3.org/Protocols/rfc2616/rfc2616-sec13.html

```
header("Expires: Mon, 26 Jul 1997 05:00:00 GMT");
// Datei wird bei jeder Anfrage modifiziert
header("Last-Modified: ".gmdate("D, d M Y H:i:s")." GMT");
// HTTP/1.1
header("Cache-Control: no-store, no-cache, must-revalidate");
header("Cache-Control: post-check=0, pre-check=0", false);
// HTTP/1.0
header("Pragma: no-cache");
?>
```

In diesem Beispiel wurde ein breites Spektrum der Möglichkeiten einer Cache-Kontrolle angewendet. Die angeforderte Datei sollte bei dieser Anfrage immer mit ihrem aktuellen Inhalt ausgegeben werden.

Falls Sie Probleme in Ihren Anwendungen bemerken, sollten Sie die unterschiedlichen Möglichkeiten testen. Auch hierbei können viele Wege zum Ziel führen.

6.2.11 AJAX mit JSON

Eine mögliche Alternative zum XML-Format in Verbindung mit AJAX bietet JSON.[20] Dieses Format ermöglicht einen einfachen Zugriff auf komplexe Strukturen über ein Literal-Objekt, das ausführlich in Kapitel 4, *JavaScript und OOP*, vorgestellt wurde. Ein einfaches Beispiel einer solchen Struktur könnte wie folgt aussehen.

```
var order = {
  "id"    : 123,
  "titel" : "Kekse",
  "preis" : 3.45
}
```

Ein Vorteil dieses Formats ist der einfache Zugriff über die Punktnotation von Objekten mit JavaScript. Im Gegensatz zu XML ist die Dateigröße bei großen Datenmengen wesentlich geringer, was unter Umständen auch eine Rolle in der Datenübertragung spielen kann.

Als Anwendungsbeispiel soll ein einfacher Warenkorb als Vorlage dienen, der sich an der eben gezeigten Struktur orientiert. Damit Sie beliebig viele Datensätze mit JSON speichern können, müssen Sie diese Struktur in geeigneter Form erweitern.

---

20 Unter http://pajaj.sourceforge.net/ finden Sie ein AJAX-Framework in Verbindung mit PHP und JSON.

```
var basket = {
    "items" :
    [
        {id : 1, titel : "Kekse", preis: 3.45},
        {id : 2, titel : "Tasse", preis: 3.45},
        {id : 3, titel : "Seife", preis: 3.45}
    ]
};
```

Der Zugriff auf die im Warenkorb abgelegten Datensätze wird nun über den Index des inneren Arrays möglich. Möchten Sie beispielsweise auf den zweiten Datensatz zugreifen, können Sie wie folgt vorgehen.

```
alert(basket.items[0])            // Kompletter Datensatz eins
alert(basket.items[1].titel)      // Titel Datensatz zwei
alert(basket.items[2]["preis"]);  // Preis Datensatz drei
```

Für den Austausch der Daten wird dieses Objekt zunächst in einen String umgewandelt, was mit der Methode `stringify()` von JSON erfolgt.

```
alert(JSON.stringify(basket));
```

Den daraus gewonnenen String speichern Sie in einer Datei ab, die nun für eine entsprechende AJAX-Anwendung präpariert ist.

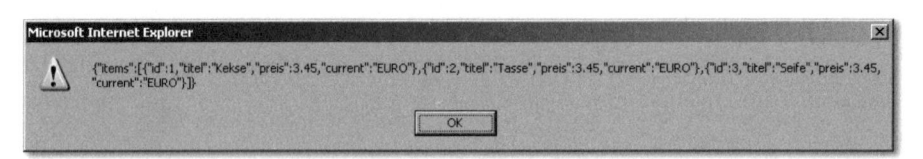

Abbildung 6.7 Ein JSON-Objekt nach der Umwandlung in einen String

Nachdem Sie in Ihrer Anwendung diese Datei vom Server bezogen haben, erfolgt die Bearbeitung der Daten. Dazu wird der String zunächst über die Methode `parse()` von JSON wieder in ein Objekt umgewandelt.

```
JSON.parse(basket);
```

Jetzt können Sie wie gewohnt auf die Objektstruktur zugreifen und diese für Ihre Programmlogik weiterverarbeiten. Weitere Einzelheiten zu JSON können Sie Kapitel 4, *JavaScript und OOP*, entnehmen.

6.2.12 Externe Quellen nutzen

Wie eingangs bereits erwähnt, ist es nicht ohne Weiteres möglich, externe Daten aus anderen Domains mit AJAX aufzurufen. Dabei gilt es, die jeweiligen Sicherheitsrichtlinien der Browser zu beachten. Würden die Browser keine Überprüfung vornehmen, wäre es einem bösartigen Programmierer leicht möglich, durch das Einbeziehen von fremdem Inhalt kritische Aktionen herbeizurufen. Aus diesem Grund wird der Anwender auf eine mögliche Gefahrenquelle hingewiesen und kann so selbst entscheiden, ob er die Aktion ausführen möchte.

Anwender des Microsoft Internet Explorers erhalten bei dem Versuch, eine externe Datenquelle mit AJAX zu verwenden, eine Dialogbox mit dem folgenden Hinweis angezeigt.

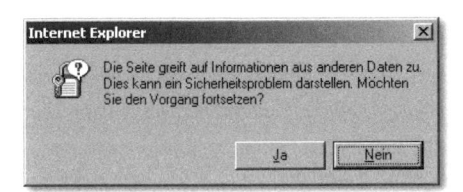

Abbildung 6.8 Sicherheitsabfrage im Microsoft Internet Explorer

Wenn Sie diese Abfrage mit »Ja« bestätigen, können Sie auf angeforderte Datenquellen mit AJAX zugreifen. Die Bestätigung ist nun für diese URL so lange gültig, bis der Browser geschlossen wird.

In Gecko-Browsern sind die Sicherheitsbestimmungen etwas restriktiver gehalten. Statt einer Dialogbox erhalten Sie in der Standardeinstellung des Browsers eine Fehlermeldung. Diese wird nicht am Bildschirm, sondern in der JavaScript-Konsole ausgegeben und zeigt die folgende Meldung an.

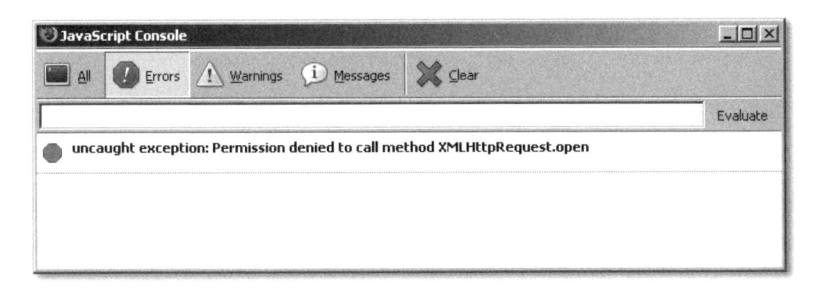

Abbildung 6.9 Fehlermeldung in Gecko-Browsern

Das Sicherheitskonzept von Gecko basiert auf einem System von Privilegien[21], die im Browser selbst eingestellt werden können. Auf diese Weise ist es für den Anwender möglich, bestimmte Aktionen (beispielsweise den Aufruf externen

---

21 http://www.mozilla.org/projects/security/components/signed-scripts.html

Datenquellen) gezielt zu erlauben. Um die Einstellungen des Browser zu ändern, geben Sie in die Adresszeile den Befehl `about:config` ein. Per Doppelklick auf ein Merkmal kann die aktuelle Einstellung geändert werden. Für externe Datenquellen ist dabei der Eintrag `signed.applets.codebase_principal_support` von Bedeutung. Dieses Privileg muss den Wert `true` besitzen, damit der Zugriff möglich wird.

Für eine AJAX-Anwendung ist es natürlich wenig hilfreich, wenn ein Anwender benötigte Einstellungen von Hand vornehmen muss. Um dies per Skript zu bewerkstelligen, stellt Gecko ein eigenes Objekt `netscape.security.PrivilegeManager` zur Verfügung, mit dem bestimmte Einstellungen per JavaScript freigegeben werden können. Für den Zugriff auf externe Datenquellen muss dafür das Privileg `UniversalBrowserRead` aktiviert werden, was über die Methode `enablePrivilege()` geschieht.

```
netscape.security.PrivilegeManager.enablePrivilege("UniversalBrowser
Read");
```

Diese Anweisung muss für jede kritische Aktion erneut aufgerufen werden. Für AJAX-Anwendungen trifft dies vor dem Ausführen der Methoden `open()` und `send()`[22] zu. Zudem müssen Sie Webbrowser, die dieses Objekt nicht kennen, von einer Prüfung ausschließen, da die Anwendung sonst mit einem Fehler abgebrochen wird. Eine mögliche Abfrage dazu kann wie folgt aussehen:

```
try
{
    if (netscape.security.PrivilegeManager.enablePrivilege)
    {
        try
        {
            netscape.security.PrivilegeManager.enablePrivilege(
                "UniversalBrowserRead");
        }
        catch (err)
        {
            alert("Fehler:\n" +err);
        }
    }
}
catch (err) { };
```

Mit dieser Abfrage wird zunächst getestet, ob der verwendete Browser das benötigte Objekt unterstützt. Ist dies nicht der Fall, wird der komplette Block über-

---

22 Für ein erfolgreiches Senden der Anfrage muss die Prüfung in Verbindung mit der Methode `readystatechange` erfolgen.

sprungen. In Gecko-Browsern erfolgt eine weitere Prüfung, bei der getestet wird, ob die gewünschte Methode verfügbar ist. Bei einem negativen Ergebnis wird eine entsprechende Meldung angezeigt. Andernfalls wird das Privileg für den Zugriff auf externe Datenquellen gesetzt. Man könnte diese Abfrage auch verkürzt notieren.

```
try
{
    if (netscape.security.PrivilegeManager.enablePrivilege)
    {
        netscape.security.PrivilegeManager.enablePrivilege(
            'UniversalBrowserRead');
    }
}
catch (err) { }
```

Die erste Variante ist aber geeigneter, da in manchen Installationen von Gecko das Setzen dieses Privilegs über JavaScript Probleme bereiten kann. Der Anwender würde in der einfachen Abfrage davon aber nichts bemerken, und die Anwendung würde kommentarlos abgebrochen. Ein geeigneter Hinweis, eventuell mit einer Erklärung, wie er von Hand das Privileg freischalten kann, ist da die bessere Alternative.

Sofern die Abfrage erfolgreich war, öffnet sich anschließend ebenfalls eine Dialogbox, über die der Anwender der Aktion zustimmen kann. Aus Sicherheitsgründen ist der Button **Allow** dazu für einige Sekunden inaktiv geschaltet.

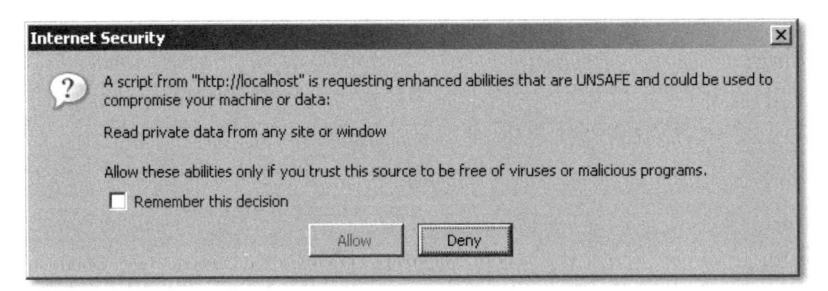

Abbildung 6.10 Verzögerte Sicherheitsabfrage in Gecko Browsern

Eine einfache Anwendung zeigt ein komplettes Beispiel für den Zugriff auf externe Daten. Dazu soll für den wissenschaftlich interessierten Besucher der RSS-Newsfeed von Spiegel Online[23] ausgewertet und in einer Liste ausgegeben

---

23 http://www.spiegel.de/dertag/0,1518,271804,00.html

werden. Auf eine schicke Formatierung der Ausgabe wird hierbei kein besonderer Wert gelegt. Das XHTML stellt sich wie folgt dar:

```
<!DOCTYPE html PUBLIC "-//W3C//DTD XHTML 1.0 Transitional//EN"
      "http://www.w3.org/TR/xhtml1/DTD/xhtml1-transitional.dtd">
<html xmlns="http://www.w3.org/1999/xhtml" xml:lang="de" lang="de">
<head>
    <title>ExternalData</title>
<meta http-equiv="content-type" content="text/html; charset=utf-8"
/>
<script src="ExternalData.js" type="text/javascript"></script>
</head>
<body>

<ul id="rss"></ul>

</body>
</html>
```

In der leeren XHTML-Liste mit der CSS-ID `rss` werden nach dem Laden der Seite automatisch die aktuellen News zum Thema »Wissenschaft« eingebunden. Das entsprechende JavaScript ist für dieses Beispiel einfach gehalten.

```
window.onload = function()
{
    var req = (window.XMLHttpRequest)
              ?
              new XMLHttpRequest()
              :
              ((window.ActiveXObject)
              ?
              new ActiveXObject("Microsoft.XMLHTTP")
              :
              false
              );
```

Bevor die Anfrage an den Server geöffnet wird, erfolgt die Sicherheitsprüfung für Gecko-Browser. Um den Quellcode nicht unnötig aufzublähen, wurde im Beispiel für die Überprüfung die einfache Variante gewählt.

```
    try
    {
        if (netscape.security.PrivilegeManager.enablePrivilege)
        {
            netscape.security.PrivilegeManager.enablePrivilege(
                'UniversalBrowserRead'
```

```
            );
        }
    }
    catch (err) { }
```

Die externe Quelle wird nun aufgerufen und – wie bereits in den vorangegangenen Abschnitten erklärt – ausgewertet. Dabei muss erneut eine Sicherheitsprüfung für Gecko-Browser vorgenommen werden. Nach der erfolgreichen Übertragung der Daten wird die Funktion `showHeadline()` für die Bearbeitung der Ausgabe aufgerufen.

```
req.open("GET","http://www.spiegel.de/schlagzeilen/rss/0,5291,24,00.
xml",true);
    req.onreadystatechange = function()
    {
        if (req.readyState==4)
        {
            if (req.status == 200)
            {
                try
                ...
                catch (err) { }
                showHeadline(req.responseXML);
            }
        }
    }
    req.send(null);
}
```

Der Funktion `showHeadline()` wurde das XML-Dokument aus der Antwort des Servers als Objekt übergeben. Die Daten sind gemäß dem RSS-Format[24] aufbereitet und können nach entsprechenden Regeln abgearbeitet werden.

```
var showHeadline = function(rss)
{
```

Für die Ausgabe der Inhalte als Liste wird zunächst eine Referenz auf das Mutterelement gespeichert. Nun werden die Newsdaten aus dem RSS-Format ausgelesen und die relevanten Knoten für die Inhalte ermittelt. Eine `for`-Schleife durchläuft anschließend alle gefundenen Elementknoten.

```
    var news = document.getElementById("rss");
    var root = rss.getElementsByTagName("channel")[0];
    var items = root.getElementsByTagName("item");
```

---

24 http://de.wikipedia.org/wiki/RSS

```
for (var i=0; i<items.length; i++)
{
```

Über den Index der einzelnen Elementknoten kann nun der jeweilige Inhalt für den Titel und den dazugehörigen Link in einer Variablen zwischengespeichert werden.

```
var titel = items[i].getElementsByTagName("title")
                [0].firstChild.nodeValue;
var anker = items[i].getElementsByTagName("link")
                [0].firstChild.nodeValue;
```

Die einzelnen Listenelemente werden dynamisch über die Methoden des DOM erzeugt und an das Mutterelement angehängt.

```
var elm = document.createElement("li");
news.appendChild(elm);
var a = document.createElement("a");
a.setAttribute("href", anker);
a.appendChild(
        document.createTextNode(titel)
);
elm.appendChild(a);
    }
}
```

Als Ergebnis erhalten Sie eine Liste mit den aktuellen News der Rubrik »Wissenschaft« aus dem Webangebot von Spiegel Online. Die Ansicht wird bei jedem erneuten Laden aktualisiert. Für eine bessere Nutzerfreundlichkeit können Sie ein automatisches Laden des Inhalts anbieten.

Eine weitere Möglichkeit, sicherheitsrelevante Aktionen auszuführen, besteht im Einsatz von »Signed Scripts«.[25] Da dieses Thema über den Rahmen des Kapitels hinausginge, wird auf eine weitere Ausführung dazu verzichtet und auf die entsprechenden Quellen verwiesen.

---

25 http://www.mozilla.org/projects/security/components/signed-scripts.html
http://msdn.microsoft.com/library/default.asp?url=/library/en-us/dninstj/html/scriptbased-security.asp
http://www.galileocomputing.de/openbook/javascript/javascript21.htm

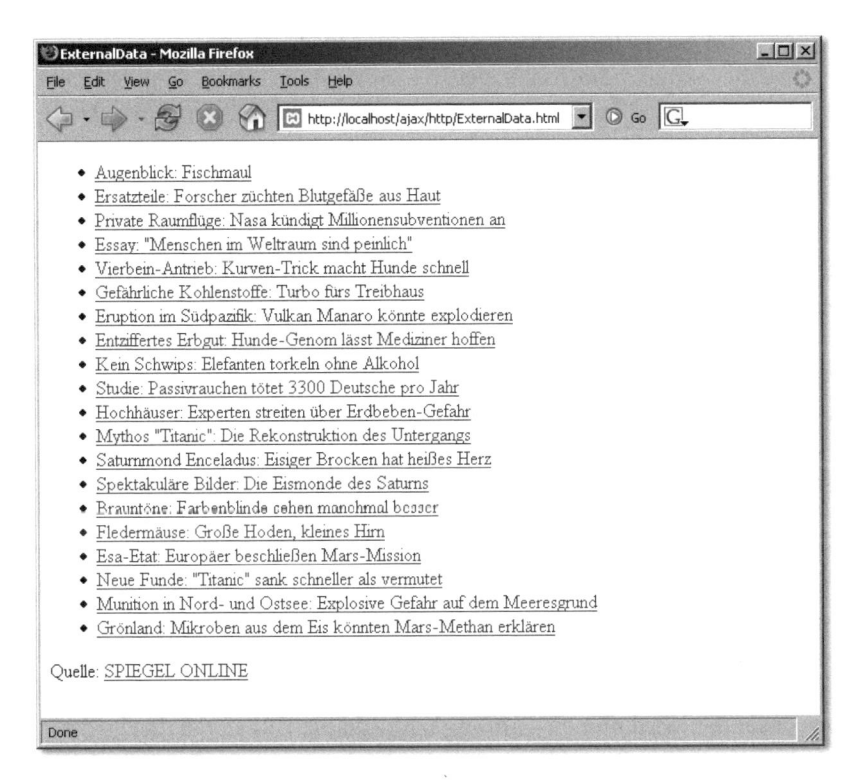

Abbildung 6.11 Schlagzeilen zum Thema Wissenschaft von Spiegel Online

6.2.13 Das Historie-Problem

Ein Nachteil von AJAX-Anwendungen ist die fehlende Unterstützung der Browserhistorie und der Vor- und Zurück-Funktionalität. In manchen Anwendungen mag dies keine Rolle spielen, für die Usability kann es aber zu einem Problem werden. Klickt man beispielsweise aus Gewohnheit nach mehreren Aktionen auf den **Zurück**-Button, gelang man in den meisten Fällen auf die zuvor besuchte Seite aus der Browserhistorie. Sie können dieses Verhalten über eine einfache Routine abfangen, indem Sie das Verlassen einer Seite überprüfen und gegebenenfalls auf diese automatisch zurückspringen. Eine mögliche Umsetzung dazu könnte wie folgt aussehen.

```
window.onunload = function()
{
    if (!confirm("Diese Seite wirklich verlassen?"))
    {
        location.href=location.href;
    }
}
```

Nachdem ein Anwender Ihre Seite verlassen oder die Historie verwenden möchte, wird die aktuelle Seite neu geladen und seine beabsichtigte Aktion unterbunden. Dies dürfte Ihre Anwender aber nicht sonderlich erfreuen. Darüber hinaus würden sie so nur auf der aktuellen Seite bleiben, nicht aber die Historie der AJAX-Anwendung berücksichtigen.

Zu diesem Problem gibt es mittlerweile einige interessante Ansätze, die je nach verwendeter API oder Anforderung unterschiedlich geeignet sind.[26] Ein gemeinsames Merkmal dieser Ansätze ist die Lösung dieses Problems mithilfe einer Sprungmarke. Mit ihr kann über das Gattersymbol # innerhalb des aktuellen Dokuments ein bestimmtes Ziel angesprungen werden. Mit JavaScript können Sie dabei die aktuelle Sprungmarke über die Eigenschaft `hash` des `location`-Objekts ermitteln. Die Sprungmarke einer Seite, die über die URL `beispiel.html#abc` aufgerufen wurde, kann beispielsweise wie folgt ermittelt werden.

```
alert(location.hash);
```

Als Ergebnis dieser Anweisung wird der String #abc in einer Dialogbox angezeigt. Diese Eigenschaft ist nicht nur lesend, sondern auch schreibend verfügbar. Und genau darin liegt der Schlüssel zur Lösung. Für jede Aktion, die eine Anfrage an den Server sendet, wird nun eine Sprungmarke an die URL der aktuellen Seite angehängt. Dies führt dazu, dass die Seite bei jeder Änderung in die Browserhistorie (über die aktuelle Sprungmarke) übernommen wird. Sehen Sie sich dazu die folgenden Zeilen an.

```
location.hash = "a123";
alert(location.hash);
```

Die Sprungmarke der aktuellen Seite wird in diesem Beispiel per JavaScript auf `seite.html#a123` geändert. In der Historie ist nun die gleiche Seite über zwei unterschiedliche URLs enthalten. Für AJAX bedeutet dies, dass Sie dem Query-String einer Anfrage die Sprungmarke mit übergeben müssen. Auf diese Weise ist es möglich, einen Bookmark der aktuellen Ansicht zu speichern.

Im folgenden Beispiel soll über eine einfache Navigation eine Anfrage per AJAX an den Server gestellt und die jeweilige Antwort im Element mit der CSS-ID `content` angezeigt werden. Als Grundlage dazu wird die `ajaxRequest`-Klasse aus Abschnitt 6.2.5 verwendet. Die XHTML-Seite hat dabei die folgende Struktur.

---

26 http://www.contentwithstyle.co.uk/Articles/38/
http://dev2dev.bea.com/pub/a/2006/01/ajax-back-button.html

```
<ul style="float:left;margin:0;padding-right:30px;">
<li>
    <a href="#"
     onclick="getContent(1);return false;">Seite 1</a>
</li>
 ...
</ul>
<div id="content"></div>
```

Über die Funktion `getContent()` hängen Sie eine URL mit Sprungmarke an einen AJAX-Request. Bei Ihrem serverseitigen Skript können Sie nun über die URL die gewünschte Aktion herbeiführen. In diesem Beispiel muss dafür das Schlüsselwort `seite` ausgewertet werden.

```
var getContent = function(seite)
{
    location.hash = seite;
    var xmlhttp = new ajaxRequest(
        "historie.php?seite="+seite,
        function()
        {
            var r = xmlhttp.req;
            if (r.readyState==4)
            {
                var e = document.getElementById("content");
                e.innerHTML = r.responseText;
            }
        }
    );
    xmlhttp.doRequest();
}
```

Anhand einer anonymen Funktion wird nach dem Laden der Seite überprüft, ob der Anwender über einen Bookmark darauf zugegriffen hat. Dies ist dann der Fall, wenn eine Sprungmarke ermittelt werden konnte.

```
window.onload = function()
{
    if(location.hash.length > 0)
    {
        getContent(
            location.hash.substring(1,location.hash.length)
        );
    }
}
```

Die Datei `historie.php` liefert – je nach übergebenem Parameter – eine einfache Textmeldung zurück, die anschließend in dem Element mit der CSS-ID `content` angezeigt wird.

```
<?php
$q = (isset($_GET["seite"]))?$_GET["seite"]:1;
switch($q)
{
    case 1 : print "Seite 1"; break;
    case 2 : print "Seite 2"; break;
    case 3 : print "Seite 3"; break;
}
?>
```

Nach diesem Prinzip ist es möglich, gezielt einen Bookmark der aktuellen Seite abzulegen. Auch ein versehentliches oder absichtliches Neuladen einer Seite kann nach diesem Prinzip abgefangen werden.

Man könnte nun meinen, dass es auf diese Weise auch möglich sein sollte, zwischen den einzelnen Sprüngen über den **Vor**- und **Zurück**-Button zu wechseln. Soweit die Theorie. Während sich mit Gecko-Browsern nach diesem Muster eine einfache Lösung umsetzen lässt, verweigert der Microsoft Internet Explorer hier die Arbeit. Dies liegt daran, dass dieser Browser eine geänderte URL nicht in der Historie berücksichtigt – wie zuvor beschrieben. Ein kleiner Umweg führt hier aber zum selben Ziel. Dazu benötigen Sie zunächst einen versteckten `Iframe`, der über die Datei `blank.html` einen leeren Inhalt zugewiesen bekommt. Bei jeder Anfrage per AJAX wird nun die neue URL dynamisch dem `Iframe` als Verweisziel über das `src`-Attribut zugewiesen. Wichtig ist dabei, dass diese URL nicht über eine Sprungmarke definiert wird, sondern über ein Query-Format mit einem Fragezeichen ? statt des Gattersymbols #.

Der für den Microsoft Internet Explorer benötigte `Iframe` wird per CSS unsichtbar geschaltet und über »Conditional Comments«[27] in das Dokument eingebunden. Auf diese Weise behandeln andere Browser diese Anweisung als Kommentar und führen sie dementsprechend nicht aus.

```
<!--[if IE]>
<iframe src="blank.html?1" name="dummyLocIE" id="dummyLocIE"
style="display:none;visibility:hidden;"></iframe>
<![endif]-->
```

---

27 http://msdn.microsoft.com/workshop/author/dhtml/overview/ccomment_ovw.asp
http://www.javascriptkit.com/howto/cc.shtml
http://www.dithered.com/css_filters/html_only/conditional_comments_ie.html

Beachten Sie dabei, dass der Startwert über die Zieladresse `blank.html?1` für den `Iframe` voreingestellt ist. Dies hat für die Anzeige keine Auswirkung, vermeidet aber einen Fehler bei der Initialisierung des Skripts, das sich wie folgt darstellt.

Anhand der Variablen `locationHash` wird in diesem Beispiel ein Vergleich vorgenommen, ob die angeforderte Seite über die Historie aufgerufen werden soll. Mithilfe der Funktion `getContent()` können Sie die gewünschte Anfrage über AJAX versenden.

```
var locationHash = "";
var getContent = function(seite)
{
```

Die aktuelle Seite wird der Variablen `locationHash` und der Eigenschaft `hash` des `location`-Objekts zugewiesen. Letzteres ändert die URL der Seite und legt die neue Adresse in der Historie der Gecko Browser ab.

```
locationHash = seite;
location.hash = seite;
```

Im Microsoft Internet Explorer wird die aktuelle Seite als Zieladresse des `Iframe` zugewiesen und anschließend über die Eigenschaft `href` des `location`-Objekts ausgeführt. Auf diese Weise wird die angeforderte Seite ebenfalls in der Historie abgelegt.

```
if (isIE) {
   document.dummyLocIE.src = "blank.html?"+seite;
   document.dummyLocIE.location.href = "blank.html?"+seite;
}
```

Daraufhin erfolgt der AJAX-Request, der so aussieht wie in den Beispielen zuvor.

```
var xmlhttp = new ajaxRequest(
    "historie.php?seite="+seite,
    function()
    {
        var r = xmlhttp.req;
        if (r.readyState==4)
        {
           var e = document.getElementById("content");
           e.innerHTML = seite;
        }
    }
);
xmlhttp.doRequest();
}
```

Das Herzstück dieser Anwendung wird über die Methode `checkUrl()` realisiert. Mit ihr wird in einem festgelegten Zeitintervall die aktuelle URL auf eine Änderung überprüft, und gegebenenfalls der aktuelle Inhalt ausgetauscht.

```
var checkUrl = function()
{
```

Für den Microsoft Internet Explorer wird die aktuelle URL im `Iframe` über die Eigenschaft `href` des `location`-Objekts bestimmt. Dabei wird der für die Anfrage relevante String über das Fragezeichen ? gesplittet und der Variablen `loc` zugewiesen.

```
    if (isIE) {
        loc = (locationHash!="") ?
            document.dummyLocIE.location.href.split("?")[1]
            :
            "";
    }
```

In Gecko-Browsern erfolgt die Zuweisung des Strings über das Auslesen der Sprungmarke des aktuellen Dokuments.

```
    else
    {
        loc = location.hash.substring(1,location.hash.length);
    }
```

Falls die Inhalte der Variablen `loc` und `locationHash` nicht identisch sind, wird das zutreffende Dokument über die Funktion `getContent()` angefordert. Dies ist immer dann der Fall, wenn der Inhalt über die Historie gewonnen wird.

```
    if (loc != locationHash) { getContent(loc); }
```

Um eine mögliche Veränderung der URL und damit den Aufruf der Historie zu überwachen, wird diese Funktion alle 1000 Millisekunden aufgerufen. Diese Zeitspanne müssen Sie gegebenenfalls Ihren Anforderungen anpassen.

```
    setTimeout("checkUrl()", 1000);
}
```

Wie schon im Beispiel zuvor überwacht eine anonyme Funktion nach dem vollständigen Laden der Webseite, ob der Aufruf der Seite über einen Bookmark erfolgt ist. Zusätzlich wird hierbei noch die Überwachung des aktuellen Status initialisiert und über die Variable `isIE` getestet, ob der Anwender den Microsoft Internet Explorer benutzt. Dies erfolgt über die zuvor dargestellte Funktion `checkUrl()`.

```
window.onload = function()
{
    isIE = false;
    var ie = navigator.userAgent.toLowerCase();
    if (ie.indexOf("msie")>-1) isIE = true;
    checkUrl();
    if(location.hash.length > 0)
    {
      getContent(
          location.hash.substring(1,location.hash.length)
      );
    }
}
```

Das hier vorgestellte Beispiel kann in einigen Punkten noch verbessert werden. Als einfache Lösung ist es aber durchaus geeignet. Eine ausgereifte, kostenlose Bibliothek für diese Aufgabe erhalten Sie unter den Namen »Really Simply History Framework (RSH)«[28]. Sie arbeitet unter den gängigen Browsern wie Firefox 1.0, Netscape 7+ und dem Microsoft Internet Explorer 6.0+. Safari wird zum jetzigen Stand noch nicht unterstützt. Unter dem Titel »AJAX: How to Handle Bookmarks and Back Buttons«[29] wird ein gutes Tutorial für den praktischen Einsatz dieser Anwendung angeboten.

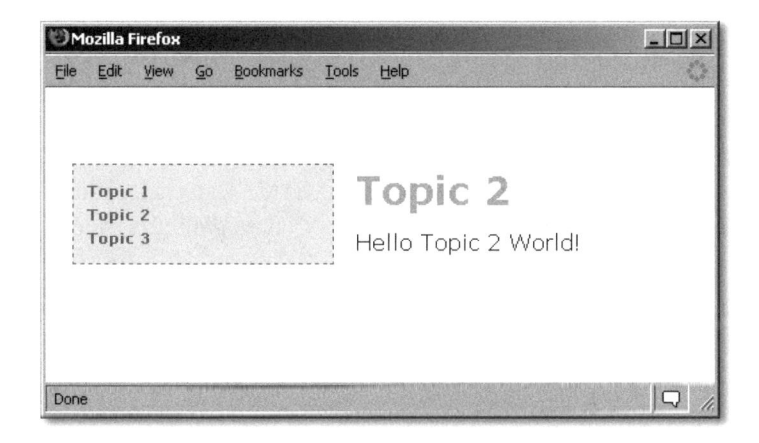

Abbildung 6.12 Die Browserhistorie kann mithilfe des RSH Framworks in AJAX-Anwendungen angesprochen werden.

---

[28] http://codinginparadise.org/weblog/2005/09/ajax-history-libraries.html
[29] http://www.onjava.com/pub/a/onjava/2005/10/26/ajax-handling-bookmarks-and-back-button.html

6.2.14 Beispielprojekt Shoutbox

Unter einer »Shoutbox« kann man sich eine Mischung zwischen einem einfachen Chat und einem Gästebuch vorstellen. Dabei können die Besucher einer Webseite einen persönlichen Kommentar für andere Besucher hinterlassen. Der Inhalt der Shoutbox wird dynamisch zu einem bestimmten Intervall aktualisiert, so dass ein Anwender die Einträge anderer Besucher angezeigt bekommt – sofern er lange genug auf der Seite verweilt.

Die folgende Anwendung zeigt eine mögliche Umsetzung für eine Shoutbox mittels AJAX und XML. In zahlreichen Anwendungen haben Sie dabei die Möglichkeit, den Beitrag mithilfe von Emoticons aufzuwerten. Auf diese Spielerei wurde hier aber zu Gunsten einer schlanken Anwendung verzichtet.

Die zugrunde liegende Struktur der XML-Daten der Beiträge ist folgende:

```xml
<?xml version="1.0"?>
<shoutbox>
    <message>
        <date>19.12.2005</date>
        <nick>Hannes</nick>
        <text>Hallo!</text>
    </message>
    ...
</shoutbox>
```

Die `message`-Elemente repräsentieren dabei den Beitrag eines Besuchers. Als Informationen dienen das Datum des Eintrags (`date`), der Besuchername (`nick`) und der eigentliche Beitrag (`text`). Die Inhalte aus dieser XML-Datei werden später mittels JavaScript an den Dokumentenbaum der XHTML-Datei angehängt. Die Formatierung der Seite wird über das nachfolgende Codefragment realisiert.

```html
<div id="box">
    <h2>AjaxShoutbox</h2>
    <div id="content"></div>
    <div id="control">
        <form>
            <input type="text" name="nick" class="nick" />
            <input type="text" name="text" class="text" />
            <input type="button" value="Shout" class="btn"
              onclick="AjaxShoutbox.writeMessage(this.form);" />
        </form>
    </div>
</div>
```

Die einzelnen Beiträge werden hierbei innerhalb des Elements mit der CSS-ID content über die Methoden des DOM ausgegeben. Der Eingabe des Anwenders dient ein einfaches Formular mit zwei Feldern für den Namen und den Textinhalt. Das Layout selbst wird über ein extern eingebundenes CSS formatiert, auf das hier nicht näher eingegangen wird.

Für die Bereitstellung der Funktionalität des Skripts wurde ein Literal-Objekt mit der nachfolgenden Struktur erzeugt. Die Eigenschaft xmlhttp dient dabei der Speicherung des XMLHttpRequest-Objekts.

Für das Zeitintervall zur Aktualisierung des Inhalts sorgt die Eigenschaft timer, die mit einem Startwert von 20 Sekunden eingestellt ist. Um unnötige Serverlast zu vermeiden, sollte der Wert nicht zu niedrig gewählt werden. Für eine typische Shoutbox liegt der übliche Mittelwert der Aktualisierung bei circa 30 Sekunden. Würden Sie den Wert beispielsweise auf 1000 einstellen (was 1 Sekunde entspricht), hätten Sie fast ein kleines Chatsystem. Denken Sie in diesem Zusammenhang immer daran, dass für jede Aktualisierung eine Anfrage an den Server gesendet werden muss – und dies für jeden einzelnen Besucher. Die Eigenschaft record stellt einen Zeiger auf den zuletzt gelesenen Datensatz dar.

```
var AjaxShoutbox = {
    xmlhttp : "",
    timer   : 20000,
    record  : 0,

    initReq : function() { ... },
    getXML : function(){ ... },
    buildShoutbox : function(){ ... },
    writeMessage : function(f) { ... }
}
```

Über die Methode initReq() wird die Shoutbox beim Laden der Seite initialisiert, und die bereits vorliegenden Daten werden vom Server abgerufen. Für diese Aufgabe wird die bereits in Abschnitt 6.2.4 vorgestellte ajaxRequest-Klasse verwendet. Damit die Daten nicht aus dem Browsercache gelesen werden, wird die angeforderte XML-Datei mit einem entsprechenden Query-String aufgerufen.

```
initReq : function()
{
    this.xmlhttp = new ajaxRequest(
        "AjaxShoutbox.xml?"+new Date().getTime(),
        this.getXML
    );
    this.xmlhttp.doRequest();
```

In der Eigenschaft `loadDiv` wird nun eine Referenz auf das Element für den eigentlichen Inhalt gespeichert.

```
this.loadDiv = document.getElementById("content");
```

Falls die Eigenschaft `record` noch den Wert 0 besitzt, wird eine Nachricht für den aktiven Ladezustand über die Methoden des DOM ausgegeben. Diese Information wird nur beim ersten Zugriff auf die Shoutbox ausgegeben.

```
        if (!this.record)
        {
            var load = document.createElement("p");
            this.loadDiv.appendChild(load);
            load.appendChild(
                document.createTextNode("Fetching data ...")
            );
        }
    },
```

Der aktuelle Status der Anfrage wird über die Methode `getXML()` überwacht. Nach ihrer Übertragung werden die Daten über die Methode `buildShoutbox()` ausgewertet und weiterverarbeitet.

```
    getXML : function()
    {
        if (AjaxShoutbox.xmlhttp.req.readyState==4)
        {
            if (AjaxShoutbox.xmlhttp.req.status==200)
            {
                AjaxShoutbox.buildShoutbox();
```

Mit dem folgenden Codeblock bewirken Sie, dass die Ansicht der geladenen Daten automatisch an das Ende des Inhalts springt und somit immer die aktuellste Nachricht angezeigt wird.

```
                with(AjaxShoutbox.loadDiv)
                {
                    scrollTop = scrollHeight-offsetHeight+3;
                }
            }
        }
    },
```

Nun folgt der Hauptteil der Anwendung. Über die Methode `buildShoutbox()` wird der übertragene Inhalt ausgewertet und zur Ansicht ausgegeben.

```
buildShoutbox : function()
{
    var r    = this.xmlhttp.req;
    var root = r.responseXML.documentElement.childNodes;
```

Falls die Seite das erste Mal geladen wurde, wird vor der Ausgabe die Anzeige des Ladezustands entfernt. Als Information dazu dient die Eigenschaft `record` mit dem Wert 0.

```
if (!this.record)
{
    this.loadDiv.removeChild(
        this.loadDiv.firstChild
    );
}
```

Vor der eigentlichen Ausgabe der Daten wird überprüft, ob seit der letzten Aktualisierung neue Einträge hinzugekommen sind. Sind keine neuen Einträge vorhanden, wird diese Methode verlassen.

```
if (this.record<root.length)
{
```

Die einzelnen Beiträge werden über eine `for`-Schleife durchlaufen. Die Schleife startet dabei bei dem zuletzt angezeigten Indexwert, der in der Eigenschaft `record` gespeichert ist.

```
for (var i= this.record; i<root.length; i++)
{
```

Um leere Textelemente für Gecko-Browser zu entfernen, werden diese einfach übersprungen, und entsprechende Kindelemente werden aus dem Dokumentenbaum gelöscht.

```
if (root[i].nodeType != 1) continue;
var childs = root[i].childNodes;
for (var j=0; j<childs.length; j++)
{
    if (childs[j].nodeType != 1)
    {
        root[i].removeChild(childs[j]);
    }
}
```

Sämtliche Beiträge werden nun über die Methoden des DOM dem Element mit der CSS-ID `content` zugewiesen. Dieses Element wurde anfangs über die Eigenschaft `loadDiv` referenziert. Es werden dabei nur die neuen Beiträge angehängt, um bei längeren Einträgen einen eventuell daraus resultierenden unruhigen Ladevorgang zu vermeiden.

```
var text = document.createElement("p");
this.loadDiv.appendChild(text);
text.appendChild(
    document.createTextNode(
        childs[0].firstChild.nodeValue
        +": "+
        childs[1].firstChild.nodeValue
    )
);
}
```

Der neue Index des zuletzt gelesenen Datensatzes wird abschließend der Eigenschaft `record` zugewiesen und zur nächsten Aktualisierung verwendet.

```
    this.record = root.length;
  }
},
```

Damit ein Besucher einen Eintrag in der Shoutbox hinterlassen kann, wird die Methode `writeMessage()` über das Eingabeformular ausgeführt. Als Argument wird dabei das Formular selbst als Referenz übergeben. Dabei ist es wichtig, die Daten vor dem Versenden an den Server mittels der Methode `escape()` zu maskieren.

```
writeMessage : function(f)
{
    var body = "nick="+escape(f.nick.value)+"&"+
               "text="+escape(f.text.value);
    this.xmlhttp = new ajaxRequest(
        "AjaxShoutbox.php?"+new Date().getTime(),
        this.getXML,
        "POST",
        body,
        ["Content-Type","application/x-www-form-urlencoded"]
    );
    this.xmlhttp.doRequest();
}
}
```

Nach dem Laden der Seite wird die Shoutbox zunächst für die erste Anzeige initialisiert und anschließend über ein definiertes Zeitintervall (die Eigenschaft `timer`) regelmäßig erneut aufgerufen.

```
window.onload = function()
{
    AjaxShoutbox.initReq();
    setInterval(
        'AjaxShoutbox.initReq()',
        AjaxShoutbox.timer
    );
}
```

Das Auslesen und Speichern der XML-Daten erfolgt über ein PHP-Skript, das bewusst einfach gehalten wurde.

```
<?php
$xmlfile = "AjaxShoutbox.xml";
```

Damit sich die Daten nicht aufblähen, wird zunächst überprüft, ob eine bestimmte Dateigröße erreicht wurde. In diesem Beispiel soll die erlaubte Größe maximal 10 KB betragen.

```
if ((filesize($xmlfile) / 1024) > 10) // > 10 KB
{
```

Falls die erlaubte Dateigröße erreicht wurde, wird die aktuelle XML-Datei gelöscht und anschließend mit einem leeren Rumpf der XML-Struktur neu geschrieben.

```
    $file = fopen($xmlfile, "w");
    flock($file, 2) or die("$file kann nicht gesperrt werden.");
    fwrite(
        $file,
        "<?xml version=\"1.0\" encoding=\"iso-8859-1\" ?>\
n<shoutbox>\n</shoutbox>\n"
    );
    fclose($file);
}
```

Für die Arbeit mit XML bedient sich dieses Beispiel der PEAR-Klassen[30] Serializer und Unserializer. Diese Pakete können aus einer XML-Datei eine Datenstruktur in PHP erzeugen und wieder in XML umwandeln. Auf diese Weise erhalten Sie eine einfache Möglichkeit, mit XML-Dateien zu arbeiten. Zunächst wird dazu die aktuelle XML-Struktur der Shoutbox eingelesen.

```
require_once("XML/Unserializer.php");
$unserializer_options = array(
    'complexType' => 'array',
```

---

30 http://pear.php.net/package/XML_Serializer

```
        'encoding'    => 'iso-8859-1'
);
$old_xml = new XML_Unserializer($unserializer_options);
if (!$old_xml->unserialize($xmlfile, true))
{
    die("ERROR: Konnte XML-Datei nicht öffnen.");
}
$data = $old_xml->getUnserializedData();
```

Der Hash $data enthält nun die komplette XML-Struktur zur weiteren Bearbeitung. Für das Einfügen eines neuen Datensatzes wird zunächst überprüft, ob bereits ein Eintrag vorhanden ist, oder ob es sich dabei um den ersten Beitrag handelt.

```
if ($data)
{
```

Falls bisher nur ein Eintrag vorhanden ist, wird die Hash-Struktur für die spätere Bearbeitung angepasst. Dies ist notwendig, damit ein korrekter Index für die verschachtelte Struktur erzeugt werden kann. Ab dem zweiten Eintrag ist eine Korrektur nicht mehr notwendig.

```
    if ((count($data["message"][0])==0))
    {
        $data["message"] = array($data["message"]);
    }
```

Über die Methode `array_push()` wird anschließend der neue Beitrag an den Hash angehängt.

```
    array_push(
        $data["message"],
        array(
            'date' => date("d.m.y m:h"),
            'nick' => $_POST['nick'],
            'text' => $_POST['text']
        )
    );
}
```

Sofern es sich bei dem Beitrag um den ersten Eintrag in die Shoutbox handelt, wird die Datenstruktur für das spätere Speichern manuell aufbereitet.

```
else
{
    $data["message"][0] = array(
            'date' => date("d.m.y m:h"),
```

```
            'nick' => $_POST['nick'],
            'text' => $_POST['text']
        );
}
```

Nachdem der neue Beitrag in die bestehende Datenstruktur eingefügt wurde, kann der Hash wieder in eine XML-Struktur umgewandelt werden. Die möglichen Optionen können Sie der Dokumentation dieser Klasse entnehmen.

```
require_once 'XML/Serializer.php';
$serializer_options = array (
    'addDecl'       => true,
    'encoding'      => 'iso-8859-1',
    'indent'        => '   ',
    'rootName'      => 'shoutbox',
    'defaultTagName' => 'message',
);
$write_xml = new XML_Serializer($serializer_options);
if (!$write_xml->serialize($data["message"]))
{
    die("ERROR: Konnte XML-Datei nicht serialisieren.");
}
$new_xml = $write_xml->getSerializedData();
```

In `$new_xml` befindet sich jetzt die neue Struktur, die abschließend als XML-Datei abgespeichert wird, und der alte Inhalt dabei überschrieben wird. Damit die Datei bei einem zufälligen parallelen Zugriff der Anwender nicht versehentlich überschrieben wird, sollte sie während des Schreibvorgangs über die Methode flock() gesperrt werden.

```
$file = fopen($xmlfile, "w");
flock($file, 2) or die("$file kann nicht gesperrt werden.");
fwrite($file, $new_xml);
fclose($file);
```

Schließlich wird der neue Inhalt als XML vom Server zurückgegeben, was durch einen entsprechenden Header erzwungen wird.

```
header('Content-type: text/xml');
print $new_xml;
?>
```

Wie dieses Beispiel zeigt, kann eine Shoutbox mit AJAX ohne großen Aufwand realisiert werden. Auch die Logik für das Skript auf der Serverseite muss nicht aufwändig sein. Sie können dieses Skript auch mit neuen Funktionen erweitern, um beispielsweise Emoticons in einen Beitrag zu integrieren.

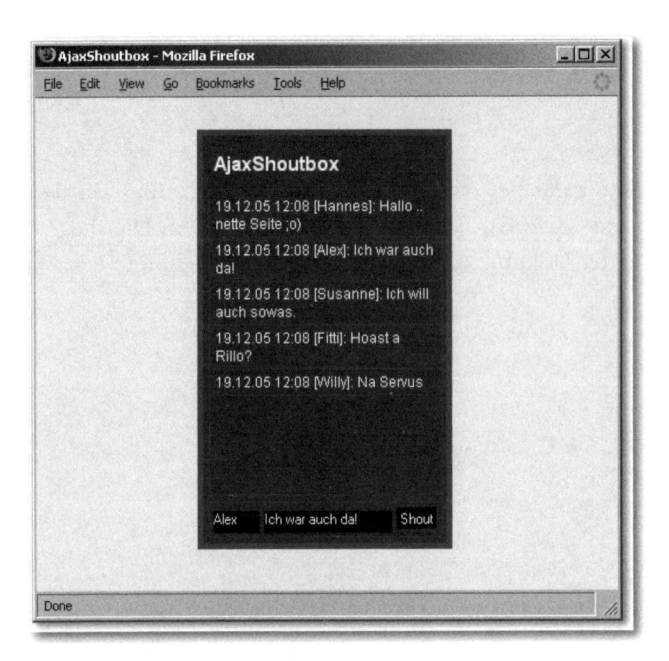

Abbildung 6.13 Die fertige Shoutbox in Aktion

Das Beispiel sollte Ihnen lediglich das Prinzip einer einfachen AJAX-Anwendung vermitteln. Es liegt nun an Ihrer Kreativität und den Anforderungen, wie Sie Ihre Projekte realisieren.

Machen Sie sich das Leben einfach und verwenden Sie für bestimmte Aufgaben vorgefertigte Lösungen. Das Internet bietet dazu zahlreiche kostenlose Bibliotheken an. Sie müssen das Rad nicht immer wieder neu erfinden, um ein Ziel zu erreichen.

7 JavaScript und Libraries

Im Programmieralltag ist man häufig mit wiederkehrenden Aufgaben konfrontiert. Um sich das Leben einfacher zu machen, behelfen sich viele Programmierer mit Bibliotheksdateien (Libraries). Darunter versteht man eine Sammlung von Funktionalitäten und Routinen für bestimmte Aufgaben. Der große Vorteil von JavaScript ist dabei, dass der überwiegende Teil der angebotenen Bibliotheken und Frameworks kostenlos angeboten wird. In Programmiersprachen wie VB, C++ oder Delphi ist dies nicht immer der Fall.

In JavaScript bestehen typische Aufgaben von Libraries beispielsweise darin, eine Schnittstelle zur AJAX-Technik anzubieten, Ebenen mittels DOM zu manipulieren oder visuelle Effekte zu erzeugen. Im Internet finden Sie dazu zahlreiche nützliche Bibliotheken, die zum Teil in komplette Frameworks ausarten.[1] Sie sollten bei Ihrer Arbeit aus der Vielzahl der gebotenen Möglichkeiten sorgfältig auswählen, welche Lösung für Ihre Zwecke am besten geeignet erscheint.

Oft kann die Verwendung einer komplexen Bibliothek oder eines Frameworks zu mehr Arbeit führen als beabsichtigt. Zudem gilt es in diesem Zusammenhang zu bedenken, dass für neue Libraries auch mit einer entsprechenden Einarbeitungszeit zu rechnen ist, die je nach Komplexität der Funktionen stark variieren kann. Auf die richtigen Bibliotheken gesetzt, überwiegen allerdings die Vorteile die Nachteile einer möglichen Einarbeitungszeit.

In diesem Kapitel lernen Sie einige interessante Bibliotheken kennen, die die Arbeit mit AJAX und JavaScript deutlich vereinfachen. Im Einzelnen handelt es sich hierbei um Routinen für die Arbeit mit Objekten, visuelle und dynamische Effekte und die Anwendung von Events. Die hier vorgestellten Lösungen werden in späteren Kapiteln zum Teil auch als Grundlage für die Praxisbeispiele herangezogen.

---

1 Unter http://www.ajaxian.com/resources/ erhalten Sie einen guten Überblick zu zahlreichen Bibliotheken und Frameworks für die Arbeit mit AJAX.

7.1 Prototype

Wie in Kapitel 4, *JavaScript und OOP*, erwähnt, bieten einfache Literale keine Möglichkeit, um Klassen zu erzeugen und Objekte daraus abzuleiten. Für viele Aufgaben sind Literale zwar bestens geeignet, für komplexe Anwendungen bieten Klassen aber weitaus mehr Komfort und Flexibilität.

Prototype[2] ist ein mächtiges JavaScript Framework, mit dem die OOP mittels Literalschreibweise möglich wird. Neben den OOP-Features bietet Prototype auch eine Schnittstelle zur AJAX-Technologie. Viele vorgefertigte Funktionen helfen bei der Entwicklung anspruchsvoller Programme. Leider wurde diese JavaScript-Bibliothek durch den Autor nicht dokumentiert.[3] In diesem Abschnitt lernen Sie daher die wichtigsten Elemente von Prototype in ihrer Anwendung kennen.

Auf der Webseite von Prototype haben Sie die Wahl zwischen der kompletten Distribution und einer einzelnen, kompakten JavaScript-Datei. In der Distribution sind die jeweiligen Routinen in einzelne Komponenten aufgeteilt und können somit je nach Anforderung eingebunden werden. Zudem liegen dem Archiv noch einige Testanwendungen bei, die einen Eindruck von der Arbeitsweise des Frameworks vermitteln und als Anregungen für eigene Versuche dienen können.

Für die Arbeit mit Prototype können Sie – wie bereits erwähnt – einzelne Komponenten oder das komplette Framework einbinden. Fügen Sie dazu in Ihrem Dokument die folgende Zeile im `head`-Bereich ein, wobei der Pfad zur Datei an Ihre Umgebung und eventuell den Dateinamen (inklusive der Versionsnummer) anzupassen ist.

```
<script src="prototype.js" type="text/javascript"></script>
```

Nun können Sie alle angebotenen Funktionen in Ihren Anwendungen verwenden, die Sie im Folgenden kennenlernen werden. Dieser Abschnitt orientiert sich dabei in alphabetischer Reihenfolge an der Struktur des Frameworks aus der Distribution und erklärt die wichtigsten Merkmale der einzelnen Methoden. Vergessen Sie dabei nicht, dass die einzelnen Skripte in der Datei `prototype.js` zusammengefasst sind.

---

2 Prototype wurde von Sam Stephenson (http://conio.net) entwickelt und ist auf der Seite http://prototype.conio.net unter der MIT-Style-Lizenz frei verfügbar.

3 Unter http://www.sergiopereira.com/articles/prototype.js.html und http://blogs.ebusiness-apps.com/jordan/pages/Prototype%20Library%20Info.htm finden Sie jeweils eine englische Dokumentation zu Prototype.

7.1.1 ajax.js

Einer der Hauptgründe für die Verwendung von Prototype sind neben dem OO-Ansatz die umfangreichen Möglichkeiten, die sich in Verbindung mit der AJAX-Technologie bieten. In einfachen Anwendungen ist ein Request-Objekt schnell erzeugt, wie Sie bereits in Kapitel 5, *JavaScript und HTTP*, gesehen haben. Für komplexe Anwendungen kann die Arbeit mit AJAX schnell sehr aufwändig werden. Prototype kapselt die Anforderungen von AJAX in einfach anzuwendende Klassen. Dazu stehen Ihnen die folgenden Möglichkeiten zur Verfügung:

- Ajax
- Ajax.Responders
- Ajax.Response
- Ajax.Upater
- Ajax.PeriodicalUpdater

Zusätzlich gibt es noch die Klasse `Ajax.Base`, die für interne Zwecke von Prototype für alle AJAX-Methoden verwendet wird. Eine eigene Verwendung ist nicht unbedingt notwendig, weshalb auf eine Beschreibung dieser Klasse verzichtet wird.

Ajax-Klasse

Die `Ajax`-Klasse ist die Hauptklasse, aus der die weiteren `Ajax`-Klassen von Prototype abgeleitet sind. Üblicherweise benötigen Sie diese Klasse nicht, da sie nur für interne Zwecke verwendet wird. Sie stellt Ihnen eine Instanz des XMLHTTP-Objekts (siehe Kapitel 6, *JavaScript und HTTP*, Abschnitt 6.2) über die Methode `getTransport()` zur weiteren Verwendung zur Verfügung.

Methode	Beschreibung
setOptions	Setzt die Optionen für ein AJAX-Objekt, das als Literal-Objekt per Argument übergeben wurde.
getTransport	Diese Methode erzeugt ein neues XMLHTTP-Objekt und gibt es als Rückgabewert zurück.

Tabelle 7.1 Die AJAX-Klasse besitzt eine einzige Methode

Das folgende einfache Beispiel zeigt eine mögliche Verwendung dieser Klasse. Dabei wird der Inhalt einer Datei vom Server abgerufen und über eine Dialogbox ausgeben.

```
var http = Ajax.getTransport();
http.open("GET","ajax.ajax.php",true);
http.onreadystatechange = function()
```

```
{
    if (http.readyState==4) alert(http.responseText);
}
http.send(null);
```

Falls Sie für Ihre Anwendung eine Funktion benötigen, die nicht von den angebotenen Ajax-Klassen abgedeckt wird, können Sie eine eigene Ajax-Klasse erzeugen. Dazu bedienen Sie sich entsprechender Klassen aus der Datei base.js (siehe Abschnitt 7.1.3), mit denen das zuvor gezeigte Beispiel als Klasse definiert wird.

```
Ajax.MyRequest = Class.create();
Ajax.MyRequest.prototype = Object.extend(new Ajax.Base(),
{
    initialize: function(url, options)
    {
        this.transport = Ajax.getTransport();
        this.setOptions(options);
        this.transport.open(
            this.options.method,

            url,
            this.options.asynchronous
        );
        this.transport.onreadystatechange =
            this.stateChange.bind(this);
        this.transport.send(null);
    },
    stateChange: function()
    {
        if (this.transport.readyState == 4)
        {
            alert(this.transport.responseText+this.options.msg);
        }
    }
});
new Ajax.MyRequest("ajax.request.1.php", {
    msg : '\nIrgend ein Text ...'
});
```

Wie Sie diesem Beispiel entnehmen können, wurde hier die Ajax.Base-Klasse verwendet, die die für AJAX relevanten Standardeigenschaften beinhaltet. Über das optionale Argument für Optionen ist es möglich, beliebige weitere Eigenschaften zu übergeben, die Sie dann entsprechend weiterverarbeiten müssen. Im Beispiel wurde dies mit der Eigenschaft msg demonstriert. Nach diesem Muster können Sie nun eigene Ajax-Klassen erzeugen, die Ihren Ansprüchen gerecht werden. An dieser Stelle sei erwähnt, dass die von Prototype angebotenen `Ajax`-Klassen alle relevanten Aufgaben in Verbindung mit AJAX umfassend abdecken. Daher werden Sie die Methode `getTransport()` der `Ajax`-Klasse eher selten anwenden.

Eigenschaft	Beschreibung
activeRequestCount	Diese Eigenschaft beinhaltet die Anzahl der aktuell offenen AJAX-Requests.

Tabelle 7.2 Eigenschaft der Ajax-Klasse

Die `Ajax`-Klasse besitzt neben einer Methode auch eine Eigenschaft `activeRequestCount`, mit der Sie die Anzahl der aktuell noch offenen AJAX-Anfragen angezeigt bekommen. Besitzt diese Eigenschaft den Wert 0, wissen Sie, dass keine aktuellen Anfragen an den Server offen sind.

`alert(Ajax.activeRequestCount);`

Intern wird dabei beim Erzeugen einer neuen Instanz einer `Ajax`-Klasse der Wert dieser Eigenschaft hoch gezählt. Sobald eine Abfrage erfolgreich ausgeführt wurde, wird der Wert entsprechend angepasst. Diese Eigenschaft ist automatisch für alle `Ajax`-Klassen von Prototype verfügbar.

Ajax.Responders

Das `Ajax.Responders`-Objekt von Prototype dient dazu, um für alle AJAX-Objekte globale Eigenschaften bereit zu stellen. Bei der Verwendung ist darauf zu achten, dass die globalen Eigenschaften die lokalen Einstellungen überschreiben und somit deaktivieren. Der Gebrauch sollte daher genau überlegt sein, damit sich Ihre Anwendung und das Objekt nicht gegenseitig behindern.

Eigenschaft	Beschreibung
responders	Beinhaltet alle globalen Eigenschaften als Array.

Dieses Objekt besitzt eine Eigenschaft `responders`, die ein Array mit allen Eigenschaften der globalen Konfiguration beinhaltet. Sie können dieses Array mit allen Methoden der `array`- und `enumerable`-Klasse von Prototype bearbeiten.

Die folgende Tabelle listet die Methoden des `Ajax.Responders`-Objekts auf.

Methode	Beschreibung
register	Registriert globale Eigenschaften für alle AJAX-Objekte.
unregister	Entfernt die globalen Eigenschaften wieder.

Tabelle 7.3 Die Methoden des Ajax.Responders-Objekts

register

Wie der Name bereits erahnen lässt, ist die Method `register()` für das Registrieren der gewünschten globalen Eigenschaften des AJAX-Objekts von Prototype zuständig. Dazu können Sie alle möglichen Eigenschaften des Request-Objekts übergeben. Die Syntax dazu stellt sich wie folgt dar.

```
Ajax.Responders.register(myGlobalHandlers);
```

Im folgenden Beispiel werden zwei globale Eigenschaften vereinbart, die dann für alle AJAX-Objekte gelten. Dabei soll für jede AJAX-Anfrage an den Server ein »Loading«-Hinweis angezeigt und nach der vollständigen Übertragung wieder entfernt werden. Dies ist der übliche Indikator, wie er in vielen AJAX-Anwendungen als Standard benutzt wird.

```
<script type="text/javascript">
var myGlobalHandlers = {
    onCreate: function()
    {
        Element.show('loading');
    },

    onComplete: function()
    {
        if(Ajax.activeRequestCount == 0)
        {
            Element.hide('loading');
        }
    }
};
Ajax.Responders.register(myGlobalHandlers);
```

Für die Registrierung der globalen Angaben des AJAX-Objekts, sollten Sie diese Schreibweise bevorzugen. Sie können die Angaben auch direkt an die Methode übergeben, allerdings hat dies den Nachteil, dass Sie später nicht mehr darauf zugreifen können. Dies ist aber notwendig, um den globalen Handler bei Bedarf wieder zu entfernen. Wie Sie vorgehen, wird im nächsten Abschnitt gezeigt. Im folgenden AJAX-Request ist es nun nicht mehr nötig, entsprechende Eigenschaften zu definieren.

```
Event.observe(window, 'load', function() {
    myAjax = new Ajax.PeriodicalUpdater(
        "response",
        "ajax.responders.php",
        {
            frequency:1,
```

```
            onException: function(r,e) { alert(e); }
        }
    );
});
</script>
<div id="loading" style="border:50px solid #ccc;">
    <img src="spinner.gif">Loading...
</div>
<div id="response"></div>
```

Bei jedem neuen Aufruft des Requests wird nun ein Ladehinweis angezeigt und anschließend wieder entfernt. Das dazugehörige PHP-Skript stellt sich wie folgt dar.

```
<?php
$color = array(
    "#ff0000",
    "#cccc66",
    "#339933",
    "#cccccc",
    "#cc00cc",
    "#99ff00",
    "#99ffff",
    "#000000"
);
srand ((double)microtime()*1000000);
print '<p style="color:'.$color[array_rand($color,
1)].'">Juhuuuuu!</p>';
?>
```

Dieses einfache Skript zeigt einen Text in einer per Zufall dargestellten Schriftfarbe an. Dazu wird ein beliebig großes Array `$color` mit den gewünschten Farbwerten ausgestattet, die dann per Zufall mit den entsprechenden Möglichkeiten von PHP abgerufen werden.

> **onException**
>
> An dieser Stelle soll die spezielle Methode `onException()` kurz vorgestellt werden. Mit Ihr können Sie Skriptfehler zur Laufzeit Ihrer AJAX-Anwendung abfangen und diese in für Sie geeigneter Form anzeigen. Dies kann insbesondere für die Fehlersuche während der Entwicklung interessant sein. Im Beispiel wird bei einem Fehler eine Dialogbox mit der Ursache des Fehlers angezeigt. Die beiden Argumente der zugewiesenen Funktion übergeben das AJAX-Objekt und die Fehlermeldung zur weiteren Verwendung.

unregister

Die Methode unregister() ist für das Entfernen aller globalen Eigenschaften von AJAX-Objekten zuständig. Dazu wird ihr als Argument das entsprechende Eigenschaftsobjekt übergeben. Das folgende Beispiel entfernt alle Eigenschaften der zuvor gezeigten Anwendung per Klick auf einen Verweis.

```
<a href="#"
onclick="Ajax.Responders.unregister(myGlobalHandlers);">unregister
</a>
```

Wie Sie dem Beispiel entnehmen, wurde hier das zuvor erzeugte Literal-Objekt der Methode übergeben. Nachdem diese ausgeführt wurde, werden alle globalen Aktionen sofort beendet.

Ajax.Request

Mithilfe dieser Klasse können Sie einen HTTP-Request ausführen, der synchron oder asynchron abgearbeitet wird. Über die Vor- und Nachteile dieser Methoden wurde bereits in Kapitel 5, *JavaScript und HTTP*, berichtet. Die Syntax für den Aufruf dieser Klasse lautet:

```
var myAjax = new Ajax.Request(url, options);
```

Hiermit erzeugen Sie eine neue Instanz der Ajax.Request-Klasse. Als Argumente werden eine gültige URL und eine oder mehrere Optionen erwartet. Standardmäßig wird bei der Anforderung des HTTP-Requests die Methode post verwendet. Falls Sie beim Erzeugen des Objekts keine Option übergeben, wird auch keine Aktion ausgeführt. Das folgende Listing zeigt einen möglichen Aufruf anhand eines kurzen Beispiels.

```
window.onload = function()
{
    var myAjax = new Ajax.Request(
        "ajax.request.1.php",
        {onComplete:showResponse,onFailure:showError}
    );
}
var showResponse = function(r)
{
    alert(r.responseText);
}
var showError = function(r)
{
    alert("Error: " +r.status+ "/t" +r.statusText);
}
```

Dabei wird die Datei `ajax.request.1.php` vom Server über die Methode `post` angefordert. Nach dem erfolgreichen Ausführen der Anfrage – was mit dem Event `onComplete` ermittelt wurde – wird eine Dialogbox mit dem Ergebnis der Rückmeldung des Servers ausgegeben. Falls die Anfrage fehlerhaft war, wird ebenfalls eine entsprechende Meldung angezeigt, was wiederum durch das Event `onFailure` getestet werden kann. Die Datei `bsp.php` besitzt folgenden Inhalt.

```
<?php
print "Hallo Ajax";
?>
```

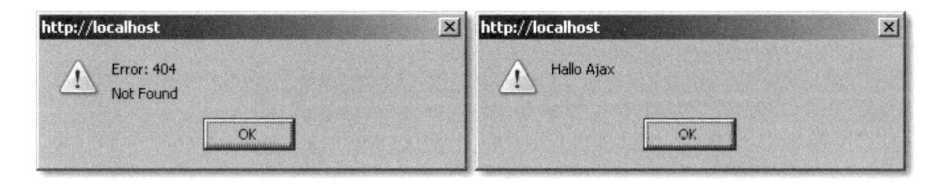

Abbildung 7.1 Anzeige eines Verbindungsfehlers oder der Antwort einer Anfrage

Üblicherweise würden Sie die Daten im XML-Format anfordern und den Inhalt über das DOM durchlaufen, um ihn anschließend in geeigneter Weise weiterzuverarbeiten. Das Beispiel zuvor sollte lediglich die Arbeitsweise dieser Klasse verdeutlichen. Sehen Sie sich nun ein Beispiel mit XML-Daten zum Vergleich an, bei dem die Namen von Mitarbeitern eines Unternehmens ausgegeben werden sollen.

```
<html>
<head>
<title>JavaScript und Libraries</title>
<script src="prototype.js" type="text/javascript"></script>
<script type="text/javascript">
//<![CDATA[
var getXML = function()
{
    var myAjax = new Ajax.Request(
        "ajax.request.xml",
        {
            method:'get',
            onComplete:showXML
        }
    );
}
var showXML = function(r)
{
```

```
            var names = [];
            var root =
            r.responseXML.getElementsByTagName("personal");
            var pers = root[0].getElementsByTagName("mitarbeiter");
            for (var i=0; i<pers.length; i++)
            {
            var n = pers[i].getElementsByTagName("name")[0].
                 firstChild.data;
            var v = pers[i].getElementsByTagName("vorname")[0].
                 lastChild.data;
            names.push(v+" "+n);
            }
            $('xml').innerHTML = names.join("<br />");
  }
  //]]>
  </script>
  </head>
  <body>

  <p>
      <a href="#" onclick="getXML();return false;">getXML()</a>
  </p>
  <div id="xml"></div>

  </body>
  </html>
```

Listing 7.1 Dynamisches Auslesen einer XML-Datei mithilfe von Prototype

Als Erstes fällt hierbei auf, dass der HTTP-Request über die Methode `get` ausgeführt wird. Dazu wurden die Optionen um einen entsprechenden Eintrag im AJAX-Objekt erweitert; hierbei ist auf die Kleinschreibung zu achten. Der Inhalt des Requests muss nun mit der Eigenschaft `responseXML` zur weiteren Verarbeitung übergeben werden. Anschließend wird der Dokumentenbaum durchlaufen, und das Ergebnis in der Ebene mit der CSS-ID `xml` dargestellt. Die zugrunde liegenden Daten dieser Anwendung sind gemäß folgender Struktur in der Datei `ajax.request.xml` eingebunden.

```
<?xml version="1.0" ?>
<personal>
    <mitarbeiter>
        <vorname>Johannes</vorname>
        <name>Gamperl</name>
    </mitarbeiter>
</personal>
```

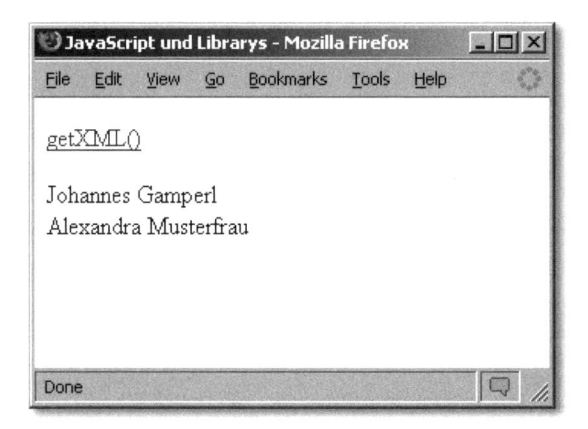

Abbildung 7.2 Ausgabe der Inhalte einer XML-Datei

Wie Sie den bisherigen Beispielen entnehmen können, werden die Optionen als anonymes `String`-Literal der `Ajax.Request`-Klasse übergeben. Diese Art der Notation ist auf den ersten Blick zwar etwas ungewohnt, dafür aber umso mächtiger, wie Sie gleich sehen werden. Die folgende Tabelle zeigt die möglichen Optionen der AJAX-Klassen.

Option	Typ	Beschreibung
`method`	string	Die Methode des HTTP-Requests. Per Default ist diese Eigenschaft auf den Wert `post` gesetzt.
`paramters`	string	Eine URL-formatierte Liste von `key`/`value`-Paaren für den Request
`asynchronous`	boolean	Bestimmt, ob der Request asynchron (`true`) oder synchron (`false`) ausgeführt werden soll. Per Default ist diese Eigenschaft auf `true` gesetzt.
`postBody`	string	Inhalt, der an einen HTTP-POST Request als Body übergeben werden soll
`requestHeaders`	array	Liste von zusätzlichen HTTP-Headern, die dem Request übergeben werden sollen. Dabei muss der Name des Headers gefolgt von dem Wert übergeben werden – z. B. `['header1', 'value1', 'header2', 'value2']`
`on[X]`	function	Funktion, die ausgeführt werden soll, sofern der angeforderte Status erfolgreich abgearbeitet wurde. Als Argument wird das Request-Objekt als Referenz übergeben.
`onException`	function	Funktion, die ausgeführt werden soll, sofern der Request auf der Clientseite fehlerhaft ausgeführt wird. Dies kann beispielsweise der Fall sein, wenn eine Methode falsch notiert wurde oder nicht bekannt ist.

Tabelle 7.4 Optionen der AJAX-Klassen von Prototype

Option	Typ	Beschreibung

		Als Argumente werden dabei das aktuelle `Ajax.Request`-Objekt sowie die Ausnahme, welche aufgetreten ist übergeben. Ein Beispiel könnte sich wie folgt darstellen.
		`onException: function(r,e)`
		`{`
		`    alert(e);`
		`}`

onSuccess	function	Funktion, die ausgeführt werden soll, sofern der Request erfolgreich war. Als Argument wird das Request-Objekt als Referenz übergeben.
onFailure	function	Funktion, die ausgeführt werden soll, sofern der Request fehlerhaft war. Als Argument wird das Request-Objekt als Referenz übergeben.

Tabelle 7.4 Optionen der AJAX-Klassen von Prototype (Forts.)

Dank der zahlreichen Optionen haben Sie viele Möglichkeiten, auf einen HTTP-Response zu reagieren. Wie im Beispiel zuvor gezeigt, werden die Optionen als `String`-Literal übergeben. Damit diese Liste nicht zu unübersichtlich wird, können Sie das Literal auch auslagern und als Objekt übergeben, wie es im folgenden Beispiel gezeigt wird.

```
var options = {
    method: 'post',
    requestHeaders: [
        'Content-Type', 'text/html',
        'Cache-Control', 'no-cache, must-revalidate'
    ],
    postBody: 'a=true&b=Hallo&c=123',
    onSuccess: function(r) {
        alert(r.responseText);
    },
    on404: function(r) {
        alert('Error 404: "' + r.statusText +
            '" nicht gefunden.');
    },
    onFailure: function(r) {
        alert("Error: " +r.status+ "/t" +r.statusText);
    }
};
var myAjax = new Ajax.Request("bsp.php", options);
```

Die Arbeitsweise sollte selbsterklärend sein. Auf die Möglichkeit, bestimmte Statuscodes abzufragen, möchte hier kurz eingehen. Sie können in Prototype über die Schreibweise on gefolgt von dem gewünschten Statuscode (in diesem Beispiel 404) eine eigene Funktion für den entsprechenden Code bestimmen. Falls Prototype diese Option nicht ausführen bzw. ermitteln kann, wird automatisch die Methode onSuccess oder onFailure ausgeführt. Darüber hinaus haben Sie die Möglichkeit, die jeweiligen Statusänderungen des HTTP-Requests über das gleiche Prinzip abzufragen und ein geeignetes Event auszuführen.

```
var options = {
    onUninitialize: ...,
    onLoading: ...,
    onLoaded: ...,
    onInteractive: ...,
    onComplete: ...
};
```

Hierbei dürfte der Status onComplete der am häufigsten verwendete sein. Intern nutzt Ajax.Request ebenfalls den Status Complete für die Zuweisung an die Events onSuccess (für den Statuscode 200) oder onFailure (alle anderen Codes).

Ajax.Updater

Mit der Ajax.Updater-Klasse können Sie einen Request ausführen, der als Ergebnis eine korrekt formatierte XHTML-Seite zurückgibt. In diesem Fall müssen Sie das zurückgegebene Datenformat nicht parsen, sondern können dieses sofort weiterverwenden. Ein zusätzliches Argument bestimmt hierbei das Element, das aktualisiert werden soll. Die Syntax für den Aufruf dieser Klasse sieht wie folgt aus.

```
var myAjax = new Ajax.Updater(element, url, options);
```

Die Argumente url und options haben hierbei die gleichen Funktionen wie bei Ajax.Request. Darüber hinaus können Sie zwei weitere Optionen einsetzen, die in der nachfolgenden Tabelle dargestellt werden.

Option	Typ	Beschreibung
insertion	class	Gibt an, ob der zurückgelieferte Inhalt an eine bestimmte Stelle im Zielelement angehängt werden soll. Für diese Aufgabe übergeben Sie der Option das Insertion-Objekt (siehe den Punkt »Insertion-Klasse«, in Abschnitt 7.1.4), das angewandt werden soll.
evalScripts	boolean	Bestimmt, ob ein JavaScript-Block ausgeführt werden soll, sobald die Antwort des Requests zurückgeliefert wurde. Wird typischerweise verwendet, wenn eine JavaScript-Anweisung angefragt wird.

Tabelle 7.5 Spezielle Optionen der AJAX-Klassen

Ein einfaches Beispiel soll die Arbeitsweise verdeutlichen. Dafür soll eine PHP-Seite aufgerufen werden, die die aktuelle Uhrzeit des Servers zurückgibt und den folgenden Inhalt aufweist.

```php
<?php
$d = (isset($_POST['t'])) ? "d.m.y - h:m:s" : "d.m.y";
print "Aktuelle Serverzeit: ".date($d);
?>
```

Falls diese Datei über den Parameter t aufgerufen wurde, werden das Datum und die aktuelle Uhrzeit zurückgegeben, andernfalls nur das Datum. Auf der Seite des Clients soll nach dem Ausführen des Requests die Ebene mit der CSS-ID `zeit` dynamisch aktualisiert werden. Das entsprechende XHTML dazu sieht folgendermaßen aus.

```
<html>
<head>
<title>JavaScript und Libraries</title>
<script src="prototype.js" type="text/javascript"></script>
<script type="text/javascript">
//<![CDATA[
var getServerTime = function(flag)
{
    var param = (flag) ? "t=1," : "";
    var myAjax = new Ajax.Updater(
        "zeit",
        "zeit.php",
        {
            parameters:param,
            onFailure:showError
        }
    );
}
var showError = function(r)
{
    alert("Error: " +r.status+ "/t" +r.statusText);
}
//]]>
</script>
</head>
<body>

<p>
    <a href="#"
    onclick="getServerTime(0);return false;">Datum</a> //
```

```
    <a href="#"
    onclick="getServerTime(1);return false;">Datum+Zeit</a>
</p>
<div id="zeit"></div>

</body>
</html>
```

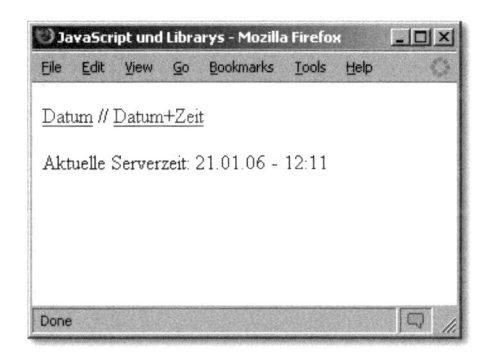

Abbildung 7.3 Die aktuelle Serverzeit wird dynamisch zur Ansicht ausgegeben.

Das Ergebnis dieses Beispiels ist nicht besonders aufregend und dürfte Sie auch nicht weiter überraschen. Eine leicht abgeänderte Version des Skripts soll die aktuelle Uhrzeit vor dem eigentlichen Inhalt der Ebene anzeigen. Für diese Aufgabe benötigen Sie die Option `insertion`, deren Parameter Sie der entsprechenden Tabelle in Abschnitt 7.1.4 entnehmen können.

```
...
    var myAjax = new Ajax.Updater(
        "zeit",
        "ajax.updater.1.php",
        {
            parameters:param,
            insertion:Insertion.Before,
            onFailure:showError
        }
    );
...
<div id="zeit">
<p>Dies ist ein Beispiel.</p>
</div>
```

Mithilfe der Option `insertion:Insertion.Before` wird der Rückgabewert des Requests an den Anfang des Elements mit der CSS-ID `zeit` eingefügt. Beachten Sie dabei, dass bei jedem neuen Aufruf der Funktion erneut ein Objekt an den

Anfang der Ebene eingefügt und somit das Dokument unendlich erweitert wird. Sie sollten daher zuvor das letzte eingefügte Element löschen oder diese Option nur für einen einmaligen Einsatz verwenden, es sei denn, das Fortführen des Inhalts ist erwünscht.

Eine äußerst nützliche Option verbirgt sich hinter `evalScripts`. Damit ist es möglich, eingebundene JavaScripts aus dem HTTP-Request auszuführen.

Auch hierfür folgt zur Veranschaulichung das Beispiel in einer leicht geänderten Version. Dabei wird der Inhalt in einer Dialogbox ausgegeben. Erweitern Sie dazu zunächst die PHP-Datei wie folgt.

```
<script type="text/javascript">
//<![CDATA[
alert("Hallo von Ajax");
//]]>
</script>
<?php
$d = ($_POST['t']) ? "d.m.y - h:m:s" : "d.m.y";
print "<p id=\"server\">Aktuelle Serverzeit: ".date($d)."</p>";
?>
```

Im Aufruf von `Ajax.Updater` ergänzen Sie die Optionsliste nun um einen zusätzlichen Parameter für das Evaluieren von JavaScript aus einem HTTP-Request.

```
var myAjax = new Ajax.Updater(
    "zeit",
    "ajax2.php",
    {
        parameters:param,
        evalScripts:true,
        onFailure:showError
    }
);
```

Dank dieser trivial erscheinenden Möglichkeit erhalten Sie ein mächtiges Werkzeug. Auf diese Weise ist es möglich, komplexe Anwendungen zu entwickeln, deren JavaScript-Routinen mittels Client/Server untereinander kommunizieren können.

> **Bugfix für evalScripts**
>
> In die Option `evalScripts` hat sich in älteren Versionen von Prototype ein Fehler eingeschlichen. Ein per HTTP-Request angefordertes Skript wird dabei nicht wie vorgesehen evaluiert. Dies liegt daran, dass in der Bibliothek ein regulärer Ausdruck unvollständig notiert wurde. Der Fehler tritt auf, sobald sich eine JavaScript-Anweisung über mehrere Zeilen erstreckt. Um das Problem zu beheben, ergänzen Sie die ursprüngliche Zeile
>
> ```
> Ajax.Updater.ScriptFragment = '(?:<script.*?>)((\n|.)*?)(?:<\/script>)';
> ```
>
> wie im Folgenden dargestellt um eine weitere Alternative \r für einen Zeilenumbruch.
>
> ```
> Ajax.Updater.ScriptFragment = '(?:<script.*?>)((\n|\r|.)*?)(?:<\/script>)';
> ```

Ajax.PeriodicalUpdater

Die Methode `Ajax.PeriodicalUpdater` arbeitet vom Prinzip her wie `Ajax.Updater`, allerdings mit dem Unterschied, dass der angeforderte HTTP-Request über ein festgelegtes Intervall unendlich oft ausgeführt wird. Die zugrunde liegende Syntax sieht wie folgt aus.

```
new Ajax.PeriodicalUpdater(element, optionen);
```

Als mögliche Optionen können Sie auf alle bisher genannten zurückgreifen. Darüber hinaus steht Ihnen für diese Methode exklusiv eine weitere Option zur Verfügung.

Option	Typ	Beschreibung
decay	number	Mit dieser Option veranlassen Sie, dass bei jedem Abfrageintervall überprüft wird, ob sich am Inhalt der Server-Antwort etwas geändert hat. Ist dies nicht der Fall, multipliziert sich das Intervall für die nächste Anfrage jeweils um den angegebenen Wert.
frequency	number	Mit dieser Option können Sie das Intervall für den Refresh des HTTP-Requests bestimmen. Die Zeiteinheit dafür wird in Sekunden angegeben. Per Default ist dieser Wert auf 2 Sekunden eingestellt.

Tabelle 7.6 Spezielle Optionen der Methode Ajax.PeriodicalUpdater

Zur Veranschaulichung der Methode erweitern Sie das zuvor gezeigte Beispiel in der Art, dass die ausgegebene Uhrzeit in Echtzeit aktualisiert wird. Dazu müssen Sie lediglich die Optionsliste um die zusätzliche Option `frequency` ergänzen.

```
myAjax = new Ajax.PeriodicalUpdater(
    "zeit",
    "zeit.php",
```

```
            {
                parameters:param,
                onFailure:showError,
                frequency:1
            }
        );
```

Beim Testen der Anwendung werden Sie nun eine sich selbstständig aktualisierende Uhrzeit vom Server angezeigt bekommen.

Um die Update-Funktion gezielt zu deaktivieren und wieder zu aktivieren, können Sie eine interne Methode von `Ajax.PeriodicalUpdater` aufrufen. Mit `objekt_instanz.stop()` wird das Skript unterbrochen und mit `objekt_instanz.start()` wieder gestartet. Um diese Methoden von beliebiger Stelle aufzurufen, müssen Sie die Objektinstanz global deklarieren und dazu den Bezeichner `var` weglassen. Eine überarbeitete Version des Beispiels stellt sich nun folgendermaßen dar.

```
<html>
<head>
<title>JavaScript und Libraries</title>
<script src="prototype-1.3.1.js" type="text/javascript"></script>
<script type="text/javascript">
//<![CDATA[
var myAjax = false;
var getServerTime = function(flag)
{
    var param = (flag) ? "t=1," : "";
    myAjax = new Ajax.PeriodicalUpdater(
        "zeit",
        "zeit.php",
        {
            parameters:param,
            onFailure:showError,
            frequency:1
        }
    );
}
var showError = function(r)
{
    alert("Error: " +r.status+ "/t" +r.statusText);
}
//]]>
```

```
</script>
</head>
<body>

<p>
   <a href="#"
    onclick="getServerTime(1);return false;">Datum+Zeit</a>
   <a href="#"
    onclick="if (myAjax) myAjax.stop();return false;">Stop</a> //
   <a href="#"
    onclick="if (myAjax) myAjax.start();return false;">Start</a> //
</p>
<div id="zeit"></div>

</body>
</html>
```

Listing 7.2 Anzeige der Serverzeit in Echtzeit

Die Methoden `start()` und `stop()` können natürlich nur dann aufgerufen werden, sofern bereits eine entsprechende Objektinstanz existiert, andernfalls würden Sie eine Fehlermeldung erhalten.

Beachten Sie bei der Anwendung dieser Klasse, dass eine permanente Aktualisierung des HTTP-Requests zu Performance-Problemen Ihres Webservers führen kann. Sie sollten diese Möglichkeit daher mit Bedacht anwenden und in jedem Fall die Möglichkeit des manuellen Stoppens bereitstellen.

Der massive Einsatz dieser Klasse kann zu einer übermäßigen Beanspruchung des Servers führen. In Anwendungen, in denen sich Daten nur sequenziell aktualisieren, ist es daher ratsam, eine Verzögerung des Requests einzurichten. Prototype bietet dazu die Option `decay` für die `Ajax.PeriodicalUpdater`-Klasse an. Wird diese Option aktiviert, prüft Prototype bei jedem Intervall, ob sich die Daten auf dem Server geändert haben. Ist dies der Fall, startet das nächste Intervall. Falls sich die Daten nicht geändert haben, wird eine Verzögerung mit einer Dauer von `decay^frequency` eingeleitet. Diese Verzögerung potenziert sich bei jedem Durchlauf, in dem keine Änderung der Daten erfolgt ist. Sobald aktualisierte Daten vorliegen, wird die Dauer der Verzögerung wieder auf den Ausgangszustand zurückgesetzt, und die Prozedur beginnt von neuem. Sehen Sie sich dazu das folgende Beispiel an.

```
<html>
<head>
<title>JavaScript und Libraries</title>
```

```
<script src="lib/prototype.js" type="text/javascript"></script>
<script type="text/javascript">
//<![CDATA[
window.onload = function(flag)
{
    var count = 0;
    var sekunden = 0;
    myAjax = new Ajax.PeriodicalUpdater(
        "response",
        "ajax.updater.decay.php",
        {
            frequency:1,
            decay: 2,
            onLoading:function()
            {
                clearTimeout(timer);
                sekunden = 0;
                uhr();
            },
            onSuccess:function(r)
            {
            Element.update(
                    'msg',
                    'PeriodicalUpdater '+(++count)+' x ausgeführt.'
                 );
            }
        }
    );
    var uhr = function() {
        Element.update('time', 'Verzögerung: '+(++sekunden)+' Sekunden');
        timer = setTimeout(uhr, 1000);
    } uhr();
}
//]]>
</script>
</head>
<body>

<div id="msg"></div>
<div id="time"></div>
<div id="response"></div>

</body>
</html>
```

Bei jedem Request wird hierbei die Zeit zwischen den Anfragen in Sekunden gestoppt. Auf diese Weise können Sie die Verzögerung bei nicht geänderten Daten nachvollziehen. Auf der Serverseite wird dazu ein einfaches PHP-Skript vorgehalten, das einen einfachen Text ausgibt.

```
<?php
echo "Hallo von AJAX.";
?>
```

Lassen Sie die Anwendung ein paar Zyklen lang laufen und ändern Sie dann den Inhalt der PHP-Datei für die Ausgabe. Der Verzögerungszähler wird dann zurückgesetzt, d. h. die Verzögerung baut sich dann erst wieder langsam auf. Vorausgesetzt Sie ändern den Inhalt der PHP-Datei nicht, würde sich die Verzögerung unendlich oft aufbauen, solange der Anwender auf der Seite verweilt.

Die folgende Tabelle zeigt die Zeit in Sekunden der Verzögerung für jedes Intervall exemplarisch anhand zweier unterschiedlicher Konfigurationen, wobei die erste dem zuvor gezeigten Beispiel entspricht.

Invervall	frequency (1)	decay (2)	frequency (3)	decay (5)
1	1	1	3	3
2	2	2	6	15
3	3	4	9	75
4	4	8	12	375

Tabelle 7.7 Verzögerungszeiten für vier beispielhafte Intervalle

7.1.2 array.js

JavaScript stellt für die Arbeit mit Arrays zahlreiche Methoden zur Verfügung. Für komplexere Aufgaben mit dieser Datenstruktur reichen diese aber meist nicht aus, sodass man zu eigenen Erweiterungen greifen muss. Prototype erweitert das `Array`-Objekt von JavaScript um sinnvolle Methoden, die Sie in der Datei `array.js` vorfinden. Darüber hinaus erbt diese Klasse alle Eigenschaften der `Enumerable`-Klasse.

Die folgende Tabelle zeigt eine Übersicht der angebotenen Methoden für die Arbeit mit Arrays, zusätzlich zu denen aus der `Enumerable`-Klasse.

Methode	Beschreibung
clear	Löscht das Array und gibt das leere Array als Referenz zurück.
compact	Bearbeitet ein Array in der Art, dass alle Elemente, die den Wert null oder undefined haben, aus dem Rückgabewert entfernt werden. Das Array selbst wird nicht verändert.
first	Gibt das erste Element eines Arrays zurück.
flatten	Gibt bei verschachteltem Array einen kompletten Array mit allen enthaltenen Elementen zurück. Dabei werden alle eingebundenen Arrays rekursiv durchlaufen und alle enthaltenen Elemente dem Array hinzugefügt.
indexOf	Gibt den Index des gesuchten Elements in einem Array zurück. Falls keine Übereinstimmung gefunden wird, liefert diese Methode den Wert -1.
inspect	Gibt einen formatierten String mit den Elementen eines Arrays zurück.
last	Gibt das letzte Element eines Arrays zurück.
reverse	Gibt ein Array in umgekehrter Reihenfolge aus. Wird diese Methode ohne Argument bzw. mit dem booleschen Wert true aufgerufen, wird das Array entsprechend umgewandelt. Rufen Sie diese Methode stattdessen mit dem booleschen Wert false auf, bleibt das Array unverändert.
shift	Gibt das erste Element eines Arrays zurück und enfernt es aus dem Array.
without	Gibt aus einem Array eine Teilmenge, ohne die ausgeschlossenen Elemente, als Array zurück.

Tabelle 7.8 Methoden für die Arbeit mit Arrays

clear

Das folgende Beispiel löscht den kompletten Inhalt eines Arrays. Das Array selbst bleibt im Arbeitsspeicher erhalten und kann erneut gefüllt werden.

```
var a = [ 1,2,3,4,5,6,7,8,9 ];
alert(a.clear());
a = [ 1,3 ];
```

Wie Sie wissen, löschen Sie den Inhalt eines Arrays, indem Sie dessen Eigenschaft length auf null setzen. Intern arbeitet clear() auf diese Art. Sie können diese Aufgabe natürlich auch wie folgt lösen.

```
a.length = null;
alert(a);
```

compact

Bei der Arbeit mit Arrays werden die zugrunde liegenden Daten häufig verändert. Dabei können in manchen Fällen leere oder nicht definierte Einträge erhalten bleiben. Die Methode compact() löscht diese Elemente aus einem Array und gibt das bereinigte Array zurück.

```
var a = [ 1,2,3,null,5,6,7,undefined,9 ];
alert(a.compact()); // Gibt 1,2,3,5,6,7,9 zurück
```

Beachten Sie hierbei, dass der Inhalt des Arrays selbst nicht verändert wird. Möchten Sie entsprechende Elemente aus einem Array dauerhaft entfernen, können Sie beispielsweise wie folgt vorgehen.

```
a = a.compact();
alert(a);
```

Hier wurde der komplette Inhalt des Arrays mit den aussortierten Elementen überschrieben. Das Ergebnis ist ein verkürztes Array mit konkreten Inhalten.

first

Wie der Name dieser Methode bereits vermuten lässt, erhalten Sie mit first() das erste Element eines Arrays.

```
var a = [ 1,2,3,4,5,6,7,8,9 ];
alert(a.first()); // Gibt 1 zuürck
```

Üblicherweise würden Sie über den Index des Arrays auf ein bestimmtes Element zugreifen. Für das erste Element wäre dies der Index 0.

```
var a = [ 1,2,3,4,5,6,7,8,9 ];
alert(a[0]);
```

Die Methode first() ist gegenüber dem direkten Weg besser zu lesen. Welche Variante Sie anwenden, bleibt Ihnen überlassen.

flatten

Mithilfe der Methode flatten() können Sie die Inhalte eines verschachtelten Arrays in ein eindimensionales Array umwandeln. Intern wird dabei jedes Element eines Arrays, das ebenfalls ein Array ist, rekursiv durchlaufen, und die einzelnen Inhalte werden im Hauptarray eingebunden. Sehen Sie sich dazu das folgende Beispiel an.

```
var a = [ 1,2 ];
var b = [ 'drei','vier' ];
var c = [ 7,8,9 ];
var d = [ 6,c ];
var e = [ 0,a,b,c,d ];
alert(e);   // Gibt 0,1,2,drei,vier,7,8,9,6,7,8,9 zurück
alert(e.flatten()); // Gibt 0,1,2,drei,vier,7,8,9,6,7,8,9 zurück
```

Beide Varianten geben den kompletten Inhalt des zusammengesetzten Arrays zurück. Der Unterschied liegt darin, dass Sie mit flattern() ein komplettes

Array aller eingebundenen Strukturen zurückerhalten. Dies bedeutet, dass Sie auf die einzelnen Elemente gezielt über den entsprechenden Index zugreifen können.

```
alert(e[3]);            // Gibt 7,8,9 zurück
alert(e[3].flatten());  // Gibt "drei" zurück
```

Dank der Methode `flattern()` können Sie nun gezielt auf einen Wert aus einem eingebundenen Array zugreifen. Um das Element aus dem letzten Beispiel mit herkömmlichen JavaScript auszulesen, müssten Sie Folgendes notieren.

```
alert(e[3][0]);         // Gibt "drei" zurück
```

indexOf

Die Methode `indexOf()` hilft Ihnen, ein bestimmtes Element in einem Array zu finden. Ähnlich der Methode des `String`-Objekts von JavaScript liefert es den Index des gefundenen Elements aus dem Array zurück. Falls das gesuchte Element nicht gefunden werden kann, wird der Wert -1 zurückgeliefert.

```
var a = [ 1,2,3,4,5,6,7,8,9 ];
alert(a.indexOf(3));    // Gibt den Indexwert 2 zurück
alert(a.indexOf('a'));  // Gibt den Wert -1 zurück
```

inspect

Um ein Array zu analysieren, können Sie die Methode `inspect()` anwenden. Sie liefert einen übersichtlich formatierten String eines Arrays mit all seinen Elementen. Interessant wird dies bei verschachtelten Arrays wie im folgenden Beispiel.

```
var a = [ 'a', 'b', 'c',c ];
var b = [ '-', '#', '=' ];
var c = { a:1, b:2 }
var d = [ 1,2,3,4,5,b,6,7,b,c ];
alert(d.inspect());
```

Dieses einfache Beispiel gibt den String `[1, 2, 3, 4, 5, ['-', '#', '='], 6, 7, ['-', '#', '='], [object Object]]` zurück. Auf diese Weise können Sie überprüfen, ob das Array die gewünschte Struktur aufweist, insbesondere bei einem dynamischen Erzeugen eines Arrays. Primär wurde diese Methode zur Fehlersuche in einer Anwendung in Verbindung mit Arrays konzipiert.

last

Die Methode `last()` ist das Gegenstück zu `first()`. Sie liefert das letzte Element eines Arrays zurück.

```
var a = [ 1,2,3,4,5,6,7,8,9 ];
alert(a.last()); // Gibt 9 zuürck
```

Natürlich können Sie auch hier wieder direkt auf das letzte Element über dessen Index zugreifen. Bei unbekannter Array-Größe verwenden Sie dazu die Länge des Arrays -1, da die Zählung ja bei 0 beginnt.

```
alert(a[a.length-1]); // Gibt 9 zuürck
```

Auch bei diesem Beispiel lässt die Methode von Prototype klarer den Sinn der Codezeile erkennen.

reverse

Die Sortierreihenfolge eines Arrays können Sie mithilfe von reverse() umkehren. Die Anwendung gestaltet sich zunächst in gleicher Art wie die native Variante von JavaScript.

```
var a = [ 1,2,3,4,5,6,7,8,9 ];
alert(z.reverse()); // Gibt 9 ... 1 zuürck
```

Im Gegensatz zur eingebauten Version der Methode bietet die Variante von Prototype zusätzlich die Möglichkeit, nach dem Umsortieren die Reihenfolge dem Array direkt zuzuweisen. Dies erreichen Sie über den booleschen Wert true, oder indem Sie die Methode ohne Argument aufrufen. Setzen Sie beim Aufruf den booleschen Wert false, wird das Array nicht verändert.

```
z.reverse();      // z beinhaltet 9 ... 1
z.reverse(true);  // z beinhaltet 9 ... 1
z.reverse(false); // z beinhaltet 1 ... 9
```

Um ein Array mit der nativen Methode von JavaScript umzusortieren, müssten Sie das Ergebnis der Umwandlung dem Array explizit wieder zuweisen.

```
z = z.reverse();   // z beinhaltet 9 ... 1
```

Dieser zusätzliche Schritt entfällt beim Verwenden der Methode aus Prototype. Beachten Sie dabei, dass die native Methode von JavaScript beim Einbinden von Prototype überschrieben wird.

shift

Die Methode shift() entfernt das erste Element eines Arrays und liefert dieses als Rückgabewert. JavaScript bietet dies ebenfalls an. In Prototype wurde shift() trotzdem hinzugefügt, damit diese Methode in Browsern angewendet werden kann, in denen sie nicht implementiert ist.

```
var a = [ 1,2,3,4,5,6,7,8,9 ];
alert(z.shift()); // Gibt 1 zuürck
alert(z);          // z beinhaltet 2 ... 9
```

without

In manchen Fällen kann es hilfreich sein, aus einem Array eine Teilmenge abzufragen. Die Methode without() bietet Ihnen für diese Aufgabe eine einfache Möglichkeit, um aus einem Array bestimmte Elemente auszuschließen und die Restmenge zurückzugeben.

```
var a = [ 1,2,3,4,5,6,7,8,9 ];
alert(z.without(3,4,6,7)); // Gibt 1,2,5,8,9 zuürck
```

Wie Sie dem Beispiel entnehmen können, erwartet diese Methode als Argument eine Liste von 1 bis n Werten, die aus dem Rückgabewerte ausgeschlossen werden sollen. Möchten Sie das ursprüngliche Array um die ausgeschlossenen Elemente verringern, müssen Sie ihm den Rückgabewert der Methode erneut zuweisen.

```
z = z.without(3,4,6,7)); // z beinhaltet 1,2,5,8,9
```

$A()-Funktion

Die Funktion $A() wandelt eine Zeichenkette oder ein Objekt in ein Array um. Diese Funktion erbt alle Methoden der Array- und Enumerable-Klasse, die hilfreiche Methoden für entsprechende Datenstrukturen bereithalten. Auf eine Zeichenkette angewandt, wird jedes einzelne Zeichen als Array-Element gespeichert.

```
var str = "Hallo";
alert( $A(str) );     // Gibt H,a,l,l,o zurück
alert( $A(str)[0] );  // Gibt H zurück
```

Besonders praktisch ist die Anwendung dieser Funktion, wenn Sie einzelne Elemente aus dem Ergebnis einer Abfrage des DOM bearbeiten möchten. Das folgende Beispiel zeigt eine mögliche Anwendung hierzu.

```
<p>Absatz 1</p>
<p>Absatz 2</p>
<p>Absatz 3</p>
<script type="text/javascript">
$A( document.getElementsByTagName('p') ).each(function(p) {
    p.style.color='#ff0000';
    p.style.fontSize='30px';
});
</style>
```

Das Skript sammelt zunächst alle Absätze einer Seite und konvertiert das Ergebnis dann mit `$A` in ein Array. Anschließend können Sie mit der Methode `each()`, die später in Abschnitt 7.1.5 erklärt wird, die Elemente der Reihe nach durchlaufen. In diesem Beispiel wird die Schriftfarbe der Absätze in Rot und die Schriftgröße auf 30px umgewandelt.

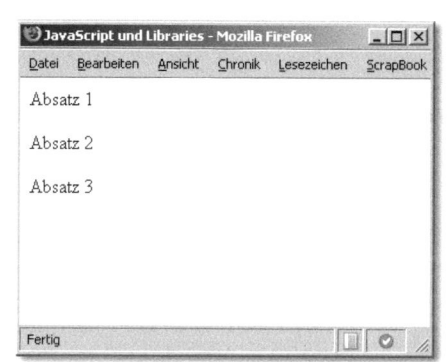

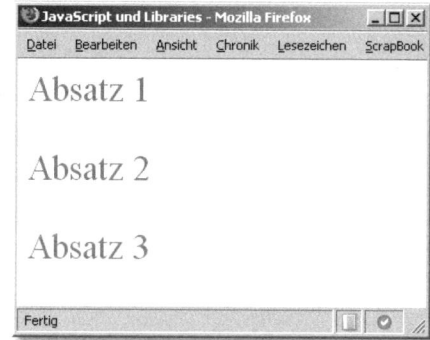

Abbildung 7.4 Absätze, die mit der Methode $A ermittelt und anschließend bearbeitet wurden

7.1.3 base.js

In der Datei `base.js` befinden sich Methoden, die einige Objekte von JavaScript auf sinnvolle Weise ergänzen. Darüber hinaus beinhaltet diese Datei eine Klasse, die in Zusammenarbeit mit einem `Literal`-Objekt die OOP auf interessante Weise ermöglicht. Zugleich stellt diese Datei die Basis für Prototype selbst dar und kann somit als Herz dieses JavaScript-Frameworks betrachtet werden.

Class-Klasse

Die Class-Klasse von Prototype bietet eine innovative Möglichkeit, um eigene Klassen in der OOP mithilfe von `Literal`-Objekten zu erzeugen. Auf diese Weise können Sie komplexe Anwendungen in einer objekt-orientierten Sprachen ähnlichen Syntax erzeugen. Das `Class`-Objekt besitzt eine Methode, die in der folgenden Tabelle kurz vorstellt wird.

Methode	Beschreibung
create	Erzeugt eine neue Basis-Klasse.

Tabelle 7.9 Die Methode des Class-Objekts

Eine Klasse erzeugen Sie über die Methode `create()`, die eine Basis-Klasse erstellt, die anschließend mit weiteren Methoden ausgestattet werden kann. Dazu wird über das Prototype-Objekt die neue Klasse zunächst mit der Methode initialize initialisieret. Diese Methode ist immer notwendig und stellt die elementare Voraussetzung für die objekt-orientierte Arbeit mit dem Class-Objekt dar. In ihr werden alle Eigenschaften des Objekts erzeugt. Die grundlegende Syntax sieht wie folgt aus.

```
var myCount = Class.create();
myCount.prototype = {
    initialize: function(eigenschaft1, eigenschaft2 [, eigenschaft n]) {
        this.eigenschaft1 = eigenschaft1;
        this.eigenschaft2 = eigenschaft2;
        [this.eigenschaft n = eigenschaft n];
    }
    ... weitere Methoden der Klasse ...
};
```

Die Verwendung dieses Objekts ist denkbar einfach. Das folgende Beispiel erzeugt eine simple Klasse mit dem Namen myCount, die zwei Methoden besitzt.

```
var myCount = Class.create();
myCount.prototype = {
    initialize: function(message)
    {
        this.message = message || "Keine Angabe";
        this.count = 1;
    },

    showCount: function()
    {
        alert(this.count++);
    },

    showMessage: function()
    {
        alert(this.message);
    }
};
```

Auf diese Weise haben Sie nun ein myCount-Objekt erzeugt. Die beiden Methoden zeigen jeweils eine Nachricht in einer Dialogbox an. Während die Methode showMessage() dabei den Wert, der zur Instanziierung angeben wurde, ausgibt, liefert showCount einen Zähler, der bei jedem erneuten Aufruf der Methode weiter hoch gezählt wird.

```
var obj = new myCount("Hallo Du!");
obj.showMessage(); // Gibt Hallo Du! aus
```

```
obj.showCount();    // Gibt 1 aus
obj.showCount();    // Gibt 2 aus
```

Nach diesem Muster können Sie nun komplexe Klassen erzeugen, die sich der Struktur eines Literal-Objekts bedienen. Im Vergleich zur herkömmlichen Herangehensweise (siehe Kapitel 4, *JavaScript und OOP*) um in JavaScript objekt-orientiert zu programmieren, ist diese Variante wesentlich übersichtlicher und komfortabler in der Anwendung.

Object-Objekt

Prototype erweitert die Object-Klasse von JavaScript um weitere Möglichkeiten der OOP. Dazu werden zwei Methoden angeboten, die Ihnen die Arbeit mit Klassen vereinfachen. In der folgenden Tabelle sind diese Methoden kurz vorgestellt.

Methode	Beschreibung
extend	Bietet die Möglichkeit der Vererbung, indem alle Eigenschaften und Methoden einer Klasse auf die Zielklasse übertragen werden.
inspect	Gibt die aktuellen Werte eines Objekts aus, was für eine Fehlersuche nützlich sein kann.

Tabelle 7.10 Die Methoden der Objekt-Klasse

extend

Das Thema »Vererbung mit JavaScript« ist nicht ganz so einfach und in der praktischen Umsetzung nur mit entsprechendem Aufwand zu realisieren. Dies liegt daran, dass in JavaScript das Konzept der Vererbung bisher nicht konsequent als Sprachmerkmal mit aufgenommen wurde. Prototype bietet für diese Aufgabe die Methode extend(), die das Object-Objekt von JavaScript erweitert, um die Vererbung von Klassen zu ermöglichen. Die Syntax dazu stellt sich wie folgt dar.

```
Object.extend(Klasse, Klasse aus der geerbt werden soll);
```

Im folgenden Beispiel werden zwei Klassen mit den Namen myClass_1 und myClass_2 erzeugt. Die Klasse myClass_2 soll dabei von myClass_1 erben. Betrachten Sie dazu zunächst die erste Klasse.

```
var myClass_1 = Class.create();
myClass_1.prototype = {
    initialize: function(number)
    {
        this.number = number || 1;
    },

    rechneMal: function(i)
```

```
    {
        alert(this.number*i);
    }
};
var obj = new myClass_1(3);
obj.rechneMal(3); // Gibt 9 aus
```

Diese Klasse erwartet als Eigenschaft bei der Instanziierung eine gültige Zahl, andernfalls wird ein Standardwert verwendet. Die Methode `rechneMal()` kann nun diese Zahl mit einer gewünschten Zahl, die als Argument übergeben wurde, multiplizieren.

Als Nächstes wird die zweite Klasse `myClass_2` erzeugt, die eine Methode anbietet, um einen Text in einer Dialogbox auszugeben. Im Unterschied zum vorigen Beispiel wird dabei zunächst die erste Klasse an die neu erzeugte Klasse vererbt. Anschließend werden die eigentlichen Methoden der Klasse `myClass_2` erzeugt, indem die Klasse ihre eigenen Methoden erbt. Dies mag auf den ersten Blick etwas verwirrend wirken.

```
myClass_2 = Class.create();
Object.extend(myClass_2.prototype, myClass_1.prototype);
Object.extend(myClass_2.prototype, {
    initialize: function(txt,n)
    {
        this.txt = txt;
        this.number = n || 1;
    },

    showMessage: function()
    {
        alert(this.txt);
    }
});
var obj = new myClass_2("Hallo Du!", 5);
obj.rechneMal(3); // Gibt 15 aus
var obj2 = new myClass_2("Hallo Du!");
obj2.rechneMal(3); // Gibt 3 aus
```

Die Klasse `myClass_2` hat nun von der Klasse `myClass_1` geerbt. Da die erste Klasse zur Initialisierung als Eigenschaft einen Integer-Wert erwartet, wurde dieser ebenfalls als Eigenschaft für die zweite Klasse eingebunden. Bei der Vererbung gilt es zu beachten, dass die Methode `initialize` der vererbten Klasse überschrieben wird. Daher müssen Sie alle relevanten Eigenschaften entweder in der neuen Klasse mit aufnehmen oder bei der Vererbung initialisieren. Im letzten Fall würden Sie die Vererbung mit der folgenden Notation einleiten.

```
var myClass_2 = Class.create();
Object.extend(myClass_2.prototype, new myClass_1(7));
Object.extend(myClass_2.prototype, {
    initialize: function(txt,n)
    {
        this.txt = txt;
    },

    showMessage: function()
    {
        alert(this.txt);
    }
});
var obj = new myClass_2("Hallo Du!");
obj.rechneMal(3); // Gibt 21 aus
```

Wie dem Beispiel zu entnehmen ist, ist es mit dieser Variante nicht nötig, die Eigenschaften der ersten Klasse einzubinden. Diese Methode bietet also zwei mögliche Varianten, um eine Vererbung mit JavaScript einzuleiten. Im Folgenden noch mal die entsprechende Syntax der beiden Möglichkeiten.

```
Object.extend(myClass.prototype, myCount.prototype);
Object.extend(myClass.prototype, new myCount([Argument 1 ... n]));
```

inspect

Die Methode inspect() ermöglicht es, die Werte eines Objekts auszugeben. Dies kann während der Entwicklung hilfreich bei der Fehlersuche sein. Als Wert liefert diese Methode zunächst ein Objekt zurück, dessen Inhalt Sie beispielsweise anzeigen können, indem Sie es der $H()-Funktion übergeben (siehe Abschnitt 7.1.8). Das folgende Beispiel inspiziert den Inhalt des letzten Objekts aus dem vorangegangenen Beispiel.

```
alert( Object.inspect(obj) ); // Gibt object Object zurück
alert( Object.inspect($H(obj)) ); // #<Hash:{'number': 7, ' txt': '
Hallo Du!'}>
```

Sie können in Ihrer Klasse auch direkt eine Methode inspect() einbinden und auf diese Weise eine eigene Meldung definieren. Wird eine entsprechende Methode gefunden, wird diese statt der vordefinierten verwendet. Die Klasse können Sie dazu wie folgt erweitern.

```
...
    inspect : function()
    {
        return "[txt:"+this.txt+"]\n[number:"+this.number+"]";
```

```
    }
    ...
    alert( Object.inspect(obj) );  // [txt:Hallo Du!] [number:7]
```

Function-Objekt

Prototype erweitert das `Function`-Objekt von JavaScript um zwei weitere Methoden. Mit diesen Methoden können Sie eine Objektreferenz an eine Funktion bzw. Methode übergeben. Die Anwendung dieser Methoden mag anfangs etwas kompliziert erscheinen.

Die folgende Tabelle zeigt die beide neuen Methoden für das `Function`-Objekt.

Methode	Beschreibung
bind	Bindet die Eigenschaften eines Objekts an eine Funktion bzw. Methode.
bindAsEventListener	Überwacht ein bestimmtes Event eines Elements und übergibt diesem dabei eine Referenz auf das Objekt selbst.

Tabelle 7.11 Die Methoden des Function-Objekts

bind

Mithilfe der Methode `bind()` übertragen Sie die Eigenschaften eines Objekts auf eine Funktion. Dies ist insbesondere in der OOP wichtig, da Sie ansonsten keine Möglichkeit haben, auf ein erzeugtes Objekt über eine eingebundene Funktion zuzugreifen. Sehen Sie sich dazu das folgende Beispiel an.

```
var myClass = Class.create();
myClass.prototype = {
    initialize: function(elemente) {
        this.elemente = elemente;
        this.elemente.each(function(value) {
            alert(this.mal2(value));
        }.bind(this));   // ohne bind() wird ein Fehler erzeugt!
    },

    mal2 : function(i)
    {
        return i*2;
    }
};
var obj = new myClass([1,2,3,4]);
```

Diese einfache Klasse erwartet als Argument eine Liste mit Integer-Werten, die anschließend durch die Methode `mal2()` mit zwei multipliziert werden. Nicht besonders spannend, aber hilfreich um die Notwendigkeit von bind() zu verstehen. Würden Sie in diesem Beispiel bind() weglassen, würde dies zu einem Fehler führen, da innerhalb der Methode each() das aktuelle Objekt nicht bekannt ist, und somit die Methode mal2() nicht gefunden wird. Mithilfe von bind(this) übergeben Sie der Schleifenfunktion von Prototype eine Referenz auf die Klasse und können fortan mit allen Eigenschaften und Methoden arbeiten.

Ein weiteres Beispiel zeigt, wie man nach diesem Prinzip eine Liste erzeugt, in der ein Listenelement eingefärbt wird, sobald man darauf klickt. Dabei wird bind() zunächst wie im Beispiel zuvor auf die Methode each() angewandt und anschließend an die Methode clickMe() gebunden. Hätten Sie die Referenz mit bind() nicht auf die Methode übergeben, wären die Eigenschaften nicht verfügbar. Das Skript würde mit einem Fehler beendet.

```
<div id="bsp"></div>
<script type="text/javascript">
var myClass = Class.create();
myClass.prototype = {
    initialize: function(id, elemente) {
        this.id = id;
        this.elemente = elemente;
    },

    clickMe : function(e)
    {
        $A($(this.id).getElementsByTagName("li")).each(function(li)
{
            li.style.color = "#000";
        });
        Event.element(e).style.color = "#ff0000";
    },

    buildList : function()
    {
        var ul = document.createElement("ul");
        this.elemente.each(function(value) {
            var li =document.createElement("li");
            Event.observe(li, 'click', this.clickMe.bind(this));
            li.appendChild(document.createTextNode(value));
            ul.appendChild(li);
        }.bind(this));
        $(this.id).appendChild(ul);
    }
};
```

```
var obj = new myClass("bsp", ["START",1,2,3,4,"ENDE"]);
obj.buildList();
</script>
```

Abbildung 7.5 Eine dynamisch erzeugte Liste mithilfe einer eigenen Klasse

bindAsEventListener

Die Methode `bindAsEventListener()` ermöglicht es, gezielt ein bestimmtes Event für ein Objekt zu überwachen. Sie können dies zwar auch über eine direkte Zuweisung an ein Event erreichen, müssen dann aber das Event bei Bedarf wieder entfernen. Darüber haben Sie in der an das Event zugewiesenen Methode keine Referenz auf das aktuelle Objekt. Sehen Sie sich dazu das folgende Beispiel an.

```
<form>
<input type="checkbox" id="myChk" value="1" /> Test?
</form>
<script type="text/javascript">
var CheckboxWatcher = Class.create();
CheckboxWatcher.prototype = {
    initialize: function(chkBox, message) {
        this.chkBox = $(chkBox);
        this.message = message;
        this.chkBox.onclick = this.showMessage;
    },

    showMessage: function() {
        alert(this.message);
    }
};
var watcher = new CheckboxWatcher('myChk', 'geändert');
</script>
```

Hierbei wird beim Klick auf die Checkbox eine Dialogbox angezeigt, allerdings ohne Inhalt, was eigentlich erwartet wurde. Eine einfache Ergänzung mit der Methode `bind()`, wie im Abschnitt zuvor gezeigt, kann dieses Problem beheben. Die entsprechende Änderung sieht wie folgt aus.

```
this.chkBox.onclick = this.showMessage.bind(this);
```

Das Beispiel ist nun funktionsfähig. Sie haben aber keine Möglichkeit, auf das Event zuzugreifen oder dieses wieder aus dem Objekt zu entfernen. Hier greift die Methode `bindAsEventListener()`. Sie liefert eine Referenz auf das aktuelle `Event`-Objekt. Wenn Sie so wollen, lauscht diese Methode auf ein bestimmtes Event und kann die dabei übergebenen Informationen des Event-Objekts von Prototype (siehe Abschnitt 7.16) zur weiteren Auswertung an eine Funktion bzw. Methode übergeben.

```
<form>
<input type="checkbox" id="myChk" value="1" /> Test?
</form>
<script type="text/javascript">
var CheckboxWatcher = Class.create();
CheckboxWatcher.prototype = {
    initialize: function(chkBox, message) {
        this.chkBox = $(chkBox);
        this.message = message;
        this.chkBox.onclick =
this.showMessage.bindAsEventListener(this);
    },

    showMessage: function(evt) {
        alert(this.message + ' (Event:' + evt.type + ')');
        alert("Maus klick bei "+Event.pointerX(evt)+"px der x-
Koordinate");
    }
};
var watcher = new CheckboxWatcher('myChk', 'geändert');
</script>
```

Um ein Event wieder zu entfernen, können Sie es mit den Wert `null` deaktivieren. Sie können beispielsweise bestimmen, dass nach dem ersten Klick auf die Checkbox das `click`-Event beendet werden soll Notieren Sie dazu Folgendes innerhalb der Methode `showMessage()`.

```
this.chkBox.onclick = null;
```

Auf diese Weise wird das Event deaktiviert, aber nicht vom entsprechenden Objekt entfernt. Dies ist nicht besonders elegant. Verwenden Sie für diese Aufgabe stattdessen die Methoden `observe()` und `stopObserving()` der Event-Klasse von Prototype. Ein abgewandeltes Beispiel stellt sich wie folgt dar.

```
<form>
<input type="checkbox" id="myChk" value="1" /> Test?
</form>
<script type="text/javascript">
var CheckboxWatcher = Class.create();
CheckboxWatcher.prototype = {
    initialize: function(chkBox, message) {
        this.chkBox = $(chkBox);
        this.message = message;
        this.counter = 0;
        this.chkBoxClick =
this.showMessage.bindAsEventListener(this);
        Event.observe(this.chkBox, 'click', this.chkBoxClick);
    },

    showMessage: function(evt) {
        alert(this.message);
        this.counter++;
        if (this.counter >= 3)
        {
            Event.stopObserving(this.chkBox, 'click',
this.chkBoxClick);
        }
    }
};
var watcher = new CheckboxWatcher('myChk', 'geändert');
</script>
```

In diesem Beispiel wird das `click`-Event auf eine Checkbox dreimal zugelassen, anschließend deaktiviert und dann aus der Liste der Überwachung genommen.

Number-Objekt

JavaScript bietet über das `number`-Objekt den Zugriff auf Eigenschaften von numerischen Werten an. Prototype erweitert dieses Objekt um weitere Methoden. Die folgende Tabelle stellt die vorhandenen Methoden kurz vor.

Methode	Beschreibung
toColorPart	Ermittelt den hexadezimalen Wert eines Integer-Werts.
succ	Addiert eine Zahl mit +1.
times	Erzeugt eine Schleife mit einer bestimmten Laufweite.

Tabelle 7.12 Methoden, die das number-Objekt von JavaScript erweitern

toColorPart

Die Methode `toColorPart()` ermöglicht es auf einfache Weise, für einzelne Integer-Werte den jeweiligen hexadezimalen Wert zu ermitteln. Sie ist vor allem für die Umwandlung von RGB-Farbwerten in die hexadezimale Schreibweise interessant. Eine mögliche Anwendung wäre die Folgende.

```
alert(
    "Rot: #"+Number(255).toColorPart()+
    Number(0).toColorPart()+
    Number(0).toColorPart()
);
```

Abbildung 7.6 Anzeige des hexadezimalen Wertes eines RGB-Tripels

succ

Die Methode `succ()` liefert die nächste Zahl einer numerischen Variablen. Dazu wird intern die aktuelle Zahl mit eins addiert. Diese Methode kann in Schleifen sinnvoll sein. Sie wird für interne Zwecke von Prototype verwendet. Das folgende Beispiel demonstriert dies.

```
var n = 10;
alert( n.succ() ); // Gibt 11 aus
```

times

Mithilfe der Methode `times()` erzeugen Sie eine Schleife mit einer bestimmten Laufweite. Als Argument erwartet diese Methode eine anonyme Funktion, die in den einzelnen Iterationen erneut aufgerufen wird und als eigenes Argument den jeweils aktuellen Index bereithält. Das folgende Beispiel erzeugt eine Schleife mit 10 Durchläufen, bei denen jeweils der aktuelle Index in einer Dialogbox ausgegeben wird.

```
var n = 10;
n.times(function(index){
    alert(index);
});
```

Eine verkürzte Alternative zur gezeigten Schreibweise kann die direkte Zuweisung der Laufweite an diese Methode sein.

```
(10).times(function(index){
    alert(index);
});
```

Ein abschließendes Beispiel füllt eine ungeordnete Liste mit einigen Elementen, die der Reihe nach eingefügt werden.

```
<ul id="list"></ul>
<script type="text/javascript">
Event.observe(window, 'load', function() {
    var item = [1,2,3];
    (item.length).times(function(index){
        var i = document.createElement("li");
        i.innerHTML = item[index];
        $('list').appendChild(i);
    });
});
</script>
```

PeriodicalExecuter-Objekt

Das `PeriodicalExecuter`-Objekt bietet eine einfache Möglichkeit an, um eine Funktion mit einem bestimmten Intervall unendlich oft zu wiederholen. Die Syntax dieses Objekts stellt sich wie folgt dar.

```
new PeriodicalExecuter(function, verzögerung);
```

Die Tabelle zeigt die möglichen Eigenschaften des `PeriodicalExecuter`-Objekts.

Eigenschaft	Beschreibung
callback	Funktion, die zu jedem Intervall ausgeführt werden soll.
frequency	Die gewünschte Verzögerung pro Intervall in Sekunden.
currentlyExecuting	Indikator, der anzeigt, ob das Intervall bereits ausgeführt wird. Beinhaltet einen booleschen Wert.

Tabelle 7.13 Die Eigenschaften des PeriodicalExecuter-Objekts

Im folgenden Beispiel wird eine anonyme Funktion alle drei Sekunden ausgeführt. Nach jedem Intervall wird eine Dialogbox ausgegeben.

```
new PeriodicalExecuter(function() {
    alert(1);
},3);
```

Sie können dem Objekt auch eine bestehende Funktion übergeben, was sich für das eben gezeigte Beispiel wie folgt darstellen könnte.

```
var alertMe = function() {
    alert(2);
}
new PeriodicalExecuter(alertMe,1);
```

In manchen Fällen kann es notwendig sein, eine Wiederholung zu unterbrechen und gegebenenfalls später wieder fortzusetzen. Leider bietet das `PeriodicalExecuter`-Objekt dazu keine Möglichkeit per Methode an. Sie können für diese Aufgabe aber die `currentlyExecuting`-Eigenschaft verwenden und damit dieses Objekt mit einer weiteren Methode ergänzen. Das abschließende Beispiel zeigt eine mögliche Umsetzung. Dabei wurde das `PeriodicalExecuter`-Objekt um eine neue Methode mit dem Namen `toggle()` erweitert.

```
<script type="text/javascript">
Event.observe(window, 'load', function()
{
    p = new PeriodicalExecuter(function()
    {
        alert(1);
    },300);
});

Object.extend(PeriodicalExecuter.prototype, {
    toggle : function()
    {
        if (!p.currentlyExecuting)
        {
            p.currentlyExecuting = true;
        }
        else
        {
            p.currentlyExecuting = false;
        }
    }
});
</script>
<a href="#" onclick="p.toggle()">PeriodicalExecuter.toggle</a>
```

Try.these()-Funktion

Die `Try.these()`-Funktion von Prototype versucht, eine Sammlung von Funktionen der Reihe nach auszuführen. Dies geschieht solange, bis eine der Funktionen einen gültigen Wert liefert. Ist dies der Fall, wird die Prüfung unterbrochen und das Ergebnis geliefert. Das folgende Beispiel liefert die Länge eines Arrays zurück, sofern es existiert. Falls keine der eingebundenen Funktionen zutrifft, wird der Wert undefined zurückgegeben.

```
var y = [ 1, 7, 9];
var txt = Try.these(
    function() { if (x) return "Array x, Länge = "+x.length; },
    function() { if (y) return "Array y, Länge = "+y.length; }
);
alert(txt); // Gibt Array y, Länge = 3 aus
```

Falls beide Arrays existieren, würde nur die erste Funktion ausgeführt. Es ist hierbei von Bedeutung, welche Funktion als erste einen gültigen Wert zurückliefert. Sie können bei Bedarf als letzte Funktion einen Standardwert bestimmen, der zurückgegeben wird, sofern keine der anderen Funktionen ausgeführt werden konnte.

```
var txt = Try.these(
    function() { if (x) return "Array x, Länge = "+x.length; },
    function() { if (y) return "Array y, Länge = "+y.length; },
    function() { return "Kein Array gefunden."; }
);
alert(txt); // Gibt Kein Array gefunden aus
```

$()-Funktion

Eine der nützlichsten Möglichkeiten von Prototype ist die Funktion $(), mit der Sie eine verkürzte Schreibweise für den Zugriff auf Elemente der Dokumentenstruktur erhalten.

```
var e = $("zeit");
alert( e.style.color );
```

Dieses Beispiel legt eine Objektreferenz auf ein Element mit der CSS-ID zeit in der Variablen e ab, mit der Sie in gewohnter Weise das Element auswerten und bearbeiten. Üblicherweise würden Sie die Referenz beispielsweise wie folgt erzeugen:

```
var e = document.getElementById("zeit");
```

7.1.4 dom.js

Für die Arbeit mit dem DOM bietet Prototype eine Vielzahl nützlicher Methoden an. Sie erhalten eine einfache Möglichkeit, häufig verwendete Routinen, wie beispielsweise das Ein- oder Ausblenden eines Elements, ohne großen Aufwand anzuwenden. Das Modul teilt sich grob in zwei Bereiche auf. Zum einen können Sie ein Element bearbeiten und dessen Informationen auslesen. Zum anderen erhalten Sie Methoden, um gezielt neue Element in die aktuelle DOM-Struktur einzufügen.

document.getElementsByClassName

Diese Methode erweitert den Umfang der Methoden des `document`-Objekts des DOM. Wie der Name bereits andeutet, können Sie damit ein Element über seinen CSS-Klassennamen aufrufen. Die Syntax lautet:

```
document.getElementsByClassName(klasse);
```

Im Aufruf der Methode übergeben Sie als Argument den gewünschten Klassennamen. Als Ergebnis erhalten Sie ein Array von Objekten aller gefundenen Elemente zur gesuchten CSS-Klasse.

Im folgenden Beispiel werden alle Elemente mit der CSS-Klasse a ermittelt und deren Inhalte in einer Dialogbox ausgegeben. Zusätzlich wird die Schriftfarbe aller Elemente geändert.

```
<html>
<head>
<title>JavaScript und Libraries</title>
<script src="lib/prototype.js" type="text/javascript"></script>
<script type="text/javascript">
//<![CDATA[
window.onload=function()
{
    var txt = "";
    var elm = document.getElementsByClassName('a');
    for (var i=0; i<elm.length; i++)
    {
        elm[i].style.color = '#0099ff';
        txt += elm[i].innerHTML+"\n";
    }
    alert(txt);
}
//]]>
</script>
</head>
<body>

<div class="a">a</div>
<div class="a">b</div>
<div class="a">c</div>
<div class="a">d</div>
</body>
</html>
```

Listing 7.3 Zugriff auf Elemente über deren CSS-Klassennamen

Wie Sie dem Beispiel entnehmen, erhalten Sie mit dieser Methode ein Array der gefundenen Objekte zurück. Der Zugriff auf die jeweiligen Elemente erfolgt über die bekannte Notation des `array`-Objekts.

```
document.GetElementsByClassName(klasse)[0]; // Element 1
document.GetElementsByClassName(klasse)[1]; // Element 2
...
```

Abbildung 7.7 Anzeige der Inhalte aller gefunden Elemente

Element-Klasse

Um mit einzelnen Elementen einer Seite zu arbeiten, wird in der Regel das Element-Objekt des DOM verwendet. Prototype erweitert dieses Objekt um zahlreiche nützliche Methoden. Die folgende Tabelle gibt einen Überblick über die angebotenen Möglichkeiten. Jede dieser Methoden erwartet als erstes Argument die CSS-ID eines Elements oder eine Objektreferenz auf ein Element.

Methode	Beschreibung
addClassName	Fügt einem Element eine CSS-Klasse hinzu.
classNames	Gibt ein `Element.ClassNames`-Objekt zurück (siehe Abschnitt Element.ClassNames-**Klasse**).
cleanWhitespace	Entfernt jedes Leerzeichen innerhalb eines Elements und seiner Kindelemente. Diese Methode ist in der Version 1.3.1 von Prototype noch nicht ausgereift und wird daher auch nicht weiter erklärt.
empty	Prüft, ob ein Elemente keinen Inhalt besitzt, also leer ist.
getDimensions	Liefert die Höhe und Breite eines Elements als Objekt zurück.
getHeight	Gibt die Höhe eines Elements in Pixel zurück.
getStyle	Liest eine bestimmte CSS-Eigenschaft eines Elements aus.
hasClassName	Prüft, ob ein Element eine bestimmte CSS-Klasse besitzt.

Tabelle 7.14 Nützliche Methoden für das Element-Objekt des DOM

Methode	Beschreibung
hide	Macht ein Element unsichtbar.
makeClipping	Wechselt für ein Element die CSS-Eigenschaft overflow.
makePositioned	Wechselt für eine Element die CSS-Eigenschaft position.
remove	Entfernt ein Element aus dem Dokumentenbaum.
removeClassName	Entfernt eine CSS-Klasse von einem Element.
scrollTo	Scrollt zu einem bestimmten Element im Dokument.
setStyle	Fügt einem Element CSS-Eigenschaften hinzu.
show	Zeigt ein unsichtbares Element wieder an.
toggle	Blendet ein Element abwechselnd ein und aus.
undoClipping	siehe makeClipping
undoPositioned	siehe makePositioned
update	Fügt in einem Element einen neuen Inhalt ein.
visible	Prüft, ob ein Element sichtbar ist.

Tabelle 7.14 Nützliche Methoden für das Element-Objekt des DOM

addClassName, removeClassName

Mit diesen Methoden können Sie einem Element dynamisch eine neue CSS-Klasse zuweisen oder eine bestimmte Klasse entfernen. Auf diese Weise lässt sich beispielsweise ein einfacher Hover-Effekt für ein Element realisieren. Dies wird im folgenden Beispiel gezeigt.

```
<html>
<head>
<title>JavaScript und Libraries</title>
<script type="text/javascript" src="lib/prototype.js"></script>
<style type="text/css">
.a { color: #0099ff; }
.b { color: #00cc66; }
</style>
</head>
<body>

<p
   onmouseover="Element.addClassName(this,'a');"
   onmouseout="Element.removeClassName(this,'a');"
   onmousedown="Element.addClassName(this,'b');"
   onmouseup="Element.removeClassName(this,'b');"
>... Inhalt ...</p>
</body>
</html>
```

Listing 7.4 Hover-Effekt über die dynamische Zuweisung von CSS-Klassen

Sobald der Anwender mit der Maus über das Element streift, wird diesem die CSS-Klasse a zugewiesen. Verlässt die Maus das Element, wird diese Klasse wieder entfernt. Das gleiche Prinzip greift beim Klicken (und Wiederloslassen) der Maustaste auf das Element, in diesem Fall aber für die CSS-Klasse b.

classNames

Die Methode classNames() liefert alle eingebundenen Klassen eines Elements als Element.ClassNames-Objekt zurück. Weitere Details entnehmen Sie dem Abschnitt *Element.ClassNames-Klasse*. Vorab ein einfaches Beispiel für eine mögliche Anwendung.

```
<div id="bsp" class="a b c">Ein einfacher Inhalt</div>
<script type="text/javascript">
alert(Element.ClassNames("bsp"));  // Gibt a b c zurück
</script>
```

empty

Die Methode empty() prüft, ob ein Element leer ist, also keinen Inhalt besitzt, bzw. nur aus Leerzeichen oder Zeilenumbrüchen besteht. Sofern dieser Test erfolgreich war, wird der boolesche Wert true zurückgeben, andernfalls null. Im folgenden Beispiel wird ein Element entsprechend getestet. Besitzt es keinen Inhalt, wird dynamisch ein neuer Inhalt hinzugefügt.

```
<div id="bsp"></div>
<script type="text/javascript">
if (Element.empty('bsp'))
{
    $('bsp').innerHTML = "Neuer Inhalt";
}
</script>
```

getDimensions

Die Methode getDimensions() liefert die Höhe und Breite eines Elements als Objekt mit den Eigenschaften height und width zurück. Eine einfache Anwendung könnte wie folgt aussehen.

```
<div id="bsp">Ein einfacher Inhalt.</div>
<script type="text/javascript">
alert(
    "Breite: "+Element.getDimensions("bsp").width+
    "\nHöhe : "+Element.getDimensions("bsp").height
);
</script>
```

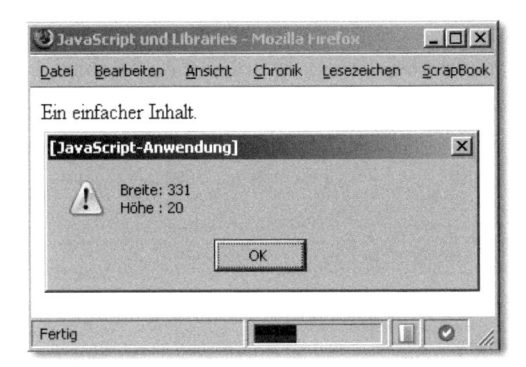

Abbildung 7.8 Dynamisch ermittelte Höhe und Breite eines Elements

getHeight

Die Methode `getHeight()` ermittelt die Höhe eines Elements. Intern wird dazu die Eigenschaft offsetHeight verwendet.

```
<p onclick="alert(Element.getHeight(this));">Meine Höhe kann man per
Klick auf mich erfahren.</p>
```

In diesem Beispiel wird mit dem Schlüsselwort this das aktuelle Element an die Methode übergeben. Sie können stattdessen natürlich auch die CSS-ID eines Elements übergeben.

getStyle

Mithilfe der Methode `getStyle()` können Sie gezielt eine bestimmte CSS-Eigenschaft eines Elements auslesen. Dazu muss dieses Element die mit dem Style-Attribut eingebundene CSS-Eigenschaft besitzen. Ist dies nicht der Fall, liefert diese Methode den Wert null zurück.

```
<div id="bsp" style="background:#ff0000;">Ein einfacher
Inhalt.</div>
<script type="text/javascript">
var b = Element.getStyle("bsp","background");
alert(
    "Background: " +((b)?b:"Kein Wert vorhanden")
);
</script>
```

In diesem Beispiel wird die background-Eigenschaft eines Elements ausgelesen. Falls dieses nicht vorhanden ist, wird statt des Werts eine alternative Meldung angezeigt.

hasClassName

Mit der Methode `hasClassName()` ermitteln Sie, ob ein Element eine bestimmte CSS-Klasse besitzt. Dazu werden der Methode das Element, das überprüft werden soll, und der gesuchte Klassenname übergeben.

```
<a href="#" onclick="alert(
    Element.hasClassName(
        document.getElementsByTagName('p')[1],
        'a'
    )
);">Gesucht wird die Klasse "a"</a>
<p onclick="alert(Element.hasClassName(this,'a'));"> Inhalt </p>
<p class="a">... Inhalt ...</p>
```

Als Ergebnis dieser Prüfung erhalten Sie den booleschen Wert `true` oder `false`, je nachdem ob die CSS-Klasse gefunden wurde oder nicht.

hide, show, toggle

Den Methoden `toggle()`, `hide()` und `show()` können Sie als Argument beliebig viele Elemente übergeben, auf die der entsprechende Effekt angewendet werden soll. Ein einfaches Beispiel verdeutlicht die Arbeitsweise.

```
<html>
<head>
<title>JavaScript und Libraries</title>
<script src="lib/prototype.js" type="text/javascript"></script>
<script type="text/javascript">
//<![CDATA[
window.onload=function()
{

}
//]]>
</script>
</head>
<body>

<p>
    <a href="#" onclick="Element.hide('a')">a schließen</a> //
    <a href="#" onclick="Element.hide('a1','a2','a3')">
    a1 bis a3 schließen</a><br />
    <a href="#" onclick="Element.show('a')">a zeigen</a> //
    <a href="#" onclick="Element.show('a1','a2','a3')">
    a1 bis a3 zeigen</a><br />
```

```
    <a href="#" onclick="Element.toggle('a')">Toggle a</a> //
    <a href="#" onclick="Element.toggle('a1','a2','a3')">
    Toggle a1 bis a3</a><br />
</p>

<div id="a">
    <p id="a1">Ein Inhalt.</p>
    <p id="a2">Noch ein Inhalt.</p>
    <p id="a3">Ein weiterer Inhalt.</p>
    <p id="a4">Nun ist es aber genug.</p>
</div>

</body>
</html>
```

Listing 7.5 Gezieltes Ein- und Ausblenden von einzelnen Elementen

Beachten Sie bei der Anwendung, dass ein ausgeblendetes Element innerhalb eines übergeordneten Elements auch dann unsichtbar bleibt, wenn das Hauptelement wieder eingeblendet wird. Ein Element bleibt also solange unsichtbar, bis dieses mit einer geeigneten Methode wieder sichtbar gemacht wird.

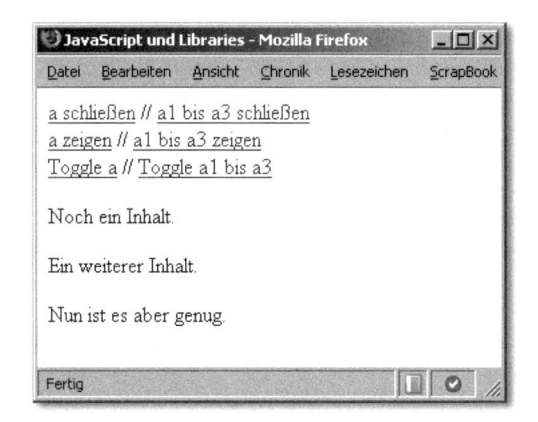

Abbildung 7.9 Prototype ermöglicht es auf einfache Weise, gezielt Elemente ein- und auszublenden.

makeClipping, undoClipping

Mit den Methoden `makeClipping()` und `undoClipping()` beeinflussen Sie die CSS-Eigenschaft `overflow`. Eine zugewiesene Eigenschaft wird mit `makeClipping()` umgekehrt und mit `undoClipping()` wiederhergestellt. Diese Methoden können auf die Werte `auto`, `scroll` und `visible` angewendet werden, was im folgenden Beispiel gezeigt wird.

```
<style>
#bsp1 {
    font-size: 50px;
    color: #0099cc;
    height: 200px;
    width: 200px;
    overflow: auto;
}
#bsp2 {
    font-size: 50px;
    color: #0099cc;
    height: 200px;
    width: 200px;
    overflow: visible;
}
</style>
<div id="bsp1">Ein einfacher Inhalt.Ein einfacher Inhalt.</div>
<p>
    <a href="#"
onclick="Element.makeClipping('bsp1');">undoClipping</a> ::
    <a href="#"
onclick="Element.undoClipping('bsp1');">undoClipping</a>
</p>
<div id="bsp2">Ein einfacher Inhalt.Ein einfacher Inhalt.</div>
<p>
    <a href="#"
onclick="Element.makeClipping('bsp2');">undoClipping</a> ::
    <a href="#"
onclick="Element.undoClipping('bsp2');">undoClipping</a>
</p>
```

Beachten Sie dabei, dass diese Methoden nur dann fehlerfrei funktionieren, wenn die CSS-Eigenschaft `overflow` nicht über das `style`-Attribut eingebunden wurde.

makePositioned, undoPositioned

Mit den Methoden `makePositioned()` und `undoPositioned()` können Sie die Position eines Elements über die CSS-Eigenschaft `position` beeinflussen. Dazu wird intern getestet, ob die `position`-Eigenschaft eines Elements den Wert `static` beinhaltet bzw. ob diese Eigenschaft vorhanden ist. In entsprechend ausgestatteten Elementen sind die Angaben der CSS-Eigenschaften `left`, `top`, `right` und `bottom` nicht wirksam. Mithilfe der Methode `makePositioned()` ist es möglich, diese Eigenschaften zu setzen, indem das Element für die Eigenschaft `position` den Wert `relative` erhält. Um dies rückgängig zu machen, können Sie die

Methode `undoPositioned()` benutzen. Das folgende Beispiel zeigt eine mögliche Anwendung.

```
<div id="a" style="top:150px;">Ein einfacher Inhalt 1.</div>
<div id="b">Ein einfacher Inhalt 2.</div>
<p>
    <a href="#"
onclick="Element.makePositioned('a');">undoClipping</a> ::
    <a href="#"
onclick="Element.undoPositioned('a');">undoClipping</a>
</p>
```

Die Angabe zur `top`-Eigenschaft im Element mit der CSS-ID a ist in diesem Fall unwirksam, da die CSS-Eigenschaft `position` nich vorhanden ist oder keinen geeigneten Wert besitzt. Nach der Anwendung von `makePositioned()` wird die enthaltene Angabe ausgeführt und mit `undoPositioned()` zurückgesetzt.

scrollTo

Die Methode `scrollTo()` ermöglicht es, innerhalb eines Dokuments zu einem bestimmten Element zu scrollen. Im folgenden Beispiel sehen Sie eine mögliche Anwendung. Dabei wird davon ausgegangen, dass die beiden eingebundenen Elemente entsprechend weit voneinander entfernt sind, um scrollen zu können.

```
<a href="#" onclick="Element.scrollTo('b'); return false;">scrollTo
Element b</a>
<div id="a" style="top:150px;">Ein einfacher Inhalt 1.</div>
<pre>
.
.
.
</pre>
<div id="b">Ein einfacher Inhalt 2.</div>
```

Falls Sie das Scrollen, wie in diesem Beispiel, über einen Link ausführen, müssen Sie das Event mit `return false` beenden. Ansonsten würde der eingebundene Link ausgeführt, was im Beispiel einer leeren Sprungmarke entspräche.

setStyle

Mit der Methode `setStyle()` weisen Sie einem bestimmten Element eine neue CSS-Eigenschaft zu bzw. überschreiben eine bereits bestehende. Dabei ist es möglich, beliebige Eigenschaften über ein `Literal`-Objekt zuzuweisen, was über das zweite Argument der Methode erfolgt. Ein einfaches Beispiel hierzu kann wie folgt aussehen.

```
<div id="bsp" style="color:#ff0000;">Ein einfacher Inhalt</div>
<a href="#" onclick="Element.setStyle('bsp', {color:'#0000ff',
fontSize:'130px'} );">setStyle</a><br />
```

update

Mit der Methode `update()` können Sie einem bestimmten Element einen neuen Inhalt zuweisen. Falls im neuen Inhalt ein `script`-Block eingebunden ist, wird dieser evaluiert, aber nicht eingebunden. Im folgenden Beispiel wird der Inhalt eines Elements dynamisch ausgetauscht und per JavaScript die Schriftfarbe geändert. Zusätzlich wird eine Nachricht in einer Dialogbox ausgegeben.

```
<div id="bsp">Ein einfacher Inhalt</div>
<script>
Element.update("bsp","haha<script>alert(123);
Element.setStyle('bsp',{color:'#ff0000'});<\/script>");
</script>
```

visible

Die Methode `visible()` prüft, ob ein bestimmtes Element sichtbar ist. Dazu wird die CSS-Eigenschaft `display` abgefragt. Ist der Test erfolgreich, wird der boolesche Wert `true` zurückgeliefert, andernfalls `false`. Das folgende Beispiel zeigt eine mögliche Anwendung.

```
<div id="bsp">Ein einfacher Inhalt</div>
<script type="text/javascript">
alert( Element.visible("bsp") );
</script>
```

Element.ClassNames-Klasse

Für die Arbeit mit CSS-Klassen bietet Prototype die `Element.ClassNames`-Klasse an. Damit ist es möglich, sämtliche Klassen, die ein Element besitzt, auszulesen und dynamisch zu bearbeiten. Die Syntax zum Erzeugen eines Objekts stellt sich wie folgt dar.

```
var obj = new Element.ClassNames(element);
```

In der Variablen `obj` befinden sich nun die gefundenen Klassen aus dem `class`-Attribut eines Elements. Da diese Klasse die Methoden der `Enumerable`-Klasse erbt, können Sie die einzelnen Klassennamen beispielsweise über die `each`-Methode der Reihe nach ausgeben.

```
obj.each(function(value){
    alert(value);
});
```

Das folgende Beispiel erzeugt ein neues Objekt, das sämtliche Klassen eines Elements ermittelt.

```
<div id="bsp" class="a b c">Ein einfacher Inhalt</div>
<script type="text/javascript">
var c = new Element.ClassNames("bsp")
alert(c); // Gibt a b c zurück
</script>
```

Die folgende Tabelle zeigt wie vorhandenen Methoden der Element.ClassNames-Klasse.

Methode	Beschreibung
add	Fügt einen neuen Klassennamen in das class-Attribut eines Elements hinzu.
remove	Entfernt einen Klassennamen aus einem class-Attribut eines Elements.
set	Überschreibt alle Angaben in einem class-Attribut mit neuen Angaben.

Tabelle 7.15 Die Methoden der Element.ClassNames-Klasse von Prototype

add

Die Methode add() fügt einem Element eine weitere CSS-Klasse hinzu. Dabei wird der gewünschte Name ans Ende der bereits vorhandenen Klassennamen angefügt. Ein einfaches Beispiel hierzu:

```
<style type="text/css">
.neu {
    color: #0099cc;
}
</style>
<div id="bsp" class="a b c">Ein einfacher Inhalt</div>
<script type="text/javascript">
var c = new Element.ClassNames("bsp");
c.add("neu");
</script>
```

Hier wurden die bestehenden Klassennamen um eine weitere Klasse mit dem Namen neu ergänzt. Die enthaltenen Style-Angaben werden dabei sofort auf das Element angewandt. In diesem Fall ändert sich die Textfarbe. Der Inhalt des class-Attributs besitzt nun die Werte »a b c neu«.

remove

Mithilfe der Methode remove() entfernen Sie einen bestimmten Klassennamen aus einem Element. Um die neue Schriftfarbe aus dem zuvor gezeigten Beispiel wieder zu entfernen, können Sie Folgendes notieren.

```
<script type="text/javascript">
var c = new Element.ClassNames("bsp");
c.add("neu");
c.remove("neu");
</script>
```

Im `class`-Attributs befinden sich nun die Klassennamen »a b c«.

set

Die Methode `set()` überschreibt den kompletten Inhalt des `class`-Attributes eines Elements. Möchten Sie also aus den zuvor gezeigten Beispielen alle Klassennamen entfernen und einen neuen Namen zuweisen, können Sie folgendes Beispiel anwenden.

```
<style type="text/css">
.neu {
    font-size: 50px;
    color: #0099cc;
}
</style>
<div id="bsp" class="a b c">Ein einfacher Inhalt</div>
<script type="text/javascript">
var c = new Element.ClassNames("bsp");
c.set("neu");
</script>
```

Das `class`-Attribut dieses Elements besitzt nun die Klasse neu, die bisherigen Klassennamen wurden entfernt. Sie können diese Methode auch verwenden, um alle Klassennamen komplett zu löschen. Dazu wenden Sie `set()` ohne Argument an.

```
c.set();
```

Wie bei den anderen Methoden, wird auch hier die Anweisung sofort ausgeführt und der Style das betroffenen Elements entsprechend geändert.

Insertion-Klasse

Prototype führt für die Arbeit mit dem DOM eine neue Klasse mit dem Namen `Insertion` ein. Damit können Sie dynamisch neue Inhalte in den Dokumentenbaum einfügen. Die dazu möglichen Methoden entnehmen Sie der folgenden Tabelle.

Methode	Beschreibung
After	Fügt neuen Inhalt nach einem Element ein.
Before	Fügt neuen Inhalt vor einem Element ein.
Top	Fügt neuen Inhalt am Anfang innerhalb eines Elements ein.
Bottom	Fügt neuen Inhalt am Ende innerhalb eines Elements ein.

Tabelle 7.16 Methoden zum Einfügen neuer Inhalte in das DOM

Da es sich hierbei um eine neue Klasse und keine Erweiterung eines bestehenden Objekts handelt, müssen Sie es zuvor mit dem Schlüsselwort `new` initialisieren.

```
new Insertion.Methode(element, inhalt);
```

Als Argumente erwarten alle Methoden dieser Klasse die CSS-ID des Elements, das manipuliert werden soll, sowie den gewünschten Inhalt für diese Aktion. Beim Einfügen neuer Inhalte ist darauf zu achten, dass es sich dabei um korrektes XHTML handelt, mit dem der Dokumentenbaum erweitert werden soll.

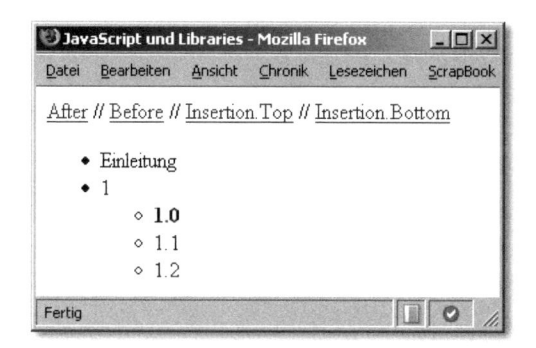

Abbildung 7.10 Elemente dynamisch einfügen einfach gemacht

Im folgenden Beispiel werden alle Methoden der `Insertion`-Klasse kombiniert, um eine Listenstruktur zu erweitern.

```
<html>
<head>
<title>JavaScript und Libraries</title>
<script src="lib/prototype.js" type="text/javascript"></script>
</head>
<body>

<a href="#" onclick="new
Insertion.After('el', '<li>Ende</li></ul>')">After</a> //

<a href="#" onclick="new Insertion.Before('el',
```

```
'<li>Einleitung</li></ul>')">Before</a>   //

<a href="#" onclick="new Insertion.Top('el_1',
'<li><strong>1.0</strong></li>')">Insertion.Top</a>   //

<a href="#" onclick="new Insertion.Bottom('el_1',
'<li><strong>1.3</strong></li>')">Insertion.Bottom</a>

<ul>
    <li id="el">1
        <ul id="el_1">
            <li>1.1</li>
            <li>1.2</li>
        </ul>
    </li>
<ul>

</body>
</html>
```

Listing 7.6 Bequemes Einfügen von Inhalten über die Insertion-Klasse

7.1.5 enumerable.js

Zum besonderen Highlight der Prototype-Bibliothek zählt unter anderem die Enumerable-Klasse, welche Ihnen nützliche Methoden für die Arbeit mit geeigneten Datenstrukturen anbietet. Sie dient zugleich als Grundklasse für die Erweiterung einiger JavaScript-Objekte und Klassen der Prototype-Bibliothek selbst. Diese Klasse kommt typischerweise immer da zum Einsatz, wo Daten der Reihe nach abgearbeitet werden müssen. Auf den ersten Eindruck könnten die angebotenen Methoden etwas verwirrend in der Verwendung wirken, nach eine kurzen Einarbeitungsphase werden Sie aber die daraus resultierenden Möglichkeiten nicht mehr missen möchten.

Die folgende Tabelle zeigt die Methoden der Enumerable-Klasse in einer Kurzübersicht. Manche dieser Methoden haben einen Alias-Namen, der hauptsächlich aus historischen Gründen zur Gewährleistung der Abwärtskompatibilität angeboten wird.

Methode	Beschreibung
each	Durchläuft der Reihe nach jedes Element einer geeigneten Datenstruktur. Kann beispielsweise eine for-Schleife ersetzen.

Tabelle 7.17 Die zahlreichen Methoden der Enumerable-Klasse

Methode	Beschreibung
all	Testet, ob alle Elemente einer Liste einen gültigen Wert besitzen. Ist dies der Fall, wird der boolesche Wert `true`, andernfalls `false` zurückgegeben.
any	Testet, ob alle Elemente einer Liste einen ungültigen Wert besitzen. Ist dies der Fall, wird der boolesche Wert `true`, andernfalls `false` zurückgegeben.
collect	Sammelt gezielt einzelne Elemente aus einem Hash und gibt das Ergebnis als Array zurück.
detect	Prüft, ob ein Element mit einem bestimmten Kriterium in einer Liste enthalten ist, und liefert den ersten gefundenen Treffer zurück. Andernfalls wird der boolesche Wert `false` zurückgegeben.
entries	siehe `toArray`
find	siehe `detect`
findAll	Prüft, ob Elemente mit einem bestimmten Kriterium in einer Liste enthalten sind, und liefert diese als Array zurück. Andernfalls wird der boolesche Wert `false` zurückgegeben.
grep	Führt eine Suche nach Elementen in einer List mithilfe eines regulären Ausdrucks aus und liefert das Ergebnis als Array zurück.
include	Testet, ob ein bestimmtes Elemente in einer Liste enthalten. Ist dies der Fall, wird der boolesche Wert `true`, andernfalls `false` zurückgegeben.
inject	Ermöglicht es in einer Schleife, mit den Eigenschaften der einzelnen Elemente Berechnungen durchzuführen.
invoke	Wendet auf jedes Element einer Liste eine bestimmte Methode an.
map	siehe `collect`
max	Gibt das größte Element einer Liste zurück.
member	siehe `include`
min	Gibt das kleinste Element einer Liste zurück.
partition	Extrahiert aus einer Liste alle Elemente, die ein bestimmtes Kriterium erfüllen, und liefert diese als Array zurück. Als zweites Array wird die Restmenge der Liste zurückgegeben.
pluck	Gibt aus einer Liste gezielt eine Eigenschaft der einzelnen Element aus.
reject	Prüft, ob Elemente mit einem bestimmten Kriterium in einer Liste nicht enthalten sind, und liefert diese als Array zurück. Andernfalls wird der boolesche Wert `false` zurückgegeben.
select	siehe `findAll`
sortBy	Sortiert eine Liste in aufsteigender Form, also vom kleinsten zum größten Element.
toArray	Zerlegt eine Struktur in einzelne Array-Elemente.
zip	Kombiniert unterschiedliche Arrays miteinander, indem es die einzelnen Elemente der Reihe nach zu einer neuen Struktur kombiniert.

Tabelle 7.17 Die zahlreichen Methoden der Enumerable-Klasse (Forts.)

each

Um eine Liste der Reihe nach abzuarbeiten, verwendet man üblicherweise eine Schleife. Dabei kommt meist die `for`-Schleife zum Einsatz. Die Methode `each()` leistet das Gleiche in einer Syntax, wie sie in Ruby[4] verwendet wird. Das folgende Beispiel gibt die einzelnen Elemente eines Arrays der Reihe nach aus.

```
var a = [1,2,3,'a','b','c'];
a.each(function(value, index){
    // alert(a[index]);
    document.write(index+" : "+value+"<br/>");
});
```

Als Ergebnis wird hier jedes Element mit seinem Index und dem Wert der Reihe nach ausgegeben. Sie können auf den jeweiligen Inhalt des Elements über dessen Index zugreifen, was im auskommentierten Beispiel der Dialogbox gezeigt wird. Gegenüber einer üblichen `for`-Schleife ist dieser Code einfacher zu verstehen und komfortabler anzuwenden. Besonders hilfreich sind dabei die Variablen mit den Informationen der Elemente. Das zuvor gezeigte Beispiel können Sie noch abkürzen, indem Sie das Array direkt beim Aufruf der Methode erzeugen.

```
[1,2,3,'a','b','c'].each(function(value, index){
    document.write(index+" : "+value+"<br/>");
});
```

Ein abschließendes Beispiel soll den Inhalt aller vorhandenen `option`-Elemente sämtlicher Formulare einer Seite auflisten. Dazu wandeln Sie zunächst das Ergebnis der Elementabfrage mit der Funktion `$A()` in ein Array um, das anschließend durchlaufen wird.

```
$A(document.getElementsByTagName("option")).each(function(opt){
    document.write(opt.text+"<br/>");
});
```

all

Die Methode `all()` testet, ob in einer Liste tatsächlich Werte eingetragen sind. Ist dies der Fall, wird der boolesche Werte `true` zurückgegeben, andernfalls der Wert `false`.

```
var a = [1,2,3,'a','b',null];
alert(a.all()); // Gibt false zurück
```

Auf diese Weise testen Sie, ob jedes Element einen Wert besitzt. Es müssen alle Werte mit einem konkreten Wert belegt sein.

---

4 http://www.ruby-lang.org/de/

any

Im Gegensatz zur Methode `all()` testet `any()`, ob alle Elemente einer Liste einen undefinierten Wert besitzen. Ist dies der Fall, wird der boolesche Werte `true` zurückgegeben, andernfalls der Wert `false`.

```
var a = [1,,3,undefined,'b',null];
alert(a.any()); // Gibt true zurück
```

collect

Um aus einem `Literal`-Objekt gezielt einzelne Informationen zu sammeln, kann bei tief verschachtelten Strukturen mitunter aufwändig sein. Die Methode `collect()` bietet für diese Aufgabe eine bequeme Lösung an. Betrachten Sie dazu das folgende Beispiel.

```
var hash = {
    "cars" : [
        { name: 'audi', type: 'A4',   ps: 180 },
        { name: 'bmw',  type: '6er',  ps: 250 },
        { name: 'vw',   type: 'Golf', ps: 130 }
    ]
};
var r = hash.cars.collect(function(cars) {
    return cars.name;
});
alert(r); // Gibt audi,bmw,vw zurück
```

Aus dem `Literal`-Objekt `hash` wird hier gezielt auf die `name`-Eigenschaft des Arrays `cars` zugegriffen. Alle gefundenen Elemente werden nun als Rückgabewert der anonymen Funktion in der Variablen `r` als Array abgelegt und können weiterbearbeitet werden. Sie können das Ergebnis natürlich auch direkt verwerten.

```
var ps = 0;
hash.cars.collect(function(cars) {
    ps += cars.ps;
});
alert("Gesamte Pferdestärke: "+ps); // Ergibt 560
In diesem Beispiel wurde die gesamte PS-Stärke aller vorhandenen
Fahrzeuge ermittelt und der globalen Variablen ps übergeben.
```

Falls Sie einen Rückgabewert aller Elemente und eine direkte Bearbeitung benötigen, können Sie dies auch kombinieren. Dazu wird das zuvor gezeigte Beispiel leicht angepasst.

```
var ps = 0;
var r = hash.cars.collect(function(cars) {
    ps += cars.ps;
    return cars.ps;
});
alert("Gesamte Pferdestärke: "+ps); // Ergibt 560
alert(r); // Gibt 180,250,130 zurück
```

In der Variablen r befindet sich nun ein Array mit allen PS-Angaben der vorhandenen Fahrzeuge.

detect

Die Methode detect() prüft, ob ein Element einer Datenstruktur eine bestimmte Eigenschaft erfüllt. Wurde gemäß dem Kriterium ein Element gefunden, wird der Inhalt des Elements zurückgeliefert, andernfalls der boolesche Wert false.

```
var a = [0, 1, 4, 5, 98, 32, 12, 120, 9];
var r = a.detect(function(value) {
    return value > 32;
});
alert(r); // Gibt 98 zurück
```

Beachten Sie dabei, dass immer nur das erste gefundene Element, das dem Kriterium entspricht, gefunden und zurückgeliefert wird.

entries

Die Methode entries() bietet die gleiche Funktion wie toArray(), die weiter unten beschrieben wird.

find

Die Methode find() bietet die gleiche Funktion wie detect(), die bereits beschrieben wurde.

findAll

Die Methode findAll() ist für die Suche nach allen Elementen einer Liste gedacht, die ein entsprechendes Merkmal erfüllen. Als Ergebnis erhalten Sie ein Array mit allen Elementen, die Ihrem Kriterium entsprechen.

```
var a = [0, 1, 4, 5, 98, 32, 12, 120, 9];
alert(a.findAll(function(value){
    return value < 32;
}));   // Gibt 0,1,4,5,12,9 zurück
```

In diesem Beispiel werden Elemente gesucht, die als Kriterium kleiner als 32 sind. Wurde keine Übereinstimmung erzielt, erhalten Sie einen leeren Wert zurück. Sie können dies testen, indem Sie überprüfen, ob der Rückgabewert leer ist.

```
var a = [0, 1, 4, 5, 98, 32, 12, 120, 9];
var r = a.findAll(function(value){
    return value < -32;
});
alert((r != "")?r:"Kein Ergebnis.");
```

Diese Methode kann Ihnen viel Arbeit ersparen. Im folgenden Beispiel werden in einem Dokument alle Sprungmarken gesucht, und die gefundenen Elemente anschließend mit einer neuen CSS-Eigenschaft ausgestattet.

```
<a href="http://www...">Link 1</a><br />
<a href="#spring">Anker 1</a><br />
<a href="http://www...">Link 2</a><br />
<a href="http://www...">Link 3</a><br />
<a href="#huepf">Anker 2</a>

<script type="text/javascript">
var links = document.getElementsByTagName('a');
var anker = $A(links).findAll(function(link){
    var start = link.href.substring(0,4);
    return start != 'http';
});
anker.each(function(element){
    element.style.color = "#ff0000";
    element.style.fontWeight = "bold";
});
</script>
```

Als Kriterium für die Suche nach einem Anker-Element dient das verwendete Protokoll für Verweise (http). Wird dieses nicht gefunden, wird das entsprechende Element in das Array für den Rückgabewert hinzugefügt. Um auch andere Protokolle wie beispielsweise ftp, irc, etc. zu berücksichtigen, müssen Sie diese Abfragen entsprechend erweitern.

Abbildung 7.11   Gesucht werden alle Sprungmarken eines Dokuments

grep

grep[5] ist eines der gebräuchlichsten Kommandos unter UNIX-Systemen. Es bedeutet ausgeschrieben »Global search for a regular expression and print out matched lines« – kurz 'g/re/p'. Mit diesem Befehl können Sie unter anderem in Dateien nach bestimmten Mustern über einen regulären Ausdruck suchen.

Die Enumerable-Klasse bietet eine ähnlich arbeitende Methode grep() an. Dazu übergeben Sie dieser Methode den gewünschten regulären Ausdruck, den Sie auf eine Liste anwenden möchten. Sie erhalten anschließend ein Array mit den übereinstimmenden Elementen als Rückgabewert. Das letzte Beispiel der Methode findAll() können Sie mit grep() wie folgt vereinfachen.

```
var links = document.getElementsByTagName('a');
$A(links).grep("^[^http]").each(function(element){
    element.style.color = "#ff0000";
    element.style.fontWeight = "bold";
});
```

Der Ausdruck ^[^http] ist die Negation eines Ausdrucks. In diesem Fall wird alles gefunden, was nicht mit dem String http anfängt, also beispielsweise Anker-Elemente.

---

5   http://de.wikipedia.org/wiki/Grep

include

Mithilfe der Methode `include()` testen Sie, ob ein bestimmter Wert in einem Element einer Liste enthalten ist. Wird eine Übereinstimmung ermittelt, gibt diese Methode den booleschen Wert `true` zurück, andernfalls `false`.

```
var a = [ 1,3,19 ];
var b = [ 'audi', 'bmw', 'vw' ];
alert(a.include(7)); // Gibt false zurück
alert(b.include('audi')); // Gibt true zurück
```

inject

Die Methode `inject()` ermöglicht es, Berechnungen für jede Iteration eines Schleifendurchlaufs eines Arrays auszuführen. Das erste Argument der Methode gibt an, ob im ersten Durchlauf der übergebene Wert dem Ergebnis angehängt werden soll. Das folgende Beispiel führt eine Berechnung der gesamten Pferdestärken aller Fahrzeuge des `Literal`-Objekts `hash` aus.

```
var hash = {
    "cars" : [
        { name: 'audi', type: 'A4',   ps: 180 },
        { name: 'bmw',  type: '6er',  ps: 250 },
        { name: 'vw',   type: 'Golf', ps: 130 }
    ]
};
var r = hash.cars.inject(0,function(summe,value) {
    return sum+value.ps;
});
alert("Gesamte Pferdestärke: "+r); // Ergibt 560
```

Im Unterschied zur Methode `collect()`, die als Ergebnis ein Array mit allen zutreffenden Elementen zurückgibt, führt `inject()` eine Berechnung durch und liefert das Ergebnis als Rückgabewert. Für reine Berechnungen sollten Sie daher immer auf diese Methode zurückgreifen.

invoke

Die Methode `invoke()` wendet auf jedes Element einer Liste die übergebene Methode an. Dazu übergeben Sie zunächst den Namen der gewünschten Methode bzw. Funktion, gefolgt von den benötigten Argumenten – falls vorhanden. Die entsprechend erzeugten Werte werden dann als Array zurückgegeben. Die angewandte Methode muss dabei natürlich auf die jeweiligen Datentypen anwendbar sein. Im folgenden Beispiel werden in einem verschachtelten Array alle Element-Arrays mittels der `Array`-Methode `sort()` sortiert und anschließend in umgekehrter Reihenfolge mittels der `Array`-Methode `reverse()` angeordnet.

```
var a = [[3,9,5],[9,77,22]].invoke('sort');
alert( a.inspect() );  // [[3, 5, 9], [22, 77, 9]]
alert( a.invoke('reverse').inspect() );  // [[9, 5, 3], [9, 77, 22]]
```

Beachten Sie in diesem Zusammenhang, dass eine Anwendung bei einer einfachen Array-Struktur nur dann gültig ist, wenn diese auch sinnvoll durchführbar ist. Würden Sie `sort()` auf ein eindimensionales Feld anwenden, erhielten Sie eine Fehlermeldung. Dies verwundert nicht, da man ja einzelne Elemente für sich betrachtet schlecht sortieren kann.

```
alert( [9,77,22].invoke('sort') );  // Error undefined
```

Mit einem einfachen Trick können Sie mittels `invoke()` einen String bearbeiten. Das folgende Beispiel wandelt alle Zeichen eines Strings mit der String-Methode `toLowerCase()` in Kleinbuchstaben um und gibt die neue Zeichenkette anschließend in einer Dialogbox aus.

```
var str = "eIn eiNFAcher STRing";
alert(
    $A(str).invoke("toLowerCase").join(" ")
);  // ein einfacher string
```

Im nächsten Beispiel wird die Methode `camelize()` aus der String-Klasse von Prototype auf ein Array mit String-Elementen angewandt.

```
var str = ["hallo-zusammen","zu-hau-se"];
alert( str.invoke("camelize").inspect() );  // ['halloZusammen',
'zuHauSe']
```

Sie können natürlich auch eigene Methoden an `inspect()` übergeben, sofern Sie auf den entsprechenden Datentyp anwendbar sind. Im folgenden Beispiel wir das String-Objekt um drei Methoden erweitert, die Leerzeichen am Anfang und Ende eines Strings entfernen.

```
// Enfernt Leerzeichen am Anfang
String.prototype.LTrim = function()
{
var re = /^\s*((\S+\s*)*)/;
return this.replace(re, "$1");
}
// Enfernt Leerzeichen am Ende
String.prototype.RTrim = function()
{
var re = /((\s*\S+)*)\s*$/;
return this.replace(re, "$1");
}
// Entfernt Leerzeichen am Anfang und am Ende
```

```
String.prototype.Trim = function()
{
    return this.LTrim(this).RTrim(this);
}
var str = [ " .hallo ...    " ];
alert( "-"+str.invoke('Trim')+"-" ); // -.hallo ...-
```

Die umschließenden Bindestriche wurden hier nur zur besseren Anzeige der bearbeiteten Zeichenkette eingebunden. Das abschließende Beispiel zeigt einen möglichen Aufruf von `invoke()` mit einem Argument für eine angewandte Methode. Dazu wird auch hier zunächst das String-Objekt um eine weitere Methode ergänzt, die den Anwender entscheiden lässt, ob ein String in Groß- oder Kleinbuchstaben umgewandelt werden soll.

```
// Groß- oder Kleinbuchstaben
String.prototype.CaseIt = function(flag)
{
return (flag) ? this.toLowerCase() : this.toUpperCase();
}
var str = "eIn eiNFAcher STRing";
alert(
    $A(str).invoke("CaseIt", true).join(" ")
);
```

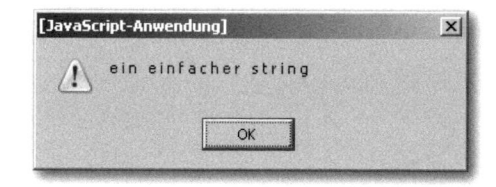

Abbildung 7.12 Das Ergebnis einer Stringumwandlung

map

Die Methode `map()` bietet die gleiche Funktion wie die Methode `collect()`, die bereits beschrieben wurde.

max

Die Methode `max()` ermittelt das Element mit dem größten Wert einer Liste und gibt den gefundenen Wert zurück. Eine einfache Anwendung könnte wie folgt aussehen.

```
var a = [0, 1, 4, 5, 98, 32, 12, 120, 9];
alert(a.max()); // Gibt 120 zurück
```

Wenn Sie die Methode mit einer anonymen Funktion ausführen, können Sie das gefundene Element direkt weiterbearbeiten. Möchten Sie beispielsweise die Potenz des größten Elements berechnen, können Sie Folgendes notieren.

```
var a = [0, 1, 4, 5, 98, 32, 12, 120, 9];
alert(a.max(function(wert){
    return wert*2;
}));
```

Diese Methode lässt sich nicht nur auf Zahlenwerte anwenden. Sie können mit ihr sogar den alphabetisch größten String ermitteln, was mit dem folgenden Beispiel gezeigt wird.

```
var b = [ 'car', 'flower', 'pc', 'book' ];
alert(b.max()); // Gibt pc zurück
```

Bei dieser Methode müssen Sie darauf achten, dass Ihre Liste aus gleichen Datentypen besteht. Haben Sie eine Liste mit gemischten Werten, wird das erste Element als Datentyp der Liste ermittelt, und darauf bezogen entsprechend eine Suche ausgeführt. Dies kann zu einem nicht erwünschten Ergebnis führen. Auch dazu ein kurzes Beispiel.

```
var a = [0, 1, 4, 5, 'car', 98, 32, 12, 120, 9];
var b = ['car', 2, 'flower', 'pc', 3, 'book' ];
var c = ['book', 0, 1, 4, 5, 'car', 98, 32, 12, 120, 9];
var d = [ 1, 'car', 'flower', 'pc', 'book' ];
alert(
    a.max()+"\n"+
    b.max()+"\n"+
    c.max()+"\n"+
    d.max()
); // Gibt 120 pc car 1 zurück
```

member

Die Methode `member()` bietet die gleiche Funktion wie die Methode `include()`, die bereits beschrieben wurde.

min

Im Gegensatz zur Methode `max()` gibt `min()` das kleinste Element einer Liste zurück. Die Verwendung dazu ist analog zu `max()` und für Zahlen und Zeichenketten nach gleichen Regeln geeignet. Auch dazu ein kurzes Beispiel.

```
var b = [ 'car', 'flower', 'pc', 'book' ];
alert(b.min()); // Gibt book zurück
```

Für weitere Informationen sei auf die Methode `max()` verwiesen.

partition

Die Methode `partition()` ermöglicht es, aus einer Liste Elemente nach bestimmten Kriterien zu extrahieren. Dabei werden zwei Arrays von dieser Methode zurückgegeben. Das erste Array beinhaltet die Elemente, die mit dem Suchkriterium übereinstimmen. Das zweite Array beinhaltet die Restmenge der nicht zutreffenden Elemente.

```
var a = [0, 1, 4, 5, 98, 32, 12, 120, 9];
var r = a.partition(function(value,index){
    return value>32;
});
alert(
    "Treffer: "+r[0]+"\n"+
    "Restmenge: "+r[1]
);
```

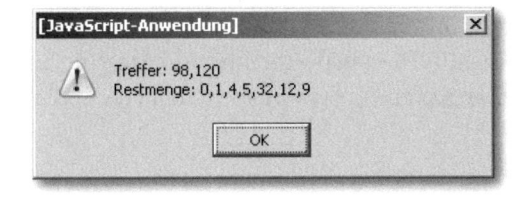

[JavaScript-Anwendung]
Treffer: 98,120
Restmenge: 0,1,4,5,32,12,9
OK

Abbildung 7.13 Ergebnis der Abfrage nach bestimmten Kriterien auf ein Array

Wie das Beispiel zeigt, ist die Aufteilung einer Liste nach bestimmten Kriterien mithilfe der Methode `partition()` denkbar einfach. Sie können auf eines der beiden Arrays auch direkt wie im folgenden Beispiel zugreifen.

```
alert(a.partition(function(value,index){
    return value>32;
})[0]);
```

pluck

Wie Sie bereits gesehen haben, können Sie beispielsweise mithilfe der Methode `findAll()` nach bestimmten Elementen einer Liste suchen. Die Methode `pluck()` kann nun aus der Ergebnisliste gezielt Informationen abrufen. Dazu wird der Methode als Argument die gewünschte Eigenschaft übergeben, die auf die Elemente natürlich zutreffen müssen. Als Ergebnis erhalten Sie ein Array mit entsprechenden Werten.

```
<a href="http://www..." title="Titel 1">Link 1</a><br />
<a href="#spring">Anker 1</a><br />
<a href="http://www..." title="Titel 2">Link 2</a><br />
<a href="http://www..." title="Titel 3">Link 3</a><br />
<a href="#huepf">Anker 2</a>

<script type="text/javascript">
var links = $A(document.getElementsByTagName('a'));
alert(links.pluck('innerHTML'));
alert(links.pluck('titel'));
</script>
```

In diesem Beispiel wurden zunächst alle Verweise einer Webseite in das Array `links` gespeichert. Zuerst wurden die Verweistexte der Elemente mit der Eigenschaft `innerHTML` und anschließend die Texte des `title`-Attributes der Verweise ermittelt.

reject

Die Methode `reject()` ist das Gegenteil von `findAll()`. Mit ihr können Sie eine Suche nach allen Elementen einer Liste, die ein entsprechendes Merkmal nicht erfüllen, ausführen. Als Ergebnis erhalten Sie ein Array mit allen Elementen, die Ihrem Kriterium entsprechen.

```
var a = [0, 1, 4, 5, 98, 32, 12, 120, 9];
alert(a.reject(function(value){
    return value < 32;
})); // Gibt 38,92,120 zurück
```

In diesem Beispiel werden Elemente gesucht, die kleiner als 32 sind. Anschließend wird dieser Ausdruck durch die Methode `reject()` verneint, und daher das Gegenteil der eigentlichen Treffermenge zurückgegeben. Wurde keine Übereinstimmung erzielt, erhalten Sie einen leeren Wert zurück. Ansonsten gelten auch hier die Ausführungen der Methode `findAll()` in umgekehrter Bedeutung.

select

Die Methode `select()` bietet die gleiche Funktion wie die Methode `findAll()`, die bereits beschrieben wurde.

sortBy

Die Methode `sortBy()` sortiert ein Array aufsteigend vom kleinsten zum größten Wert. Als Rückgabewert erhalten Sie wiederum ein Array mit der neuen Reihenfolge. Eine einfache Anwendung dazu könnte wie folgt aussehen.

```
var data = [
    {name: 'Mike',    nickname: 'moo',  rang: 4},
    {name: 'Bart',    nickname: 'lala', rang: 2},
    {name: 'Stephan', nickname: 'ares', rang: 1},
    {name: 'Hannes',  nickname: 'odin', rang: 3}
];
var r = data.sortBy(function(value) {
    return value.nickname.toLowerCase();
}).pluck("nickname");
alert( r.inspect() ); // ['ares', 'lala', 'moo', 'odin']
```

Das Hash-Array `data` wurde in diesem Beispiel nach der Eigenschaft `nickname` neu sortiert und in der Variablen `r` abgespeichert. Mithilfe der Methode `pluck()` wurde dann gezielt auf diese Eigenschaft zugegriffen. Mittels `inspect()` wird das Ergebnis in einer Dialogbox angezeigt. Hätten Sie als Sortierfeld die Eigenschaft `rang` ausgewählt, wären die Daten alphanumerisch sortiert worden.

toArray

Die Methode `toArray()` zerlegt eine geeignete Struktur, zum Beispiel eine Zeichenkette, in einzelne Elemente eines Arrays. Sie wird hauptsächlich für interne Abfragen von Prototype verwendet, um beispielsweise eine Struktur zu analysieren.

```
var str = "Ein String.";
alert( str.toArray() );     // Gibt E,i,n, ,S,t,r,i,n,g,. zurück
alert( str.toArray()[4] ); // Gibt S zurück
```

zip

Eine interessante Methode stellt `zip()` dar. Mit ihr können Sie eine Kollektion von Arrays miteinander kombinieren. Dabei werden aus jedem Array die Elemente der Reihe nach von ihrer Position in ein neues Array überführt. Als Ergebnis erhalten Sie eine Kollektion gleich großer Arrays. Sehen Sie sich dazu das folgende Beispiel an.

```
var a = [1,2,3].zip([4,5,6],[7,8,9]);
// Ergibt [[1, 4, 7], [2, 5, 8], [3, 6, 9]]
var b = [1,2,3].zip([4],[7,8,9]);
// Ergibt [[1, 4, 7], [2, undefined, 8], [3, undefined, 9]]
```

```
var c = [1,2,3,5,6,7].zip([4,5],[7,8,9]);
// [[1, 4, 7], [2, 5, 8], [3, undefined, 9], [5, undefined,
undefined],
// [6, undefined, undefined], [7, undefined, undefined]]
alert(
    a.inspect()+" >> length: "+a.length+"\n"+
    b.inspect()+" >> length: "+b.length+"\n"+
    c.inspect()+" >> length: "+c.length
);
```

Wie Sie dem Beispiel entnehmen, werden Elemente, die keinen entsprechenden Wert beinhalten, mit undefined belegt.

7.1.6 event.js

In vielen Anwendungen ist es notwendig, mithilfe von Events auf Aktionen des Anwenders oder auf Änderungen eines DOM-Elements zu reagieren. In manchen Fällen kann sich dies mitunter recht aufwändig gestalten. Für die Arbeit mit Events bietet Prototype die Event-Klasse an, mit der Sie bequem alle anfallenden Aufgaben bewältigen können. Dabei richtet sich Prototype nach den Regeln des W3C im Umgang mit Events.

Im Microsoft Internet Explorer kann die Arbeit mit Events nach dem neuen Modell des W3C in manchen Anwendungen zum Problem werden, da hierbei der Event-Cache des Browsers nicht automatisch geleert wird. Bei einem intensiven Einsatz von Events kann dieser Umstand den Browser zum Absturz bringen und den Arbeitsspeicher von Windows arg beanspruchen. Prototype umgeht dieses Problem, indem der Cache nach dem Verlassen einer Seite automatisch von Event-Objekten geleert wird. Intern wird dazu die Methode unloadCache() angewandt.

```
Event.observe(window, 'unload', Event.unloadCache, false);
```

Falls Sie diese Methode anwenden möchten, gelten hierfür die Regel der Methode observe(). In den meisten Fällen müssen Sie sich darum aber nicht kümmern und sollten daher Prototype diese Aufgabe intern überlassen.

Die folgende Tabelle zeigt die Methoden der Event-Klasse.

Methode	Beschreibung
element	Gibt das Element als Objektreferenz zurück, das das zu überwachende Event ausgelöst hat.
isLeftClick	Testet, ob der Anwender die linke Maustaste geklickt hat.

Tabelle 7.18 Die Methoden des Event-Objekt von Prototype

Methode	Beschreibung
pointerX	Gibt die aktuelle x-Koordinate des Mauszeigers zurück.
pointerY	Gibt die aktuelle y-Koordinate des Mauszeigers zurück.
stop	Stoppt das Standard-Event eines Elements.
findElement	Sucht nach einem bestimmten Element-Typ ab dem Element, das das zu überwachende Event ausgeführt hat.
observe	Startet die Überwachung des gewünschten Events für ein Element.
stopObserving	Beendet die Überwachung des gewünschten Events für ein Element.

Tabelle 7.18 Die Methoden des Event-Objekt von Prototype (Forts.)

observe

Um mit Prototype ein Event zu überwachen, müssen Sie dieses mithilfe der Methode `observe()` initialisieren. Die Grundlegende Syntax dazu sieht wie folgt aus.

```
Event.observe(element, name, observer, [useCapture]);
```

Das Argument `element` erwartet die CSS-ID und `name` das Event des zu überwachenden Elements. Bei der Übergabe des gewünschten Events ist darauf zu achten, dass dabei das Präfix `on` weggelassen wird, also beispielsweise `click` statt `onclick`. Das dritte Argument erwartet eine Funktion, die für die Verarbeitung der gewünschten Aktionen verantwortlich ist. Als letztes Argument können Sie bestimmen, ob das Event in der Capturing- oder Bubbling-Phase abgearbeitet werden soll. Ein einfaches Beispiel kann wie folgt aussehen.

```
<div id="bsp" style="width:100px;height:100px;border:1px solid
#ff0000;"></div>
<script>
Event.observe('bsp', 'click', function(e) {
     alert("Outsch");
});
</script>
```

Hierbei wird das `click`-Event auf ein Element überwacht. Sobald dieses Event ausgelöst wird, erfolgt der Aufruf einer anonymen Funktion, mit der eine Dialogbox angezeigt wird. Sie können die Funktion auch zuvor definieren und dann als Argument übergeben, was im folgenden Beispiel gezeigt wird.

```
<div id="bsp" style="width:100px;height:100px;border:1px solid
#ff0000;"></div>
<script type="text/javascript">
var testIt = function(e) {
    alert("Outsch");
```

```
}
Event.observe('bsp', 'click', testIt);
</script>
```

Diese Variante ist dann wichtig, wenn Sie später die Überwachung eines Events wieder entfernen möchten, was im nächsten Abschnitt erklärt wird. Nach diesem Prinzip können Sie jedes Event – von der Überwachung der Maus bis hin zu Tastatureingaben – überwachen, und beim Eintreten des Ereignisses entsprechend Ihrer Vorgaben darauf reagieren.

> **Rangfolge von Events**
>
> Ein wichtiges Merkmal von Events ist die Reihenfolge, in der diese ausgeführt bzw. registriert werden. Wenn Sie beispielsweise in einem verschachtelten div-Element jedem der Elemente ein eigenes onclick-Event zuweisen, ist es wichtig zu wissen, in welcher Reihenfolge die Ausführung der Events organisiert ist.
>
> Für Netscape wurde in der Version 4.x dafür das sogenannte Event-Capturing eingeführt. In diesem Modell wurden die Events der einzelnen Elemente der Reihe nach abgefangen und ausgeführt. Die Abarbeitung erfolgte also von »oben nach unten«.
>
> Der Microsoft Internet Explorer ab Version 4.x benannte sein Modell Event-Bubbling. Dies besagt, dass Events von »unten nach oben« ausgeführt werden, also dem übergeordneten Element zugewiesen werden.
>
> Das folgende Modell soll die beiden Arbeitsweisen nochmal verdeutlichen. Als Event wurde beiden Elementen ein onclick-Handler zugewiesen.
>
> ```
>                 NS Capturing     IE Bubbling
>                    | |             / \
> -----------------| |-----------| |--------
> | Element1        | |           | |    | -- onclick =>
> alert(1)
> |      -----------| |-----------| |----  |
> |    | Element2    \ /           | |   | | -- onclick =>
> alert(2)
> |    |----------------------------------  |
> |    |                                    |
> |----------------------------------------
> ```
>
> Klickt der Anwender auf das Element 2, gibt Netscape zunächst 1 und anschließend 2 in einer Dialogbox aus. Im Gegensatz dazu zeigt der Internet Explorer die 2 und anschließend die 1 an.
>
> Das Event-Capturing wurde in Netscape ab Netscape 6.x mit dem Event-Bubbling abgelöst, womit das Event-Bubbling zum Standard für beide Browser wurde. Wenn Sie also ein Event als Eigenschaft einem Objekt zuweisen (s.o.), wird intern das Modell des Event-Bubbling angewendet. Gleiches gilt für die direkte Zuweisung von Events als Attribut.
>
> Event-Capturing + Event-Bubbling = W3C-Modell

Im Event-Modell des W3C finden beide Betrachtungsweisen Verwendung. Der Entwickler kann hier selbst entscheiden, welches Modell er für seine Anwendung einsetzten möchte.

stopObserving

Die Methode `stopObserving()` beendet die Überwachung eines Events. Die grundlegende Syntax und somit auch die Argumente sind die Gleichen wie bei der Methode `observe()`. Als drittes Argument müssen Sie die gleiche Funktion, die für die Überwachung des Events verwendet wird, übergeben. Andernfalls würde diese Methode nicht funktionieren, und das Event nicht aus der Überwachung genommen. Aus diesem Grund ist es auch nicht möglich, die Überwachung eines Events zu beenden, das mit einer anonymen Funktion initialisiert wurde.

```
<div id="bsp" style="width:100px;height:100px;border:1px solid
#ff0000;"></div>
<script>
var testIt = function(e) {
    alert("Outsch");
    Event.stopObserving('bsp', 'click', testIt);
}
Event.observe('bsp', 'click', testIt);
</script>
```

In diesem Beispiel wird die Überwachung des `click`-Events nach dem ersten Eintreten des Ereignisses beendet.

element

Mithilfe der Methode `element()` können Sie dasjenige Element ermitteln, das das Event ausgeführt hat und als Argument ein Event-Objekt erwartet. Um mit dem Event-Objekt zu arbeiten, müssen Sie dieses der Funktion für die Überwachung des Events als Argument übergeben. Das folgende Beispiel zeigt eine mögliche Anwendung.

```
<div id="bsp" style="width:100px;height:100px;border:1px solid
#ff0000;"></div>
<script>
var testIt = function(e) {
    var elm = Event.element(e);
    alert( elm.tagName );
}
Event.observe('bsp', 'click', testIt);
</script>
```

In der Variablen `elm` wurde das ermittelte Element als Objektreferenz gespeichert. Sie können nun auf die Eigenschaften des Elements zugreifen. In diesem Beispiel wurde der Name des XHTML-Tags in einer Dialogbox ausgegeben. Das nächste Beispiel zeigt eine einfache Möglichkeit, um für ein Element einen Rollover-Effekt einzubinden.

```
<div id="bsp" style="width:100px;height:100px;border:1px solid
#ff0000;"></div>
<script>
Event.observe('bsp', 'mouseover', function(e) {
    var div = Event.element(e);
    div.style.border = "1px solid #0000ff";
});
Event.observe('bsp', 'mouseout', function(e) {
    var div = Event.element(e);
    div.style.border = "1px solid #ff0000";
});
</script>
```

Abschließend sei noch erwähnt, dass Sie die Benennung des Event-Objekts frei wählen können. Ob Sie dafür nun `e`, `event` oder `blub` verwenden, spielt dabei keine Rolle.

isLeftClick

Mit der Methode `isLeftClick()` testen Sie, ob der Anwender die linke Maustaste geklickt hat. Als Ergebnis der Prüfung erhalten Sie einen booleschen Wert zurück, der mit `true` den Klick bestätigt. Das folgende Beispiel zeigt eine einfache Anwendung.

```
Event.observe(document,'click', function(e){
    if(Event.isLeftClick(e)) alert("left click");
});
```

> **Bugfix für den Microsoft Internet Explorer**
>
> In diesem Browser funktioniert diese Methode nicht, da intern auf eine nicht zutreffende Eigenschaft getestet wird. Falls Sie diese Methode dennoch verwenden möchten, können Sie den entsprechenden Codeblock mit folgender Änderung austauschen.
>
> ```
> isLeftClick: function(event) {
>     return (event.which) ? ((event.which == 1)?true:false)
>         : ((event.button) && (event.button == 0)?false:true);
> },
> ```

pointerX, pointerY

Die Methoden `pointerX()` und `pointerY()` dienen dazu, die aktuelle Position des Mauszeigers zu ermitteln. Als Argument erwarten beide Methoden ein gültiges Event-Objekt. Das folgende Beispiel aktualisiert den Inhalt des Elements `msg` mit den Koordinaten des Mauszeigers, wenn sich dieser über das Element `bsp` bewegt.

```
<div id="msg"></div>
<div id="bsp" style="width:100px;height:100px;border:1px solid
#ff0000;"></div>
<script>
Event.observe('bsp', 'mousemove', function(e) {
    Element.update(
        $('msg'),
        "X: "+Event.pointerX(e)+"px "+
        "Y: "+Event.pointerY(e)+"px"
    );
});
</script>
```

Abbildung 7.14 Überwachung der Mausposition in einem Element

Um die Mausbewegung auf dem kompletten Fenster zu verfolgen, müssen Sie das Event für das document-Objekt überwachen.

findElement

Die Methode `findElement()` ermöglicht es, eine Suche nach einem bestimmten Element-Typ auszuführen. Eine Suche wird dabei ab dem Element, das ein Event ausgelöst hat, ausgeführt. Dabei gilt es zu beachten, dass eine Suche im DOM nach oben hin ausgeführt wird. Also auf die übergeordneten Elemente – und zwar solange, bis das erste zutreffende Element gefunden wird. Falls Sie direkt auf ein gesuchtes Element klicken, wird die Suche ebenfalls beendet, und das Element als Treffer zurückgegeben. Ein einfaches Beispiel soll die Anwendung dieser Methode verdeutlichen.

```
Event.observe(document,'click',function(event) {
    var e = Event.findElement(event,'body');
    if (e.tagName && e.tagName.toLowerCase() == 'body')
    {
        with(e.style)
        {
            color  = '#ff0000';
            border = '50px solid #ff0000';
        }
    }
});
```

Hierbei wird das `click`-Event auf der kompletten Seite überwacht. Sobald ein Anwender auf eine beliebige Stelle im Dokument klickt, wird das body-Element gesucht, und ausgehend davon der komplette Inhalt in roter Schrift dargestellt und die Seite selbst mit einem breiten roten Rahmen eingerahmt. Wichtig ist hierbei der Test auf den gesuchten Tag-Namen, der sich in der Variablen e als Objektreferenz befindet. Im folgenden Beispiel wird jedes gefundene em-Element per Klick mit einem neuen CSS-Style ausgezeichnet.

```
<div id="a" style="width:250px;border:1px solid #ccc;">
    <div id="a1" style="margin:10px;border:1px solid #ccc;">
    Hallo <strong>irgend</strong> ein <em>Inhalt</em> in
<em>a1</em>
    </div>
</div>
<script type="text/javascript">
Event.observe(document,'click',function(event) {
    var e = Event.findElement(event,'em');
    if (e.tagName && e.tagName.toLowerCase() == 'em')
    {
        with(e.style)
        {
            color  = '#ff0000';
            border = '1px solid #ff0000';
        }
    }
});
</script>
```

Tastatureingaben

In manchen Anwendungen wird eine Abfrage nach bestimmten Tastatureingaben notwendig. Die `event`-Klasse hält dazu eine Reihe von Konstanten bereit, die für manche Anwendungen sinnvoll sein können. Die folgende Tabelle zeigt die Namen sowie den entsprechenden dezimalen Code (keyCode) als ASCII/ANSI-Wert.

Konstante	keyCode
KEY_BACKSPACE	8
KEY_TAB	9
KEY_RETURN	13
KEY_ESC	27
KEY_LEFT	37
KEY_UP	38
KEY_RIGHT	39
KEY_DOWN	40
KEY_DELETE	46

Eine Tastatureingabe, beispielsweise die ESC-Taste, können Sie über die Methode `observer()` überwachen. Im folgenden Beispiel wird eine Meldung in einer Dialogbox ausgegeben, sobald die ESC-Taste gedrückt wird.

```
Event.observe(document, 'keydown', function(e){
    if(e.keyCode == Event.KEY_ESC) alert("ESC gedrückt.");
});
```

Für eine Abfrage nach anderen Tasten müssen Sie den entsprechenden keyCode kennen. Das folgende Skript zeigt zu jeder Taste den keyCode-Wert und die Bedeutung auf der Tastatur an.

```
Event.observe(document, 'keydown', function(e){
    alert(e.keyCode + ' = ' + String.fromCharCode(e.keyCode))
});
```

stop

Mithilfe der Methode `stop()` können Sie ein Event, das per Standard für ein Element vorgegeben ist, beenden. Bei einem Verweis ist dies beispielsweise das `click`-Event, das Sie mit der Methode `observer()` überwachen und mit `stop()` deaktivieren können. Sehen Sie sich dazu das folgende Beispiel an.

```
<a href="#" id="link">Ein Link</a>
<script type="text/javascript">
```

```
Event.observe('link', 'click', function(e){
    Event.stop(e);
});
</script>
```

Ein weiteres Beispiel zeigt, wie Sie das `submit`-Event eines Formulars abschalten können. Auch diese Aufgabe lässt sich mit der Methode `stop()` einfach und elegant lösen.

```
<form action="xyz.html">
    <input type="submit" />
</form>
<script type="text/javascript">
Event.observe(document.forms[0], 'submit', function(e){
    Event.stop(e);
});
</script>
```

7.1.7 form.js

Prototype bietet umfangreiche Funktionen für die Arbeit mit Formularen an, mit denen Sie auf einfache Weise Formularelemente auf einer Seite auswerten, beeinflussen und sogar überwachen können. Sämtliche Methoden dieser Klasse erwarten als primäres Argument die CSS-ID oder ein Element-Objekt. Der Microsoft Internet Explorer kann auch über das `name`-Attribut auf ein Formularelement zugreifen. Diese Möglichkeit sollten Sie aber nicht anwenden, da Sie damit andere Browser ausschließen würden. Sie können die unten aufgeführten Methoden für die Übergabe eines entsprechenden Elements verwenden. Dazu kommen die weiteren möglichen Argumente der jeweiligen Methoden.

```
Klasse.Methode(this.form);
Klasse.Methode(document.form_name);
Klasse.Methode(document.forms[0]);
Klasse.Methode($("css-id"));
```

Field-Klasse

Für den Zugriff auf einzelne Formularelemente können Sie die `Field`-Klasse von Prototype verwenden. Dabei werden im Wesentlichen die bereits in JavaScript vorhandenen Sprachmerkmale in einer vereinfachten Notation angeboten und um sinnvolle Möglichkeiten erweitert.

Die folgende Tabelle zeigt die Methoden dieser Klasse für den gezielten Zugriff auf einzelne Formularelemente.

Methode	Beschreibung
activate	Selektiert ein bestimmtes Formularelement und markiert den Inhalt.
clear	Löscht den Inhalt einzelner Formularelemente.
focus	Setzt den Fokus auf ein bestimmtes Formularelement.
present	Überprüft einzelne Formularelemente daraufhin, ob diese ausgefüllt wurden. Gibt bei einer erfolgreichen Prüfung den booleschen Wert true zurück.
select	Selektiert ein bestimmtes Formularelement.

Tabelle 7.19 Methoden für den Zugriff auf Formularelemente

activate, select

Die Methoden activate() und select() setzen den Eingabe-Cursor auf das gewünschte Formularelement und markieren den Inhalt. Als Argument wird dabei die CSS-ID oder ein Element-Objekt erwartet.

```
<form id="bsp">
<input type="text" id="feld_1" name="feld_1" value="Hallo" />
<input type="text" id="feld_2" name="feld_2" value="Feld 2" />
</form>
<script>
Field.select("feld_2");
</script>
```

clear

Mithilfe der Methode clear() können Sie gezielt den Inhalt einzelner Formularelemente löschen, was der Methode reset() des Form-Objekts entspricht. Dazu übergeben Sie der Methode eine beliebig lange Liste mit zu löschenden Elementen. Dies wird im folgenden Beispiel dargestellt. Als Argumente werden dabei die CSS-IDs oder die Element-Objekte der gewünschten Elemente erwartet.

```
<form id="bsp">
<input type="text" id="feld_1" name="feld_1" /><br />
<input type="text" id="feld_2" name="feld_2" /><br />
<input type="text" id="feld_3" name="feld_3" /><br />
<input type="text" id="feld_4" name="feld_4" /><br />
<input type="button" value="clear()" />
<input type="submit" />
</form>
<script type="text/javascript">
Event.observe(document.forms[0].elements[4], 'click', function(e) {
    Field.clear("feld_1", "feld_2", "feld_4");
});
</script>
```

Wird diese Anweisung ausgeführt, werden die Inhalte der Formularelemente mit der CSS-Id `feld_1`, `feld_2` und `feld_4` gelöscht. Sie können dieser Methode eine beliebig lange Liste an Argumenten übergeben.

focus

Die Methode `focus()` setzt den Eingabe-Cursor auf das gewünschte Element. Dadurch kann in diesem Feld sofort eine Eingabe getätigt werden, ohne dieses zuvor mit der Maus oder der TAB-Taste auszuwählen. Als Argument wird dabei die CSS-ID oder ein Element-Objekt erwartet.

```
<form id="bsp">
<input type="text" name="feld_1" value="Hallo" />
<input type="text" name="feld_2" value="Feld 2" />
</form>
<script type="text/javascript">
Field.focus("feld_2");
</script>
```

present

Mithilfe der Methode `present()` können Sie eine beliebige Anzahl von Formularelementen bestimmen, die als Pflichtfelder vor dem Absenden des Formulars ausgefüllt werden müssen. Diese Methode gibt den booleschen Wert `true` zurück, sofern alle Felder ausgefüllt wurden, andernfalls den Wert `false`. Das folgende Beispiel kann benutzt werden, um in Formularen gezielt die Eingabe von Pflichtfeldern zu überprüfen.

```
<form id="bsp">
<input type="text" id="feld_1" name="feld_1" /> *<br />
<input type="text" id="feld_2" name="feld_2" /> *<br />
<input type="text" id="feld_3" name="feld_3" /><br />
<input type="text" id="feld_4" name="feld_4" /><br />
<input type="button" value="clear()" />
<input type="submit" />
</form>
<script type="text/javascript">
Event.observe('bsp', 'submit', function(e)
{
    if( !Field.present("feld_1", "feld_2") )
    {
        alert("Bitte alle Pflichtfelder ausfüllen");
        return false;
    }
});
</script>
```

Form-Klasse

Neben den Methoden für den gezielten Zugriff auf einzelne Formularelemente bietet Prototype mit der Form-Klasse ein nützliches Werkzeug, um ein komplettes Formular auszuwerten.

Die Methoden der Form-Klasse werden in der folgenden Tabelle kurz vorgestellt.

Methode	Beschreibung
serialize	Konvertiert ein komplettes Formular in einen gültigen Query-String mit key/value-Paaren. Sonderzeichen werden dabei automatisch maskiert.
findFirstElement	Liefert das erste Objekt eines Formulars zurück. Dabei werden versteckte und deaktivierte Elemente ignoriert.
getElements	Liefert ein Array mit allen Elementen eines Formulars zurück.
getInputs	Liefert ein Array mit allen Elementen vom Typ input eines Formulars zurück.
disable	Deaktiviert alle Elemente eines Formulars.
enable	Aktiviert alle Elemente eines Formulars.
focusFirstElement	Setzt den Eingabefokus auf das erste Element eines Formulars.
reset	Setzt das Formular wieder in den Ausgangszustand zurück.

Tabelle 7.20 Methoden für den Zugriff auf Formulare

serialize

Die Methode serialize() wandelt alle Elemente eines Formulars in einen gültigen Query-String als key/value-Paare um. Kritische Zeichen werden dabei automatisch in einen gültigen Query-String umgewandelt. Die Anwendung ist denkbar einfach, was das folgende Beispiel demonstriert.

```
<form id="bsp">
<input type="text" name="feld_1" value="Feld 1" /><br />
<input type="text" name="feld_2" value="Feld 2" /><br />
</form>
<script type="text/javascript">
alert( Form.serialize('bsp') )
</script>
```

Hierbei wird ein komplettes Formular als Query-String in einer Dialogbox mit dem Inhalt feld_1=Feld%201&feld_2=Feld%202 angezeigt.

findFirstElement

Die Methode `findFirstElement()` ermittelt das erste Element eines Formulars, das nicht vom Typ `hidden` ist oder die Eigenschaft `disabled` besitzt. Als Rückgabewert erhalten Sie eine Objektreferenz auf das gefundene Element. Das folgende Beispiel zeigt eine mögliche Anwendung dazu.

```
<form id="bsp">
<input type="text" name="feld_0" value="Feld 0" disabled="disabled"
/><br />
<input type="text" name="feld_1" value="Feld 1" /><br />
<input type="text" name="feld_2" value="Feld 2" /><br />
</form>
<script>
alert( Form.findFirstElement('bsp').name )
</script>
```

getElements

Mithilfe der Methode `getElements()` erhalten Sie ein Array mit einer Referenz auf sämtliche Formularelemente des Formulars. Auf die einzelnen Werte können Sie anschließend über den entsprechenden Index zugreifen und die gewünschten Informationen über die jeweiligen Eigenschaften auslesen. Im folgenden Beispiel werden die Namen und Werte der Formularelemente in einer Dialogbox angezeigt.

```
<form id="bsp">
<input type="text" id="feld_1" name="feld_1" value="Feld 1" /><br />
<input type="text" id="feld_2" name="feld_2" value="Feld 2" /><br />
<select name="sel">
    <option selected="selected">1</option>
    <option>2</option>
</select>
</form>
<script type="text/javascript">
var str = "";
var f = Form.getElements('bsp');
f.each(function(elem) {
    str += elem.nodeName+" - ";
    str += elem.name+" - ";
    if (elem.nodeName == "SELECT")
    {
        $A(elem).each(function(value) {
            str += value.text+" ";
        });
    }
```

```
    else
    {
        str += elem.value+"\n\n";
    }
});
alert(str);
</script>
```

Wie Sie dem Beispiel entnehmen können, ist es bei Elementen mit mehrfachen Optionen notwendig, eine weitere Schleife zu durchlaufen, um die Informationen der einzelnen Elemente auszugeben.

Abbildung 7.15 Ausgabe bestimmter Merkmale von Formularelementen

getInputs

Die Methode `getInputs()` liefert ein Array mit einer Objektreferenz auf alle Formularelemente vom Typ input eines Formulars. Der Zugriff auf diese Elemente kann über zwei weitere optionale Argumente eingeschränkt werden. Falls gewünscht, geben Sie dazu entweder den Typ des input-Elements oder das name-Attribut des Elements an, das abgefragt werden soll. Sie können natürlich auch beide Angaben kombinieren. Die Syntax lautet:

```
Form.getInputs(element, input-type, input-name);
```

Im folgenden Beispiel werden die Namen aller Elemente eines Formulars der Reihe nach ausgegeben.

```
<form id="bsp">
<input type="hidden" name="hidden_field" value="versteckt" />
<input type="text" name="feld_1" value="Feld 1" /><br />
<input type="text" name="feld_2" value="Feld 2" /><br />
```

```
<input type="radio" name="rad" value="1">
<input type="radio" name="rad" value="2">
<input type="radio" name="rad" value="3">
</form>
<script type="text/javascript">
$A(Form.getInputs('bsp')).each(function(elem){
    alert(elem.name)
});
</script>
```

Um bei diesem Beispiel nur das versteckte Formularelement auszugeben, können Sie die Suche wie folgt einschränken.

```
$A(Form.getInputs('bsp', 'hidden')).each(function(elem){
    alert(elem.name)
});
```

Möchten Sie stattdessen alle Element anzeigen, die als name-Attribut den Wert rad besitzen, so notieren Sie Folgendes:

```
$A(Form.getInputs('bsp', null, 'rad')).each(function(elem){
    alert(elem.name)
});
```

disable, enable

Mit den Methoden disable() und enable() können Sie ein komplettes Formular deaktivieren bzw. aktivieren. Das folgende Beispiel führt diese Methoden abwechselnd aus.

```
<form id="bsp">
<input type="text" name="feld_1" value="Feld 1" /><br />
<input type="text" name="feld_2" value="Feld 2" /><br />
</form>
<form>
<input type="button" value="en/disable" onclick="switchIt();" />
</form>
<script type="text/javascript">
var flag = false;
var switchIt = function()
{
    if (!flag)
    {
        Form.disable('bsp');
        flag = true;
    }
    else
```

```
    {
        Form.enable('bsp');
        flag = false;
    }
}
</script>
```

focusFirstElement

Die Methode focusFirstElement() setzt den Fokus auf das erste Element eines Formulars und selektiert das Element. Dabei darf das Element nicht vom Typ hidden und nicht mit der Eigenschaft disabled deaktiviert sein. Das folgende Beispiel zeigt eine mögliche Anwendung dazu.

```
<form id="bsp">
<input type="hidden" name="feld_0" value="Feld 0" /><br />
<input type="text" name="feld_1" value="Feld 1" /><br />
<input type="text" name="feld_2" value="Feld 2" /><br />
<input type="button" value="fFE"
onclick="Form.focusFirstElement('bsp');" />
</form>
```

reset

Die Methode reset() bietet eine vereinfachte Variante, um in einem Formular den Anfangszustand wiederherzustellen. Ein kurzes Beispiel zeigt eine mögliche Anwendung dazu.

```
<form id="bsp">
<input type="text" name="feld_1" value="Feld 1" /><br />
<input type="text" name="feld_2" value="Feld 2" /><br />
<input type="button" value="reset" onclick="Form.reset('bsp');" />
</form>
```

Form.Element-Klasse

Die Form.Element Klasse von Prototype bietet einen vereinfachten Zugriff, um die Inhalte einzelner Formularelemente auszulesen. Dazu werden zwei Methoden angeboten, die in der folgenden Tabelle kurz vorgestellt werden.

Methode	Beschreibung
serialize	Konvertiert ein Formularelement in einen gültigen Query-String als key/value-Paar. Sonderzeichen werden dabei automatisch maskiert.
getValue	Gibt den aktuellen Inhalt eines Formularelements zurück.

Tabelle 7.21 Methoden für den Zugriff auf Formularelemente

serialize

Mithilfe der Methode `serialize()` lässt sich der aktuelle Inhalt eines Formularfeldes mit dem Namen des Feldes in einem String im Query-String-Format serialisieren. Das Prinzip ist dabei das Gleiche wie schon in der gleichnamigen Methode der Form-Klasse. Als Argument wird ein Element-Objekt oder die CSS-ID des Elements erwartet. Das folgende Beispiel zeigt eine mögliche Anwendung.

```
<form id="bsp">
<input type="text" name="feld_1" id="feld_1" value="Hallo" />
</form>
<script type="text/javascript">
alert( Form.Element.serialize("feld_1") );
</script>
```

Als Ergebnis dieser Abfrage wird in einer Dialogbox der String `feld_1=Hallo` ausgegeben. Diese Art der Abfrage eignet sich beispielsweise für eine direkte Weiterleitung der Daten an den Server per AJAX.

getValue

Die Methode `getValue()` ermittelt den aktuellen Inhalt eines Formularelements und gibt diesen als Rückgabewert zurück. Als Argument wird dabei ein Element-Objekt oder die CSS-ID des Elements erwartet.

```
<form id="bsp">
<input type="text" id="feld_1" name="feld_1" value="Hallo" />
</form>
<script type="text/javascript">
alert( Form.Element.getValue("feld_1") );
</script>
```

$F-Funktion

Die Funktion `$F()` bietet eine bequeme Möglichkeit, um den Inhalt eines Formularelements auszulesen. Als Argument wird dabei ein Element-Objekt oder die CSS-ID des Elements erwartet, was im folgenden Beispiel demonstriert wird.

```
<form>
<input type="text" id="feld_1" value="AJAX">
<input type="text" name="feld_1" value="JavaScript">
</form>
<script type="text/javascript">
alert( $F('feld_1') );
alert( $F('feld_2') );
</script>
```

Für die Auswertung der Eingaben des Anwenders können Sie jedes beliebige Formularelement abfragen. Die Arbeit mit $F() ist in vielen Fällen komfortabler als die übliche Herangehensweise mit JavaScript Formulardaten abzufragen.

Im folgenden Beispiel werden zunächst alle Elemente eines Formulars mithilfe von $A() in ein Array überführt. Anschließend wird für jedes Element der Reihe nach das change-Event in die Event-Überwachung mit aufgenommen. Sobald ein Anwender nun eine Eingabe im Formular macht oder Inhalte ändert, wird eine Dialogbox mit dem neuen Wert des Elements ausgegeben.

```
<form id="bsp">
<input type="text" id="feld_1" value="AJAX"><br />
<input type="text" name="feld_2" value="JavaScript"><br />
<input type="radio" name="radio" value="1">
<input type="radio" name="radio" value="2">
<input type="radio" name="radio" value="3"><br />
<select name="select">
    <option value="a">A</option>
    <option value="b">B</option>
    <option value="c">C</option>
</select><br />
<input type="checkbox" name="chk1" value="ch1">
<input type="checkbox" name="chk2" value="ch2">
</form>
<script type="text/javascript">
$A($('bsp')).each(function(element){
    Event.observe(element, 'change', function(e) {
        alert( $F(element) );
    });
});
</script>
```

Form.Observer-, Form.Element.Observer-Klasse

Die beiden Klassen Form.Observer und Form.Element.Observer ermöglichen es, ein Formular bzw. einzelne Formularelemente in regelmäßigen Abständen auf Änderungen zu überprüfen. Die Klassen besitzen eine identische Syntax mit gleichen Argumenten, mit dem Unterschied das FormObserver ein komplettes Formular und Form.Element.Observer ein Element überwacht. Die grundlegende Syntax sieht wie folgt aus.

```
new Form[.Element].Observer(element, frequency, callback);
```

Als erstes Argument wird ein Element-Objekt oder die CSS-ID des Elements erwartet, das zweite Argument gibt das Intervall für die Überwachung in Sekunden an. Das dritte Argument ist eine Funktion, die bei jeder Änderung des Formulars bzw. des Elements ausgeführt wird. Als Argumente werden dieser Funktion eine Objektreferenz auf das Formular bzw. Element sowie der Inhalt der geänderten Daten im Query-String-Format als key/value-Paar(e) zugewiesen.

Das folgende Beispiel überwacht gezielt ein Formular und zeigt eine Änderung der Daten alle fünf Sekunden in einer Dialogbox an.

```
<form id="bsp">
<input type="text" id="feld_1" name="feld_1" value="Hallo" />
<input type="text" id="feld_2" name="feld_2" value="Feld 2" />
</form>
<script>
var o = new Form.Observer('bsp', 5, function(obj, s) {
    alert( obj.id+" : "+s);
});
</script>
```

Alle Felder, die sich nach einem Intervall geändert haben, werden als Query-String von der anonymen Funktion ausgegeben. Sie können dies dazu nutzen, um per AJAX geänderte Daten in Echtzeit an den Server zu übertragen. Nach dem gleichen Prinzip funktioniert die `Form.Element.Observer`-Klasse, mit dem Unterschied, dass eben nur ein bestimmtes Formularelement überwacht wird. Ein abgewandeltes Beispiel könnte folgendermaßen aussehen.

```
<form id="bsp">
<input type="text" id="feld_1" name="feld_1" value="Hallo"
/><span></span>
<input type="text" id="feld_2" name="feld_2" value="Feld 2" />
</form>
<script type="text/javascript">
var count = 0;
var o = new Form.Element.Observer('feld_1', 5, function(obj, s) {
    count++;
    var parent = $(obj.id).parentNode.childNodes[1];
    Element.update(parent, 'Inhalt '+count+'x geändert!');
});
</script>
```

Bei der ersten Änderung im überwachten Formularelement wird ein Hinweis dazu ausgegeben, der die Anzahl der aufgelaufenen Änderungen anzeigt und mit jedem Intervall gegebenenfalls aktualisiert wird.

Abbildung 7.16 Das erste Formularelement wird auf Änderungen überwacht.

Form.EventObserver, Form.Element.EventObserver-Klasse

Die Klassen `Form.EventObserver` und `Form.Element.EventObserver` arbeiten ähnlich wie die zuvor vorgestellten Klassen. Der Unterschied der beiden Klassen-Typen liegt darin, das die Variante des Typs `EventObserver` jede Änderung sofort registriert und darauf reagieren kann. Die grundlegende Syntax stellt sich in diesen beiden Klassen wie folgt dar.

```
new Form[.Element].EventObserver(element, callback);
```

Auch hierbei gelten die Ausführungen der zuvor vorgestellten Klassen. Das folgende Beispiel zeigt eine abgewandelte Variante der zuletzt gezeigten Anwendung. Dabei wird jede Änderung des überwachten Formularelements sofort angezeigt.

```
<form id="bsp">
<input type="text" id="feld_1" name="feld_1" value="Hallo"
/><span></span>
<input type="text" id="feld_2" name="feld_2" value="Feld 2" />
</form>
<script type="text/javascript">
var count = 0;
var o = new Form.Element.EventObserver('feld_1', function(obj, s) {
    count++;
    var parent = $(obj.id).parentNode.childNodes[1];
    Element.update(parent, 'Inhalt '+count+'x geändert!');
});
</script>
```

Welche der beiden Varianten für Sie besser geeignet ist, müssen Sie entscheiden.

7.1.8 hash.js

Ein Hash besteht aus einer Sammlung von key/value-Paaren. In JavaScript wird diese Datenstruktur als `Literal`-Objekt dargestellt. Bei komplexen Strukturen kann die Arbeit mit einen Hash schnell aufwändig werden. Prototype stellt über die Datei `hash.js` eine `Hash`-Klasse zur Verfügung, die Ihnen zahlreiche Methoden für die Arbeit mit diesen Daten anbietet. Darüber hinaus erbt diese Klasse alle Eigenschaften der `Enumerable`-Klasse.

Die folgende Tabelle zeigt eine Übersicht der angebotenen Methoden für die Arbeit mit einem Hash, zusätzlich zu denen aus der `Enumerable`-Klasse.

Methode	Beschreibung
keys	Gibt ein Array mit den Schlüsselwörtern aller Elemente zurück.
values	Gibt ein Array mit den Werten aller Elemente zurück.
merge	Kombiniert zwei Hash-Strukturen miteinander und gibt den neuen Hash als Rückgabewert zurück.
toQueryString	Gibt alle Elemente eines Hashs im Query-String-Format als `key`/`value`-Paare zurück.
inspect	Gibt einen formatierten String mit den Elementen eines Hashs zurück.

Tabelle 7.22 Methoden für die Arbeit mit einer Hash-Struktur.

$H

Mit der speziellen Funktion `$H` können Sie ein `Literal`-Objekt in die Datenstruktur eines erweiterten Hashs aus Prototype speichern und dabei mit nützlichen Methoden ausstatten. Prototype stellt eine Reihe interessanter Methoden für die Arbeit mit dieser Datenstruktur zur Verfügung. Sehen Sie sich dazu das folgende Beispiel an.

```
var a = {
    eins: 10,
    zwei: 20,
    drei: 30
};
var h = $H(a);
```

Für sich alleine ist das Ergebnis nicht wirklich spannend. An der Struktur hat sich nicht viel geändert; in der Variablen `h` ist nach wie vor ein mit `a` identisches `Literal`-Objekt abgelegt. Sie können nun aber die entsprechenden Methoden der `Hash`- und `Enumerable`-Klasse anwenden. Die Funktion `$H` ist dazu als Grundlage auf entsprechende Daten anzuwenden.

keys

Um auf die einzelnen Schlüsselwerte einer Hash-Struktur zuzugreifen, können Sie die Methode `key()` aus der Hash-Klasse benutzen. Dazu wenden Sie diese direkt auf einen Hash an. Als Rückgabewert erhalten Sie eine Liste.

```
alert(h.keys()); // Gibt eins,zwei,drei zurück
alert($H(a).keys().length)  // Gibt 3 zurück
```

Die jeweiligen Werte können Sie nun über eine Schleife abarbeiten bzw. über eine Methode aus der `Enumerable`-Klasse, wie beispielsweise `each()`, komfortabel durchlaufen.

```
$H(a).keys().each(function(key){
    alert(key+': '+a[key]);
});
```

values

Auf die jeweiligen Werte eines Hashs greifen Sie über die Methode `values()` zu. Auch hierbei erhalten Sie eine Liste mit den entsprechenden Werten als Rückgabewert.

```
alert($H(a).values()) // Gibt 10,20,30 zurück
```

Diese Werte können Sie nun, wie zuvor bereits bei `keys()` gezeigt, weiterverarbeiten. Das Prinzip ist hierbei das Gleiche, weshalb an dieser Stelle auf ein Beispiel verzichtet wird.

merge

Mithilfe der Methode `merge()` führen Sie unterschiedliche Hash-Strukturen zusammen. Diese Methode können Sie auf eine beliebige Anzahl von Strukturen anwenden.

```
var a = { a : 1 }
var b = { b : 2 }
var c = { c : 3 }
alert($H(a).merge(b).values() ); // Gibt 1,2 zurück
alert( $H(a).merge(b).merge(c).keys() ); // Gibt a,b,c zurück
```

toQueryString

Die Methode `toQueryString()` wandelt eine Hash-Struktur in einen als key/value-Paar formatierten String um und gibt diesen als Rückgabewert zurück. Wie der Name bereits andeutet, ist dies insbesondere für die Weitergabe einer Query, beispielsweise über ein AJAX-Objekt, sinnvoll. Angewandt auf das beispielhafte Literal-Objekt weiter oben können Sie Folgendes notieren.

```
alert( $H(a).toQueryString() );  // Gibt eins=10&zwei=20&drei=30
```
zurück

inspect

Sie können den Inhalt einer Hash-Struktur über die Methode `inspect()` als String ausgeben. Die Arbeitsweise entspricht derjenigen aus der Array-Klasse.

```
alert(a.inspect());  // #<Hash:{'eins': 10, 'zwei': 20, 'drei': 30 }>
```

Primär wurde diese Methode zur Fehlersuche in einer Anwendung in Verbindung mit einem Hash gedacht.

7.1.9 range.js

Über die `ObjectRange`-Klasse können Sie eine Liste von Zahlen auf einfache Weise erzeugen. Dazu übergeben Sie dem Konstruktor der Klasse einen Start- und Endwert als gewünschte Laufweite. Über ein optionales Argument bestimmen Sie mittels eines booleschen Werts, ob die Liste ohne den Start- und Endwert erzeugt werden soll. Diese Klasse erbt alle Eigenschaften der `Enumerable`-Klasse. Die Syntax dazu stellt sich wie folgt dar.

```
new ObjectRange(start, end [,exclusive]);
```

Die Verwendung ist nicht besonders aufregend. Sehen Sie sich dazu die folgenden kurzen Beispiele an.

```
var range = new ObjectRange(1,10);        // 1 ... 10
var range = new ObjectRange(1,10,true);   // 2 ... 9
```

Im ersten Beispiel haben Sie eine Liste mit 10 Elementen erzeugt. Im zweiten Beispiel wurde die Liste ohne Start- und Endwert angelegt. Der Vorteil dieser Klasse liegt beispielsweise darin, dass Sie in Verbindung mit der Methode `each()` ohne großen Aufwand eine Schleife mit einer gewünschten Laufweite erzeugen können. Das folgende Beispiel zeigt eine mögliche Umsetzung dazu.

```
new ObjectRange(1,10).each(function(value,i){
    alert("Iterator: "+i+" - Value: "+value);
});
```

Aktuell besitzt diese Klasse eine Methode, deren Bedeutung Sie der folgenden Tabelle entnehmen können.

Methode	Beschreibung
include	Testet, ob ein bestimmter Wert in einer Liste enthalten ist, und gibt im Erfolgsfall den booleschen Wert true zurück, andernfalls false.

Tabelle 7.23 Die ObjectRange-Klasse besitzt eine Methode.

$R

Die Funktion $R ist eine verkürzte Schreibweise, um ein ObjectRange-Objekt zu erzeugen. Die Argumente stellen dabei die Eigenschaften des Objekts dar. Das folgende Beispiel zeigt die vereinfachte Variante aus dem einführenden Beispiel dieser Klasse.

```
$R(1,10).each(function(value,i){
    alert("Iterator: "+i+" - Value: "+value);
});
```

include

Mit der Methode include() des ObjectRange-Objekts testen Sie, ob ein bestimmter Wert in der erzeugten Liste vorkommt. Wird der zu überprüfende Wert gefunden, gibt die Methode den booleschen Wert true zurück, andernfalls false.

```
$R(1,10).include(3);  // Gibt true zurück
$R(1,10).include(20); // Gibt false zurück
```

7.1.10 string.js

Für die Arbeit mit Zeichenketten erweitert Prototype das eingebaute String-Objekt von JavaScript um weitere nützliche Methoden. Diese helfen Ihnen bei der Arbeit mit in XHTML formatierten Inhalten und Texten. Dazu wird die gewünschte Methode auf einen gültigen String angewandt.

Die Methoden aus string.js sind in der folgenden Tabelle in einer Kurzübersicht dargestellt.

Methode	Beschreibung
camelize	Entfernt aus einem String alle (-)-Zeichen und gibt den Rest zurück. Die jeweils ersten Zeichen nach den entfernten Zeichen werden in Großbuchstaben umgewandelt.
escapeHTML	Wandelt kritische Zeichen in deren Entsprechung als Entities um.
evalScripts	Führt einen Script-Block in einer Zeichenkette als JavaScript aus.

Tabelle 7.24 Neue Methoden für das String-Objekt von JavaScript

Methode	Beschreibung
extractScripts	Gibt alle gefundenen Script-Blöcke innerhalb eines Strings zurück. Werden merhere Blöcke gefunden, liefert diese Methode ein Array.
parseQuery	Wandelt einen Query-String in ein Literal-Objekt um.
stripScripts	Entfernt aus einem String alle eingebundenen JavasScript-Blöcke und gibt den Rest zurück.
stripTags	Entfernt XHTML-Tags aus einem String und gibt den Rest zurück.
toArray	Wandelt einen String in ein Array um, wobei jedes Zeichen einem Element im Array entspricht.
toQueryParams	siehe parseQuery
unescapeHTML	Wandelt in Entities maskierte Zeichen wieder in ein lesbares Format um.

Tabelle 7.24 Neue Methoden für das String-Objekt von JavaScript (Forts.)

camelize

Die Methode camelize() entfernt aus einer Zeichenkette alle enthaltenen (-)-Zeichen und liefert den restlichen Inhalt als Rückgabewert zurück. Dabei werden jeweils die ersten nachfolgenden Zeichen in Großbuchstaben umgewandelt.

```
var s = "background-color:#ff0000";
alert( s.camelize() );   // Gibt backgroundColor:#ff0000 zurück
```

In diesem Beispiel wird ein Wert aus einem CSS-Style für die weitere Verwendung in JavaScript umgewandelt. Dies kann sinnvoll und hilfreich bei der Arbeit mit Stylesheets sein. Das folgende Beispiel soll aus einem Verweis den Inhalt einer bestimmten Style-Eigenschaft ermitten.

```
<a href="#" id="link" style="font-weight:bold;">fill spans</a>
<script type="text/javascript">
alert($('link').style['font-weight']);    // Error!
alert($('link').style['fontWeight']);     // Gibt bold zurück
alert($('link').style['font-weight'.camelize()]); // Gibt bold
zurück
</script>
```

Wie Sie bereits in Kapitel 3, *JavaScript und CSS*, gelernt haben, muss das Auslesen einer Style-Eigenschaft mit JavaScript nach bestimmten Regeln erfolgen. Mithilfe von camelize() können Sie mögliche Fehler vermeiden. Prototype selbst verwendet diese Methode in der DOM-Klasse bei den Methoden getSyle() und setStyle().

escapeHTML

Für die Arbeit auf der Basis einer Client/Server-Architektur ist es im Internet wichtig, kritische Zeichen vor einer Übertragung an den Server zu maskieren. Mithilfe der Methode `escapeHTML()` müssen Sie diese Aufgabe nicht von Hand erledigen. Mit ihr werden Zeichen wie <, >, & etc. in ihre entsprechenden XHTML-Entities umgewandelt (<, >, & etc.) und als Rückgabewert ausgegeben.

```
var s = "Inhalt mit Zeichen wie z.B. <, >, & etc.";
alert( s.escapeHTML() );
```

Diese Methode verwendet intern zur Umwandlung der Sonderzeichen die Eigenschaft `innerHTML`, die nicht offiziell zum DOM-Standard zählt. Da sie aber von allen gängigen Browsern unterstützt wird, kann sie bedenkenlos verwendet werden. Da nicht sicher ist, welche Sonderzeichen über die aufgezählten hinaus hierbei unterstützt werden, sollten Sie das Ergebnis stets kontrollieren und gegebenenfalls nachbessern.

evalScripts

Die Methode `evalScripts()` führt den Script-Block eines Strings in JavaScript aus. Das folgende Beispiel wandelt die Schriftfarbe der aktuellen Seite in Rot um.

```
var s = "Hallo <script>document.body.style.color='#ff0000';<\
/script>, ja Du!";
s.evalScripts();
```

extractScripts

Mithilfe der Methode `extractScripts()` extrahieren Sie aus einer Zeichenkette alle eingebundenen JavaScript-Blöcke. Sehen Sie sich dazu das folgende Beispiel an.

```
var s = "Hallo <script>document.write('123');<\/script>, ja Du!";
alert( s.extractScripts() );
```

Als Rückgabewerte erhalten Sie hier den Inhalt des Script-Blocks. Sofern sich mehrere Script-Blöcke in einem String befinden, liefert diese Methode ein Array mit den gefundenen Inhalten zurück. Auch dazu ein kurzes Beispiel.

```
var s = "hallo <script>document.write('123');<\/script>, ja " +
        "Du!<script>page=true;<\/script>,";
alert( s.extractScripts().length );  // Gibt 2 zurück
alert( s.extractScripts()[1] );      // Gibt page=true; zurück
```

parseQuery, toQueryParams

Mit den Methoden `parseQuery()` bzw. `toQueryParams()` können Sie einen Query-String in ein `Literal`-Objekt umwandeln. Der Zugriff auf die einzelnen Parameter eines Query-Strings gestaltet sich über eine Hash-Struktur denkbar einfach, was im folgenden Beispiel zu sehen ist. Dabei wird vorausgesetzt, dass eine Webseite über einen Query-String aufgerufen wurde, z. B. mit `data.php?id=1&page=2`.

```
var hash = window.location.search.toQueryParams();
alert( $H(hash).keys() ); // Gibt id,page zurück
```

Den auf diese Weise erzeugten Hash können Sie nun auf einfache Weise verarbeiten. Eine aufwändige Bearbeitung des Query-Strings durch das Zerlegen der Zeichenkette entfällt. Die einzelnen Werte können Sie beispielsweise wie im Folgenden zu sehen verarbeiten.

```
var hash = window.location.search.toQueryParams();
$H(hash).keys().each(function(key){
    alert( "key: "+key+" value: "+hash[key] );
});
```

stripScripts

In manchen Anwendungen kann es hilfreich sein, innerhalb eines XHTML-Blocks ein Skript direkt auszuführen. Möchten Sie diesen Block ohne den enthaltenen Skriptteil bearbeiten, können Sie die Methode `stripScripts()` anwenden.

```
var s = "Hallo <script>document.write('123');<\/script>, ja Du!";
alert( s.stripScripts() );
```

Dieses Beispiel entfernt aus dem String den Skriptblock und gibt den restlichen Teil der Zeichenkette zurück.

stripTags

Die Methode `stripTags()` durchläuft einen String über einen regulären Ausdruck, um alle darin vorkommenden XHTML-Tags und Kommentare zu entfernen. Als Rückgabewert erhalten Sie den bereinigten Inhalt.

```
var s = '<p>Ich bin nur ein <strong id="aa">kurzer</strong>' +
        'Beispieltext.</p>';
alert( s.stripTags() );
```

Beachten Sie bei der Anwendung, dass diese Methode einen gemäß dem XHTML-Standard korrekt formatierten String erwartet. Fehlerhafte Tags können daher zu unerwünschten Ergebnissen führen.

toArray

Um den Inhalt einer Zeichenkette in ein Array umzuwandeln, können Sie die Methode toArray() anwenden. Das folgende Beispiel gibt die einzelnen Zeichen eines Strings untereinander in einer Dialogbox aus.

```
var str = "";
var s = "Ich bin ein einfacher String.";
s.toArray().each(function(value){
    str += value+"\n";
});
alert(str);
```

Sie können diese Methode dazu verwenden, um einen String zu decodieren, indem Sie alle Zeichen in Unicode-Werte umwandeln.

```
var encode = [];
var inhalt = "";
var s = "Ich bin ein einfacher String.";
s.toArray().each(function(value){
    encode[encode.length] = value.charCodeAt();
    inhalt += value.charCodeAt();
});
alert( inhalt );
alert( eval("String.fromCharCode("+encode.join(",")+")") );
```

Zunächst wird hier der verschlüsselte Inhalt angezeigt. Anschließend wird der Inhalt wieder in eine Zeichenkette umgewandelt. Auf diese Weise können Sie in Verbindung mit einem geeigneten Algorithmus geheime Botschaften verschlüsseln.

unescapeHTML

Wie der Name bereits vermuten lässt, bewirkt die Methode unescapeHTML() das Gegenteil von escepeHTML(). Sie können damit einen mit Entities maskierten Inhalt wieder in ein lesbares Format zurückkonvertieren.

```
var s = "Inhalt mit Zeichen wie z.B. &copy;, &reg;, &euro; etc.";
alert( s.escapeHTML() );
```

Auch hierbei erhalten Sie den aktuell bearbeiteten Inhalt als Rückgabewert der Methode geliefert.

7.2 script.aculo.us

Hinter dem exotisch klingenden Namen »script.aculo.us«[6] verbirgt sich eine mächtige Bibliothek, die Prototype als Basis verwendet. Ein wesentlicher Bestandteil der Funktionen sind dabei spektakuläre visuelle Effekte (woher auch die Namensgebung stammen dürfte). Visuelle Effekte können in AJAX-Anwendungen von großer Bedeutung sein, da mit ihnen bestimmte Zustände oder vollständig ausgeführte Aktionen optisch vermittelt werden können. Denken Sie dabei beispielsweise an die Eingabe einer E-Mail-Adresse in ein Textfeld, bei der live im Hintergrund die Gültigkeit der Schreibweise überprüft wird. Bei korrektem Ausfüllen könnte nun ein weiteres Formularelement oder eine bisher versteckte Ebene eingeblendet werden.

Um mit `script.aculo.us` zu arbeiten, müssen Sie zunächst Prototype und dann die folgende Erweiterung im Kopfbereich des Dokuments einbinden.

```
<script src="lib/prototype.js" type="text/javascript"></script>
<script src="src/scriptaculous.js" type="text/javascript"></script>
```

Im Folgenden werden nun die wichtigsten Methoden von `script.aculo.us` vorgestellt. Darüber hinaus bietet diese Bibliothek noch einige vorgefertigte Komponenten, etwa ein Beispiel für das »Live«-Editieren von Elementen, auf die hier nicht näher eingegangen wird. Über die Webseite von `script.aculo.us` bleiben Sie stets auf dem aktuellen Stand, was die Beispiele und Komponenten angeht. Auch ein Blick auf die in der Distribution enthaltenen Beispiele ist zu empfehlen.

7.2.1 Ajax.InPlaceEditor

Die `Ajax.InPlaceEditor`-Klasse kann für das gezielte Aktualisieren einzelner Inhaltskomponenten verwendet werden. Ein entsprechend ausgestattetes Element wird dabei in einem Editierfeld geöffnet, in dem Sie die gewünschten Änderungen vornehmen können. Nach dem Speichern werden die Daten per AJAX an den Server mittels der `POST`-Methode gesendet. Die Syntax dazu stellt sich wie folgt dar.

```
new Ajax.InPlaceEditor( element, url, [options]);
```

Zunächst wird als Argument dasjenige Element erwartet, das editiert werden soll, gefolgt von der URL zur ausführenden Datei auf dem Server. Alle möglichen Optionen dieser Klasse werden als `Literal`-Objekt übergeben und sind optional. Als Rückgabewert dieser Klasse erhalten Sie den Response-Body der Serverantwort, die Sie gegebenenfalls weiterverarbeiten können.

---

6 http://script.aculo.us

Die möglichen Optionen dieser Klasse entnehmen Sie aus der folgenden Tabelle.

Option	Default	Beschreibung
okButton	true	Gibt über den booleschen Wert true an, ob ein Submit-Button im Editiermodus angezeigt werden soll.
okText	"ok"	Textwert des Submit-Buttons.
cancelLink	true	Gibt über den booleschen Wert true an, ob ein Link im Editiermodus ausgegeben werden soll, mit dem man das Editieren ohne speichern wieder beenden kann.
cancelText	"cancel"	Textlabel des Links zum Schließen des Editorfeldes.
savingText	"Saving..."	Text, der beim Speichern der Änderungen ausgegeben werden soll, während die Übertragung an den Server noch aktiv ist.
clickToEditText	"Click to edit"	Text des Tooltips, der beim verweilen mit der Maus auf dem zu editierende Element angezeigt werden soll.
formId	CSS-ID des Editorfeldes, ergänzt um den String »InPlaceForm«	CSS-ID des Editorfeldes
externalControl	null	CSS-ID des Elements, das für das Aktivieren des Editorfeldes dienen soll. Dies kann beispielsweise ein Link, eine Grafik oder ein Button sein.
rows	1	Große des Editorfeldes, bei mehrzeiliger Eingabe, gemäß dem rows-Attribut von textarea-Elementen.
onComplete	function(transport, element) {new Effect.Highlight(element, {startcolor: this.options.highlightcolor});}	Funktion, die bei einem erfolgreichen Speichern des neuen Inhalts ausgeführt werden soll.

Tabelle 7.25 Optionen der Ajax.InPlaceEditor-Klasse

Option	Default	Beschreibung
onFailure	function(transport) {alert("Error communicating with the server: " + transport.responseText.stripTags());}	Funktion, die bei einem Fehler beim Speichern des neuen Inhalts ausgeführt werden soll.
cols		Größe des Editorfeldes, bei mehrzeiliger Eingabe, gemäß dem cols-Attribute von Formularfeldern.
size		Größe des Editorfeldes, bei einzeiliger Eingabe, gemäß dem size-Attribute von textarea-Elementen.
highlightcolor	Ajax.InPlaceEditor.defaultHighlightColor	Der Farbwert für den Start des Higlight-Effekts.
highlightendcolor	#FFFFFF	Der Farbwert für das Ende des Higlight-Effekts.
savingClassName	inplaceeditor-saving	CSS-Klassennamen für das Infofenster während des Speichervorgangs.
formClassName	inplaceeditor-form	CSS-Klassennamen für das Editorfeld.
hoverClassName	inplaceeditor-hover	CSS-Klassennamen für einen Hover-Effekt, sobald der Anwender mit der Maus über den editierbaren Bereich streift.
loadTextURL	null	Erwartet die URL einer Datei auf dem Server, die den Text für das Editierfeld zurückliefert und anstelle des angezeigten Inhalts ausgibt. Dies kann beispielsweise sinnvoll sein, wenn der bisherige Inhalt vor dem Editieren vom Server bearbeitet werden soll, etwa um spezielle Formatierungen anzubringen.
loadingText	"Loading..."	Text, der während des Ladevorgangs der Option loadTextUrl angezeigt wird.

Tabelle 7.25 Optionen der Ajax.InPlaceEditor-Klasse (Forts.)

Option	Default	Beschreibung
callback	function(form) {Form.serialize(form)}	
submitOnBlur	false	Sofern diese Option den booleschen Wert true besitzt, werden die Daten des Editorfelds an den Server geschickt, sobald der Anwender den Focus von diesem Feld nimmt.
ajaxOptions	{}	Weitere gewünschte AJAX-Optionen gemäß der Prototype-Spezifikation.

Tabelle 7.25 Optionen der Ajax.InPlaceEditor-Klasse (Forts.)

Im folgenden Beispiel lässt sich der Inhalt des Absatzes mit der CSS-ID `edit` per Klick editieren. Die geänderten Daten werden nach dem Speichern an die Datei `remote.php` auf dem Server gesendet, mit der diese weiter verarbeitet werden können.

```
<p id="edit">Ein einfacher Beispieltext.</p>
<script type="text/javascript">
var editor = new Ajax.InPlaceEditor('edit', '/remote.php');
</script>
```

Zur Auswertung der Daten werden diese über die POST-Methode an den Server gesendet. In diesem Beispiel würden Sie die Daten beispielsweise mit `$_POST["editInPlaceForm"]` abrufen können. Für den reibungslosen Datenaustausch werden die Daten UTF-8 codiert an den Server gesendet. Sie können die Methode `dispose()` dieser Klasse verwenden, um das Editieren eines Elements gezielt zu deaktivieren, beispielsweise nach dem ersten Speichern. Dazu benötigen Sie eine Objektreferenz, über die Sie diese Methode ausführen. Im vorherigen Beispiel wurde in der Variablen `editor` eine Objektreferenz für ein Element abgelegt.

```
editor.dispose();
<a href="#" onclick="editor.dispose();return false;">dispose()</a>
```

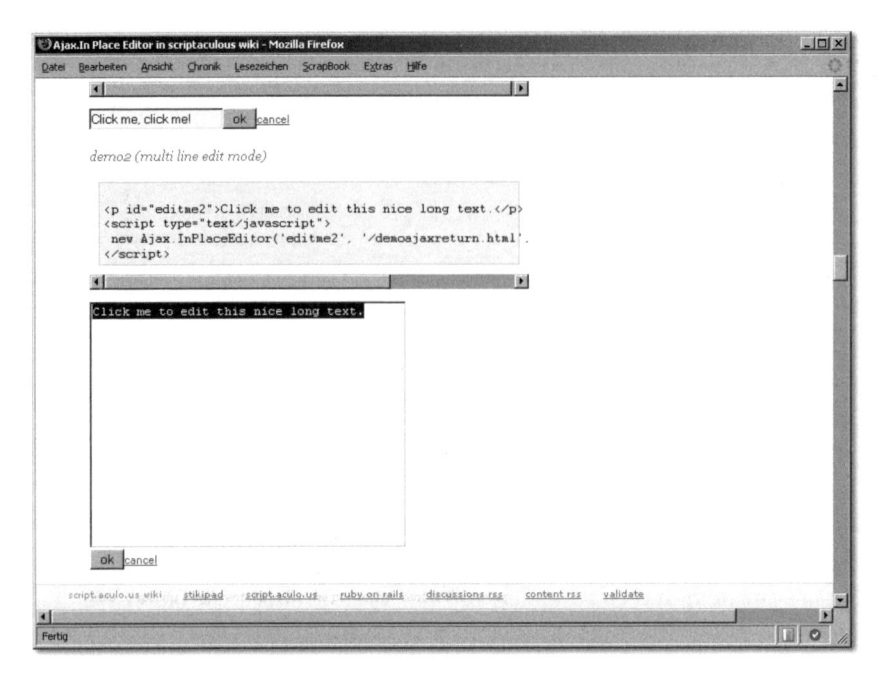

Abbildung 7.17 Beispiel des Editors im script.aculo.us-Wiki

7.2.2 Ajax.InPlaceCollectionEditor

Im Unterschied zur zuvor beschriebenen Klasse bietet Ihnen die `Ajax.InPlaceCollectionEditor`-Klasse die Möglichkeit, eine Auswahlliste für Änderungen anzubieten. Typischerweise wird dies bei Elementen mit auswählbaren Inhalten zum Einsatz kommen. Diese Klasse besitzt die gleichen Optionen wie die `Ajax.InPlaceEditor`-Klasse. Die Syntax sieht wie folgt aus.

```
new Ajax.InPlaceCollectionEditor(
    element, url, { collection: [array], [options]}
);
```

Neu ist hier die Option `collection`, über die Sie die gewünschten Auswahlelemente als verschachteltes Array in der Form `value/key` einbinden. Das folgende Beispiel zeigt eine praktische Anwendung dieser Klasse.

```
<p>Der Verdächtige trug eine <span id="color">rote</span> Jacke.</p>
<script type="text/javascript">
new Ajax.InPlaceCollectionEditor(
    'color', 'remote.html', {
    collection: [
        [0,'rote'],
        [1,'blaue'],
```

```
      [2,'gelbe']
   ]
});
</script>
```

Das Element mit der CSS-ID `color` wird dabei per Mausklick automatisch in ein Auswahlelement mit den Werten der Konfiguration umgewandelt.

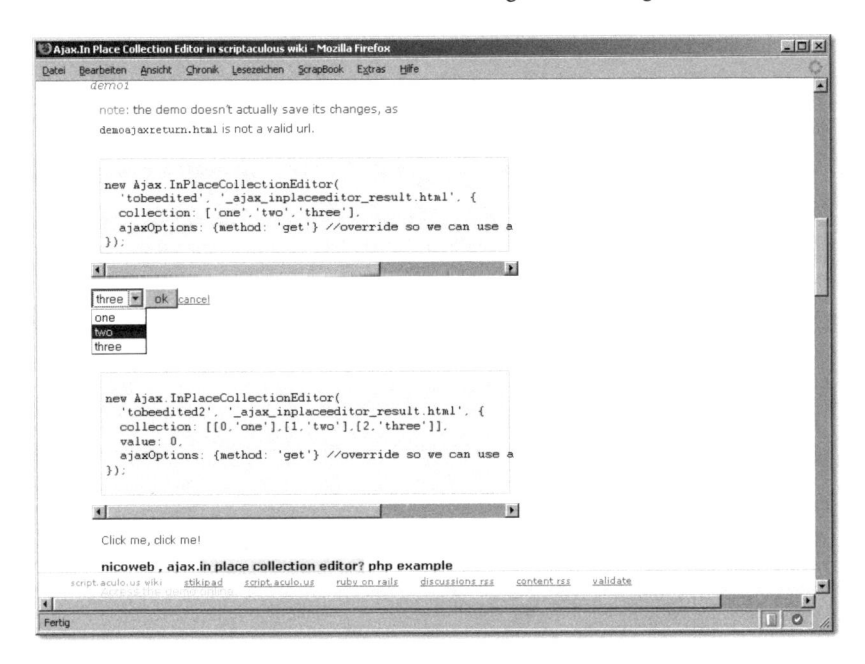

Abbildung 7.18 Beispiel des CollectionEditors im script.aculo.us-Wiki

7.2.3 Builder-Klasse

Seit der Einführung des DOM haben sich dem Webentwickler neue Möglichkeiten erschlossen, die früher nicht denkbar waren. Die Programmierung ist dafür aber auch komplizierter geworden und erfordert ein breiteres Wissen des Entwicklers. Das DOM bietet Methoden, um dynamische Inhalte zu erzeugen, die bei aufwändigen Strukturen allerdings umständlich anzuwenden sind. Dies ist auch ein Grund, warum sich viele Entwickler der innerHTML-Eigenschaft (siehe Kapitel 2, Abschnitt 2.2.1) bedienen, die aber nicht zum offiziellen Standard des W3C-DOM behört. Mithilfe der `Builder`-Klasse von script.aculo.us können Sie selbst komplexe Strukturen[7] auf einfache Weise W3C-konform erzeugen. Die Syntax dazu sieht folgendermaßen aus.

---

7 Unter http://www.ivy.fr/js/xml/index.html finden Sie eine ähnliche Lösung mit einer noch etwas einfacher anzuwendenden Syntax.

```
var n = Builder.node( elementName [, content [, attributes [,
children]]] );
$(element).appendChild(n);
```

Als Ruckgabewert der `Builder`-Klasse erhalten Sie das Fragment eines XHTML-Dokuments, das Sie anschließend mit der Methode `appendChild()` an die gewünschte Stelle im aktuellen Dokument platzieren können. Die Bedeutung der Argumente wird in der folgenden Tabelle kurz erklärt.

Argument	Beschreibung
elementName	Name des XHTML-Elements, das erzeugt werden soll.
attributes	Die gewünschten Attribute, die für dieses Element erzeugt werden sollen. Fehlen diese Attribute, wird der Inhalt direkt erzeugt. Sofern auch der Inhalt fehlt, wird nur das Element selbst erzeugt, z. B. bei einer Trennlinien mit `Builder.node('hr')`.
Content	Der gewünschte Inhalt des Elements.
children	Bei verschachtelten Strukturen können Sie eine Liste weiterer Builder-Elemente übergeben, die wieder den selben Regeln dieser Klasse folgen.

Tabelle 7.26 Argumente der Builder-Klasse

Ein erstes einfaches Beispiel soll die praktische Anwendung dieser Klasse demonstrieren. Dazu wird ein Absatz mit Textinhalt erzeugt.

```
var n = Builder.node('p','Ein einfaches Beispiel.');
document.body.appendChild(n);
```

Um den Inhalt formatiert darzustellen, können Sie entsprechende Attribute verwenden. Um den Text in roter Schriftfarbe darzustellen, notieren Sie Folgendes.

```
var n = Builder.node('p',{style:'color:#ff0000'},'Ein einfaches
Beispiel.');
```

Etwas kompliziert wird das Ganze, wenn Sie tiefer verschachtelte Strukturen anlegen möchten. Um bei diesem Beispiel zu bleiben, soll das Wort »einfaches« in roter Schriftfarbe dargestellt werden und der restliche Text in schwarzer Farbe.

```
var n = Builder.node(
    'p',
    'Ein ',
    [
        Builder.node('span', { style:'color:#ff0000' }, 'einfaches '),
        'Beispiel.'
    ]
);
```

Möchten Sie den kompletten Inhalt des Absatzes in einer bestimmten Schriftgröße darstellen, müssen Sie dieses Beispiel leicht anpassen. Zusätzlich wird vereinbart, dass der mittlere Teil des Textes kleiner als der Hauptteil dargestellt wird.

```
var n = Builder.node(
    'p',
    {style:'font-size:50px'},
    [
        'Ein ',
        Builder.node(
            'span',
            {style:'color:#ff0000;font-size:20px'},
            'einfaches '
        ),
        'Beispiel.'
    ]
);
```

Abbildung 7.19 Dynamisch erzeugtes XHTML mithilfe der Builder-Klasse

Auf den ersten Blick mag diese Art der Notation kompliziert erscheinen. Sehen Sie sich zum Vergleich die Syntax für dieses Beispiel gemäß dem W3C-DOM an.

```
var p = document.createElement('p');
var txt_1 = document.createTextNode('Ein ');
p.appendChild(txt_1);
var s = document.createElement('span');
s.style.color = '#ff0000';
var txt_2 = document.createTextNode('einfaches ');
```

```
s.appendChild(txt_2);
p.appendChild(s);
var txt_3 = document.createTextNode('Beispiel.');
p.appendChild(txt_3);
```

Sie werden mir Recht geben, dass sich diese Schreibweise wesentlich komplizierter darstellt als die Variante mit der `Builder`-Klasse. Es ist nicht erstaunlich, weshalb man häufig auf die `innerHTML`-Eigenschaft zurückgreift. Auch ich verwende diese Eigenschaft gerne und häufig. Die `Builder`-Klasse stellt dazu eine echte Alternative dar. Im folgenden Beispiel wird aus der Datenstruktur eines verschachtelten Arrays eine einfache Tabelle erzeugt.

```
var numbers = [
    [1,2,3],
    [4,5,6],
    [7,8,9]
];

var table = Builder.node('table', {border:'1'});
numbers.each(function(data) {
    var tbody = Builder.node('tbody');
    var tr = Builder.node('tr');
    data.each(function(cell) {
        tr.appendChild(
            Builder.node('td',cell)
        );
    });
    tbody.appendChild(tr);
    table.appendChild(tbody);
});
```

Bei komplexen Anwendungen kann diese Klasse eine echte Bereicherung darstellen, da Sie mit relativ wenig Aufwand unterschiedliche Daten in XHTML nach Ihren Vorgaben überführen können. Für dynamische Strukturen, die beispielsweise aus einer Datenbank aktualisiert und in einer Tabelle angezeigt werden, sollten Sie die Verwendung dieser Klasse auf jeden Fall in Betracht ziehen.

7.2.4 Drag&Drop

Mithilfe von Drag&Drop können Sie mit der Maus einzelne Elemente einer Webseite bewegen. In früheren Tagen der Skript-Programmierung war diese Aufgabe gar nicht so leicht zu bewältigen. Seit dem DOM ist die Anwendung dafür aber wesentlich einfacher geworden, denn script.aculo.us bietet komfortable Möglichkeiten an, mit denen Sie robuste Drag&Drop-Konzepte umsetzen können. Für diese Aufgabe stehen Ihnen drei Klassen und deren Methoden zur Verfügung.

Klasse	Methode	Beschreibung
Draggable	Draggable()	Klasse, die ein mit der Maus bewegbares Element erzeugt.
	destroy()	Zerstört dieses Element wieder.
Droppable	add()	Erzeugt ein Element, auf das ein Element der Klasse Draggable gezogen werden kann.
	remove()	Entfernt dieses Element wieder.
Sortable	create()	Erzeugt sortierbare Elemente.
	destroy()	Zerstört diese Elemente wieder.
	serialize()	Serialisiert die Elemente zu einem String, der als Query-String übergeben werden kann.

Tabelle 7.27 Klassen und Methoden für das Drag&Drop-Konzept

Draggable

Über die Klasse Draggable() erweitern Sie ein Element, damit es mit der Maus bewegt werden kann. Die zugrunde liegende Syntax lautet:

```
new Draggable(element, options);
```

Als mögliche Argumente der Methode werden das Element und die gewünschten Optionen übergeben, die in der nachfolgenden Tabelle erklärt werden.

Option	Default	Beschreibung
handle	none	Mit dieser Option bestimmen Sie ein Element, das das »Draggen« aktiviert. Typischerweise ist dies ein untergeordnetes Element innerhalb des zu bewegenden Elements.
revert	false	Wenn dieser Wert auf true gesetzt ist, wird das Element am Ende des Drag-Vorgangs wieder an den Ausgangspunkt zurückgesetzt.
constraint	none	Hiermit bestimmen Sie, dass das Element nur vertikal oder horizontal bewegt werden kann.
change	none	Diese Option wird bei jedem Schritt der Bewegung ausgeführt und besitzt als Eigenschaften alle Optionen und deren aktuell gesetzten Eigenschaften der Draggable-Klasse.
starteffect	intern	Verhindert mit dem Wert false das Verblassen eines aktiven Elements (bisher undokumentiert).
endeffect	intern	Verhindert, dass mit dem Wert false das Verblassen eines aktiven Elements rückgängig gemacht werden kann (bisher undokumentiert).

Tabelle 7.28 Argumente der Draggable-Klasse

Mithilfe der angebotenen Optionen können Sie nun äußerst flexible Anwendungen erzeugen, wie Sie in Kapitel 8, *Praxisbeispiele*, noch sehen werden. Das hier folgende Beispiel zeigt eine einfache Umsetzung für das Bewegen eines Elements. Dabei werden die Optionen `change` und `handle` verwendet.

```
<html>
<head>
<title>JavaScript und Libraries</title>
<script src="lib/prototype.js" type="text/javascript"></script>
<script src="src/scriptaculous.js" type="text/javascript"></script>
<script type="text/javascript">
//<![CDATA[
onload=function()
{
    d = new Draggable(
        'bsp',
        {
            change:check,
            handle:innen
        }
    );
}
var check = function() {
    if (parseInt($('bsp').style.left) >= 300)
    {
        this.constraint = 'vertical';
    }
    if (parseInt($('bsp').style.top) >= 400)
    {
        d.destroy();
    }
}
//]]>
</script>
</head>
<body>

<div id="bsp" style="position:absolute;color:#ff0000;">
<pre>
+ ------ +
|        |
|        |
+ ------ <span id="innen" style="color:#0000ff;">+</span>
</pre>
```

```
</div>

</body>
</html>
```

Listing 7.7 Einfaches Drag&Drop eines Elements

Im Beispiel bestimmen Sie über die Option `handle`, dass das Element nur dann bewegt werden kann, wenn der Anwender auf das +-Zeichen klickt. An die Option `change` wird die Funktion `check()` gebunden, die die Bewegungsrichtung verändert, sobald die Eigenschaft des Elements `left >= 300` Pixel aufweist. Schließlich wird das `Draggable`-Objekt zerstört, sobald seine Eigenschaft `top >= 400` Pixel erreicht hat. Ein sogenanntes `handle` ist also ein Element, das für das Bewegen eines anderen oder übergeordneten Elements zuständig ist.

Darüber hinaus können Sie auf dieses Objekt noch zwei weitere, undokumentierte Eigenschaften anwenden. So ist es möglich, den Drag-Vorgang durch das Klicken der `ESC`-Taste zu unterbrechen. Beim Bewegen eines Elements mit der Maus werden Sie feststellen, dass dieses leicht verblasst und beim Beenden der Aktion langsam wieder seine ursprüngliche Form annimmt. Dieser Effekt wird auf Text und Grafik gleichermaßen ausgeführt. Sie können ihn unterbinden, indem Sie dem `Draggable`-Objekt als zusätzliche Optionen die Befehle `starteffect` und `endeffect` übergeben. Eine entsprechende Erweiterung des zuvor gezeigten Beispiels würde sich wie folgt darstellen.

```
var d = new Draggable(
    'bsp',
    {
        change:check,
        handle:innen,
        starteffect:false,
        endeffect:function() { alert('FINE'); }
    }
);
```

Die Option `starteffect` wird beim Anklicken des Elements mit der Maus aufgerufen und ist solange aktiv, bis die Maus wieder losgelassen wird, um anschließend die Option `endeffect` auszuführen. Sie können dabei entweder mit den boolschen Werten `true` und `false` arbeiten oder eine eigene Funktion hinterlegen. Letzteres sollte mit einem Deaktivieren der Option `starteffect` einhergehen, da ansonsten das Verblassen des Elements zur Verwirrung Ihrer Anwender führen könnte. Sie können das Verblassen des Elements auch innerhalb Ihrer eigenen Funktion wieder rückgängig machen. Dazu entnehmen Sie die entsprechende Codezeile aus der Bibliotheksdatei von script.aculo.us.

```
d = new Draggable(
    'bsp',
    {
        change:check,
        handle:innen,
        starteffect:false,
        endeffect:function()
        {
            new Effect.Opacity(
                'd',
                {duration:0.2, from:0.7, to:1.0}
            );
            ... weiterer Code ...
        }
    }
);
```

Auf diese Weise ist es möglich, äußerst flexible Draggable-Elemente in einer Anwendung zu implementieren.

Droppable

Die `Droppable`-Klasse ermöglicht es, Elemente einzubinden, die eine bestimmte Aktionen ausführen, sobald ein `Draggable`-Objekt in ihren Fokus gelangt. Diese Klasse kann beliebig viele Elemente mit unterschiedlichen Verhaltensmustern aufnehmen. Die Syntax dazu lautet:

```
Droppables.add(element, optionen);
```

Als mögliche Argumente der Methode werden das Element und die gewünschten Optionen übergeben, die in der nachfolgenden Tabelle erklärt werden.

Option	Default	Beschreibung
accept	none	Ein String oder ein Array mit den CSS-Klassen der Elemente, die eine Aktion herbeiführen sollen.
containment	none	Ein String oder ein Array mit den CSS-IDs der Elemente, die eine Aktion herbeiführen sollen.
overlap	none	Bestimmt, dass eine Aktion nur dann ausgeführt wird, wenn ein Element mindestens 50 % vertikal oder horizontal das Droppable-Element berührt.
onHover	none	Event, das ausgelöst wird, sobald ein Draggable-Objekt über ein Droppable-Objekt bewegt wird.
onDrop	none	Event, das ausgelöst wird, sobald ein Draggable-Objekt über einem Droppable-Objekt losgelassen wird.

Tabelle 7.29 Optionen der Droppable-Klasse

Im folgenden Beispiel werden einige Elemente als Boxen innerhalb eines Containers dargestellt. Diese können durch ein spezielles Element mit der CSS-ID kill zerstört werden. Das Zerstören erfolgt über den Effekt Effect.Puff (siehe weiter unten im Abschnitt) und wird über die Option onDrop ausgeführt. Die Elemente mit der CSS-ID kill und block können mit der Maus verschoben werden, mit dem Unterschied, dass kill nach dem Loslassen wieder an seinen ursprünglichen Platz zurückkehrt.

```
<html>
<head>
<title>JavaScript und Libraries</title>
<script src="lib/prototype.js" type="text/javascript"></script>
<script src="src/scriptaculous.js" type="text/javascript"></script>
<script type="text/javascript">
//<![CDATA[
window.onload=function()
{
    new Draggable('block');
    new Draggable('kill', { revert:true });
    var span = document.getElementsByTagName('p');
    for (var i=0; i<span.length; i++)
    {
        Droppables.add(
            span[i],
            {
                onDrop:function(element,drop)
                {
                    Effect.Puff(drop);
                }
            }
        );
    }
}
//]]>
</script>
<style type="text/css">
#block
{
    width:350px;
    background-color:#ffcc33;
    text-align: center;
    padding:15px;

}
```

7 | JavaScript und Libraries

```
#block p
{
    width:50px;
    height:50px;
    margin:3px;
    background-color:#ff9933;
    border: 1px solid #000;
    text-align: center;
    float: left;
}
</style>
</head>
<body>

<div id="block">
    <p id="b_1">1</p>
    ...
    <p id="b_1">2</p>
</div>
<div id="kill">[^@^]</div>

</body>
</html>
```

Listing 7.8 Einzelne Elemente können per Drop-Funktion gelöscht werden.

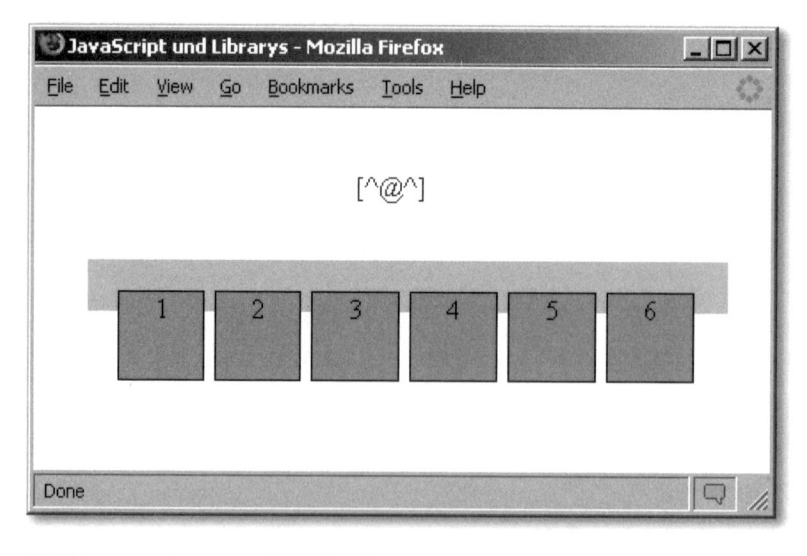

Abbildung 7.20 Die einzelnen Elemente werden gelöscht, sobald das dafür vorgesehene Element auf sie gezogen wird.

Damit Sie nicht jedes p-Element einzeln einer Draggable-Klasse zuweisen müssen, werden diese Elemente mithilfe der DOM-Methode getElementsByTagName() ermittelt und als Objekt über eine Schleife übergeben. Die internen Parameter element und drop stellen eine Referenz auf das Element dar, das das Event auslöst und das Element, auf das »gedroppt« wird.

Auch dabei können Sie ein Draggable-Element wieder deaktivieren, indem Sie mittels der Methode remove() alle entsprechenden Eigenschaften von einem Element entfernen.

```
var d = Droppables.add(element, optionen);
d.remove();
```

Slider

Mithilfe eines sogenannten Sliders können Sie einen Anwender bestimmte Einstellungen über einen Schieberegler vornehmen lassen; script.aculo.us bietet für diese Aufgabe die Control.Slider-Klasse an. Die Syntax dazu stellt sich wie folgt dar.

```
Control.Slider(slider, rahmen, [options]);
```

Im Grunde genommen benötigen Sie für den Slider ein Element und eines für den Rahmen, in dem der Slider geführt wird. Die möglichen Optionen dieser Klasse sind in der folgenden Tabelle dargestellt.

Option	Default	Beschreibung
axis	horizontal	Hiermit bestimmen Sie, in welcher Richtung der Slider bewegt werden kann. Mögliche Werte sind vertikal oder horizontal.
increment	1	
maximum	Länge des Rahmens	Maximaler Wert, an den der Slider bewegt werden kann, also <= Länge des Rahmens im horizontalen und <= Höhe des Rahmens im vertikalen Betrieb.
minimum	0	Minimaler Wert, an den der Slider bewegt werden kann, also der Anfang des Rahmens im horizontalen und der obere Anfang des Rahmens im vertikalen Betrieb.
range		Laufweite des Sliders Verwenden Sie dazu $R(min,max) von Prototype.
alignX	0	Fängt das Zählen des Sliderwertes im horizontalen Betrieb mit dem angegebenen Wert an.
alignY	0	Fängt das Zählen des Sliderwertes im vertikalen Betrieb mit dem angegebenen Wert an.

Tabelle 7.30 Optionen und Options-Funktionen der Control.Slider-Klasse

Option	Default	Beschreibung
sliderValue	0	Startwert des Sliders, also die Position im Rahmen.
disabled		Erwartet den booleschen Wert true, um den Slider zu deaktivieren, und false um ihn wieder zu aktivieren.
handleImage		Falls Sie eine Grafik für Ihren Slider verwenden, wird mit dieser Option die CSS-ID der Grafik angegeben. Diese Grafik wird bei aktivem Zustand des Sliders angezeigt.
handleDisabled		Falls Sie eine Grafik für Ihren Slider verwenden, wird mit dieser Option die CSS-ID der Grafik angegeben. Diese Grafik wird bei inaktivem Zustand des Sliders angezeigt.
values		Bestimmt die möglichen Werte des Sliders, auf die der Slider gezogen werden kann. Die gewünschten Werte werden dazu als Array-Elemente übergeben.
onSlide	Function	Rückgabefunktion, die ausgeführt wird, sobald der Slider mit der Maus bewegt wird. Als Argument gibt diese Methode den aktuellen Wert des Sliders zurück.
onChange	Function	Rückgabefunktion, die ausgeführt wird, soblad der Slider mit der Maus losgelassen wird. Als Argument gibt diese Methode den aktuellen Wert des Sliders zurück.

Tabelle 7.30 Optionen und Options-Funktionen der Control.Slider-Klasse (Forts.)

Das Erzeugen eines Sliders ist denkbar einfach. Dazu müssen Sie zunächst das GUI des Sliders erzeugen. In den folgenden Beispielen sind dies verschachtelte DIV-Elemente mit unterschiedlichen Hintergrundfarben. Der Rahmen, in dem sich der Slider bewegen kann, wird mit der CSS-ID rahmen erzeugt und der Slider selbst mit der CSS-ID slider, wobei die Namen natürlich frei wählbar sind. Sie können dabei auch Grafiken verwenden, worauf hierbei zugunsten einer einfachen Darstellung aber verzichtet wird. Im Folgenden wird unter der Slider-GUI noch ein Infofenster mit der CSS-ID info eingebunden, das die aktuellen Werte der Sliderposition anzeigt.

```
<div id="rahmen" style="width:400px;background-
color:#aaa;height:5px;">
    <div id="slider"
style="width:5px;height:5px;background:#f00;cursor:move;"></div>
</div>
<div id="info" style="padding-top:5px;"></div>
```

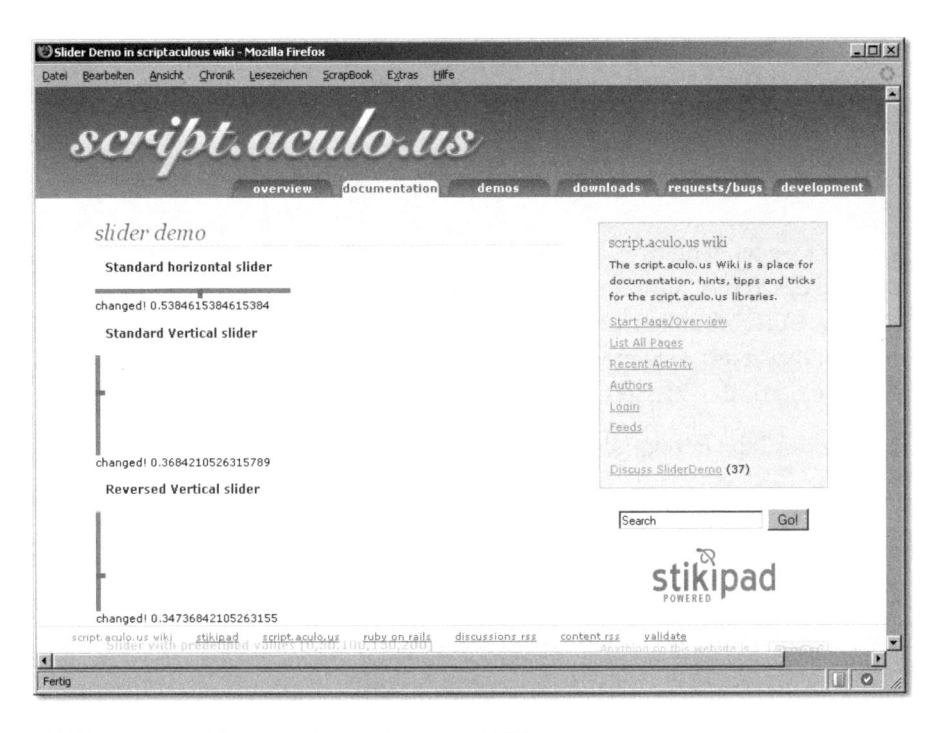

Abbildung 7.21 Slider-Demo im script.aculo.us-Wiki

Dieser Slider wird nun über die `Control.Slider`-Klasse mit entsprechender Funktionalität ausgestattet. Dazu werden die entsprechenden CSS-IDs zur Instanziierung mit den gewünschten Optionen übergeben. In diesem Beispiel wird eine Range von 20 Einheiten definiert, die mithilfe der `$R`-Funktion (siehe Abschnitt 7.1.9) von Prototype erzeugt wird. Über die Rückgabefunktionen `onSlide()` und `onChange()` der `Control.Slider`-Klasse können Sie den aktuellen Wert des Sliders auswerten und weiterverarbeiten. In diesem Fall werden die Werte entsprechend im Informationsfenster angezeigt.

```
<script>
new Control.Slider(
    'slider',
    'rahmen',
    {
        range: $R(0,20),
        onSlide:function(v)
        {
            $('info').innerHTML = 'In Aktion: '+v;
        },
        onChange:function(v)
```

```
        {
            $('info').innerHTML = 'Sliderwert: '+v;
        }
    }
);
</script>
```

Damit der Slider fehlerfrei arbeiten kann, muss die GUI bereits geladen sein, bevor Sie das Skript aufrufen. Dies erreichen Sie, indem Sie entweder das Skript nach der GUI einbinden, oder indem Sie mit dem `onload`-Event das `window`-Objekt initialisieren. Letzteres ist in jedem Fall notwendig, falls Sie die Methoden der `Control.Slider`-Klasse anwenden möchten.

Die folgende Tabelle zeigt die möglichen Methoden dieser Klasse in einer Kurzübersicht.

Methoden	Beschreibung
setValue	Rückt den Slider an die gewünschte Postion und aktualisert den Wert der Rückgabefunktion onChange().
setEnabled	Aktiviert den Slider.
setDisabled	Deaktiviert den Slider.

Tabelle 7.31 Methoden der Control.Slider-Klasse

Die Anwendung dieser Methoden erfolgt über eine Objektinstanz, was im folgenden Beispiel demonstriert wird. Beachten Sie dabei auch, dass nach dem Aufrufen der `setValue()`-Methode die Rückgabefunktion `onChange()` ausgeführt wird.

```
<div id="rahmen" style="width:400px;background-color:#aaa;height:5px;">
    <div id="slider" style="width:5px;height:5px;background:#f00;cursor:move;"></div>
</div>
<div id="info" style="padding-top:5px;"></div>
<p>
    <a href="#" onclick="s.setValue(12);">setValue(12)</a> :
    <a href="#" onclick="s.setEnabled();">setEnabled()</a> :
    <a href="#" onclick="s.setDisabled();">setDisabled()</a>
</p>
<script type="text/javascript">
Event.observe(window, 'load', function() {
    s = new Control.Slider(
        'slider',
        'rahmen',
```

```
            {
                range: $R(0,20),
                onSlide:function(value)
                {
                    $('info').innerHTML = 'In Aktion: '+ value;
                },
                onChange:function(value)
                {
                    $('info').innerHTML = 'Sliderwert: '+ value;
                }
            }
        );
});
</script>
```

Wie Sie bereits festgestellt haben, werden die Werte des Sliders als Float-Werte dargestellt. Falls Sie nur Ganzzahlen ausgeben möchten, können Sie die Werte mittels der Rückgabefunktion `onChange()`, mit geeigneten Mitteln umrechen. In diesem Beispiel wurde die Methode `toFixed()` des `Number`-Objekts von JavaScript verwendet, mit der Sie die Nachkommastellen einer Berechung bestimmten können.

```
onChange:function(value)
{
    $('info').innerHTML = 'Sliderwert: '+value.toFixed();
}
```

Dank der zahlreichen Optionen haben Sie viele Möglichkeiten, einen Slider nach Ihren Bedürfnissen anzupassen. Auf dem Wiki von script.aculo.us[8] finden Sie etliche Beispiele für mögliche Variationen eines Sliders.

Sortable

Mithilfe der `Sortable`-Klasse können Sie per Drag&Drop sortierbaren Inhalt anbieten. Typische Beispiele sind eine sortierbare Liste oder verschiebbare `div`-Blöcke, etwa in einem Puzzle. Zum Erzeugen von sortierbaren Elementen wird die folgende Syntax eingesetzt:

```
Sortable.create(container_id, optionen);
```

Sortierbare Elemente können über eine entsprechende Methode auch wieder deaktiviert werden. Dabei werden alle Parameter und Referenzen auf ein Element zerstört, nicht aber der Inhalt selbst.

---

8 http://wiki.script.aculo.us/scriptaculous/show/SliderDemo

```
Sortable.destroy(container_id);
```

Beim Erzeugen eines Elements mit der Methode `Sortable.create()` wird intern geprüft, ob das übergebene Element bereits sortierbar ist. Falls dies der Fall ist, wird die Methode `Sortable.destroy()` aufgerufen. Anschließend wird das sortierbare Element erneut erzeugt.

Bei der Verwendung dieser Klasse stehen Ihnen eine Reihe von Optionen zur Verfügung, deren Bedeutung Sie der folgenden Tabelle entnehmen können.

Option	Default	Beschreibung
tag	li	Bestimmt das XHTML-Tag der Kindelemente, die sortierbar sein sollen. Per Default ist dieser Wert auf li gesetzt, da hierbei das übergeordnete Tag eine ungeordnete (ul) oder geordnete (ol) Liste darstellt.
only		Bestimmt die CSS-Klasse der Elemente, für die das Draggen innerhalb des sortierbaren Elements möglich sein soll.
overlap	vertical	Bestimmt die Bewegungsrichtung (vertikal oder horizontal), für die eine Sortierung ermöglicht wird.
constraint	vertical	Hiermit bestimmen Sie, dass das Element nur vertikal oder horizontal bewegt werden kann. Wird diese Option auf den booleschen Wert false gesetzt, können Sie das Element frei bewegen.
containment		Ermöglicht das Verschieben unterschiedlicher sortierbarer Elemente. Dazu werden die entsprechenden CSS-IDs als Array übergeben.
handle		Mit dieser Option bestimmen Sie ein Element, das das Draggen aktiviert. Typischerweise ist dies ein untergeordnetes Element innerhalb des zu bewegenden Elements.
hoverclass		Bestimmt für ein erzeugtes Draggable-Element eine Klasse für einen CSS-Hover-Effekt.
ghosting	false	Über diese Option bestimmen Sie, dass das aktuell bewegte Element geklont wird. Das ursprüngliche Element bleibt solange an seinem alten Platz, bis der Drag-Vorgang beendet wird.
dropOnEmpty	false	Falls das sortierbare Element leer ist, wird es zu einem Droppable-Element erweitert, das wieder neue Elemente aufnehmen kann.

Tabelle 7.32 Optionen der Sortable-Klasse

Neben den möglichen Optionen können Sie zudem vordefinierte Funktionen aufrufen, über die Sie Einfluss auf die sortierbaren Inhalte nehmen. Dazu werden der entsprechenden Funktion die beabsichtigten Routinen zur Ausführung übergeben. Die angebotenen Funktionen sind in der folgenden Tabelle aufgeführt.

Funktion	Beschreibung
onChange	Diese Funktion wird ausgeführt, bevor die Animation startet.
onUpdate	Wird zu Beginn bei jedem Schritt der Animation bis zum Ende aufgerufen.

Tabelle 7.33 Funktionen der Sortable-Klasse

Die Möglichkeiten sortierbaren Inhalt einzurichten sind sehr vielfältig. Ein einfaches Beispiel für eine sortierbare Liste wird nachfolgend gezeigt:

```
<html>
<head>
<title>JavaScript und Libraries</title>
<script src="lib/prototype.js" type="text/javascript"></script>
<script src="src/scriptaculous.js" type="text/javascript"></script>
<script type="text/javascript">
//<![CDATA[
window.onload=function()
{
    Sortable.create(
        "liste_1",
        {
            constraint:false
        }
    );
}
//]]>
</script>
</head>
<body>

<ul id="liste_1" style="width:200px;color:#ff0000;">
    <li>Element 1 (Liste 1).</li>
    <li>Element 2 (Liste 1).</li>
    <li>Element 3 (Liste 1).</li>
</ul>

</body>
</html>
```

Listing 7.9 Beispiel einer einfachen sortierbaren Liste

Über die Option containment können Sie Beziehungen zwischen unterschiedlichen Listen herstellen. Dabei wird es möglich, Elemente von verschiedenen Listen miteinander auszutauschen. Um dies zu demonstrieren, wird das eben gezeigte Beispiel um eine zweite Liste erweitert.

```
<html>
<head>
<title>JavaScript und Libraries</title>
<script src="lib/prototype.js" type="text/javascript"></script>
<script src="src/scriptaculous.js" type="text/javascript"></script>
<script type="text/javascript">
//<![CDATA[
window.onload=function()
{
    Sortable.create(
        "liste_1",
        {
            dropOnEmpty:true,
            constraint:false,
            containment:["liste_1","liste_2"],
            handle:'drag'
        }
    );
    Sortable.create(
        "liste_2",
        {
            dropOnEmpty:true,
            constraint:false,
            containment:["liste_1","liste_2"]
        }
    );
}
//]]>
</script>
</head>
<body>

<ul id="liste_1" style="width:200px;color:#ff0000;">
    <li><span class="drag">E</span>lement 1 (Liste 1).</li>
    <li>Element 2 (Liste 1).</li>
    <li>Element 3 (Liste 1).</li>
</ul>

<ul id="liste_2" style="width:200px;color:#00ff00;">
    <li>Element 1 (Liste 2).</li>
```

```
    <li>Element 2 (Liste 2).</li>
    <li>Element 3 (Liste 2).</li>
</ul>

</body>
</html>
```

Listing 7.10 Sortierbare Listen, deren Inhalte untereinander ausgetauscht werden können

In diesem Beispiel können Sie die Elemente der ersten und zweiten Liste untereinander austauschen, da für beide Listen die Option `containment` angegeben wurde. Beachten Sie auch, dass beim Verwenden von `containment` alle betroffenen Listen angegeben werden müssen. Listen, die nicht übergeben wurden, können dann zwar verschoben, aber nicht sortiert werden.

Über die Option `dropOnEmpty` mit dem booleschen Wert `true` ist es möglich, eine leere Liste wieder mit Inhalt zu füllen, falls diese komplett verschoben wurde. Darüber hinaus wurde für das Element 1 der ersten Liste bestimmt, dass dieses nur über das Draggen auf den enthaltenen Buchstaben »E« bewegt werden kann. Dies wird über die Option `handle` erreicht, die als Wert den Namen einer Klasse benötigt, die diese Aktion ausführen soll.

Abbildung 7.22 Ein Element aus einer Liste wird in die zweite Liste gezogen.

Ein abschließendes Beispiel soll die Anwendung auf einen `div`-Container mit `span`-Elementen zeigen.

```
<html>
<head>
<title>JavaScript und Libraries</title>
<script src="lib/prototype.js" type="text/javascript"></script>
<script src="src/scriptaculous.js" type="text/javascript"></script>
<script type="text/javascript">
//<![CDATA[
window.onload=function()
```

```
{
    Sortable.create(
        "block",
        {
            tag:'p',
            constraint:false
        }
    );
    new Draggable('block');
}
//]]>
</script>
<style type="text/css">
#block
{
    width:350px;
    height:350px;
    background-color:#ffcc33;
    text-align: center;
    padding:15px;

}
#block span
{
    width:100px;
    height:100px;
    margin:3px;
    background-color:#ff9933;
    border: 1px solid #000;
    text-align: center;
    float: left;
}
</style>
</head>
<body>

<div id="block">
    <span>1</span>
    ...
    <span>9</span>
</div>

</body>
</html>
```

Listing 7.11 Beispiel eines bewegbaren Elements mit sortierbaren Listen als Inhalt

Der Container mit der CSS-ID `block` kann bewegt werden, und die darin enthaltenen Inhalte sind beliebig sortierbar.

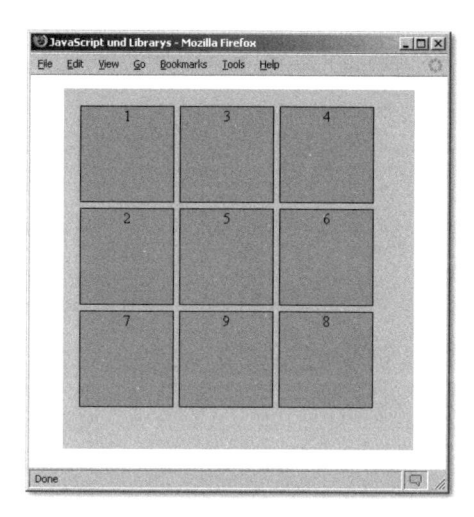

Abbildung 7.23 Sortierbare Elemente eines bewegbaren Elements

Sortable.Serialize

Für die Arbeit mit Listen unter PHP und AJAX finden Sie unter dem Titel »Script.aculo.us Lists with PHP«[9] eine einfach anzuwendende PHP-Klasse. Dabei wird intern die Methode `Sortable.serialize()` verwendet, um die Sortierung von Listen serverseitig abzuspeichern.

Mithilfe dieser Methode ist es möglich, Daten zu einem String zusammenzuführen, der für einen HTTP-Request optimiert ist. Die Syntax dazu sieht folgendermaßen aus:

```
var poststring = Sortable.serialize(container_id, optionen);
```

Die möglichen Optionen dazu entnehmen Sie der nachfolgenden Tabelle.

Option	Beschreibung
tag	Bestimmt das XHTML-Tag der Kindelemente des übergeordneten Elements, das für die Serialisierung verwendet werden soll. Auf diese Weise können Sie einzelne XHTML-Tags gezielt von der Serialisierung ausschließen.
name	Damit bestimmen Sie den Namen für den Schlüssel der key/value-Paare des Query-Strings. Falls Sie dazu keine Angabe machen, wird als Schlüssel der Name der CSS-ID des entsprechenden Elements verwendet.

Tabelle 7.34 Optionen von Sortable.Serialize

---

9 http://www.gregphoto.net/sortable/

Damit Sie einen auswertbaren Query-String erhalten, müssen Sie für jedes sortierbare Element eine spezielle CSS-ID einbinden. Die Notation dazu lautet `string_value`, wobei die Angabe für `value` als Wert der einzelnen Parameter im Query-String dient. Das eben gezeigte Beispiel müssen Sie für diese Methode wie folgt erweitern.

```
<div id="block">
    <span id="b_1">1</span>
    <span id="b_2">2</span>
    <span id="b_3">3</span>
    <span id="b_4">4</span>
    <span id="b_5">5</span>
    <span id="b_6">6</span>
    <span id="b_7">7</span>
    <span id="b_8">8</span>
    <span id="b_9">9</span>
</div>
```

Über die Methode `Sortable.serialize()` erhalten Sie nun den folgenden String, der als Query-String oder in einer Funktion weiter verwendet werden kann.

```
var query = Sortable.serialize("block", { tag:'span' });
```

Der Query-String besitzt nun den folgenden Inhalt für die weitere Verwendung.

```
block[]=1&block[]=2&block[]=3&block[]=4&block[]=5&block[]=6&block[]=7&block[]=8&block[]=9
```

Mit der eingangs erwähnten PHP-Klasse kann dieser Query-String nun auf einfache Weise in Ihren Anwendungen weiterverwendet werden.

7.2.5 Visuelle Effekte

Für visuelle Effekte bietet script.aculo.us ein ausgereiftes Framework, das interessante und spektakuläre Aktionen erlaubt. Dabei werden über fünf grundlegende Effekte diverse kombinierte Effekte realisiert, wie beispielsweise das Verpuffen eines Elements. Durch die gut durchdachte Programmlogik ist es damit auch möglich, neben den angebotenen Effekten auch eigene Ideen umzusetzen. Für zusätzliche Effekte von Anwendern bietet script.aculo.us einen eigenen Bereich[10] an, über den Sie Ihre Ideen mit anderen Interessierten teilen können.

---

[10] http://wiki.script.aculo.us/scriptaculous/show/EffectsTreasureChest

Zur Arbeitsweise der Effekte ist es wichtig zu wissen, dass diese nicht Frame-orientiert ablaufen, sondern in Echtzeit dargestellt werden. Dies bedeutet, dass die Angabe einer Effektdauer von zwei Sekunden auch nur zwei Sekunden Anzeige ergibt, auch wenn der Browser zum Darstellen der Effekte unter Umständen länger benötigen würde. In diesem Fall würde die Animation sofort zu ihrem Endpunkt springen. Dies sollte aber in den wenigsten Fällen ein Problem sein, da der JavaScript-Code bereits im Browsercache vorgehalten wird.

Die jeweiligen Effekte können entweder direkt über ein Event oder über ein Skript selbst aufgerufen werden. Das folgende Beispiel zeigt exemplarisch das Prinzip einer Anwendung.

```
<div onclick="(new) Effect.Methode(element, [parameter],
optionen);">
... Inhalt ...
</div>
```

Grundeffekte

Die fünf Grundeffekte sind die Basis für alle Effekte von `script.aculo.us`. Das Initialisieren eines Effekts wird aus der Syntax der Grundeffekte abgeleitet und sieht wie folgt aus.

```
new Effect.EffectName(element, parameter, optionen);
```

Als Element kann die CSS-ID oder direkt ein DOM-Objekt übergeben werden. Nicht alle Effekte erwarten Parameter. Falls diese aber möglich sind, müssen sie in der Regel auch gesetzt werden. Mögliche Optionen für einen Effekt sind globale Angaben (für alle Effekte verfügbar) und spezielle Möglichkeiten für den jeweiligen Effekt. Das Einbinden von Optionen erfolgt über das bereits bekannte `Literal`-Objekt. Beachten Sie dabei auch, dass die Grundeffekte über das Schlüsselwort `new` einzubinden sind, da diese zunächst als Objekt initialisiert werden müssen.

Die folgende Tabelle zeigt die globalen Optionen, die für alle Effekte gleichermaßen verfügbar sind.

Option	Default	Beschreibung
duration	1.0	Dauer des Effekts in Sekunden
fps	25	Anzahl der Wiederholungen einer Animation pro Sekunde. Der Wert kann hier maximal 100 betragen. Ein höherer Wert bewirkt eine weichere Animation zu Lasten einer höheren Rechenzeit.

Tabelle 7.35 Globale Optionen aller Effekte

Option	Default	Beschreibung
transition		Ruft einen Effekt auf, der den aktuellen Schritt der Animation beeinflusst. Der Effekt wird über die Notation Effect.Transitions.[Effekt] aufgerufen. Dazu stehen Ihnen die folgenden Möglichkeiten zur Verfügung: sinoidal: Animation einer Sinuskurve linear: gleichmäßige Animation reverse: Die Animation wird hierbei rückwärts ausgeführt. wobble: Während der kompletten Animation wird das Element wabernd dargestellt. flicker: Während der kompletten Animation wird das Element flackernd dargestellt.
from	0.0	Bestimmt den Startpunkt des zusätzlichen Effekts über die Option transition. Der Wert dazu kann zwischen 0.0 und 1.0 liegen.[11]
to	1.0	Bestimmt den Endpunkt des zusätzlichen Effekts über die Option transition. Der Wert dazu kann zwischen 1.0 und 0.0 liegen.

Tabelle 7.35 Globale Optionen aller Effekte (Forts.)

Neben den möglichen Optionen können Sie zudem vordefinierte Funktionen aufrufen, über die Sie Einfluss auf einen Effekt nehmen. Dazu übergeben Sie der entsprechenden Funktion die beabsichtigten Routinen zur Ausführung. Die möglichen Funktionen sind in der folgenden Tabelle aufgeführt.

Funktion	Beschreibung
beforeStart	Diese Funktion wird ausgeführt, bevor die Animation startet.
beforeUpdate	Wird zu Beginn bei jedem Schritt der Animation bis zum Ende aufgerufen.
afterUpdate	Wird am Ende eines jeden Schrittes der Animation aufgerufen.
afterFinish	Hier erfolgt der Aufruf am Ende der Animation.

Tabelle 7.36 Funktionen für das individuelle Anpassen eines Effekts

Darüber hinaus haben Sie noch Zugriff auf die Eigenschaften der erzeugten Objekte. Diese liefern nützliche Informationen für eine weitere Verwendung. Auf diese Eigenschaften kann lesend und schreibend zugegriffen werden. Die folgende Tabelle zeigt die vorhandenen Eigenschaften.

---

[11] Dabei stellt 1.0 die volle Deckkraft des Elements dar und 0.0 die höchste Transparenz (also nicht mehr sichtbar). Die Werte dazwischen stellen die jeweilige Transparenz dar, zum Beispiel bedeutet der Wert 0.5 eine Transparenz von 50 %.

Eigenschaft	Beschreibung
effect.element	Das Element, das einem Effekt zugewiesen wurde. Über diese Eigenschaft haben Sie Zugriff auf alle Eigenschaften des Elements.
effect.options	Mit dieser Eigenschaft können Sie auf die Optionen eines Effekts zugreifen und diese verändern.
effect.currentFrame	Die Nummer des letzten gerenderten Frames der Animation.
effect.startOn	Die Zeit in Millisekunden, zu der ein Effekt gestartet wurde.
effect.finishOn	Die Zeit in Millisekunden, in der ein Effekt beendet wird.
effect.effects[]	Arbeitet in Verbindung mit Effect.Parallel und gibt ein Array mit allen verwendeten Effekten zurück.

Tabelle 7.37 Eigenschaften eines Effekts

Das Auslesen von Eigenschaften ist unter Umständen etwas verwirrend. Wenn Sie einen Effekt an eine Variable binden, kann das Ausführen des Effekts über den Namen der Variablen erfolgen. Das folgende Beispiel zeigt den Zugriff auf diese Methoden.

```
var bsp = Effect.EffectName(element, parameter, optionen);
alert(bsp.element.id);
if (bsp.options.fps <= 50) bsp.options.fps = 100;
```

Für den Zugriff auf die Methoden mithilfe der Funktionen innerhalb der Effekte ist es erforderlich, eine Referenz auf den Effekt zu übergeben. Ein Beispiel dazu kann wie folgt aussehen.

```
Effect.EffectName(element, {
        afterFinish:function(effect){alert(effect.element);}
     }
);
```

Nachdem nun die Grundlagen für den Einsatz der Effekte erläutert wurden, werden im Folgenden die einzelnen Möglichkeiten kurz vorgestellt.

Effect.Opacity

Mit diesem Effekt können Sie die Transparenz eines Elements beeinflussen. Damit dieser Effekt im Microsoft Internet Explorer korrekt arbeitet, muss das Layout für das betroffene Element mit wichtigen Merkmalen wie der Breite oder der Höhe festgelegt werden.[12]

```
new Effect.Opacity(element, optionen);
```

---

12 http://wiki.script.aculo.us/scriptaculous/show/GivingElementsLayout
http://www.satzansatz.de/cssd/onhavinglayout.html
http://msdn.microsoft.com/workshop/author/filter/reference/filters/alpha.asp

Der Effekt besitzt keine eigenen Parameter oder Optionen. Eine mögliche Umsetzung könnte so aussehen:

```
new Effect.Opacity('css-id',
    {
        duration: 1.0,
        transition: Effect.Transitions.linear,
        from: 1.0,
        to:   0.1
    }
);
```

Effect.MoveBy

Mit diesem Effekt können Sie ein Element jeweils schrittweise in Pixel auf der x/y-Achse, ausgehend von der aktuellen Position, am Bildschirm bewegen.

```
new Effect.MoveBy(element, x, y, optionen);
```

Als zusätzliche Parameter werden hierbei die Angaben für das Bewegen auf den jeweiligen Achsen in Pixel benötigt. Das folgende Beispiel bewegt das Element von der aktuellen Position um 300 Pixel nach unten (`style.top`) und 150 Pixel nach rechts (`style.left`).

```
new Effect.MoveBy('ziel', 300, 150,
    {
        transition: Effect.Transitions.wobble
    }
);
```

Effect.Parallel

Mithilfe dieses speziellen Effekts können Sie einen oder mehrere Effekte kombinieren. Dabei werden alle zugewiesenen Effekte gleichzeitig ausgeführt, womit sich interessante Möglichkeiten ergeben.

```
new Effect.Parallel([array von Effekten], optionen);
```

Als Beispiel dazu dient der Effekt `Effect.DropOut`, der ebenfalls über diese Möglichkeit umgesetzt wird. Er blendet ein Element langsam aus, indem er die Transparenz schrittweise verringert und das Element nach unten bewegt, bis es verschwindet.

```
new Effect.Parallel(
    [
        new Effect.MoveBy(
            'css-id',
```

```
            100,
            0,
            { sync: true }
        ),
        new Effect.Opacity(
            'css-id',
            { sync: true, to: 0.0, from: 1.0 }
        )
    ],
    {
        duration: 0.5,
        afterFinish: function(effect)
        {
            Element.hide(effect.effects[0].element);
        }
    }
);
```

Effect.Highlight

Dieser Effekt bewirkt ein kurzes Blinken (Flash) des Hintergrunds eines Elements. Dabei wird von einer Startfarbe zu einer Endfarbe in einzelnen Farbschritten überblendet. Typischerweise wird diese Möglichkeit in AJAX-Anwendungen zum Einsatz kommen, um beispielsweise eine erfolgreiche Aktion optisch darzustellen.

```
new Effect.Highlight(element, optionen);
```

Für die Anwendung stehen Ihnen neben den üblichen Optionen drei weitere zur Verfügung, die Sie der folgenden Tabelle entnehmen können.

Option	Beschreibung
startcolor	Setzt die Startfarbe für diesen Effekt. Als Default ist hier der Farbwert #ffff99 (ein helles Gelb) eingestellt.
endcolor	Setzt die Endfarbe für diesen Effekt. Als Default ist hier der Farbwert #ffffff (Weiß) eingestellt. Dieser Wert sollte üblicherweise den Wert der Hintergrundfarbe des Elements erhalten.
restorecolor	Der Farbwert, der am Ende des Effekts für die Hintergrundfarbe des Elements gesetzt werden soll. Per Default ist hierbei die aktuelle Hintergrundfarbe des Elements gesetzt.

Tabelle 7.38 Spezielle Optionen von Effect.Highlight

Es ist wichtig zu wissen, dass dieser Effekt zur Wiederherstellung der ursprünglichen Hintergrundfarbe des Elements versucht, den Ausgangswert zu ermitteln.

Dies kann nur dann erfolgreich sein, wenn dieser Wert als RGB-Tripel notiert wurde, z. B. `rgb(0, 255, 0)`. Andernfalls wird ein verfälschter Wert benutzt.

```
new Effect.Highlight(
    'ziel',
    {
        startcolor:    '#ccffff',
        endcolor:      '#0000ff',
        restorecolor:  '#cc0033'
    }
);
```

Effect.Scale

Dieser Effekt ermöglicht das automatische Skalieren eines Elements, indem er die Breite und/oder Höhe entsprechend den Vorgaben in einzelnen Schritten animiert anpasst. Dabei werden auch Texte mitskaliert, sofern als Maßeinheit `em` verwendet wird.

```
new Effect.Scale(element, prozent, optionen);
```

Der Parameter `prozent` bestimmt das Verhältnis für das Skalieren eines Elements. Dabei bedeutet ein Wert von 100 die Originalgröße, 200 die doppelte Größe etc. Sie können das Element auch schrumpfen lassen, indem Sie beispielsweise 50 für die halbe Originalgröße als Wert angeben. Neben den üblichen Optionen besitzt dieser Effekt weitere Anpassungsmöglichkeiten, die Sie der folgenden Tabelle entnehmen.

Option	Beschreibung
`scaleX`	Bestimmt, ob das Element horizontal skaliert werden soll. Per Default ist dieser Wert auf `true` gesetzt.
`scaleY`	Bestimmt, ob das Element vertikal skaliert werden soll. Per Default ist dieser Wert auf `true` gesetzt.
`scaleContent`	Bestimmt, ob der Inhalt des Elements mitskaliert werden soll. Per Default ist dieser Wert auf `true` gesetzt.
`scaleFromCenter`	Ist diese Option auf `true` gesetzt, wird das Element von seiner Mitte aus skaliert. Es bleibt also mit seinem Zentrum an der gleichen Position in der Seite. Damit diese Option korrekt arbeitet, müssen Sie das Element mit der CSS-Eigenschaft `position: (absolute|relative)` auszeichnen. Per Default ist der Wert auf `false` gesetzt.

Tabelle 7.39 Spezielle Optionen von Effect.Scale

Option	Beschreibung
scaleMode	Falls einzelne Inhalte eines Elements über die CSS-Eigenschaft `overflow: hidden` verborgen wurden, können Sie mit dieser Option und dem Wert `true` erzwingen, dass auch diese Inhalte ebenfalls sofort sichtbar skaliert werden. Per Default ist dieser Wert auf `false` gesetzt.
scaleFrom	Bestimmt den Startpunkt des Skaliervorgangs. Per Default ist dieser Wert auf 100.0 gesetzt (100 %).

Tabelle 7.39 Spezielle Optionen von Effect.Scale (Forts.)

Das folgende Beispiel skaliert das gewünschte Element von seinem Zentrum aus, wobei der Inhalt in der Größe unverändert bleibt. Die Framerate wird auf den Wert 75 hochgesetzt, was einen weicheren Effekt zur Folge hat.

```
new Effect.Scale('css-id',
    300,
    {
        fps:75,
        scaleFromCenter:true,
        scaleContent:false
    }
);
```

7.2.6 Kombinationen

Hierbei handelt es sich um Effekte, die mittels der Grundeffekte in Kombination mit ihren umfangreichen Optionen und Möglichkeiten erzeugt werden. Die grundlegende Arbeitsweise ist die gleiche wie bei den Grundeffekten, und zwar inklusive der möglichen Optionen, internen Funktionen und Eigenschaften. Denken Sie auch daran, dass Sie durch die geschickte Kombination von Grundeffekten und dem Effekt `Effect.Parallel` eigene Animationen erzeugen können. Bei der Anwendung gilt es zudem zu beachten, dass der gewünschte Effekt ohne das Schlüsselwort `new` ausgeführt wird.

Effect.Appear

Mit diesem Effekt können Sie ein Element, das bisher über die CSS-Eigenschaft `display:none` unsichtbar war, zur Anzeige einblenden. Dazu wird die Transparenz schrittweise bis auf 100 % erhöht, womit sich ein weicher Effekt ergibt.

```
Effect.Appear('css-id', optionen);
```

Neben den üblichen Optionen können Sie bei diesem Effekt insbesondere mit den Einstellungen von `Effect.Opacity` das Einblenden kontrollieren. Im folgenden Beispiel wird ein unsichtbares Element langsam wieder eingeblendet. Am Ende der Animation wird abschließend der Effekt `Effect.Highlight` ausgeführt.

```
Effect.Appear('css-id',
    {
        duration: 8.0,
        afterFinish:function()
        {
            new Effect.Highlight('css-id');
        }
    }
);
```

Effect.Fade

Das Gegenteil von `Effect.Appear` erreichen Sie mit diesem Effekt. Er blendet ein sichtbares Element in einzelnen Schritten aus. Auch hierbei haben Sie wieder über die Optionen von `Effect.Opacity` Einfluss auf den Effekt des Ausblendens.

```
Effect.Fade('css-id', optionen);
```

Das Beispiel zu diesem Effekt blendet ein Element über einen zusätzlichen Effekt aus, der das Element solange flackern lässt, bis es verschwunden ist.

```
Effect.Fade('ziel',
    {
        transition: Effect.Transitions.flicker
    }
);
```

Effect.Puff

Dieser Effekt vermittelt die Illusion, dass ein Element ins Nichts verpufft, ähnlich wie das Auflösen eines Nebels.

```
Effect.Puff('css-id', optionen);
```

In der Beispielanwendung verpufft ein Element, um anschließend wieder mit neuem Inhalt eingeblendet zu werden. Auf das Element wird dabei über die `$()`-Funktion von Prototype zugegriffen.

```
Effect.Puff('ziel',
    {
        afterFinish:function()
        {
            Effect.Appear('ziel');
            $('ziel').innerHTML = 'Was sollte das eben?';
        }
    }
);
```

Effect.DropOut

Hiermit wird bewirkt, dass ein Element nach unten bewegt und dabei gleichzeitig ausgeblendet wird.

`Effect.DropOut('css-id', optionen);`

Im folgenden Beispiel wird dieser Effekt über die Option `duration` verlangsamt, sodass die Ausführung zehn Sekunden lang anhält. Bevor die Animation startet, wird der Inhalt um einen zusätzlichen Textknoten ergänzt, der den Anwender auf eine bevorstehende Aktion hinweisen soll.

```
Effect.DropOut(
    'css-id',
    {
        duration:10.0,
        beforeStart:function()
        {
            setTimeout(
                "$('css-id').innerHTML += '<p>Jetzt gehts gleich
                                    los!</p>'",
                700
            );
        }
    }
);
```

Effect.Shake

Mit diesem Effekt bewirken Sie, dass ein Element hin und her geschüttelt wird. Dabei wird es für kurze Zeit mit Tempo von links nach rechts bewegt, womit die Illusion des Schüttelns hervorgerufen wird.

`Effect.Shake('css-id');`

Zum aktuellen Stand von script.aculo.us besitzt dieser Effekt keine weiteren beeinflussbaren Optionen.

Effect.SwitchOff

Dieser Effekt bewirkt das Ausblenden eines Elements, indem es nach unten verblassend wegbewegt wird und schließlich ganz verschwindet. Dabei wird abschließend der Inhalt nach oben gerückt.

`Effect.SwitchOff('css-id');`

Zum aktuellen Stand von `script.aculo.us` besitzt dieser Effekt keine weiteren beeinflussbaren Optionen.

Effect.BlindDown

Mit diesem Effekt bewirken Sie das Gegenteil von `Effect.SwitchOff`. Ein bisher unsichtbares Element kann damit eingeblendet werden, indem es in einzelnen Schritten nach unten in den sichtbaren Bereich ausgefahren wird. Der Inhalt der Seite wird entsprechend aufgerückt. Von den Grundeffekten und Funktionen werden alle Möglichkeiten unterstützt.

```
Effect.BlindDown('css-id', optionen);
```

Effect.BlindUp

Mit diesem Effekt bewirken Sie, dass ein sichtbares Element von unten nach oben in einzelnen Schritten ausgeblendet wird.

```
Effect.BlindUp('css-id', optionen);
```

Effect.SlideDown

Dieser Effekt hat zur Folge, dass ein unsichtbares Element von oben nach unten in sanften Schritten in den sichtbaren Bereich ausgefahren wird. Der Inhalt einer Seite wird dadurch aufgebläht.

```
Effect.SlideDown('css-id', optionen);
```

Damit dieser Effekt auch bei Elementen mit eingebundenem Inhalt korrekt arbeitet, muss ein zusätzliches `div`-Tag eingebunden werden.

```
<div id="css-id">
    <div>... Inhalt ...</div>
</div>
```

Effect.SlideUp

Mit diesem Effekt bewirken Sie, dass ein sichtbares Element von unten nach oben in sanften Schritten in den sichtbaren Bereich eingefahren wird – also das Gegenteil von `Effect.SlideDown`. Der übrige Inhalt einer Seite wird dabei zusammengerückt.

```
Effect.SlideDown('css-id', optionen);
```

Für die Anwendung dieses Effekts gelten die gleichen Regeln wie bei `Effect.SlideDown`.

Effect.Pulsate

Bewirkt ein gleichmäßiges Pulsieren eines Elements, was die Illusion eines Herzschlages vermitteln soll.

`Effect.Pulsate('css-id', optionen);`

Effect.Squish

Bei diesem Effekt wird ein Element gleichmäßig in seine obere linke Ecke zusammengezogen, bis es komplett verschwindet.

`Effect.Squish('css-id');`

Im aktuellen Release von script.aculo.us besitzt dieser Effekt keine weiteren beeinflussbaren Optionen.

Effect.Fold

Ein interessanter Effekt, der ein Element zunächst von unten nach oben verschwinden lässt, bis nur noch ein kleiner Balken zu sehen ist, um diesen anschließend von rechts nach links komplett auszublenden.

`Effect.Fold('css-id', optionen);`

Effect.Grow

Mit diesem Effekt können Sie ein unsichtbares Element erscheinen lassen, das in etwa einen Zoomeffekt nachbildet.

`Effect.Grow('css-id', optionen);`

Für diesen Effekt steht Ihnen – neben den üblichen Optionen – eine weitere Option zu Verfügung. Mit der Option `direction` können Sie den Startpunkt des Einzoomens festlegen. Die möglichen Werte dazu sind der folgenden Tabelle zu entnehmen.

Option	Beschreibung
`top-left`	Zoomt das Element von der oberen linken Ecke ein.
`top-right`	Zoomt das Element von der oberen rechten Ecke ein.
`bottom-left`	Zoomt das Element von der unteren linken Ecke ein.
`bottom-right`	Zoomt das Element von der unteren rechten Ecke ein.
`center`	Zoomt das Element zentriert von seiner Mitte ein. Dies ist auch die Defaulteinstellung.

Tabelle 7.40 Mögliche Werte der Option direction

Im nachfolgenden Beispiel wird ein Element von unten links gleichmäßig zur Ansicht eingezoomt.

```
Effect.Grow('css-id',
    {
        direction:'bottom-left'
    }
);
```

Effect.Shrink

Dieser Effekt bewirkt das Gegenteil von `Effect.Grow`, indem er ein Element schrumpfen lässt.

```
Effect.Shrink('css-id', optionen);
```

Auch dieser Effekt besitzt als zusätzliche Option die Einstellung `direction`, deren mögliche Werte Sie aus der Tabelle des zuvor beschriebenen Effekts entnehmen können.

Im folgenden Beispiel wird dieser Effekt für eine Zeitspanne von zehn Sekunden ausgeführt und am Ende eine Meldung über eine Dialogbox ausgegeben.

```
Effect.Grow('css-id',
    {
        duration:10.0,
        afterFinish:function() { alert('Fertig!'); }
    }
);
```

7.3 Behaviour

Moderne Webanwendungen mittels JavaScript und AJAX benötigen zum Ausführen von Aktionen, wie etwa Drag&Drop, Animationen und Austausch von Inhalten, das Event-Objekt.[13] Möchten Sie beispielsweise einen Effekt aus der script.aculo.us-Bibliothek ausführen, der per Klick auf ein Element gestartet wird, benötigen Sie dazu das Event `onclick`. In vielen Anwendungen werden diese Events über einen sogenannten Event-Handler ausgeführt. Diese Event-Handler werden traditionell meist direkt in ein XHTML-Element eingefügt. Ein typisches Beispiel ist hierfür:

```
<a href="#"
onclick="function_1();return false;"
```

---

13 http://www.quirksmode.org/js/events_compinfo.html

```
onmouseover="this.style.color='#aaa';"
onmouseout="this.style.color='#000';"
>Ein Beispiel für Event-Handler.</a>
```

Hier wird eine Aktion per Klick auf einen Link ausgeführt, und die Linkfarbe beim Darüberstreifen mit der Maus verändert. Auf den ersten Blick ist dies sicher nicht ungewöhnlich, da dies in unzähligen Webseiten auf ähnliche Weise realisiert wird. Es gibt aber viele gute Gründe, solche Codierungen zu vermeiden.[14] Einer davon ist die Umsetzung von barrierefreien Webseiten, die es sehbehinderten Menschen gleichermaßen ermöglichen sollen, die wesentlichen Inhalte einer Webseite zu betrachten. In Bezug auf JavaScript ist es dabei besonders wichtig darauf zu achten, dass Skript und XHTML sauber voneinander getrennt sind, und – wenn möglich – eine Fallback-Lösung für Anwender mit deaktiviertem JavaScript existiert. Leider ist es nicht trivial, Event-Handler derart auszulagern, damit diese in den gängigen Browsern gleichermaßen funktionieren. Hier setzt die Bibliothek Behaviour[15] an, die Ihnen diese Aufgabe abnimmt. Das eben gezeigte Beispiel können Sie dabei wie folgt abändern.

```
<a href="link.html" id="link">Ein Beispiel für Event-Handler.</a>
```

Über die CSS-ID des Elements kann nun ein sogenannter Selektor aufgerufen werden, dem die benötigten Events über Regeln zugewiesen werden. Auf diese Weise können Sie alle relevanten Events in einem externen Skript auslagern und somit sauberes XHTML erzeugen. Bei deaktiviertem JavaScript wird der referenzierte Link ausgeführt, hinter dem eine Fallback-Lösung für die beabsichtige Aufgabe angeboten werden kann.

Die Arbeitsweise ist denkbar einfach. Über ein Literal-Objekt werden alle benötigten Events eines Elements initialisiert und anschließend über die Behaviour-Klasse für die Anwendung registriert. Die zugrunde liegende Syntax lautet:

```
var regeln = {
    '#css-id' : function(el){
        el.event_handler = function(){
            Programmcode ...
        }
        ... Weitere Events ...
    }
};
Behaviour.register(regeln);
```

---

14 http://www.digital-web.com/articles/separating_behavior_and_structure_2/
15 http://bennolan.com/behavior/

Über das `Literal`-Objekt können Sie beliebige Regeln definieren. In der zugrunde liegenden Hash-Struktur dient der Schlüssel (`key`) zur Angabe des Elements, über dessen CSS-ID, CSS-Klasse oder XHTML-Element selbst und als Wert (`value`) eine gewünschte Funktion. Für jeden benötigten Event-Handler des Elements wird nun innerhalb der Funktion jeweils eine eigene Funktion mit dem gewünschten Effekt eingebunden. Beachten Sie dabei, dass die einleitende Funktion als Argument einen symbolischen Verweis auf das Element enthalten muss, das das Event ausführt. Das zugrunde liegende Event wird nun an diesen Verweis gebunden.

Für das einleitende Beispiel würde eine mögliche Umsetzung folgendermaßen aussehen.

```
<html>
<head>
<title>JavaScript und Libraries</title>
<script src="dist/prototype.js" type="text/javascript"></script>
<script src="behaviour.js" type="text/javascript"></script>
<script src="regeln.js" type="text/javascript"></script>
</head>

<body>
<ul id="link">
    <li><a href="link.html" id="link">Ein Beispiel für Behaviour
.</a></li>
    <li><a href="link.html">Ein einfacher Link.</a></li>
    <li><a href="link.html" class="link">Ein einfacher Link mit
einer Style-Klasse.</a></li>
    <li class="link">Nur ein Text</li>
</ul>
</body>
</html>
```

Listing 7.12 Dokument mit ausgelagerten Events

Die geltenden Regeln wurden hier in die Datei `regeln.js` ausgelagert. Dabei ist für alle drei möglichen Varianten (CSS-ID, CSS-Klasse, Element-Name) eine eigene Regel zur Veranschaulichung eingebunden. Sie bewirken, dass ein Element mit der CSS-ID `link` einen Maus- und einen Klickeffekt erhält. Ankerelemente und Elemente mit der CSS-Klasse `link` reagieren nur mit einem Klickeffekt. Der Inhalt sieht wie folgt aus.

```
var regeln = {
    '#link' : function(el){
        el.onclick = function(){
```

```
            alert("Outsch");
            return false;
        };
        el.onmouseover = function(){
            this.style.color='#aaa';
        };
        el.onmouseout = function(){
            this.style.color='#000';
        }
    },
    '.link' : function(el){
        el.onclick = function(){
            alert("Outsch");
            return false;
        }
    },
    'a' : function(el){
        el.onclick = function(){
            alert("Outsch");
            return false;
        }
    }
};
```

Listing 7.13 Behaviour.register(regeln);

Hier ist noch zu erwähnen, dass Sie über das Schlüsselwort `this` eine Referenz auf das aktuelle Element erhalten, das das letzte Event ausgeführt hat. Auf diese Weise können Sie das betroffene Element auf einfache Weise weiterbearbeiten, wie es für den `mouseover`- und `mouseout`-Effekt dargestellt wurde. Ein abschließendes Beispiel zeigt eine Möglichkeit, wie Sie Behaviour und script.aculo.us (und damit verbunden natürlich auch Prototype) miteinander kombinieren können.

Sehen Sie sich dazu zunächst das XHTML Grundgerüst des Beispiels an. Hier werden eine sortierbare Liste und ein Bereich mit Listenelementen, die durch Effekte erweitert wurden, dargestellt. Die CSS Deklarationen sowie die JavaScript-Dateien wurden ausgelagert, um eine saubere Dokumentenstruktur zu erhalten.

```
<html>
<head>
<title>JavaScript und Libraries</title>
<style type="text/css">
    @import url(style.css);
</style>
```

```
<script type="text/javascript" src="lib/prototype.js"></script>
<script type="text/javascript" src="src/scriptaculous.js"></script>
<script type="text/javascript" src="behaviour.js"></script>
<script type="text/javascript" src="regeln2.js"></script>
</head>
<body>

<h2>Sortierbare Liste</h2>

<ul id="sortable-list">
    <li>Element 1. Zum Bewegen anklicken!</li>
    <li>Element 2. Zum Bewegen anklicken!</li>
    <li>Element 3. Zum Bewegen anklicken!</li>
    <li>Element 4. Zum Bewegen anklicken!</li>
    <li>Element 5. Zum Bewegen anklicken!</li>
</ul>

<h2>Dropout-Boxen</h2>

<ul id="boxen">
    <li id="a">(#a) Shrink It!</li>
    <li id="b">(#b) Puff It!</li>
    <li id="c">(#c) Shake It!</li>
    <li id="d">(#d) Drag It!</li>
    <li id="e">(#e) Fade It!</li>
</ul>

<p id="delete">Alle Boxen löschen!</p>

</body>
</html>
```

Listing 7.14 Kombination von script.aculo.us und Behaviour

Da Behaviour über CSS-Selektoren arbeitet, ist es wichtig, diese korrekt für die spätere Regeldefinition einzubinden. Wie Sie bereits gesehen haben, werden die beabsichtigten Events über diese Selektoren zugewiesen. Das ausgelagerte CSS sieht wie folgt aus und dient lediglich zur optischen Aufbereitung der Inhalte.

```
h2
{
    margin-left: 20px;
}
#sortable-list li
{
```

```
    margin-left: 60px;
    cursor:move;
    -moz-user-select: none;
    width: 100 %;
}
#boxen li
{
    width: 100px;
    line-height: 100px;
    text-align: center;
    float: left;
    margin: 5px;
    border: 1px solid #ccc;
    list-style: none;
}
#boxen li.hover
{
background: yellow;
}
#delete
{
    margin-left: 20px;
    clear: all;
}
```

Nun folgen die Regeln für die beabsichtigten Effekte. Dazu wird für jedes Element über dessen Selektor die gewünschte Aktion zugewiesen. Die enthaltene sortierbare Liste wird über die CSS-ID sortable-list initialisiert. Für die zweite Liste wird allen li-Elementen ein Hover-Effekt zugewiesen. Abschließend erhalten die einzelnen Listenelemente unterschiedliche Klick-Effekte.

Die Effekte und Funktionen für die sortierbare Liste stammen aus script.aculo.us und sollen das Zusammenspiel von unterschiedlichen Bibliotheken verdeutlichen.

```
var regeln = {
    'ul#sortable-list' : function(el){
        Sortable.create(el);
    },
    'ul#boxen li' : function(el){
        el.onmouseover = function(){
            this.className = "hover";
        };
        el.onmouseout = function(){
            this.className = "";
```

```
            }
        },
        'ul#boxen li#a' : function(el){
            el.onclick = function(){
                new Effect.Shrink(this);
            }
        },
        'ul#boxen li#b' : function(el){
            el.onclick = function(){
                new Effect.Puff(this);
            }
        },
        'ul#boxen li#c' : function(el){
            el.onclick = function(){
                new Effect.Shake(this);
            }
        },
        'ul#boxen li#d' : function(el){
            new Draggable('d',{revert:true});
        },
        'ul#boxen li#e' : function(el){
            el.onclick = function(){
                new Effect.Fade(this);
            }
        },
        '#delete' : function(el){
            el.onclick = function(){
                setTimeout('new Effect.Fade("a")', 1000);
                setTimeout('new Effect.Fade("b")', 2000);
                setTimeout('new Effect.Fade("c")', 4000);
                setTimeout('new Effect.Fade("d")', 6000);
                setTimeout('new Effect.Fade("e")', 8000);
            }
        }
    }
};
Behaviour.register(regeln);
```

Die Regeln sollten selbsterklärend sein. Sie können natürlich auch eigene Skripte und deren Funktionen einbinden. Das Prinzip ist dabei immer das gleiche. Der Regel zu einem Selektor folgt eine Funktion, die wiederum mit weiteren Funktionen für die beabsichtigten Events verschachtelt sein kann. Vergessen Sie in diesem Zusammenhang nicht, dass Sie über das Schlüsselwort this Zugriff auf das aktuelle Element haben, das das beabsichtigte Event ausführt.

Dank der Kombination aller bereits vorgestellten Bibliotheken werden solche Effekte ohne großen Aufwand möglich. Es bleibt nun Ihnen überlassen, diese kreativ anzuwenden. In den folgenden Kapiteln wird auf den Einsatz von Behaviour zu Gunsten einer verständlicheren Erklärung der jeweiligen Anwendungen verzichtet.

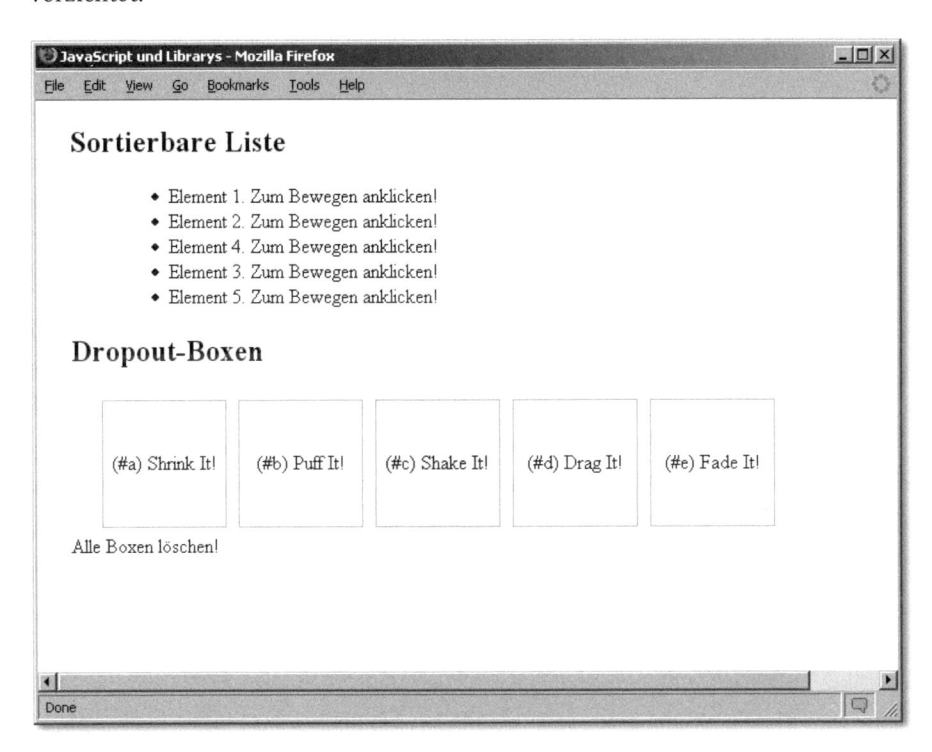

Abbildung 7.24 Kombination aller vorgestellten Libraries in einem Beispielprojekt

Nur wer ständig an sich arbeitet und nicht aufgibt, bevor er eine Lösung findet, wird zum Ziel gelangen. Um schneller ans Ziel zu gelangen, ist es eine gute Herangehensweise, sich von Beispielen inspirieren zu lassen und so neue Möglichkeiten zu entdecken.

8 Praxisbeispiele

Praxis bedeutet aus Beispielen zu lernen. Zu diesem Zweck werden in diesem Kapitel einige mögliche Anwendungen mithilfe von AJAX entwickelt. All diese Beispiele haben das Ziel, Ihnen Anregungen für eigene Erweiterungen oder neue Ideen zu geben. Bei der Umsetzung wurde darauf geachtet, die jeweiligen Routinen möglichst einfach zu halten, um die zugrunde liegende Logik besser nachvollziehen zu können. Wie Sie sehen werden, ermöglichen es auch einfache Lösungen, interessante Programme zu schreiben, die vor gar nicht langer Zeit noch nicht denkbar gewesen wären. Natürlich kann hier nur eine begrenzte Anzahl Ideen vorgestellt werden, die aber einige nützliche Komponenten enthalten. Im Internet[1] finden Sie darüber hinaus unzählige weitere kleine und größere Anwendungen, mit denen Sie Ihr Wissen vertiefen können und auch sollten. Viele davon werden kostenlos angeboten und sind zum Teil auch gut erklärt.

Die folgenden Beispiele werden in ihren einzelnen Entwicklungsschritten kurz vorgestellt und erklärt. Ein entsprechendes Hintergrundwissen aus den vorangegangenen Kapiteln wird dabei vorausgesetzt. Zudem wird auf der Serverseite zur Entwicklung ausschließlich die Skriptsprache PHP eingesetzt, mit der Sie ebenfalls vertraut sein sollten. Zu Gunsten einer eingängigen Erklärung wird dabei auf OOP verzichtet. Ebenso wurde von der Entwicklung eines aufwändigen Designs abgesehen. Denken Sie auch daran, dass diese Beispiele für den Praxiseinsatz zum Teil noch selbstständig erweitert werden müssen, und eventuell auch noch notwendige Sicherheitsüberlegungen getroffen werden sollten. Bei den Beispielen stand weniger ein konkretes Ziel im Vordergrund als vielmehr, Ideen zu vermitteln und Ihr Interesse an AJAX zu vertiefen.

---

1 http://ajaxian.com/showcase/

8.1 ajaxBooks

Das erste Beispiel mit dem Titel »ajaxBooks« bietet dem Anwender die Möglichkeit, im Buchkatalog von Amazon.de gezielt nach Inhalten zu suchen. Das Ergebnis wird über die Coverbilder dargestellt. Einzelne Artikel können per Drag&Drop in einen Warenkorb abgelegt werden. Anschließend ist es möglich, den Inhalt dieses Warenkorbs dynamisch an den Warenkorb des Anwenders auf Amazon.de zu übergeben.

Um diese Anwendung zu realisieren, wird auf den »Amazon E-Commerce Service« (ECS) zugegriffen, über den die angeforderten Inhalte als XML-Datei zurückgeliefert werden. Dazu benötigen Sie eine gültige Amazon-Entwickler-ID, die Sie über eine kostenlose Registrierung auf der Startseite der Amazon Webservices[2] erhalten. Hier finden Sie auch eine umfangreiche Dokumentation sowie eine eigene Community für diesen Service.

Die Struktur der XHTML-Seite dieser Anwendung stellt sich wie im Folgenden gezeigt dar. Über das Eingabeformular kann eine Suche ausgeführt werden. Per Klick auf den Button **checkOut** wird der Inhalt des aktuellen Warenkorbs an Amazon.de übermittelt. Das Element mit der CSS-ID basket wird verwendet, um einzelne Artikel in den Warenkorb zu legen. Die Ergebnisliste der Suche wird im Element mit der CSS-ID result angezeigt. Auf das CSS für die Formatierung wird dabei nicht weiter eingegangen.

```
<form id="search">
<fieldset>
  <legend>Büchersuche</legend>
  <div style="float:left;">
  <input type="text" name="key">
  <span id="load"></span>
  <input type="button" value="search"
  onclick="amazonAWS.req(this.form.key.value)" class="btn1">
  <input type="button" value="checkOut"
  onclick="amazonAWS.checkOut()" class="btn2">
  </div>
  <div id="wk">wk</div>
</fieldset>
</form>
<div id="basket" style="margin:20px;display:none;">
  <h2>Dein Warenkorb</h2>
  <ul id="items"></ul>
</div>
<div id="result"></div>
```

---

2 http://www.amazon.com/gp/browse.html/104-0134744-3908704?node=3435361

Abbildung 8.1 Eine einfache Suche nach Büchern im Angebot von Amazon.de mithilfe von AJAX

Um einige Tests in diesem Skript durchzuführen, wurde das `Array`-Objekt von JavaScript um zwei weitere Methoden ergänzt. Mithilfe der Methode `ismember()` können Sie dabei überprüfen, ob in einem Array ein Element mit dem gesuchten Inhalt vorhanden ist. Als Ergebnis dieser Prüfung erhalten Sie im Erfolgsfall den booleschen Wert `true` und andernfalls `false` zurück. Dazu werden die Inhalte des Arrays der Reihe nach durchlaufen und mit dem gesuchten Inhalt überprüft.

```
Array.prototype.ismember = function(element)
{
    for (var i=0, len=this.length; i<len; i++)
    {
        if (this[i] == element)
        {
            return true;
        }
    }
    return false;
};
```

Die Methode `remove()` ermöglicht das einfache Löschen eines Elements anhand des Inhalts aus einem Array. Für diese Aufgabe wird der als Argument übergebene Inhalt mit den Einträgen des entsprechenden Arrays überprüft und bei einer Übereinstimmung daraus entfernt. Im Erfolgsfall gibt diese Methode den booleschen Wert `true` zurück, andernfalls `false`.

```
Array.prototype.remove = function(element)
{
    for (var i=0, len=this.length; i<len; i++)
    {
        if (this[i] == element)
        {
            this.splice(i,1);
            return true;
        }
    }
    return false;
};
```

Sämtliche Eigenschaften und Methoden dieser Anwendung werden über ein `Literal`-Objekt mit dem Namen `amazonAWS` realisiert. Das Ergebnis einer Suchanfrage im Buchbestand von Amazon.de wird in der Eigenschaft `awsData` als Array für die weitere Verarbeitung gespeichert. Artikel, die im Warenkorb abgelegt wurden, sind später in der Eigenschaft `basket` – ebenfalls als Array – abgelegt. Manchmal besitzt ein Suchergebnis kein Produktbild. In diesem Fall wird ein Dummy-Bild ausgegeben, das über die Eigenschaft `dummy` referenziert wird.

```
var amazonAWS = {

    awsData : [],
    basket  : [],
    dummy   : "no-img-de_40x60.gif",
```

Der Request für die Suchanfrage wird über die Methode `req()` dargestellt. Als Argument wird dabei der gesuchte String erwartet.

```
    req : function(s)
    {
        new Ajax.Request(
            "aws.php?key="+s,
            {
```

Während des Ladevorgangs wird über die Option `onLoading` der `Ajax.Request`-Klasse aus der `Prototype`-Bibliothek eine animierte Grafik eingeblendet, die dem Anwender den aktuellen Status seiner Anfragen optisch vermitteln soll.

```
onLoading:function()
{
    $('load').innerHTML = "<img src=\"loading.gif\" /> loading ...";
},
```

Nach der erfolgreichen Ausführung der Anfrage wird das Ergebnis der Methode
parseXML() als Argument übergeben. Dabei erhalten Sie eine XML-Datei gemäß
der amazonAWS-API.

```
                onSuccess:function(r)
                {
                    $('load').innerHTML = "";
                    amazonAWS.parseXML(r.responseXML);
                }
            }
        );
    },
```

Anhand der Methode parseXML() wird das Ergebnis der Suchanfrage ausgewertet und für die spätere Anzeige im Browser weiterverarbeitet.

```
    parseXML : function(r)
    {
```

Die einzelnen Treffer werden in der XML-Datei von Amazon.de über das Knotenelement Item dargestellt. Diese Elemente werden nun in das Array xml eingelesen und anschließend über eine Schleife der Reihe nach durchlaufen.

```
        var xml = r.getElementsByTagName("Item");
        for (var i=0, len=xml.length; i<len; i++)
        {
            if (xml[i].nodeType != 1) continue;
            var childs = xml[i].childNodes;
            for (var j=0, len2 = childs.length; j<len2; j++)
            {
                if (childs[j].nodeType != 1)
                    xml[i].removeChild(childs[j]);
            }
```

Die Inhalte, die für dieses Beispiel relevant sind, werden in einer JSON-Datenstruktur für die spätere Ausgabe in der Eigenschaft awsData zwischengespeichert.

```
            this.awsData[this.awsData.length] = {
                asin : childs[0].firstChild.nodeValue,
                imgs : childs[3].childNodes[0].firstChild.nodeValue
            };
        }
```

Nachdem alle Daten verarbeitet worden sind, erfolgt der Aufruf der Methode createContent().

```
        this.createContent();
    },
```

8 | Praxisbeispiele

Die eigentliche Ausgabe der Treffer wird über die Methode `createContent()` realisiert.

```
createContent : function()
{
```

Bevor die Ergebnisliste im Browser ausgegeben wird, müssen die vorhandenen alten Ergebnisse aus dem Inhalt gelöscht werden. Dies erfolgt über die Methode `clearContent()`.

```
this.clearContent();
for (var i=0, len=this.awsData.length; i<len; i++)
{
```

Für jeden Eintrag der Array-Eigenschaft `awsData` wird nun über die Methoden des DOM ein neues Element mit entsprechendem Inhalt erzeugt und anschließend dem Dokumentbaum hinzugefügt.

```
var d = document.createElement("div");
d.setAttribute("id","d"+this.awsData[i].asin);
d.setAttribute("style","float:left");
var s = document.createElement("span");
var b = document.createElement("img");
b.setAttribute(
  "src",
  (this.awsData[i].imgs)?this.awsData[i].imgs:this.dummy
);
s.appendChild(b);
d.appendChild(s);
$("result").appendChild(d);
```

Zusätzlich wird jedes Element mit einer Drag&Drop-Funktionalität ausgestattet, damit der Anwender das gewünschte Buch später in den Warenkorb ziehen kann.

```
new Draggable('d'+this.awsData[i].asin,{revert:true});
}
```

Abschließend wird der Inhalt von `awsData` wieder geleert, um bei einer erneuten Suche neu gefüllt werden zu können.

```
this.awsData = [];
},
```

Vor der Ausgabe der Ergebnisliste muss der aktuelle Inhalt über die Methode `clearContent()` aus dem Dokumentenbaum entfernt werden.

```
    clearContent : function()
    {
        while($("result").firstChild) {
            $("result").removeChild($("result").firstChild);
        }
    },
```

Nachdem der Anwender die gewünschten Artikel im Warenkorb abgelegt hat, kann er über die Methode `checkOut()` den Inhalt in seinen Warenkorb von Amazon.de übergeben.

```
    checkOut : function()
    {
        var _asin = [];
        var _quan = [];
        for(var i=0, len=this.basket.length; i<len, i++)
        {
            _asin.push(
                "ASIN."+(i+1)+"="+this.basket[i].substr(
                    1,this.basket[i].length
                )
            );
            _quan.push("Quantity."+(i+1)+"=1");
        }
        this.awsData = [];
        this.basket = [];
        var url = "http://www.amazon.de/gp/aws/cart/add.html?
AssociateTag=jgwebdes&AWSAccessKeyId=Ihre_Amazon_ID&";
        url += _asin.join("&")+"&"+_quan.join("&")
        location.href = url;
    }
};
```

Sämtliche Steuerelemente werden nach dem vollständigen Laden der Webseite über das `onload`-Event eingebunden.

```
window.onload = function()
{
    new Draggable("search");
    new Draggable("basket");
    new Draggable("wk");
```

Eine elementare Funktion wird über das Warenkorbelement dargestellt. Ein Artikel kann dabei per Drag&Drop in dieses Element im Warenkorb abgelegt werden.

```
Droppables.add("wk", {
onDrop: function(element)
{
```

Zunächst wird über die neue Methode `ismember()` des Array-Objekts überprüft, ob sich der aktuelle Artikel bereits im Warenkorb befindet. In diesem Fall wird eine entsprechende Fehlermeldung in einer Dialogbox angezeigt.

```
if (!amazonAWS.basket.ismember(element.id))
{
```

Ist der entsprechende Artikel bisher noch nicht im Warenkorb enthalten, wird er als Kopie über die Methoden des DOM darin abgelegt.

```
var e = document.createElement("li");
```

Damit der Anwender einen Artikel gezielt aus dem Warenkorb entfernen kann, wird dieses Element mit einem `onclick`-Event ausgestattet. Klickt man das Element dann an, so wird es aus dem Dokumentenbaum und dem Array `basket` entfernt. Falls der Anwender den kompletten Warenkorb löscht, wird das entsprechende Element wieder unsichtbar.

```
e.ondblclick = function()
{
    this.parentNode.removeChild(this);
    amazonAWS.basket.remove(element.id);
    if (!amazonAWS.basket.length)
        $("basket").style.display = 'none';
}
e.innerHTML = $(element.id).innerHTML;
e.appendChild(
    document.createTextNode(" delete ")
);
```

Das Element wird nun an den Dokumentenbaum angehängt und in das Array `basket` eingefügt. Der Inhalt des Warenkorbs wird anschließend im Browser angezeigt.

```
        $("items").appendChild(e);
        amazonAWS.basket.push(element.id);
        $("basket").style.display = 'block';
    }
    else alert("Dieses Buch wurde bereits abgelegt.");
}});
}
```

8.1.1 Die Daten abrufen

Die Suchanfrage aus der Anwendung wird über die Datei `aws.php` an den Webservice von Amazon.de gesendet, und das Ergebnis anschließend dem Client zur Auswertung übergeben. Die Ausgabe erfolgt dabei als XML-Datei, was über einen entsprechenden Header sichergestellt wird.

```
<?php
header("Content-Type: text/xml");
```

Das Array `$config` beinhaltet die notwendigen Daten für die Verbindungsaufnahme zu Amazon.de. Die entsprechenden Bedeutungen können Sie der Dokumentation der API entnehmen. Wichtig dabei ist vor allem Ihre gültige Amazon-Entwickler-ID.

```
$config = array(
    "Service"        => "AWSECommerceService",
    "AWSAccessKeyId" => "Ihre_Amazon_ID",
    "Operation"      => "ItemSearch",
    "Keywords"       => $_GET['key'],
    "SearchIndex"    => "Books",
    "ResponseGroup"  => "Medium"
);
```

Die folgende Schleife bereitet die Daten der Konfiguration für die Übergabe als Query-String für die Funktion `file_get_contents()` von PHP vor. Diese liefert das Ergebnis der Anfrage zurück. Der Webservice von Amazon liefert die Daten als `UTF-8`-codierte Zeichen zurück. Aus diesem Grund kann es sinnvoll sein, diese Zeichen mithilfe der PHP Funktion `utf8_decode()` in `ISO-8859-1`-codierte Zeichen umzuwandeln.

```
$query = "";
foreach ($config as $k => $v) {
    $query .= "$k=$v&";
}
$aws = "http://webservices.amazon.de/onca/xml?$query";
print file_get_contents(utf8_decode($aws));
?>
```

Beachten Sie bei diesem Beispiel, dass hier lediglich die ersten zehn Treffer mit dem jeweiligen Buchcover angezeigt werden.

Sie können diese Anwendung in der Art erweitern, dass für eine Suchanfrage das Blättern in der kompletten Ergebnisliste von Amazon.de möglich wird, und weitere Detailinformationen der Artikel (insbesondere der Preis) angezeigt werden. Per Klick auf einen bestimmten Artikel könnte dann zu einer Detailansicht gewechselt werden. Damit der Warenkorb über den kompletten Webinhalt mitgeführt wird, wäre es zudem sinnvoll, den Inhalt des Arrays basket in einer Session per PHP oder in einem Cookie mit JavaScript zu speichern.

8.2 ajaxChat

Ein Chatsystem auf der eigenen Homepage ist heutzutage keine Besonderheit mehr. Viele der Systeme erfordern aber das ständige Nachladen der Seite, um die Inhalte zu aktualisieren. Für einen sinnvollen Einsatz kann dieses permanente Laden schnell lästig werden. Um diesen Effekt zu mindern, wurden viele Chats auf Basis der Frametechnik konzipiert. Wesentlich komfortabler lässt es sich über eine Flash- oder Java-Anwendung plaudern. Dank AJAX ist es nun auch möglich, direkt per XHTML und JavaScript ein Chatsystem abzubilden, was bereits zahlreiche Anwendungen[3] beweisen.

Zum Start des Chats werden zunächst einige Session-Variablen erzeugt. Dazu wird der folgende Codeblock am Anfang des Dokuments eingefügt.

```php
<?php
session_start();
$_SESSION["nick"] = "";
$_SESSION["index1"] = 0;
$_SESSION["index2"] = 0;
?>
```

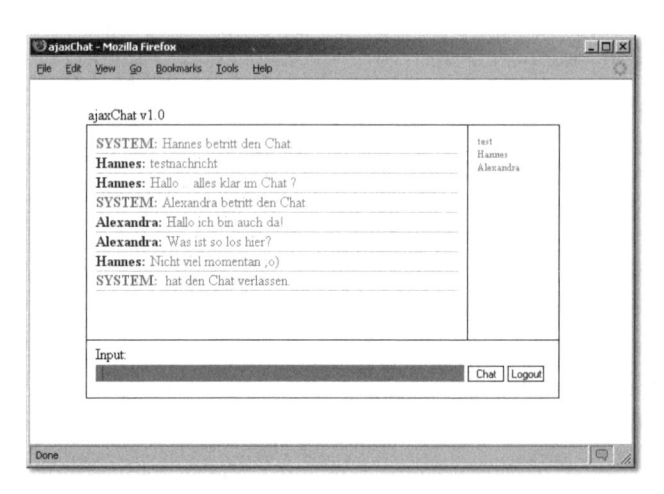

Abbildung 8.2 Ein einfaches Chatsystem mithilfe von AJAX

---

3 Eine gute Übersicht zu aktuellen Chatsystemen auf der Basis von AJAX finden Sie unter http://ajaxian.com/by/topic/chat/.

In der Session mit dem Namen `nick` wird dabei der Username des Chatters eingefügt und in `index1` sowie `index2` werden später die Indexnummern der jeweils zuletzt ausgelesenen Zeile der Datenbasis des Chats gespeichert. Die Informationen des Chats sind dabei aufgeteilt in eine Userliste und eine Nachrichtenliste. Beide werden für einen schnellen und Ressourcen schonenden Zugriff in einer CSV-Datei gespeichert. Das Format der Userliste stellt sich wie folgt dar und ist in `usr.txt` im Verzeichnis `data` gespeichert. Dieses Verzeichnis muss mit entsprechenden Schreibrechten (`chmod 777`) ausgestattet werden.

```
Timestamp^Username
```

Die Nachrichtenliste ist ähnlich aufbereitet und verwendet ebenfalls das ^-Zeichen als Zeichentrenner. Der Inhalt von `usr.txt` ist wie folgt aufbereitet und wird ebenfalls im Verzeichnis `data` abgelegt.

```
Timestamp^SYSTEM:^Nachrichtentext
Timestamp^Username:^ Nachrichtentext
```

Wie Sie erkennen, gibt es dabei zwei Formate, mit denen zwischen einer Systemnachricht und einer Chatnachricht unterschieden wird. Eine Systemnachricht informiert in diesem Beispiel über das Log-in bzw. Log-out eines Anwenders.

Das Layout des Chats ist in einer einfachen XHTML-Struktur gehalten, die über ein externes CSS formatiert wird. Auf den Inhalt des CSS wird hier nicht weiter eingegangen. Der komplette Chat befindet sich in einem Container mit der CSS-ID `chat`, damit die Anwendung später per Drag&Drop bewegt werden kann. Das erste Formular innerhalb des Elements mit der CSS-ID `login` wird während der Anmeldung angezeigt und anschließend mit dem zweiten Formular im Element mit der CSS-ID `ctrl` ausgetauscht. Dabei wird das erste Formular unsichtbar geschaltet. Die Nachrichten und die Userliste werden im Element mit der CSS-ID `msg` bzw. `usr` angezeigt.

```html
<div id="chat">
    <div id="head">AjaxChat v1.0</div>
    <div id="login">
        <form>
            <span>Nickname: </span>
            <input type="text" name="nick" class="input"
              id="nick" />
            <input type="button" value="Login" class="btn"
              onclick="AjaxChat.login(this.form.nick.value);"
              onmouseup="this.blur()" />
        </form>
        <p id="error"></p>
    </div>
    <div id="msg"></div>
```

```
<div id="usr"></div>
<div id="ctrl">
    <form>
        <span>Input: </span><br />
        <input type="text" name="text" class="input" />
        <input type="button" value="Chat" class="btn"
         onclick="AjaxChat.insertMsg(this.form.text.value);"
         onmouseup="this.blur()" />
        <input type="button" value="Logout" class="btn"
         onclick="AjaxChat.logout();"
         onmouseup="this.blur()" />
    </form>
</div>
</div>
```

Die Funktionalität des Chats wird auf der Clientseite wie üblich mit einem `Literal`-Objekt mit dem Namen `AjaxChat` abgebildet. In der Eigenschaft `nick` wird dabei der Username gespeichert und in `timer1` bzw. `timer2` später jeweils eine Referenz auf die `Ajax.PeriodicalUpdater()`-Methode der Prototype-Bibliothek abgelegt.

```
var AjaxChat = {

    nick:'',
    timer1:'',
    timer2:'',
```

Die Anmeldung eines neuen Anwenders erfolgt über die Methode `login()`, die als Argument den Namen des Chatters erwartet. Falls bisher kein Name ausgewählt wurde, wird eine entsprechende Fehlermeldung angezeigt und das Log-in verweigert. Andernfalls wird die Anmeldung am Server überprüft und die Antwort an die Methode `loginCheck()` weitergeleitet.

```
    login:function(nick)
    {
        if (nick)
        {
            this.nick = nick;
            new Ajax.Request(
                "login.php",
                {
                    postBody: 'nick='+nick,
                    onComplete:function(r)
                    {

                    },
                    onSuccess:function(r)
```

```
                    {
                        AjaxChat.loginCheck(nick,r.responseText);
                    }
                }
            );
        }
        else
        {
            Field.activate('nick');
            $('error').innerHTML = "ERROR: Bitte geben Sie einen
Nicknamen an.";
        }
    },
```

Die Methode `loginCheck()` überprüft zunächst, ob der gewählte Username bereits vergeben ist, und zeigt für diesen Fall eine entsprechende Fehlermeldung an. Als Argumente werden dabei der Username und ein Flag aus der Antwort des Servers erwartet, das den String »error« beinhaltet, sofern der gewählte Name bereits im System bekannt ist.

```
    loginCheck:function(nick,flag)
    {
        if (flag!='error')
        {
```

Bei einer erfolgreichen Anmeldung wird die Anmeldemaske ausgeblendet, und die Elemente für den Chat werden angezeigt. Eventuelle Fehlermeldungen aus zuvor missglückten Versuchen werden dabei gelöscht.

```
            Element.hide('login');
            Element.show('msg','usr','ctrl');
            $('error').innerHTML = "";
```

Über die Methoden `updateContent()` und `updateUsrList()` erfolgt das Starten der Überwachung der Inhalte des Chats. Auf diese Weise wird die Kommunikation in Echtzeit realisiert.

```
            AjaxChat.updateContent();
            AjaxChat.updateUsrList();
        }
        else
        {
            Field.activate('nick');
            $('error').innerHTML = "ERROR: Dieser Nickname" +
                                   "existiert bereits.";
        }
    },
```

Die aktuellen Chatbeiträge werden über die Methode `updateContent()` dynamisch im Client des Anwenders aktualisiert. Dies erfolgt über eine entsprechende Methode der Prototype-Bibliothek. Dabei wird das Objekt selbst als Referenz in der Eigenschaft `timer1` gespeichert, damit diese Abfrage beim Verlassen des Chats wieder automatisch beendet werden kann. Als Ergebnis der Anfrage erhalten Sie vom Server eine XML-Datei zurück, die wie gewohnt über die Methoden des DOM weiterverarbeitet wird. Die Struktur dieser Datei wird weiter unten in diesem Abschnitt vorgestellt.

```
updateContent:function()
{
    this.timer1 = new Ajax.PeriodicalUpdater(
        "",
        "updateMsgList.php",
        {
            onSuccess:function(r)
            {
                var root = r.responseXML.getElementsByTagName(
                        "chat"
                        );
                var text = root[0].getElementsByTagName("data");
```

Bevor ein neuer Beitrag im Dokument eingefügt wird, prüft die Routine, ob sich seit der letzten Aktualisierung etwas verändert hat. Ist dies nicht der Fall, wird der aktuelle Durchlauf ohne weitere Aktion abgeschlossen. Auf diese Weise verhindern Sie ein permanentes Aktualisieren der Anzeige, was unter Umständen zu einer leicht flackernden Anzeige führen könnte.

```
if (text.length>0)
{
    for (var i=0; i<text.length; i++)
    {
```

Alle neuen Beiträge werden nun der Reihe nach an das dafür vorgesehene Element mit der CSS-ID `msg` über die Methoden des DOM angehängt.

```
addP = document.createElement("p");
var nval = text[i].childNodes[0].firstChild.nodeValue;
var span = (nval=='SYSTEM:') ? "<span class=\"system\">" : "<span>";
addP.innerHTML = span+nval+"</span> ";
addP.innerHTML += text[i].childNodes[1].firstChild.nodeValue;
```

Damit gewährleistet ist, dass die letzte Nachricht stets im Sichtfeld ist, wird über die dafür zuständige Eigenschaft an das Ende der Liste gesprungen. Beachten Sie dabei, dass dieser Chat die neuesten Beiträge am Ende anzeigt, weshalb diese Funktion erforderlich ist.

```
                with($('msg'))
                {
                    appendChild(addP);
                    scrollTop = scrollHeight-offsetHeight;
                }
                 }
              }
           }
        }
     );
  },
```

Die Methode `updateUsrList()` arbeitet vom Prinzip her genauso wie die zuvor beschriebene, mit der Ausnahme, dass das Scrollen zum Ende der Liste hierbei nicht notwendig ist.

```
updateUsrList:function()
{
    this.timer2 = new Ajax.PeriodicalUpdater(
        "",
        "updateUsrList.php",
        {
            onSuccess:function(r)
            {
                var root = r.responseXML.getElementsByTagName(
                        "chat"
                        );
                var text = root[0].getElementsByTagName("usr");
                for (var i=0; i<text.length; i++)
                {
                    addP = document.createElement("p");
                    addP.innerHTML = text[i].childNodes[0].firstChild.nodeValue;
                    $('usr').appendChild(addP);
                }
            }
        }
    );
},
```

Ein neuer Beitrag wird mithilfe der Methode `insertMsg()` abgespeichert. Als Argument wird dabei der entsprechende Text übergeben.

8 | Praxisbeispiele

```
insertMsg:function(text)
{
    new Ajax.Request(
        "insert.php",
        {
            postBody: 'nick='+this.nick+'&text='+text
        }
    );
},
```

Mit der Methode `logout()` kann sich ein User aus dem Chat verabschieden, indem er den entsprechenden Button anklickt. Anschließend wird er aus der Userliste entfernt, wobei die verbleibenden User eine entsprechende Systemmeldung erhalten.

```
logout:function()
{
```

Bevor der Anwender vom System abgemeldet wird, sollten die automatischen Updates unterbrochen werden. Der Zugriff erfolgt über die zuvor abgelegte Referenz.

```
if (this.timer1) this.timer1.stop();
if (this.timer2) this.timer2.stop();
new Ajax.Request(
    "logout.php",
    {
        onSuccess:function()
        {
```

Nachdem die Abmeldung erfolgt ist, wird die Anmeldemaske erneut eingeblendet und das Chat-Interface unsichtbar geschaltet. Der Anwender kann sich nun erneut im Chat anmelden.

```
            Element.show('login');
            Element.hide('msg','usr','ctrl');
            $('msg').innerHTML = "";
            $('usr').innerHTML = "";
        }
    }
);
}
};
```

Nachdem die Seite vollständig übertragen wurde, wird über das `onload`-Event das Chatfenster mit einer Drag&Drop-Funktionalität aus der script.aculo.us-Bibliothek ausgestattet.

```
window.onload = function()
{
    new Draggable(
        'chat',
        {
            handle:'head'
        }
    );
```

Die folgenden Routinen dienen dazu, dass eine Formulareingabe auch über die Return-Taste abgeschlossen werden kann. Andernfalls würde die komplette Seite bei einer entsprechenden Aktion neu geladen und somit der Chat fehlerhaft beendet.

```
    document.forms[0].onsubmit = function()
    {
        AjaxChat.login(document.forms[0].nick.value);
        return false;
    }
    document.forms[1].onsubmit = function()
    {
        AjaxChat.insertMsg(document.forms[1].text.value);
        document.forms[1].text.value = "";
        return false;
    }
};
```

Mit der Unterstützung des `onunload`-Events wird abschließend versucht, ein ungewolltes bzw. unsauberes Verlassen des Chats automatisch zu erkennen, und in diesem Fall die Methode `logout()` aufzurufen.

```
window.onunload = function()
{
    AjaxChat.logout();
};
```

8.2.1 Das Anmelden

Die Anmelderoutine wurde in diesem Beispiel in der Datei `login.php` untergebracht. Beim Anmeldevorgang wird zunächst der gewählte Benutzername in einer Session für die weitere Verwendung abgelegt.

8 | Praxisbeispiele

```php
<?php
session_start();
$nick = $_POST["nick"];
$_SESSION["nick"] = $nick;
```

In den Variablen `$file` und `$file2` wird jeweils der relative Pfad der CSV-Dateien für die Daten des Chats angegeben. Das Format dieser Dateien wurde bereits am Anfang dieses Abschnitts vorgestellt.

```php
$file2 = "logs/chat.txt";
$file = "logs/usr.txt";
$usr_check = true;
```

Durch die folgende Bedingung wird überprüft, ob sich bisher noch kein User am System angemeldet hat. Dies erfolgt mithilfe der Funktion `file_exists()` von PHP, die testet, ob die angeforderte Datei bereits existiert.

```php
if(file_exists($file))
{
```

Sofern die Datei bereits vorhanden ist, wird zunächst überprüft, ob der gewünschte Benutzername schon vergeben ist.

```php
    $data = file($file);
    $count = count($data);
    for ($i=0; $i<$count; $i++)
    {
        list($time, $usr) = split("\^", $data[$i]);
        if (trim($usr) == trim($nick))
        {
            $usr_check = false;
            break;
        }
    }
```

Falls der Name noch nicht vorhanden ist, wird der neue Anwender zur Userliste hinzugefügt.

```php
    if ($usr_check)
    {
        $fp = fopen($file, "a");
        fwrite($fp, time()."^$nick\n");
        fclose($fp);
    }
}
```

Dieser Teil der Bedingung wird ausgeführt, sofern es sich bei der aktuellen Anmeldung um den ersten User handelt. In diesem Fall wird die Userliste erstmals angelegt.

```
else
{
    $fp = fopen($file, "a");
    fwrite($fp, time()."^$nick\n");
    fclose($fp);
}
```

Abschließend wird eine Systemmeldung in die Nachrichtenliste eingetragen, mit der die bereits vorhandenen Teilnehmer des Chats über das Beitreten des neuen Users informiert werden.

```
if ($usr check)
{
    $fp = fopen($file2, "a");
    fwrite($fp, time()."^SYSTEM:^$nick betritt den Chat.\n");
    fclose($fp);
    $_SESSION["index1"] = count(file($file2))-1;
}
else print "error";
?>
```

8.2.2 Das Abmelden

Die Abmeldung vom Chat erfolgt über die Datei `logout.php`. Dabei wird zunächst der entsprechende Anwender aus der Userliste gelöscht. Für diese Aufgabe wird der Inhalt der Datei `usr.txt` zeilenweise durchlaufen und nach dem entsprechenden Benutzernamen durchsucht. Falls dieser gefunden wird, wird die aktuelle Zeile übersprungen. Die restlichen Zeilen werden in eine temporäre Datei geschrieben. Abschließend wird die alte Datei gelöscht; und die temporäre Datei wird in die alte Datei umbenannt.

```
<?php
session_start();
$file = "logs/usr.txt";
$new = "";
$data = file($file);
$count = count($data);
for ($i=0; $i<$count; $i++)
{
    list($time, $usr) = split("\^", $data[$i]);
    if (trim($usr) == trim($_SESSION['nick']))
```

```
        {
            continue;
        }
        $new .= $data[$i];
    }

$old = fopen($file, "r");
flock($old, 1)
or die("Kann die Quelldatei $oldfile nicht sperren.");
$n = fopen($file.".new", "w");
flock($n, 2)
or die("Kann die Zieldatei $newfile nicht sperren.");
fwrite($n, $new);
fclose($old);
unlink($file);
fclose($n);
rename($file.".new", $file);
```

Damit die restlichen User eine Systemmeldung über die Abmeldung des Users erhalten, wird ein entsprechender Hinweis in die Nachrichtenliste eingetragen.

```
$fp = fopen("logs/chat.txt", "a");
fwrite($fp, time()."^SYSTEM:^$nick hat den Chat verlassen.\n");
fclose($fp);
```

Zu guter Letzt werden die Session-Variablen des Users vom System gelöscht, und die Session wird entfernt.

```
unset($_SESSION['nick']);
unset($_SESSION['index1']);
unset($_SESSION['index2']);
session_destroy();
?>
```

8.2.3 Beiträge speichern

Das Speichern eines neuen Beitrags erfolgt über die Datei insert.php. Der Beitrag wird einfach an das Ende der entsprechenden Datei angehängt.

```
<?php
session_start();
$file = "logs/chat.txt";
$nick = htmlspecialchars($_SESSION["nick"]);
$text = htmlspecialchars($_POST["text"]);
$line = time()."^$nick:^$text\n";
$fp = fopen($file, "a");
```

```
fwrite($fp, $line);
fclose($fp);
?>
```

8.2.4 Die Userliste und Beiträge anzeigen

Die Funktionsweisen für die Anzeige der User und der Beiträge sind weitgehend identisch und werden über die Dateien `updateMsgList.php` und `updateUsrList.php` gesichert. Zur Erklärung soll exemplarisch die Datei `updateMsgList.php` vorgestellt werden.

```
<?php
session_start();
```

Der Inhalt der entsprechenden Informationen soll als XML-Datei zurückgegeben werden. Zu diesem Zweck wird ein entsprechender Header eingebunden, der den durch PHP erzeugten Inhalt als XML-Datei deklariert.

```
header("Content-Type: text/xml");
print '<?xml version="1.0" ?><chat>';
$file = "logs/chat.txt";
if(file_exists($file))
{
    $data = file($file);
    $count = count($data);
```

Der Inhalt der Datei wird ab der zuletzt ausgelesenen Zeile durchlaufen. Diese Informationen sind in der Session-Variablen `index1` für die Nachrichtenliste und `index2` für die Userliste hinterlegt. Für die Userliste müssen Sie die folgende Zeile mit der entsprechenden Session-Variablen austauschen und zu Beginn die Variable `$file` auf die korrekte Datenbasis referenzieren.

```
    for ($i=$_SESSION["index1"]; $i<$count; $i++)
    {
```

Die jeweiligen Inhalte der Datei werden nun zeilenweise durchlaufen und über den Delimiter ^ gesplittet. Anschließend werden die einzelnen Informationen den entsprechenden Elementknoten der XML-Datei zugewiesen.

```
        list($time, $usr, $text) = split("\^", $data[$i]);
        print "<data>";
        print "<usr>$usr</usr>";
        print "<msg>$text</msg>";
        print "</data>";
    }
```

Am Ende wird der Index des letzten Schleifendurchlaufs in den Session-Variablen `index1` bzw. `index2` gespeichert.

```
    $_SESSION["index1"] = $i;
}
print "</chat>";
?>
```

Um die Userliste auszuwerten, müssen Sie die Logik für das Splitten der Inhalte und das Erzeugen der XML-Knoten wie folgt abändern.

```
        list($time, $usr) = split("\^", $data[$i]);
        print "<usr>";
        print "<name>$usr</name>";
        print "</usr>";
```

Dieses Beispiel zeigt die Grundlagen eines Chatsystems und kann als Basis für eigene Ideen verwendet werden. Sie könnten den Anwender dabei eine Farbe für seinen Beitrag wählen lassen oder Emoticons automatisch in Smiley-Icons umwandeln. Denkbar wäre auch, einen Hilfetext des Systems über eine bestimmte Eingabefolge auszugeben, die Möglichkeit privater Unterhaltungen vorzusehen oder verschiedene Chaträume einzurichten. Im Produktiveinsatz sollten Sie auch bei diesem Beispiel sicherheitsrelevante Themen wie beispielsweise XSS[4] bedenken.

8.3 ajaxComplete

Eine beliebte Anwendung von AJAX ist ein sogenanntes »Autocomplete«-Formularfeld. Dabei werden dem Anwender während seiner Eingabe in einem Textfeld dynamisch Vorschläge möglicher Inhalte angeboten. Diese werden in der Regel als sortierte Liste direkt unterhalb des Feldes dargestellt, wobei der Inhalt per Mausklick ausgewählt und in das Formularelement übernommen werden kann. Die wahrscheinlich erste und nützlichste praktische Umsetzung war »Google Suggest«[5], mit der Sie bereits vor dem Absenden einer Suchanfrage das mögliche Ergebnis eingrenzen können.

Die eigene Umsetzung solch einer Anwendung ist zwar nicht besonders kompliziert, wesentlich schneller gelangen Sie allerdings beispielsweise mithilfe der script.aculo.us-Bibliothek ans Ziel.

---

4 http://de.wikipedia.org/wiki/XSS
5 http://www.google.com/webhp?complete=1&hl=en

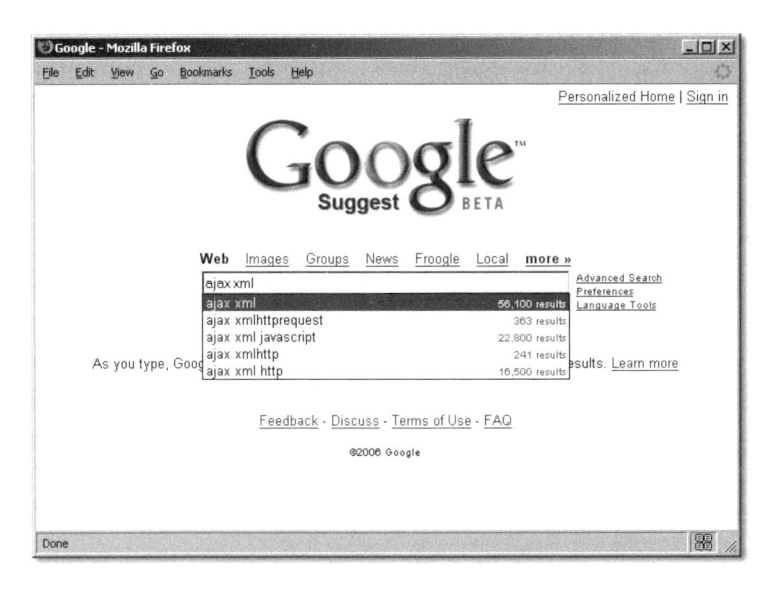

Abbildung 8.3 Eingrenzung einer Suche nach »ajax xml« mithilfe von Google Suggest

Das nachfolgende Beispiel aus der Dokumentation[6] dieser Bibliothek soll die grundlegende Arbeitsweise der dafür vorgesehenen `Autocompleter`-Klasse demonstrieren. Dabei kann der Anwender aus einer Liste von Musikbands einen geeigneten Eintrag auswählen.

Die folgende Übersicht stellt die Methoden dieser Klasse in kurzer Form vor.

Methode	Beschreibung
`Autocompleter.Base`	Interne Methode, mit der die Eingaben des Anwenders ausgewertet und weiterverarbeitet werden
`Autocompleter.Local`	Mit dieser Methode können Sie eine komplett clientseitige Autovervollständigung realisieren.
`Ajax.Autocompleter`	Diese Klasse stellt eigentlich eine Erweiterung der AJAX-Klasse aus der Prototype-Bibliothek dar und wird für die Realisierung einer Autovervollständigung mit AJAX verwendet.

Tabelle 8.1 Methoden der Autocompleter-Klasse aus der script.aculo.us-Bibliothek

Für die Methode `Base()` sei hier auf die Dokumentation verwiesen. Details dazu sind für ein Verständnis der Arbeitsweise der beiden anderen Methoden nicht notwendig. Für eine Autovervollständigung mithilfe dieser Klasse ist es zunächst erforderlich, das dafür vorgesehene Formularfeld mit einer entsprechenden CSS-ID, im Beispiel `band_form`, zu erweitern. Die Ergebnisliste wird nach der Eingabe

---

6 http://wiki.script.aculo.us/scriptaculous/show/Autocompletion

von Text in einem entsprechenden Element direkt unterhalb des Formularelements dargestellt und besitzt in der Standardeinstellung die gleiche Breite wie das Formularfeld selbst. Sie können die Optik der Liste über geeignete CSS-Angaben gemäß Ihren Vorstellungen anpassen.

```
<input id="band_form" type="text" name="bsp" />
<div id="band_list" style="display:none"></div>
```

Dieses Prinzip ist dabei für eine clientseitige Anwendung und einer mit AJAX das Gleiche.

8.3.1 Lokale Auswahl

Die möglichen Inhalte der Autovervollständigung für eine lokale (clientseitige) Auswahl[7] werden direkt als Argument der Methode Local() in Form eines Arrays eingebunden. Die entsprechende Syntax sieht so aus:

```
new Autocompleter.Local(
    'CSS-Form-ID','CSS-Div-ID', Array, { optionen }
);
```

Die möglichen Optionen dieser Methode sind in der nachfolgenden Tabelle aufgeführt.

Option	Beschreibung
choices	Mit dieser Option können Sie die Anzahl der Suchergebnisse bestimmen. Per Default werden alle gefundenen Inhalte angezeigt.
fullSearch	Damit können Sie bestimmen, dass eine Suche an einer beliebigen Stelle im Array und nicht am Anfang eines Strings erfolgen soll. Per Default ist diese Option mit dem Wert off belegt. Zur Aktivierung müssen Sie den booleschen Wert true übergeben.
ignoreCase	Bestimmt über einen booleschen Wert, ob bei der Auswertung der Eingabe die Groß-/Kleinschreibung beachtet werden soll. Per Default ist diese Option auf den Wert false gesetzt, womit die Schreibweise bei der Eingabe keine Rolle spielt.
minChars	Mit dieser Option können Sie die Anzahl der notwendigen Zeichen bestimmen, ab der die Suche ausgeführt werden soll. Per Default ist dieser Wert mit 1 voreingestellt.

Tabelle 8.2 Optionen der Methode Local() der Autocompleter-Klasse

---

7 Zwei interessante Anwendungen für eine lokale Auswahlliste finden Sie beispielsweise unter http://www.codeproject.com/jscript/javaautocomplete1.asp und http://www.codeproject.com/jscript/jsactb.asp.

Option	Beschreibung
partialChars	Mit dieser Option können Sie die Anzahl der notwendigen Zeichen bestimmen, ab der eine partielle Suche ausgeführt werden soll. Per Default ist dieser Wert mit 2 voreingestellt.
partialSearch	Diese Option bestimmt über einen booleschen Wert die Position der Suche. Per Default ist dieser Wert mit true belegt, was eine Suche zu Beginn eines jeden Wortes nach sich zieht. Falls nur zu Beginn des ersten Wortes gesucht werden soll, müssen Sie hier den Wert false angeben.

Tabelle 8.2 Optionen der Methode Local() der Autocompleter-Klasse (Forts.)

Eine mögliche Umsetzung dieser Methode zeigt das folgende Beispiel, das mit dem zuvor eingebundenen Formularelement korrespondiert. Auf die Angabe möglicher Optionen wurde dabei verzichtet. Die Musikbands aus dieser Liste sind dabei schon etwas älterer Natur.

```
<script type="text/javascript">
//<![CDATA[
new Autocompleter.Local('band_form, 'band_list', ['ABBA', 'AC/DC',
'Aerosmith', 'America', 'Bay City Rollers', 'Black Sabbath',
'Boston', 'David Bowie', 'Can', 'The Carpenters', 'Chicago', 'The
Commodores', 'Crass', 'Deep Purple', 'The Doobie Brothers',
'Eagles', 'Fleetwood Mac', 'Haciendo Punto en Otro Son', 'Heart',
'Iggy Pop and the Stooges', 'Journey', 'Judas Priest', 'KC and the
Sunshine Band', 'Kiss', 'Kraftwerk', 'Led Zeppelin', 'Lindis
farne (band)', 'Lipps, Inc', 'Lynyrd Skynyrd', 'Pink Floyd',
'Queen', 'Ramones', 'REO Speedwagon', 'Rhythm Heritage', 'Rush',
'Sex Pistols', 'Slade', 'Steely Dan', 'Stillwater', 'Styx',
'Supertramp', 'Sweet', 'Three Dog Night', 'The Village People',
'Wings (fronted by former Beatle Paul McCartney)', 'Yes'], {});
//]]>
</script>
```

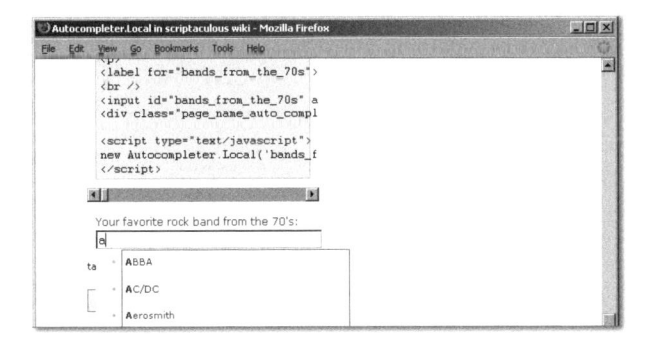

Abbildung 8.4 Eine Auswahlbox mit Vorschlägen zur aktuellen Eingabe

8.3.2 Formatierungen

Auf die Formatierung der Auswahlliste können Sie über spezielle CSS-Angaben Einfluss nehmen. In der Ergebnisliste wird die eingegebene Zeichenkette für alle Treffer per Default in fetter Schrift dargestellt. Dies wird intern über die Auszeichnung mit dem `strong`-Tag erreicht. Hier kann angesetzt werden, um die Formatierung nach eigenen Vorstellungen über die Anpassung der entsprechenden CSS-Deklaration abzuändern. Das folgende Beispiel wandelt die Formatierung in eine kursive, normale Schrift in roter Textfarbe um.

```
li strong
{
    font-weight:normal;
    font-style: italic;
    color: #ff3300;
}
```

Beachten Sie dabei, dass diese Anpassung nur in Verbindung mit der Klasse `Autocomplete.Local()` möglich ist.

Die Ergebnisliste kann zudem weitere Elemente als Information enthalten, die bei der Auswahl eines Eintrags nicht in das Formularelement übernommen werden. Dazu ist es notwendig, die zusätzlichen Angaben in ein Element mit der CSS-Klasse `informal` einzubetten. Sinnvollerweise sollten Sie dazu das `span`-Tag verwenden, wie es im folgenden Beispiel gezeigt wird.

```
<ul>
<li>
ABBA <span class="informal">Eine schwedische Band.</span>
</li>
...
</ul>
```

Darüber hinaus können Sie die Optik des Hover-Effekts der einzelnen Elemente der Auswahlliste bestimmen, indem Sie die intern eingebundene CSS-Klasse `selected` gemäß Ihren Vorstellungen anpassen. Das folgende Beispiel stellt die Schrift des aktuellen Elements in weißer Farbe dar.

```
li.selected
{
    color: #fff;
}
```

Beachten Sie in diesem Zusammenhang, dass nach dem Einblenden der Auswahlliste das erste gefundene Element automatisch selektiert wird.

8.3.3 Auswahl per AJAX

Die Inhalte für die Autovervollständigung können über eine Erweiterung der AJAX-Klasse der Prototype-Bibliothek dynamisch vom Server bezogen werden. Über die neue Methode `Autocompleter()` wird dabei automatisch der entsprechende Inhalt angezeigt, der vom Server zurückgeliefert wurde. Die Syntax lautet:

```
new Ajax.Autocompleter(
    'CSS-Form-ID','CSS-Div-ID', 'Ajax-URL', { optionen }
);
```

Die möglichen Optionen dieser Methode sind in der nachfolgenden Tabelle dargestellt.

Option	Beschreibung
afterUpdateElement	Über diese Option können Sie eine Funktion bestimmen, die nach der Auswahl eines Elements durch den Anwender ausgeführt werden soll.
frequency	Bestimmt die Geschwindigkeit einer Anfrage bzw. der Anzeige der Treffer in Sekunden. In der Grundeinstellung liegt dieser Wert bei 0.4.
minChars	Mit dieser Option können Sie die Anzahl der notwendigen Zeichen bestimmen, ab der die Suche ausgeführt werden soll. Per Default ist dieser Wert mit 1 voreingestellt.
paramName	Der Parameter für den AJAX-Request, an den der eingetragene Inhalt angehängt wird. Per Default ist dies der Name des Formularelements.

Tabelle 8.3 Die Optionen der Autocompleter()-Methode aus der script.aculo.us-Bibliothek

Für die Auswertung der Eingabe auf dem Server wird der eingegebene Inhalt des Formularfeldes über die Methode POST an den Server geschickt. Der Inhalt kann nun mit PHP anhand des Namens des Formularelements ausgelesen werden. Für das Formular aus dem Beispiel werden die Eingaben wie folgt ausgelesen.

```
<?php
    $inhalt = $_POST['bsp'];
    ...
?>
```

Falls Sie statt des Namens des Formularelements einen anderen Schlüssel übergeben möchten, müssen Sie diese Methode mithilfe der Option `paramName` und dem gewünschten Wert initialisieren.

Als Ergebnis Ihrer Auswertung müssen Sie eine ungeordnete XHTML-Liste zur Anzeige zurückliefern. Andernfalls würden Sie keine Inhalte zur Auswahl ausgeben können. Die Liste selbst muss dabei die folgende einfache Struktur aufweisen.

```
<ul>
    <li>ABBA</li>
    <li>AC/DC</li>
    ...
</ul>
```

Beachten Sie bei der Rückgabe der Inhalte, dass es genügt, eine geeignete Liste zurückzuliefern. Der Inhalt muss als XML-Datei deklariert werden.

Ein abschließendes Beispiel soll die Arbeitsweise dieser Methode verdeutlichen. Die zugrunde liegende Datenstruktur wurde dabei in einer MySQL-Datenbank mit der Tabelle complete und der folgenden Struktur abgelegt.

```
CREATE TABLE `complete` (
  `name` varchar(200) default NULL,
  `email` varchar(200) default NULL,
  UNIQUE KEY `email` (`email`)
);
```

Für das Beispiel wurden lediglich einige Einträge für den Buchstabenbereich »A« abgespeichert. Für Ihre eigene Anwendung müssen Sie die Datenbasis natürlich nach Ihren Vorgaben füllen und auch die Struktur der Tabelle anpassen. Das Formular für die Autovervollständigung sieht so aus:

```
<form>
<input type="text" id="name_form"/>
<div class="name_list" id="auto_complete"></div>
</form>
```

Die Funktionalität für die Abfrage der möglichen Inhalte einer Eingabe stellt das folgende Skript bereit. Dieses muss entweder nach dem Formularelement im Dokument eingebunden oder über ein onload-Event nach dem Laden der Seite initialisiert werden.

```
<script type="text/javascript">
//<![CDATA[
new Ajax.Autocompleter(
    "name_form",
    "name_list",
    "getData.php",
    {
        paramName: "bsp",
    }
);
```

```
//]]>
</script>
```

In diesem Beispiel wurde als zusätzliche Option der Parametername `bsp` für den Inhalt der Eingabe bestimmt. Für das Ermitteln der übereinstimmenden Einträge in der Datenbank ist die Datei `getData.php` zuständig, deren Inhalt wie nachfolgend aussieht. Als Ergebnis wird dabei eine Liste mit der CSS-Klasse `namen` zurückgegeben.

```
<ul class="namen">
<?php
```

Die Verbindung zur Datenbank wird über das PEAR-Modul DB[8] hergestellt. Dazu müssen Sie das Array `$dns` um die auf Sie zutreffenden Angaben ergänzen.

```
require_once 'DB.php';
$dsn = array(
    'phptype'  => 'mysql',
    'username' => '',
    'password' => '',
    'hostspec' => '',
    'database' => '',
);
$db =& DB::connect($dsn);
if (DB::isError($db)) {
    die($db->getMessage());
}
```

Über den AJAX-Request wurde der Inhalt der aktuellen Eingabe durch den Parameter `bsp` übergeben. Dieser wird nun für die Abfrage im SQL-Statement eingefügt. Die gefundenen Inhalte werden anschließend in das Array `$res` für die weitere Bearbeitung abgelegt.

```
$q = "SELECT name,email,image FROM complete WHERE name LIKE '".$db->quoteSmart($_POST['bsp'])."%' ORDER BY name";
$res =& $db->getAll($q);
if (DB::isError($res)) {
    die($res->getMessage());
}
```

Dieses Array wird dann der Reihe nach durchlaufen, wobei die einzelnen Listen-Elemente erzeugt werden.

```
foreach( $res as $item)
{
```

---

8 http://pear.php.net/package/DB

```
    print "<li>{$item[0]}
        <span class=\"informal\">{$item[1]}</span>
        </li>\n
        ";
}
?>
</ul>
```

Auf das CSS für die Formatierung dieser Auswahlliste wird hier nicht eingegangen. Wie Sie dem Beispiel entnehmen konnten, ist die Umsetzung einer Autovervollständigung mithilfe der script.aculo.us-Bibliothek mit wenig Aufwand zu realisieren.

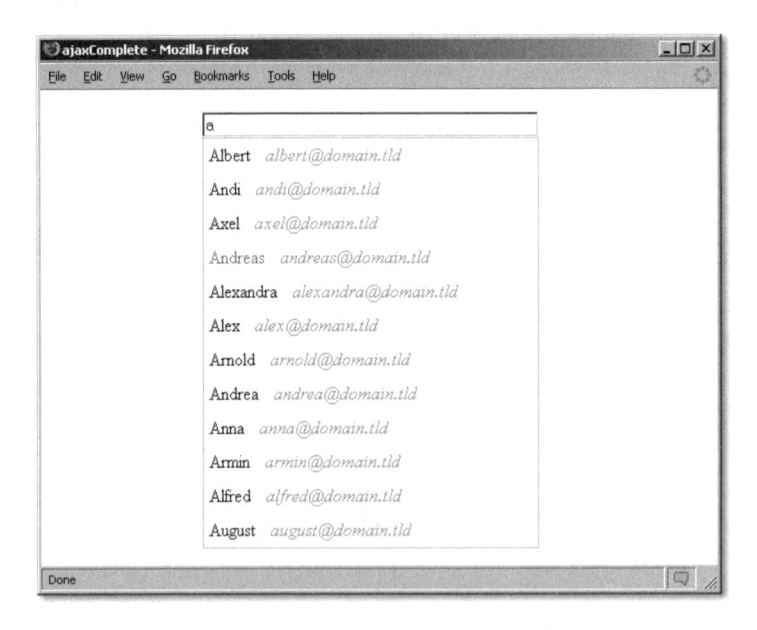

Abbildung 8.5 Die fertige Autovervollständigung in Aktion

8.4 ajaxDict

»ajaxDict« ist eine Anwendung, die den kompletten Inhalte einer Webseite mit einem dynamischen Wörterbuch ausstatten kann. Ihre Funktionsweise ist denkbar einfach. Sobald ein Wort durch den Anwender selektiert oder per Doppelklick ausgewählt wird, kann eine Beschreibung dazu über das Aktivieren der rechten Maustaste vom Server angefordert werden. Falls für einen Begriff noch kein Erklärungstext hinterlegt wurde, öffnet sich ein Eingabeformular, über das der Anwender selbst eine Erklärung eintragen kann. Sobald die Maustaste wieder losgelassen wird, schließt sich das Erklärungsfenster.

Für das Speichern der Erklärungstexte wurde in diesem Beispiel eine MySQL-Datenbank gewählt. Die zugrunde liegende Struktur der Datentabelle stellt sich wie folgt dar.

```
CREATE TABLE `dict` (
  `id` int(10) unsigned NOT NULL auto_increment,
  `txt` varchar(200) default NULL,
  `info` text NOT NULL,
  PRIMARY KEY  (`id`)
);
```

Diese Tabellenstruktur wurde bewusst sehr einfach gehalten. Für eigene Erweiterungen können Sie diese Struktur um zusätzliche Informationen ergänzen, wie beispielsweise das Datum des Eintrags oder die IP-Adresse des Anwenders.

Damit eine Seite mit dieser Funktion ausgestattet wird, genügt es, im Kopfbereich die folgenden JavaScript-Bibliotheken einzubinden.

```
<script src="src/prototype.js" type="text/javascript"></script>
<script src="src/script.aculo.us.js"
type="text/javascript"></script>
<script src="ajaxDict.js" type="text/javascript"></script>
```

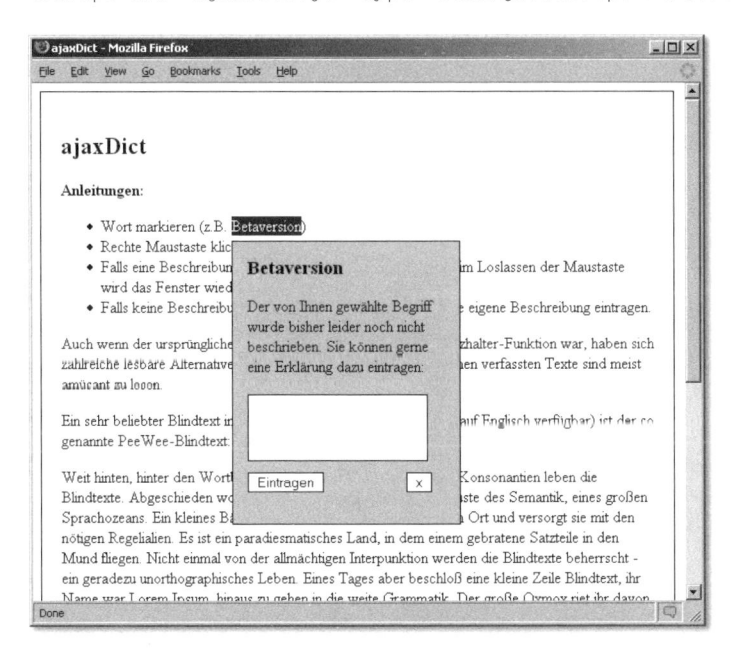

Abbildung 8.6 Zu dem ausgewählten Begriff wurde bisher keine Information hinterlegt.

Die Logik für die Anwendung selbst ist dabei in der Datei `ajaxDict.js` enthalten, die im Folgenden vorgestellt wird. In diesem Beispiel wird der Programmablauf nicht über ein `Literal`-Objekt vollzogen, sondern über einzelne Funktionen. Zu Beginn der Anwendung wird das `String`-Objekt um eine zusätzliche Methode `trim()` erweitert. Mit ihr können sämtliche Leerzeichen am Anfang und Ende einer Zeichenkette entfernt werden. Dies ist notwendig, um später im Programmablauf ungültige Selektionen zu erkennen bzw. einen ausgewählten Begriff um eventuelle Leerzeichen zu erleichtern. Für diese Aufgabe wird über einen regulären Ausdruck nach Leerzeichen (Whitespaces) (`\s`) am Anfang (`^`) und am Ende (`$`) eines Strings gesucht und diese werden anschließend über die Methode `replace()` des `String`-Objekts entfernt.

```
String.prototype.trim = function()
{
    return this.replace(/^\s+/g, '').replace(/\s+$/g, '');
}
```

Als Nächstes werden zwei globale Variablen `aktiv` und `sel` definiert. Darin wird jeweils ein boolescher Wert hinterlegt, der ausdrückt, ob das Informationsmenü aktiv ist, bzw. ob aktuell eine Selektion vorgenommen wurde. Eigentlich sollten Sie versuchen, auf solche Variablen zu verzichten. In diesem kurzen Beispiel ist die Verwendung aber überschaubar und daher kein Problem.

```
var aktiv = false;
var sel = false;
```

Die Auswahl einer Selektion erfolgt über die Funktion `getSel()`[9], mit der ein markierter Begriff in einem Objekt zwischengespeichert werden kann.

```
function getSel()
{
    var txt = '';
    if (window.getSelection)
    {
        txt = window.getSelection();
    }
    else if (document.getSelection)
    {
        txt = document.getSelection();
    }
    else if (document.selection)
    {
```

---

9 Diese Funktion wurde in abgewandelter Form aus einem Beispiel unter http://www.quirksmode.org/js/selected.html entworfen.

```
        txt = document.selection.createRange().text;
    }
    else return;
    return txt;
}
```

Die Funktion `removeSel()` ist für das automatische Entfernen einer Selektion zuständig, sobald der Anwender die Maustaste wieder losgelassen hat.

```
function removeSel()
{
    if (window.getSelection)
    {
        window.getSelection().removeAllRanges();
    }
    else
    {
        document.selection.empty();
    }
    sel = false;
}
```

Sofern der Anwender einen Begriff ausgewählt hat und die rechte Maustaste klickt, wird die Funktion `mDown()` ausgeführt. Mit ihr erfolgt der AJAX-Request an den Server. Das Informationsmenü wird anschließend angezeigt.

```
function mDown(e)
{
```

Für diese Aufgabe muss zunächst überprüft werden, ob der rechte Mausbutton aktiviert wurde.

```
    b = (document.all) ? event.button : e.which;
    if (b==2||b==3)
    {
```

Dann erfolgt ein Test, ob eine Selektion erfolgt ist, und ob dabei Inhalt übergeben wurde. Andernfalls wird diese Funktion ohne weitere Aktion verlassen.

```
        if (getSel()!="" && !sel)
        {
```

Als Nächstes wird der Variablen `sel` der boolesche Wert `true` zugewiesen. Über diesen Wert wird eine eventuelle weitere Selektion unterbunden. Dies könnte sonst bei einem geöffneten Eingabeformular für einen neuen Begriff möglich sein.

```
            sel = true;
```

Damit sichergestellt wird, dass nur ein Begriff markiert wurde, wird das Selektions-Objekt zunächst in einen String mittels der Methode toString() überführt. Anschließend werden mit der zuvor erzeugten Methode trim() die führenden und abschließenden Leerzeichen daraus entfernt. Das Ergebnis wird in der Variablen str zwischengespeichert.

```
str = getSel().toString().trim();
```

Eine abschließende Prüfung versucht, diesen String über das Leerzeichen mithilfe der Methode split() zu zerlegen. Sofern das Ergebnis mehr als ein Element enthält, wird diese Funktion mit einer entsprechenden Fehlermeldung abgebrochen.

```
if (str.split(" ").length > 1)
{
    alert("Bitte immer nur ein Wort markieren.");
}
else
{
```

Falls eine gültige Auswahl getroffen wurde, wird hier zunächst die aktuelle x/y-Koordinate des Mauszeigers ermittelt. An dieser Stelle soll dann das Informationsmenü angezeigt werden.

```
x = (document.all) ?
    event.clientX : e.clientX;
y = (document.all) ?
    event.clientY : e.clientY;
with($('menu'))
{
    innerHTML = "";
    style.display = "none";
    style.left = x+"px";
    style.top = y+"px";
}
```

Für Anfragen an den Server wird nun abschließend die Funktion sendIt() aufgerufen, die als Argument den ausgewählten Begriff erwartet. Dieser wird dabei für das Einfügen in einen Query-String vorbereitet.

```
            sendIt("t="+escape(str));
        }
      }
    }
}
```

Der Hauptteil der Arbeit wird über die Funktion `sendIt()` realisiert. Mit ihr wird der markierte Begriff mit der Datenbasis auf dem Server abgeglichen und ein entsprechendes Ergebnis zurückgeliefert.

```
function sendIt(q)
{
    new Ajax.Request(
        "dbQuery.php?"+q+"&"+new Date().getTime(),
        {
            method:'get',
            onSuccess:function(r)
            {
```

Bei einer Antwort des Servers wird der zurückgelieferte Inhalt zunächst auf ein enthaltenes Formular überprüft. Dies ist der Fall, falls zu einem Begriff noch kein Eintrag vorhanden ist. Damit das in diesem Fall erscheinende Eingabefenster nicht geschlossen wird, sobald der Anwender die Maustaste loslässt, wird der Variablen `aktiv` der boolesche Wert `true` zugewiesen. Anschließend erfolgt die Ausgabe des entsprechenden Inhalts im Informationsmenü.

```
                if (r.responseText.match(/form/))
                {
                    aktiv = true;
                }
                $("menu").innerHTML = r.responseText;
                $("menu").style.display = "block";
            }
        }
    );
}
```

Die Funktion `mUp()` wird ausgeführt, sobald der Anwender die Maustaste wieder loslässt. Dabei wird eine vorhandene Selektion entfernt und ein geöffnetes Informationsfenster wieder geschlossen. Falls kein Erklärungstext gefunden wurde, bleibt das Eingabeformular geöffnet. Die Prüfung erfolgt über die Variable `aktiv`.

```
function mUp()
{
   if (!aktiv)
   {
     if (sel) removeSel();
     document.getElementById("menu").style.display = 'none';
   }
}
```

Mithilfe der Funktion `stopContext()` wird das Einblenden des Kontextmenüs des Browsers unterbunden.

```
function stopContext() { return false; }
```

Nach dem vollständigen Laden der Webseite werden die jeweiligen Funktionen den relevanten Events zugewiesen.

```
window.onload = function()
{
    if (!window.opera)
    {
        new Draggable("menu");
        document.onmousedown=mDown;
        document.onmouseup=mUp;
        document.oncontextmenu=stopContext;
    }
    else alert("Leider unter Opera nicht kompatibel");
}
```

Wie Sie den Zeilen entnehmen können, ist dieses Beispiel nicht mit dem Opera-Browser kompatibel. Dies liegt daran, dass in diesem Browser das Kontextmenü nicht ohne Änderung der Konfiguration durch den Anwender deaktiviert werden kann. Der Grund dafür ist, dass im Kontextmenü des Opera-Browsers wesentliche Bedienfunktionen enthalten sind.

8.4.1 Erklärung abrufen und eintragen

Das Auslesen und Eintragen des Erklärungstextes zu einem Begriff erfolgt über die Datei `dbQuery.php`. Damit die aus der MySQL-Datenbank ausgegebenen Inhalte im Zeichensatz korrekt maskiert werden, ist es erforderlich, eine entsprechende Header-Information am Anfang der Datei einzubinden. Auf diese Weise werden Sonderzeichen und Umlaute wie erwünscht dargestellt.

```
<?php
header("Content-Type: application/xhtml+xml; charset=iso-8859-1");
```

Der Zugriff auf die Datenbank selbst erfolgt über das PEAR-Modul DB[10]. Die benötigten Informationen für den Verbindungsaufbau werden dabei in das Hash `$dsn` ausgelagert. Die einzelnen Inhalte müssen Sie dabei Ihren Einstellungen entsprechend anpassen.

```
require_once 'DB.php';
$dsn = array(
```

---

10 http://pear.php.net/package/DB

```
    'phptype'  => 'mysql',
    'username' => '',
    'password' => '',
    'hostspec' => '',
    'database' => '',
);
$db =& DB::connect($dsn);
if (DB::isError($db)) {
    die($db->getMessage());
}
```

Um eine Beschreibung für einen neuen Begriff einzutragen, muss dieses Skript über einen Query-String mit dem Parameter n aufgerufen werden. Dies erfolgt, sobald der Anwender seinen Erklärungstext über das Eingabeformular abschickt. Andernfalls erfolgt die Ausgabe des angeforderten Erklärungstextes bzw. des Eingabeformulars.

```
if (isset($_GET['n']))
{
    $res =& $db->query(
        "INSERT INTO dict VALUES('', ".
        $db->quoteSmart($_GET['t']).",".
        $db->quoteSmart($_GET['n']).")"
    );
    print "
    Eingetragen: ".$_GET['t']." = ".$_GET['n']."
    <form><input type=\"button\" value=\"x\"
     onclick=\"aktiv=false;mUp();\" /></form>
    ";
}
else
{
```

An dieser Stelle wird überprüft, ob für den ausgewählten Begriff ein Eintrag vorhanden ist.

```
    $res =& $db->getRow(
        "SELECT info FROM dict WHERE txt = ".
        $db->quoteSmart($_GET['t'])
    );
    if (DB::isError($res)) {
        die($res->getMessage());
    }
```

Falls das Ergebnis der Abfrage positiv war, wird der Erklärungstext im Browser angezeigt.

8 | Praxisbeispiele

```
if (is_array($res))
{
    print "<h3>".$_GET['t']."</h3>";
    print "<p>".$res[0]."</p>";
}
```

Andernfalls wird für den ausgewählten Begriff ein Formular eingeblendet, mit dem der Anwender seine eigene Beschreibung in die Datenbank eintragen kann.

```
else
{
    print "
    <form action=\"test.php\" method=\"post\">
    <h3>".$_GET['t']."</h3>
    <p>
    Der von Ihnen gewählte Begriff wurde bisher leider
    noch nicht beschrieben. Sie können gerne eine
    Erklärung dazu eintragen:
    </p>
    <p>
    <textarea cols=\"20\" rows=\"3\"
     name=\"txt\"></textarea>
    <input type=\"button\" name=\"button\"
     value=\"Eintragen\"
     onclick=\"sendIt('n='+escape(this.form.txt.value)+
     '&t=".$_GET['t']."')\" />
    <input type=\"button\" class=\"x\" value=\"x\"
     onclick=\"aktiv=false;mUp();\" />
    </p>
    </form>
    ";
}
}
?>
```

Diese Anwendung kann und sollte natürlich noch um zahlreiche Funktionen und weiteren Komfort erweitert werden. Denkbar wäre ein Rechtessystem, über das nur registrierte Anwender eine Erklärung zu einem Begriff eingeben können. Auch die optische Auszeichnung für Begriffe mit einem Erklärungstext – beispielsweise über ein CSS – wäre sinnvoll. In Sachen Spam sollten Sie zudem geeignete Vorkehrungen treffen.

8.5 ajaxDir

Mit der Anwendung »ajaxDir« ist es möglich, aus der Verzeichnisstruktur einer Webseite einzelne Inhalte zu einem Ziparchiv für den Download zusammenzustellen. Dabei kann sich der Anwender über ein dynamisches Interface im Verzeichnisbaum bewegen und per Drag&Drop einzelne Dateien für sein Ziparchiv zusammenstellen. Versehentlich abgelegte oder nicht mehr benötigte Dateien können von der Packliste wieder gelöscht werden. Zudem ist es möglich, den Inhalt einer Datei aus der Packliste in einem Vorschaufenster anzuzeigen. Sobald die gewünschte Struktur zusammengestellt wurde, kann diese per Mausklick zu einem Ziparchiv gepackt und anschließend heruntergeladen werden.

Beachten Sie bei diesem Bespiel, dass bei der Umsetzung keine sicherheitsrelevanten Themen behandelt wurden, da es lediglich als Anregung für eigene Experimente dienen soll und kein fertiges Produkt darstellt. Für den Produktiveinsatz sollten Sie dieses Skript entsprechend Ihren Richtlinien anpassen und erweitern.

Die Struktur des XHTML-Dokuments stellt sich wie im Folgenden zu sehen dar. Auf das zugehörige CSS wird dabei nicht näher eingegangen.

```
<div id="info"></div>
<div id="dir"></div>
<div id="target">
  <a href="#" onclick="ajaxDir.zipIt();">Dateien zippen.</a>
</div>
<div id="tool">
    <div id="zip"></div>
</div>
<div id="dl"></div>
<div id="msg" ondblclick="Effect.BlindUp(this);"></div>
```

Der Inhalt des aktuellen Verzeichnisses wird dabei im Element mit der CSS-ID dir dargestellt. Das Element mit der CSS-ID target dient dazu, einzelne Dateien in die Packliste abzulegen, indem die Dateien per Maus darauf gezogen und anschließend losgelassen werden. Die Packliste selbst wird im Element mit der CSS-ID tool angezeigt, und die einzelnen Dateien werden im darin enthaltenen Element mit der CSS-ID zip aufgelistet. Das fertige Ziparchiv wird schließlich im Element mit der CSS-ID dl zum Download angeboten. Im Element mit der CSS-ID msg kann der Inhalt einer Datei zur Ansicht ausgegeben werden. Dazu wird ein spezieller Effekt der script.aculo.us-Bibliothek verwendet, der den entsprechenden Inhalt per Doppelklick zur Ansicht einblendet.

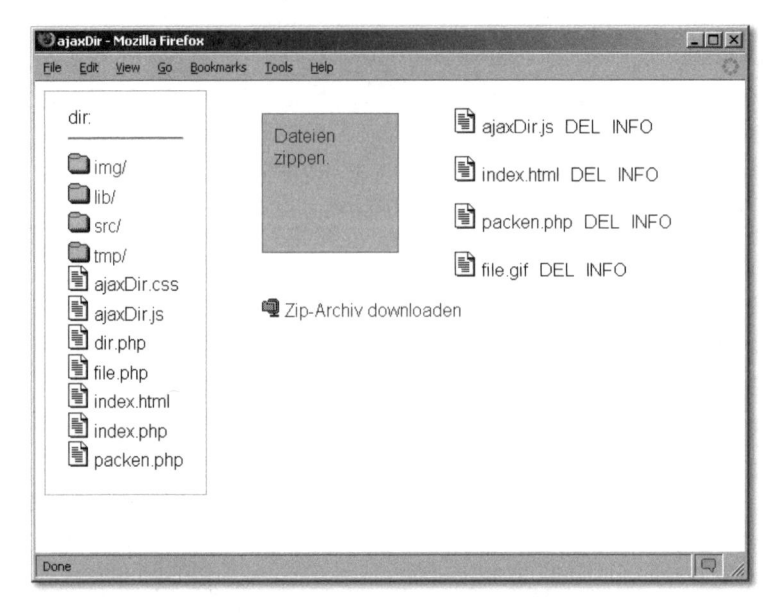

Abbildung 8.7 Mit der Anwendung »ajaxDir« können Sie dynamisch Dateien des Servers packen.

Bevor das eigentliche Skript dieser Anwendung vorgestellt wird, muss kurz auf eine Helferroutine eingegangen werden, mit der das `Array`-Objekt von JavaScript erweitert wurde. Mithilfe der Methode `ismember()` können Sie dabei überprüfen, ob in einem Array ein Element mit dem gesuchten Inhalt vorhanden ist. Als Ergebnis dieser Prüfung erhalten Sie im Erfolgsfall den booleschen Wert `true` und andernfalls `false` zurückgeliefert. Dazu werden die Inhalte des Arrays der Reihe nach durchlaufen und bezogen auf den gesuchten Inhalt überprüft.

```
Array.prototype.ismember = function(element)
{
    for (var i=0, len=this.length; i<len; i++)
    {
        if (this[i] == element)
        {
            return true;
        }
    }
    return false;
};
```

Das `Literal`-Objekt `ajaxDir` bildet die eigentliche Funktionalität der Anwendung ab. Die Eigenschaft `data` beinhaltet dabei ein Array mit den Systempfaden der zu archivierenden Dateien. In der Variablen `dir` wird eine Referenz auf das aktuelle Verzeichnis abgelegt, und mit `dload` bestimmen Sie das Zielverzeichnis des Ziparchivs für den Download. Dieses Verzeichnis muss mit entsprechenden Schreibrechten (`chmod 777`) ausgestattet werden.

```
var ajaxDir = {
    data : [],
    dir : "",
    dload : "tmp/archive.zip",
```

Anhand der Methode `init()` wird das Startverzeichnis geladen und der entsprechende Inhalt ausgegeben, indem diese Methode nach dem vollständigen Übertragen der Seite ohne Argumente aufgerufen wird.

```
    init : function(dir,w)
    {
```

Jede Datei des aktuellen Verzeichnisses wird nun als »Droppable« für das jeweilige Zielelement registriert. Dafür wird die entsprechende Methode der script.aculo.us-Bibliothek verwendet, mit der Sie Bereiche definieren können, die ein per Drag&Drop bewegtes Element empfangen können.

```
        Droppables.add("target", {
        onDrop: function(element)
        {
```

Über die `onDrop`-Option werden neue Dateien in die Packliste kopiert. Um bei diesem Vorgang doppelte Einträge zu vermeiden, wird zunächst überprüft, ob sich das aktuelle Element bereits im Array `data` befindet. Ist dies der Fall, wird der folgende Block übersprungen und eine entsprechende Meldung in einer Dialogbox für den Anwender angezeigt.

```
if (!ajaxDir.data.ismember($(element.id).getAttribute("title")))
{
```

Neue Elemente werden dynamisch in die Packliste eingefügt, indem über die Methoden des DOM eine Kopie des Original-Elements erzeugt wird. Damit diese Kopie später wieder entfernt werden kann, werden ihr als CSS-ID das Präfix `data_` und der aktuelle Array-Index zugewiesen.

```
            var e = document.createElement("p");
            e.setAttribute(
            "id","data_"+(ajaxDir.data.length-1)
            );
```

Das folgende Element bietet dem Anwender die Möglichkeit, ein Element gezielt aus der Packliste zu löschen. Dabei wird es aus dem Dokumentenbaum entfernt und zugleich aus dem Array `data` gelöscht.

```
            var s = document.createElement("span");
            s.onclick = function()
            {
                this.parentNode.parentNode.removeChild(
                    this.parentNode
                );
                ajaxDir.data.splice(
                    this.parentNode.getAttribute("id"),
                    1
                );
            }
            s.appendChild(
                document.createTextNode("DEL")
            );
            s.setAttribute(
                "style","margin-left:10px;"
            );
            e.innerHTML = $(element.id).innerHTML;
            e.appendChild(s);
```

Ein weiteres Element sorgt dafür, dass der Inhalt einer Datei per Klick in einer Vorschau betrachtet werden kann. Für diese Aufgabe wird die Methode show-Content() mit dem entsprechenden Inhalt aus dem Array data aufgerufen.

```
            s = document.createElement("span");
            s.setAttribute(
                "style","margin-left:10px;"
            );
            s.onclick = function()

            {
                ajaxDir.showContent(
                    ajaxDir.data[ajaxDir.data.length-1]
                );
            }
            s.appendChild(
                document.createTextNode("INFO")
            );
            e.appendChild(s);
            $("zip").appendChild(e);
```

Am Ende wird die neu hinzugefügte Datei in das Array data eingefügt. Dazu wird der Systempfad über das Attribut title der Originaldatei ausgelesen.

```
            ajaxDir.data.push(
                $(element.id).getAttribute("title")
```

```
            );
        }
        else alert("Element bereits in der Packliste");
    }
});
```

Über die folgende Routine wird überprüft, in welchem Verzeichnis sich der Anwender aktuell befindet. Besitzt das Argument w dabei den Wert 1, bedeutet dies, dass das Startverzeichnis verlassen wurde.

```
if (w==1)
{
```

Das aktuelle Verzeichnis wird nun anhand des Slashes gesplittet und anschließend entsprechend weiterbearbeitet, wobei es das Ziel ist, den Pfad für einen Verzeichniswechsel in eine höhere Ebene zu erzeugen. Ist das Array h leer, befindet sich der Anwender im Startverzeichnis, andernfalls wird das letzte Element entfernt, und der verbleibende Pfad in der Eigenschaft dir gespeichert.

```
            var _tmp;
            _tmp = this.dir;
            var b = _tmp.split("/");
            b.shift();
            b.pop();
            if (b.length == 0)
            {
                dir = "";
                this.dir = "";
            }
            else
            {
                b.pop();
                this.dir = b.join("/");
            }
    }
```

Nun wird das auszulesende Verzeichnis ermittelt und der Eigenschaft dir übergeben. Wurde die Methode ohne Argumente aufgerufen, wird das Startverzeichnis ausgelesen, andernfalls das neu angeforderte Verzeichnis.

```
        if (dir) this.dir += "/"+dir;
        new Ajax.Request(
            "dir.php?dir="+this.dir,
            {
```

Um den Ladevorgang optisch zu dokumentieren, wird eine animierte Grafik angezeigt, die im Element mit der CSS-ID info ausgegeben wird.

```
              onLoading:function()
              {
                   $("info").innerHTML = "<img src=\
"img/loading.gif\" /> loading ...";
              },
```

Das PHP-Skript, das für das Auslesen der Verzeichnisstruktur verantwortlich ist, liefert die gefundenen Dateien in einer JSON-Struktur zurück. Für diese Aufgabe wird eine interne Methode der JSON-Distribution angewandt. Diese Struktur wird der Methode `drawDir()` zur weiteren Verarbeitung als Argument übergeben. Anschließend wird das Element mit der Anzeige des Ladevorgangs wieder geleert.

```
              onSuccess:function(r)
              {
                 ajaxDir.drawDir(
                      JSON.parse(r.responseText)
                 );
                 $("info").innerHTML = "";
              }
         }
     );
 },
```

Mithilfe der Methode `drawDir()` erfolgt die Auflistung des Inhalts des aktuellen Verzeichnisses. Als Argument wird dabei die Verzeichnisstruktur in einer JSON-Syntax erwartet. Diese wurde in der Art aufbereitet, dass die Verzeichnisse, Dateien und der aktuelle Pfad separat als Objekte gespeichert wurden.

```
drawDir : function(json)
{
    var d = [];
    var path = json.path;
    var dirs = json.dirs;
    var data = json.data;
    var b = this.dir.split("/");
```

Zur besseren Orientierung wird der aktuelle Verzeichnispfad als Information am Anfang der Anzeige ausgegeben. Anschließend erfolgt das Entfernen des letzten Verzeichnisses aus dem temporären Array b.

```
         $("dir").innerHTML = "dir: "+this.dir+"<hr/>";
         b.pop();
```

Falls sich der Anwender außerhalb des Startverzeichnisses befindet, wird eine Möglichkeit angeboten, wieder zum vorherigen Verzeichnis zu navigieren. Dazu wird das Skript erneut über die Methode `init()` und den Inhalt des Arrays b als Zielverzeichnis aufgerufen.

```
if (this.dir!="")
{
  $("dir").innerHTML += "<a href='#' onclick='ajaxDir.init(\"" +
  b[b.length-1]+
  "\",1)'><img src='img/back.gif' /> parent directory</a><br />";
}
```

Nun folgt die Ausgabe der enthaltenen Unterverzeichnisse. Diese können vom Anwender zur weiteren Navigation angeklickt werden. Hierfür wird ebenfalls erneut die Methode `init()` mit dem entsprechenden Zielverzeichnis aufgerufen.

```
        for (var i=0, len=dirs.length; i<len; i++)
        {
            $("dir").innerHTML += "<img src='img/folder.gif' /> ";
            $("dir").innerHTML += "<a href='#' title='"+dirs[i] +
            "'onclick=\"ajaxDir.init('"+dirs[i]+"')\">" +dirs[i] +
            "/</a><br />\n";
        }
```

Als Nächstes werden die Dateien in alphabetischer Reihenfolge in einem `span`-Tag ausgegeben und mit einer fortlaufenden CSS-ID versehen. Als `title`-Attribut wird dabei ihr Systempfad übergeben, der für das spätere Kopieren in die Packliste als wesentliche Information dient.

```
        for (var i=0, len=data.length; i<len; i++)
        {
            $("dir").innerHTML += "<span id='f"+i+"' title='"  +
            (path+"/"+data[i])+"'><img src='img/file.gif' /> " +
            data[i] + "</span><br />\n";
        }
```

Abschließend werden alle ausgegebenen Dateien über deren CSS-ID als Drag&Drop-Elemente über die entsprechende Methode der script.aculo.us-Bibliothek ausgezeichnet. Dies muss in einer separaten Schleife erfolgen. Würden Sie dies direkt während der Ausgabe der Dateien selbst veranlassen, erhielten Sie eine Fehlermeldung, was daran liegt, dass die Elemente zu diesem Zeitpunkt noch nicht vollständig im Dokumentenbaum registriert wurden.

```
        for (var i=0, len=data.length; i<len; i++)
        {
            new Draggable('f'+i,{revert:true});
        }
    }
  },
```

Für das Zippen der Dateien aus der Packliste ist die Methode `zipIt()` verantwortlich. Mit ihr wird per AJAX ein PHP-Skript ausgeführt, das die als JSON-Objekt übergebene Packliste zur weiteren Bearbeitung entgegennimmt.

```
zipIt : function()
{
```

Um Serverlast zu vermeiden, wird vor dem Request überprüft, ob sich überhaupt Dateien in der Packliste befinden, und es wird gegebenenfalls eine entsprechende Fehlermeldung über eine Dialogbox angezeigt.

```
if (this.data.length>0)
{
new Ajax.Request(
  "zip.php?data="+JSON.stringify(this.data),
    {
      onSuccess:function(r)
      {
        $("dl").innerHTML = "<img src='img/zip.gif' /> <a href='"+
        ajaxDir.dload+"'>Zip-Archiv downloaden</a><br />\n";
      }
    }
);
}
else alert("Die Packliste ist leer.");
},
```

Die Inhalte der Dateien, die in der Packliste abgelegt wurden, können über eine Funktion in einem Vorschaufenster betrachtet werden. Dies wird über die Methode `showContent()` realisiert, die als Argument den Systempfad der entsprechenden Datei erwartet. Auch für diese Aufgabe wird eine Anfrage per AJAX an den Server gesendet. Das Vorschaufenster kann per Drag&Drop bewegt und per Doppelklick wieder geschlossen werden.

```
showContent : function(file)
{
    new Ajax.Request(
        "file.php?data="+file,
        {
            onSuccess:function(r)
            {
                $("msg").innerHTML = "<pre>"+r.responseText+
                                     "</pre>";
                $("msg").style.display = "block";
            }
        }
```

            );
        }
};
```

Über das `onload`-Event wird nach dem vollständigen Laden der Seite das aktuelle Startverzeichnis ausgegeben, und die dafür vorgesehenen Elemente werden mit einer Drag&Drop-Funktion versehen.

```
window.onload = function()
{
    ajaxDir.init();
    new Draggable("target");
    new Draggable("tool");
    new Draggable("msg");
};
```

8.5.1 Auslesen der Verzeichnisstruktur

Das Auslesen der angeforderten Verzeichnisstruktur erfolgt auf dem Server über ein einfaches Skript mit dem Namen `dir.php`. Der aktuelle Pfad des Skriptes wird dabei zunächst über die Funktion `getcwd()` von PHP ermittelt und in der Variablen `$path` abgelegt. Dabei werden für das Betriebssystem Windows die enthaltenen Backslashs durch einen einfachen Slash ersetzt. Diesem Pfad wird anschließend das angeforderte Verzeichnis zugewiesen.

Beachten Sie in diesem Zusammenhang, dass für den Anwender nur die Inhalte aus demjenigen Verzeichnis angezeigt werden, in dem sich das Skript befindet. Sie können den Startpfad aber auch selbst vorgeben, indem Sie die Variable `$path` mit dem gewünschten Wert belegen.

```
<?php
$path = str_replace("\\","/",getcwd());
$path = (!empty($_GET['dir'])) ?
        $path."/".$_GET['dir'] : $path;
```

In den Arrays `$dir` und `$data` werden später die gefundenen Verzeichnisse und Dateien gespeichert.

```
$dirs = array();
$data = array();
```

Das Verzeichnis wird nun über die Funktion `opendir()` angefordert. Über eine `while`-Schleife wird der aktuelle Inhalt mit der Funktion `readdir()` durchlaufen.

```
$dir_handle = @opendir($path) or die("Unable to open $path");
while ($file = readdir($dir_handle))
{
```
```

```
    if ($file != "." && $file != "..") {
    if (is_dir($path."/".$file))
        {
            array_push($dirs, $file);
        }
        if (is_file($path."/".$file))
        {
            array_push($data, $file);
        }
    }
}
closedir($dir_handle);
```

Nachdem die Daten in die entsprechenden Arrays einsortiert wurden, werden diese für die Umwandlung in das JSON-Format in einer Hash-Struktur $list eingefügt.

```
$list = array(
    'path' => $path,
    'dirs' => $dirs,
    'data' => $data
);
```

Dieser Hash kann nun über die PEAR-Klasse Services_JSON[11] bequem in einen gültigen JSON-String überführt und dem Client zur weiteren Bearbeitung zur Verfügung gestellt werden.

```
require_once('lib/JSON.php');
$json = new Services_JSON();
$output = $json->encode($list);
print($output);
?>
```

8.5.2 Anzeige des Dateiinhalts

Für die Anzeige des Inhalts einer Datei in einem Vorschaufenster ist das folgende PHP-Skript file.php zuständig. Dazu wird der Funktion file_get_contents() von PHP der Systempfad der gewünschten Datei übergeben, die anschließend zur Ansicht ausgegeben wird.

```
<?php
print file_get_contents($_GET['data']);
?>
```

---

11 Diese Klasse erhalten Sie unter http://pear.php.net/pepr/pepr-proposal-show.php?id=198. Für die Arbeit mit JSON und PHP wird Ihnen damit eine einfach anzuwendende Möglichkeit für den Datenaustausch zwischen Client und Server geboten.

8.5.3 Zippen der Packliste

Um Dateien mithilfe von PHP zu packen, können Sie zwischen unterschiedlichen Möglichkeiten wählen. Diese Aufgabe kann beispielsweise über die PEAR-Module[12] `Archive_ZIP` oder `File_Archive` erledigt werden. PHP bietet auch direkt eine `Zip`-Funktion[13] zur Arbeit mit Archiven. Bei diesen Lösungen ist es allerdings erforderlich, dass sie mit den relevanten Erweiterungen auf dem Server installiert wurden. Damit Sie aber von den Einstellungen Ihres Servers unabhängig sind, bietet sich für das Archivieren von Dateien die kostenlose Klasse `PclZip`[14] an, die einfach anzuwenden ist und keine speziellen Konfigurationen erwartet.

Für das Beispiel wurde die Funktionalität in der PHP-Datei `zip.php` abgebildet. Dabei wird zunächst – wie bereits beschrieben – das aktuelle Verzeichnis des Skripts ermittelt.

```php
<?php
$path = str_replace("\\","/",getcwd());
require_once('lib/pclzip.lib.php');
```

Über den Konstruktor der Klasse wird ein Ziparchiv im Systemordner `tmp` mit dem Namen `archive.zip` für das Packen der Dateien vorbereitet.

```php
$archive = new PclZip('tmp/archive.zip');
```

Die zu packenden Dateien werden dem Skript über eine JSON-Syntax bereitgestellt. Auch hier wird wieder die zuvor vorgestellte Klasse `Services_JSON` verwendet, um diese Struktur in eine geeignete Array-Struktur zu überführen.

```php
require_once('lib/JSON.php');
$json = new Services_JSON();
$data = $json->decode(str_replace("\\", "", $_GET['data']));
```

Das endgültige Packen der Dateien erfolgt über die Methode `create()` der `PclZip`-Klasse. Sie erwartet dabei den gewünschten Inhalt als einen durch Kommata getrennten String. Als zusätzliche Option können Sie bestimmen, ob der Pfad der Unterverzeichnisse als Information mit gespeichert werden soll. Eine genaue Beschreibung dazu entnehmen Sie bitte der Dokumentation dieser Klasse.

```php
$list = $archive->create(
    implode($data, ","),
    PCLZIP_OPT_REMOVE_PATH, $path
```

---

12 Unter http://pear.php.net/search.php?q=archive erhalten Sie eine Übersicht der vorhandenen PEAR-Module zum Archivieren von Dateien.
13 http://de.php.net/manual/de/ref.zip.php
14 http://www.phpconcept.net/pclzip/index.en.php

8 | Praxisbeispiele

```
);
if ($list == 0) {
    echo "ERROR : ".$archive->errorInfo(true);
}
?>
```

Auf Basis dieser Anwendung können Sie mit etwas Aufwand sogar ein eigenes FTP-Programm realisieren. Für dieses Vorhaben sollten Sie sich vorab jedoch unbedingt Gedanken über ein Sicherheitskonzept machen, was für dieses Beispiel nicht von großer Bedeutung war, da es für Sie lediglich als Anregung dienen sollte.

8.6 Sichere Passwörter mit ajaxPass

Passwörter sind heutzutage für eine personalisierte Anmeldung in vielen Anwendungen unabdingbar. Nur mit einer Überprüfung des Passworts wird es möglich, eine individuelle Anzeige oder bestimmte Rechte für ein Tool zu vergeben, wie beispielsweise für ein Webforum, ein CMS oder ein Chatsystem. Typischerweise muss sich ein neuer Anwender zuvor im System registrieren. Bei einer neuen Anmeldung wird neben den allgemeinen Daten auch ein gewünschtes Passwort gefordert. Dabei kommt es leider oft vor, dass ein gewähltes Passwort nicht besonders einfallsreich und dementsprechend unsicher ist.

Um unsichere Passwörter bereits vor der eigentlichen Registrierung auszufiltern, wird in manchen Anwendungen eine Art »Live-Test« der voraussichtlichen Sicherheit des gewählten Passwortes angeboten. Ein gutes Beispiel hierfür bietet wieder einmal Google bei der Anmeldung eines neuen Zugangs für sein Serviceangebot.[15] Das Prinzip ist einfach. Jede Eingabe des Anwenders wird mit JavaScript sofort überprüft und ausgewertet. Die vermeintliche »Stärke« des Passworts wird nun über einen Algorithmus ausgewertet und als Ergebnis dem Anwender optisch oder textlich angezeigt. Das folgende Bespiel zeigt eine Möglichkeit, wie Sie in Ihrer Anwendung die Überprüfung des Passworts vor dem Absenden eines Formulars anbieten können.

Die zugrunde liegende XHTML-Struktur für dieses Beispiel sieht wie im Folgenden gezeigt aus. Die Eingabe des Anwenders wird dabei über das onkeyup-Event per AJAX überprüft und ausgewertet. Das entsprechende Ergebnis wird dann im Element mit der CSS-ID pass angezeigt. Über eine Checkbox können Sie bestimmen, ob die Eingabe des Passwortes im Element mit der CSS-ID info in Klartext angezeigt werden soll. Zum Start der Anwendung ist dieses Element unsichtbar,

---

15 https://www.google.com/accounts/NewAccount

was mit einer entsprechenden CSS-Angabe[16] vereinbart wurde. Ein Klick auf den Button **Passwort Tipp** zeigt ein zufälliges Passwort als Tipp für den Anwender im Element mit der CSS-ID tipp an.

```
<h1>Passwort Check</h1>

<form action="<?php echo $_SERVER['PHP_SELF']; ?>"
 method="post" name="pass">
    Passwort:
    <input type="password" name="password"
     onkeyup="pwRequest.getInput(this.form)">
    Eingabe anzeigen?
    <input type="checkbox" name="debug" value="1"
     onclick="pwRequest.showInput()">
    <input type="button" value="Passwort Tipp"
     onclick="pwRequest.pwTipp();">
</form>

<div id="pass"></div>
<div id="info" style="display:none"></div>
<div id="tipp"></div>
```

Abbildung 8.8 Überprüfung eines Passworts auf seine Sicherheit

---

16 Üblicherweise würden Sie diese CSS-Anweisung in einem externen CSS unterbringen. In diesem Fall müssten Sie auf die entsprechende Eigenschaft später über das styleSheets-Array zugreifen. Um dieses Beispiel möglichst einfach zu halten, wurde darauf aber verzichtet.

Für die Überprüfung des Passworts wird ein Literal-Objekt verwendet, das alle relevanten Eigenschaften und Methoden enthält. Zur Auswertung des Passwortes müssen die aktuell eingegebenen Daten an den Server gesendet werden. Da es sich um sensible Daten handelt, sollten diese zuvor verschlüsselt werden.[17] Für dieses Beispiel wird eine Verschlüsselung nach Base64[18] gewählt, die für eine Grundabsicherung ausreichen sollte.

Das Skript beginnt mit der Initialisierung einer JavaScript-Bibliothek[19] für die Codierung von Daten nach Base64, die mit dem Namen convert.js zuvor eingebunden wurde.

```
b64arrays();
```

Das pwRequest-Literal besitzt die Eigenschaft info, in der eine Hash-Struktur mit den möglichen Werten für die aktuelle Passwortstärke gespeichert wird.

```
var pwRequest = {
    info : {
        txt : [
            "ohje",
            "na ja",
            "schon besser",
            "nicht schlecht",
            "krass"
        ],
        col : [
            "#f00",
            "#c30",
            "#963",
            "#693",
            "#3c0"
        ]
    },
```

Die Übergabe der aktuellen Eingabe des Passwortes erfolgt durch die Methode getInput(), die als Argument eine Referenz auf das verwendete Formular erwartet.

```
    getInput : function(f)
    {
```

---

17 Unter http://pajhome.org.uk/crypt/ finden Sie eine interessante Bibliothek für die Verschlüsselung von Daten mithilfe von JavaScript.
18 http://de.wikipedia.org/wiki/Base64
19 http://aktuell.de.selfhtml.org/artikel/javascript/utf8b64/index.htm

Der jeweils aktuelle Inhalt des Passwortfeldes wird in die Ebene mit der CSS-ID `info` geschrieben, die zur Überprüfung der Eingabe im Klartext dient. Anschließend wird das Passwort vor dem Versand an den Server nach Base64 umgewandelt. Nach der Überprüfung wird das zurückgelieferte Ergebnis an die Methode `showScore()` als Argument übergeben.

```
$('info').innerHTML = "Passwort: "+f.password.value;
var pw = b64d2t(utf8t2d(f.password.value));
new Ajax.Request(
    "pw_check.php?pass="+pw,
    {
        onSuccess:function(r)
        {
            pwRequest.showScore(parseFloat(r.responseText));
        }
    }
);
},
```

Das Ergebnis der Überprüfung wird mit der Methode `showScore()` als Information für den Anwender im Element mit der CSS-ID `pass` angezeigt. Für diesen Zweck erhalten Sie einen Integer-Wert, der über die Stärke des Passwortes Auskunft gibt. Anhand dieses Wertes wird der Variablen `idx` ein Index zugewiesen.

```
showScore : function(r)
{
    var idx = 0;
    if (r <  3) { idx = 0; }
    if (r >= 3) { idx = 1; }
    if (r >= 5) { idx = 2; }
    if (r >= 6) { idx = 3; }
    if (r >= 7) { idx = 4; }
```

Die Information zur Passwortsicherheit wird nun über den ermittelten Index aus der Eigenschaft `info` ausgelesen und in dem dafür vorgesehenen Element angezeigt. Zusätzlich wird dem Element je nach Stärke (Sicherheitsgrad) eine andere Hintergrundfarbe zugewiesen.

```
var out = "Bewertung: "+this.info.txt[idx]+" -- Score: "+r;
$('pass').innerHTML = out;
$('pass').style.color = this.info.col[idx];
```

Sofern das aktuelle Passwort die größtmögliche Stärke aufweist, wird das entsprechende Element über den Effekt `Shake()` der script.aculo.us-Bibliothek (siehe Kapitel 7, *JavaScript und Libraries*) kurz hin und her gerüttelt.

```
            if (idx == 4) Effect.Shake('pass');
    },
```

Für fantasielose Anwender bietet die Methode `pwTipp()` eine Möglichkeit, sich per Zufall ein geeignetes Passwort als Tipp anzeigen zu lassen. Auch dazu wird das Ergebnis per AJAX vom Server abgerufen.

```
    pwTipp : function()
    {
        new Ajax.Request(
            "pw_tipp.php",
            {
                onSuccess:function(r)
                {
                    $('tipp').style.display = "none";
                    $('tipp').innerHTML = "PW-Tipp: "+
                                        r.responseText;
```

Als kleine Spielerei wird ein Tipp für ein Passwort über den Effekt `Appear()` der script.aculo.us-Bibliothek langsam eingeblendet.

```
                    Effect.Appear('tipp');
                }
            }
        );
    },
```

Die Methode `showInput()` blendet das Element für die Anzeige des eingegebenen Passwortes bei Bedarf dynamisch ein und wieder aus, sofern der Anwender die entsprechende Funktion im Formular aktiviert.

```
    showInput : function()
    {
        with ($('info').style)
        {
            display = (display=="none") ? "block" : "none";
        }
    }
};
```

8.6.1 Die Passwortsicherheit überprüfen

Die Überprüfung der Passwortsicherheit erfolgt per PHP über eine ausgelagerte Klasse mit dem Namen `class.pw.php`[20], auf die an dieser Stelle nicht weiter ein-

---

20 Diese Klasse wird unter http://geffy.co.uk/archives/000186.php kostenlos zum Download angeboten.

gegangen wird. Bevor das aktuelle Passwort überprüft werden kann, muss es über die Funktion `base64_decode()` von PHP wieder in seinen ASCII-Wert zurückkonvertiert werden. Die Datei `pw_check.php` sieht folgendermaßen aus.

```php
<?php
    require_once("lib/class.pw.php");
    $passwordstrength = new PasswordStrength;
    $pass = base64_decode($_GET['pass']);
    print $passwordstrength->score($pass);
?>
```

Beachten Sie bei der Überprüfung des Passwortes mithilfe der verwendeten Klasse `PasswordStrength`, dass die darin enthaltenen Routinen zur Auswertung nicht unmittelbar ein sicheres Passwort gewährleisten. Gegebenenfalls sollten Sie deshalb für Ihre Anwendung eine eigene Logik[21] entwerfen. Für Experimente können Sie aber auch die Funktion `crack()`[22] von PHP verwenden, mit der Sie die Stärke eines Passwortes überprüfen. Dieses Beispiel sollte Ihnen lediglich das Prinzip einer solchen Anwendung demonstrieren.

8.6.2 Zufällige Passwörter erzeugen

Das Erzeugen von zufälligen Passwörtern erfolgt über die Datei `pw_tipp.php` und wird mithilfe des Pear-Moduls `Text_Password`[23] realisiert. Die Funktionsweise dieses Moduls entnehmen Sie der entsprechenden Dokumentation. In diesem Beispiel wird ein Passwort mit zehn Zeichen in alphanumerischem und nicht aussprechbarem Format erzeugt.

```php
<?php
require_once("lib/Password.php");
print Text_Password::create(
    10,
    'unpronounceable',
    'alphanumeric'
);
?>
```

---

[21] Im Internet finden sich zahlreiche Anregungen und Ideen für diese Aufgabe, beispielsweise unter http://www.webdeveloper.com/forum/showthread.php?t=85117 oder unter http://pure.rednoize.com/archives/12/.
[22] http://de3.php.net/manual/de/ref.crack.php
[23] http://pear.php.net/package/Text_Password

8.7 ajaxTic – ein Strategiespiel

Tic-Tac-Toe (auch: XXO, Kreis und Kreuz oder engl. Noughts and Crosses) ist ein klassisches, einfaches Zweipersonen-Strategiespiel, dessen Geschichte sich bis ins 12. Jahrhundert v. Chr. zurückverfolgen lässt.[24] Mit AJAX können Sie die Geschichte dieses Spiels um eine neue Variante bereichern. Das folgende Beispiel zeigt, wie man dieses klassische Zweipersonenspiel als Anwendung für die eigene Homepage umsetzen kann.

Damit dynamisch beliebige Spiele angelegt werden können, ist es zunächst erforderlich, ein entsprechendes Interface anzubieten. Im Beispiel können Sie ein neues Spiel über den gewünschten Spielernamen anlegen und werden anschließend auf die Startseite des Spiels geleitet. Andere Spieler können nun aus einem der angebotenen Spiele wählen und die Herausforderung annehmen.

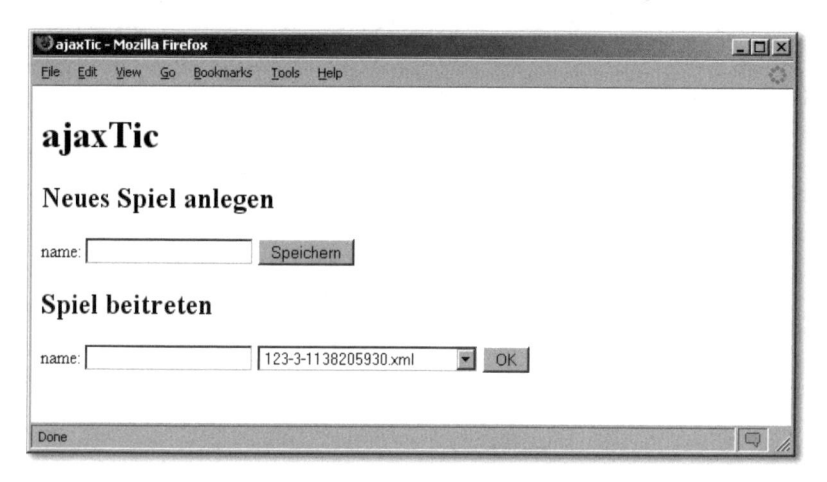

Abbildung 8.9 Die Startseite des Spiels Tic-Tac-Toe

Die bereits vorhandenen Spiele werden dynamisch in einem Auswahlmenü des entsprechenden Formulars ausgegeben. Dazu wird der Inhalt des Verzeichnisses /data ausgelesen, in dem alle Spieledateien abgelegt werden. Dieses Verzeichnis muss mit Schreibrechten (chmod 777) versehen werden.

```
<?php
$fh = opendir($dirpath = getcwd()."/data");
while (false !== ($file = readdir($fh))) {
    if (!is_dir("$dirpath/$file")) {
        print "<option value=\"$file\">$file</option>\n";
    }
```

---

24 http://de.wikipedia.org/wiki/Tic_Tac_Toe

```
}
closedir($fh);
?>
```

Die Spieldaten sind pro Spiel in einer eigenen XML-Struktur abgelegt. Der Aufbau dieser Datei sieht folgendermaßen aus:

```
<tic>
    <player1>hannes</player1>
    <player2>alexandra</player2>
    <move>1</move>
    <data>,,,,,,,,</data>
    <win>0</win>
</tic>
```

Die Namen der jeweiligen Spieler sind dabei in den entsprechenden Elementen gespeichert, wobei player1 das aktuelle Spiel angelegt hat. Im Element move wird der Spieler für den aktuellen Spielzug vermerkt. Das eigentliche Spielbrett ist im Element data als Kommata getrennter String untergebracht. Besitzt das Element win den Wert 1, so bedeutet dies, dass das Spiel bereits beendet wurde.

Nachdem ein Spiel angelegt wurde, oder ein Spielpartner ein entsprechendes Match ausgewählt hat, wird man auf die Datei ajaxTic.php geleitet, über die das Spiel angezeigt wird. Auf dieser Seite müssen im Kopfbereich unter anderem die folgenden Zeilen eingebunden werden. Die Reihenfolge ist dabei wichtig, da mit der inkludierten Datei tic_start.php die Ausgangskonfiguration an die Skriptbibliothek übergeben wird.

```
<?php include_once("tic_start.php"); ?>
<script src="ajaxTic.js" type="text/javascript"></script>
```

Das Spiel selbst wird über eine einfache XHTML-Struktur realisiert. Auf das zur Formatierung zuständige CSS wird hier nicht weiter eingegangen. Im Element mit der CSS-ID tic wird das Spielbrett ausgegeben, und in ctrl werden die relevanten Informationen zum laufenden Spiel dargestellt.

```
<div id="container">
<div id="tic"></div>
<div id="ctrl">
<pre>
Player1 : <span></span>
   Info : <span id="msg"></span>

Player2 : <span></span>
   Info : <span id="msg"></span>
```

```
<span></span>
</pre>
</div>
</div>
```

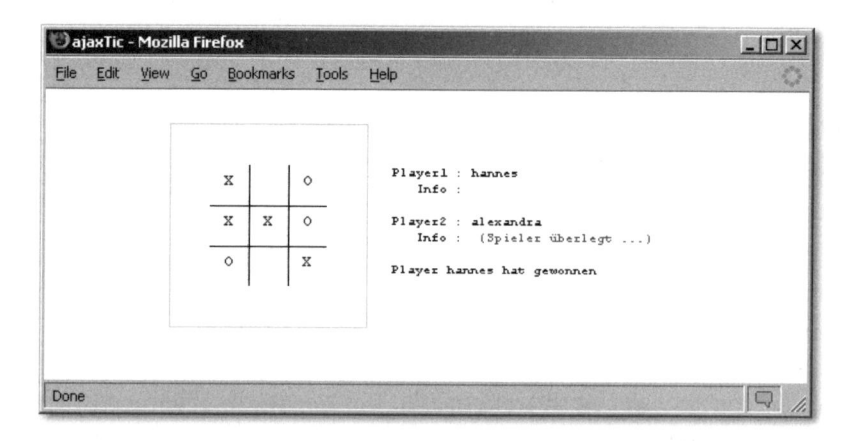

Abbildung 8.10 Dieses Spiel hat Spieler1 für sich entschieden.

Die Logik des Spiels auf der Seite des Clients wird über ein Literal-Objekt mit dem Namen ajaxTic dargestellt. In der Eigenschaft player1 und player2 werden die jeweiligen Spielernamen gespeichert. Diese werden bei der Initialisierung des Skripts über die zuvor eingebundene Datei tic_start.php übergeben. Die Eigenschaft player beinhaltet den Namen des aktuellen Spielers. Anhand der Eigenschaft cross wird das Markierungszeichen der Spieler bestimmt. Im Array board wird der Inhalt des aktuellen Spielstands gespeichert. Die Eigenschaft win ist solange mit dem Wert 0 belegt, bis das Spiel gewonnen wird. In der Eigenschaft info wird eine Referenz auf das Element mit der CSS-ID info abgelegt, in das Informationen zum laufenden Spiel ausgegeben werden. Die Eigenschaft timer beinhaltet eine Referenz auf das Update-Objekt der Anwendung, damit die Aktualisierung des Spiels am Ende wieder unterbrochen werden kann.

```
var ajaxTic = {
    player1 : "",
    player2 : "-/-",
    player  : turn,
    cross   : (turn==1) ? "x" : "o",
    move    : 0,
    size    : 3,
    board   : [],
    win     : 0,
    info    : "",
    timer   : "",
```

Die Ausgabe des Spiels erfolgt zu Beginn über die Methode `init()`, mit der die dem Spiel zugewiesene XML-Datei initialisiert wird.

```
init : function()
{
    new Ajax.Request(
        "data/"+game+"?"+new Date().getTime(),
        {
            onSuccess:function(r)
            {
```

Der Inhalt der XML-Datei wird nach der Übertragung als String in die Variable `xml` überführt. Die einzelnen Informationen werden dabei über den Delimiter `#` voneinander getrennt. Anschließend erfolgt die Übergabe des Strings an die Methode `load()`. Der Vorteil bei dieser Vorgehensweise liegt darin, dass die einzelnen Elemente später über ein Array und nicht über die Methoden des DOM bearbeitet werden können.

```
                var xml = "";
                var root = r.responseXML.documentElement.childNodes;
                for (var i=0; i<root.length; i++)
                {
                    if (root[i].nodeType != 1) continue;
                    xml += root[i].firstChild.nodeValue+"#";
                }
                xml = xml.split("#");
                ajaxTic.load(xml);
            }
        }
    );
```

An dieser Stelle wird das Element für die Spielinformationen in der Eigenschaft `info` als Referenz abgelegt. Anschließend wird die laufende Aktualisierung des Spiels über die Methode `update()` gestartet.

```
        this.info = document.getElementById("ctrl").
            getElementsByTagName("span");
        this.update();
    },
```

Mithilfe der Methode `load()` werden dem Spiel die wesentlichen Eigenschaften für den weiteren Programmablauf zugewiesen, und das Spielbrett wird für die Ausgabe im Browser vorbereitet. Dazu wird die Eigenschaft `board` in ein zweidimensionales Feld umgewandelt, in dem später die jeweiligen Markierungen der Spieler gespeichert werden. Die Methode `draw()` ist anschließend für die Ausgabe des Spielbretts verantwortlich.

```
load : function(xml)
{
    this.player1 = xml[0];
    this.player2 = xml[1];
    this.move = xml[2];
    for (var i=0; i<this.size; i++)
    {
        for (var j=0; j<this.size; j++)
        {
            this.board[i] = [];
            this.board[i][j] = "";
        }
    }
    this.draw();
},
```

Die Ausgabe des Spielbretts erfolgt über die Methode `draw()`. Dabei wird das Array zweidimensional durchlaufen. Die dynamisch erzeugten Elemente werden mittels CSS entsprechend formatiert.

```
draw : function() {
    var ccnt = 0;
    var xpos = 30;
    var ypos = 30;
```

Ein zweidimensionales Array kann über eine verschachtelte Schleife abgearbeitet werden. Die Dimension des Spielbretts beträgt in diesem Beispiel 3x3.

```
for (var i=0; i<this.size; i++)
{
    for (var j=0; j<this.size; j++)
    {
```

Über die bekannten Methoden des DOM werden die einzelnen Felder dynamisch erzeugt und mit einer eindeutigen CSS-ID über die jeweiligen Schleifenzähler versehen.

```
d = document.createElement("div");
d.setAttribute("id","d_"+i+"_"+j);
d.onclick = function()
    { ajaxTic.setCross(this.id); };
```

Das Formatieren der Elemente erfolgt durch die Zuweisung entsprechender CSS-Angaben, wobei ein typisches Kreuzlayout für das Spielbrett entstehen soll. Dies erreichen Sie über geeignete Angaben zu den Seitenrändern der Elemente.

```
with (d.style)
{
    position = "absolute";
    if (i!=this.size-1)
        borderRight = "1px solid #000";
    if (j!=this.size-1)
        borderBottom = "1px solid #000";
    left = xpos+"px";
    top = ypos+"px";
    width = "30px";
    height = "30px";
    textAlign = "center";
}
```

Damit sich das Layout mit dem Microsoft Internet Explorer nicht verschiebt, wird jedem Element eine transparente Grafik mit entsprechender Größe hinzugefügt.

```
d.innerHTML = "<img src='blank.gif' width='30' height='30'>";
```

Am Ende des jeweiligen Schleifendurchgangs steht das Einfügen des neuen Elements in den Dokumentenbaum und das Anpassen der Positionsangaben für das nächste Element.

```
            document.getElementById("tic").appendChild(d);
            ccnt++;
            ypos+=30;
        }
        ccnt++;
        xpos+=30;
        ypos=30;
    }
```

Darüber hinaus werden nun auch die Namen beider Spieler zur Information im Browser angezeigt. Das Spiel kann nun beginnen.

```
    this.info[0].innerHTML = this.player1;
    this.info[2].innerHTML = this.player2;
},
```

Die Überwachung der Spielzüge erfolgt durch die Methode `update()`. Mit ihr wird die zugrunde liegende XML-Struktur auf eine Veränderung überprüft. Eine Prüfung erfolgt dabei alle zwei Sekunden, was durch die Option `frequency` der Methode `Ajax.PeriodicalUpdater()` bestimmt wird.

```
update : function()
{
```

```
this.timer = new Ajax.PeriodicalUpdater(
    "",
    "data/"+game+"?"+new Date().getTime(),
    {
        frequency:2,
        onSuccess:function(r)
        {
```

Die zurückgelieferten Daten werden – wie bereits erklärt – in ein Array für den einfachen Zugriff überführt. Die für das Spiel relevanten Eigenschaften werden anschließend aktualisiert.

```
var xml = "";
var root = r.responseXML.documentElement.childNodes;
for (var i=0; i<root.length; i++)
{
if (root[i].nodeType != 1) continue;
xml += root[i].firstChild.nodeValue+"#";
}

xml = xml.split("#");
        ajaxTic.move = xml[2];
        ajaxTic.win = xml[4];
```

Der Inhalt des Spielbretts wird nun mit dem aktuellen Spielstand überschrieben und im Browser ausgegeben. Die Logik ist dabei die gleiche wie diejenige der bereits vorgestellten Methode load().

```
var b = xml[3].split(",");
var cnt = 0;
for (var i=0; i<ajaxTic.size; i++)
{
    for (var j=0; j<ajaxTic.size; j++)
    {
        ajaxTic.board[i][j] = b[cnt];
        cnt++;
        if (ajaxTic.board[i][j] != "")
        {
            document.getElementById("d_"+i+"_"+j).
            innerHTML = ajaxTic.board[i][j];
        }
    }
}
```

Nachdem das Spielbrett gezeichnet wurde, werden die spielbegleitenden Informationen aktualisiert. Dabei erhalten die Spieler unter anderem einen Hinweis, sobald sie wieder am Zug sind.

```
if (ajaxTic.info[2].innerHTML == "-/-")
{
    ajaxTic.player2 = xml[1];
    ajaxTic.info[2].innerHTML = xml[1];
}
ajaxTic.info[(ajaxTic.move == 1)?3:1].
innerHTML = "";
ajaxTic.info[(ajaxTic.move == 1)?1:3].
innerHTML = " (Spieler überlegt ...)";
```

Nachdem ein Spiel gewonnen wurde, wird eine entsprechende Meldung ausgegeben, das Spielbrett für weitere Aktionen gesperrt, und der Timer für die Aktualisierung gestoppt. Entscheidendes Kriterium ist hier die Eigenschaft win.

```
if (ajaxTic.win!=0)
{
    ajaxTic.info[4].innerHTML = "Player " +
eval("ajaxTic.player"+ajaxTic.win) + " hat gewonnen";
    ajaxTic.timer.stop();
}


        }
      }
   );
},
```

Das Ausführen eines Spielzugs erfolgt über die Methode setCross(), die als Argument die CSS-ID des angeklickten Spielfelds erwartet. Falls das Spiel bereits gewonnen wurde, wird eine entsprechende Meldung in einer Dialogbox ausgegeben.

```
setCross : function(id)
{
    if (this.win==0)
    {
```

Bevor ein Spielzug ausgeführt wird, muss überprüft werden, ob der entsprechende Spieler auch tatsächlich an der Reihe ist. Dies erfolgt über die Eigenschaft move, die mit dem jeweiligen Spieler verglichen wird.

```
if (this.player == this.move)
{
    var p = id.split("_");
```

Als Nächstes muss kontrolliert werden, ob das gewählte Spielfeld nicht schon belegt ist. In diesem Fall erscheint eine entsprechende Meldung in einer Dialogbox.

```
if ( this.board[p[1]][p[2]] == "")
{
```

Sofern das Feld noch frei war, wird die Spielinformation aktualisiert und die Markierung im gewünschten Feld eingetragen. Dazu wird das Feld im Array `board` um die jeweilige Markierung ergänzt.

```
this.info[(this.move == 1)?1:3].innerHTML = "";
this.info[(this.move == 1)?3:1].innerHTML =
    " (Spieler überlegt ...)";

this.board[p[1]][p[2]] = this.cross;
```

Nachdem der Spielzug auf der Clientseite beendet wurde, wird die Eigenschaft `move` geändert, damit der Gegner nach dem darauf folgenden Request an den Server den nächsten Spielzug ausführen kann.

```
var move = (this.move == 1) ? 2 : 1;
```

Bevor der Spielzug endgültig abgeschlossen wird, überprüft die Methode `check()`, ob das Spiel bereits gewonnen wurde. Ist dies der Fall, wird diese Information dem Query-String für den Request mit dem Wert 1 übergeben.

```
var win = this.check();
new Ajax.Request(
    "tic_set.php",
    {
        method:'post',
        postBody: 'game=data/'+game+'&win='+win+
                  '&move='+move+'&data='+escape(ajaxTic.board),
        onSuccess:function(r)
        {
```

Wenn der Request erfolgreich ausgeführt wurde, wird auf dem Spielfeld des Spielers die Markierung an entsprechender Stelle dynamisch eingefügt. Dazu wird das Spielfeld-Array wie bereits beschrieben über eine verschachtelte Schleife aktualisiert.

```
var xml = "";
var root = r.responseXML.documentElement.childNodes;
for (var i=0; i<root.length; i++)
{
   if (root[i].nodeType != 1) continue;
   xml += root[i].firstChild.nodeValue+"#";
}
xml = xml.split("#");
ajaxTic.move = xml[2];
```

```
var b = xml[3].split(",");
var cnt = 0;
for (var i=0; i<ajaxTic.size; i++)
{
   for (var j=0; j<ajaxTic.size; j++)
   {
      ajaxTic.board[i][j] = b[cnt];
      cnt++;
      if (ajaxTic.board[i][j] != "")
            {
               document.getElementById("d_"+i+"_"+j).innerHTML =
               ajaxTic.board[i][j];
            }}}});
            }
            else alert(
              "Es können nur leere Kästchen angeklickt werden!");
         } else alert("Sie sind nicht am Zug.");
      } else alert("Game over!");
   },
```

Anhand der Methode check() überprüfen Sie, ob ein Spielzug zum Sieg geführt hat. Dazu wird das Spielbrett auf die Vollständigkeit dreier Reihen überprüft.

```
check : function()
{
    var cfl = 0;
    var cfr = this.size-1;
    var crl = 0;
    var crr = 0;
    var ret = 0;
```

Für diese Aufgabe werden die einzelnen Felder der Reihe nach durchlaufen und gefundene Markierungen mitgezählt. Die Überprüfung erfolgt dabei horizontal, vertikal und diagonal. Falls das Ergebnis dieses Tests erfolgreich war, gibt die Methode den Wert 1 zurück, womit das Spiel beendet wird.

```
        for (var i=0; i<this.size; i++)
        {
            var row = 0;
            var col = 0;
            for (var j=0; j<this.size; j++)
            {
                if (this.board[i][j]   == this.cross) col++;
                if (this.board[j][i]   == this.cross) row++;
                if (this.board[i][cfl] == this.cross) crl++;
                if (this.board[i][cfr] == this.cross) crr++;
```

8 | Praxisbeispiele

```
            }
            cfl++; cfr--;
            if (row == this.size || col == this.size ||
                crl == this.size*this.size ||
                crr == this.size*this.size)
            {
                ret = this.move;
                break;
            }
        }
        return ret;
    }
};
```

Nach dem Laden der Seite erfolgt über das `onload`-Event die erste Ausgabe des Spielbretts anhand der Methode `init()`.

```
window.onload = function() { ajaxTic.init(); };
```

8.7.1 Die XML-Datei erzeugen

Bei Beginn eines neuen Spiels muss zunächst eine entsprechende XML-Datei für das Speichern der Daten erzeugt werden. Einmal angelegt, kann ein zweiter Spieler jederzeit dem Spiel beitreten, wobei er ebenfalls die zuvor erzeugte Datenbasis verwendet. Beides wird über die Datei `tic_start.php` realisiert. Über diese Datei wird zudem die Startkonfiguration, also die Datendatei und der Spielername, für das Skript ausgegeben. Die Einbindung erfolgt im Kopfbereich der Datei `ajaxTic.php`, was eingangs bereits erwähnt wurde.

```
<script type="text/javascript">
//<![CDATA[
<?php
if ($_POST)
{
```

Falls diese Datei von Spieler 1 aufgerufen wird, muss eine neue XML-Datei angelegt werden. Dazu wird die allgemeine Ausgangskonfiguration in der Variablen `$xml` gespeichert.

```
    if ($_POST['player'] == 1)
    {
        $xml = '<?xml version="1.0" encoding="iso-8859-1"?>
<tic>
    <player1>'.$_POST['player1'].'</player1>
    <player2>-/-</player2>
    <move>1</move>
```

```
    <data>'.str_repeat(",",8).'</data>
    <win>0</win>
</tic>
         ';
```

Der Name der neuen Datei setzt sich aus dem Spielernamen und dem aktuellen Timestamp zusammen.

```
$game = "data/".$_POST['player1']."-".time().".xml";
$file = fopen($game, "w");
flock($file, 2) or die("$file kann nicht gesperrt werden.");
fwrite($file, $xml);
fclose($file); // Gibt das Lock automatisch auf
```

Abschließend wird der Spielername der JavaScript-Variablen game zugewiesen und im Dokument ausgegeben.

```
print "var game = \"".$_POST['player1']."-".
        time().".xml"."\";\n";
}
```

Falls es sich um Spieler 2 handelt, erfolgt an dieser Stelle das Auslesen der XML-Datei des Spiels.

```
if ($_POST['player'] == 2)
{
    $xmlfile = "data/".$_POST['game'];
```

Diese Datei wird nun über die PEAR-Module[25] Serializer und Unserializer geöffnet und um die relevanten Daten des zweiten Spielers ergänzt.

```
require_once("XML/Unserializer.php");
$options = array(
    'complexType' => 'array',
    'encoding'    => 'iso-8859-1'
);
$old_xml = new XML_Unserializer($options);
if (!$old_xml->unserialize($xmlfile, true))
{
    die("ERROR: Konnte XML Datei nicht öffnen.");
}
$data = $old_xml->getUnserializedData();
```

Bevor das ergänzte XML in die Datei zurückgeschrieben wird, muss überprüft werden, ob das Spiel überhaupt noch aktuell ist oder als Archivdatei geladen wurde. Dies ist dann der Fall, wenn das Element win den Wert 1 besitzt. Handelt

---

25 http://pear.php.net/package/XML_Serializer

es sich um eine Archivdatei, erfolgt lediglich die Ausgabe des letzten Spielstands zur Ansicht.

```
        if (!$data['win']) {
```

Sofern das Spiel noch nicht beendet wurde, wird nun endlich das Zuweisen des zweiten Spielers und das Zurückschreiben der neuen XML-Struktur in die entsprechende Datei vorgenommen.

```
            $data['player2'] = $_POST['player2'];
            require_once 'XML/Serializer.php';
            $serializer_options = array (
                'addDecl'   => true,
                'encoding'  => 'iso-8859-1',
                'indent'    => '    ',
                'rootName'  => 'tic'
            );
            $write_xml = new XML_Serializer($serializer_options);
            if (!$write_xml->serialize($data))
            {
                die("ERROR: Konnte ...");
            }
            $new_xml = $write_xml->getSerializedData();

            $file = fopen($xmlfile, "w");
            flock($file, 2) or die("$file kann nicht ...");
            fwrite($file, $new_xml);
            fclose($file);
        }
        print "var game = \"".$_POST['game']."\";\n";
    }
```

Am Ende wird eine weitere JavaScript-Variable ausgegeben, mit der dem Skript derjenige Spieler übergeben wird, der das Spiel eröffnen darf. Das Match hat somit begonnen.

```
    print "var turn = ".$_POST['player'].";\n";
}
?>
//]]>
</script>
```

8.7.2 Die XML-Datei aktualisieren

Jeder Spielzug wird mithilfe der Datei `tic_set.php` in der zum jeweiligen Spiel gehörenden XML-Datei gespeichert. Dazu werden als Parameter der Name der entsprechenden Datei und die einzelnen Informationen für die Aktualisierung der Elemente übergeben. Das Auslesen und Speichern der XML-Datei erfolgt auch hierbei mittels der PEAR-Module XML_Serializer und XML_Unserializer.

```
<?php
$xmlfile = $_POST['game'];
require_once("XML/Unserializer.php");
$options = array(
    'complexType' => 'array',
    'encoding'    => 'iso-8859-1'
);
$old_xml = new XML_Unserializer($options);
if (!$old_xml->unserialize($xmlfile, true))
{
    die("ERROR: Konnte XML-Datei nicht öffnen.");
}
```

Nachdem die aktuellen Daten der XML-Datei im Hash $data eingelesen wurden, erfolgt die Zuweisung der neuen Werte aus dem AJAX-Request.

```
$data = $old_xml->getUnserializedData();
$data['move'] = $_POST['move'];
$data['data'] = $_POST['data'];
$data['win']  = $_POST['win'];
```

Sobald die Daten neu arrangiert wurden, wird die Hash-Struktur in einen XML-String umgewandelt.

```
require_once 'XML/Serializer.php';
$serializer_options = array (
   'addDecl'  => true,
   'encoding' => 'iso-8859-1',
   'indent'   => '    ',
   'rootName' => 'tic'
);
$write_xml = new XML_Serializer($serializer_options);
if (!$write_xml->serialize($data))
{
    die("ERROR: Konnte XML-Datei nicht serialisieren.");
}
$new_xml = $write_xml->getSerializedData();
```

Anschließend wird der neue XML-String in die aktuelle Spieldatei zurückgeschrieben, und die veränderten Inhalte werden für die weitere Bearbeitung zur Ausgabe im Client angezeigt.

```
$file = fopen($xmlfile, "w");
flock($file, 2) or die("$file kann nicht gesperrt werden.");
fwrite($file, $new_xml);
fclose($file);
header('Content-type: text/xml');
print $new_xml;
?>
```

Dieses Beispiel kann natürlich noch an zahlreichen Stellen verbessert werden. So könnten Sie beispielsweise eine Zeitanzeige einbinden oder zusätzlich einen Mini-Chat für eine Unterhaltung während des Spiels anbieten. Zudem fehlt in dieser Anwendung ein entsprechender Hinweis, falls das Match unentschieden ausging.

Vom Prinzip her vermittelt dieses einfache Beispiel aber die notwendigen Grundlagen eines Zweipersonenspiels. Nach diesem Muster könnten Sie Spiele wie »Schiffe versenken« oder »Mühle« entwerfen, was natürlich mit unterschiedlichen Schwierigkeitsgraden verbunden ist. Der größte Aufwand dürfte dabei aber im Entwurf eines geeigneten Algorithmus für die Gewinnermittlung liegen.

8.8   Ajax.FCKeditor

Das Editieren von dynamischen Inhalten wurde für Webanwendungen traditionell mithilfe von Formularelementen, wie beispielsweise einem Textfeld, realisiert. Moderne CM-Systeme und browserbasierte Administrationsoberflächen setzen für diese Aufgabe bereist seit längerem sogenannte WYSIWYG-Editoren[26] ein. Mittlerweile gibt es zahlreiche kostenlose Editoren[27] für diese Aufgabe, die sich relativ einfach in eigene Anwendungen integrieren lassen. Ein mächtiger Vertreter dieser Texteditoren ist der frei verfügbare FCKEditor[28], der mit umfangreichen Features aufwartet und von einer großen Community begleitet wird.

Mittels der `Ajax.FCKeditor`-Klasse ist es möglich, beliebige Inhalte einer bestehenden Webseite mit WYSIWYG-Komponenten auszustatten. Dazu wurde eine Erweiterung für Prototype (siehe Kapitel 7, *JavaScript und Libraries*) entwickelt, mit der Sie dynamisch eine Instanz des FCKEditors für die gewünschten editierbaren Seitenelemente erzeugen können. Dabei genügt es, das entsprechende Element über dessen CSS-ID zu initialisieren.

---

26 http://de.wikipedia.org/wiki/Online-Editor
27 http://de.wikipedia.org/wiki/HTML-Editor
28 http://www.fckeditor.net/

8.8.1 Den FCKEditor installieren

Bevor Sie die `Ajax.FCKeditor`-Klasse für Ihre Projekte verwenden können, müssen Sie zunächst den FCKEditor installieren. Laden Sie dazu die aktuellste Version auf Ihren Rechner und entpacken diese in ein gewünschtes Verzeichnis auf Ihrem Webserver. In den folgenden Ausführungen wird davon ausgegangen, dass der Editor wie folgt installiert wurde.

```
http://www.ihre_domain.tld/FCKEditor
```

Sie können den Editor nun bereits für Ihre Projekte verwenden. Für die Anwendung der `Ajax.FCKeditor`-Klasse reicht es zunächst, den Editor installiert zu haben.

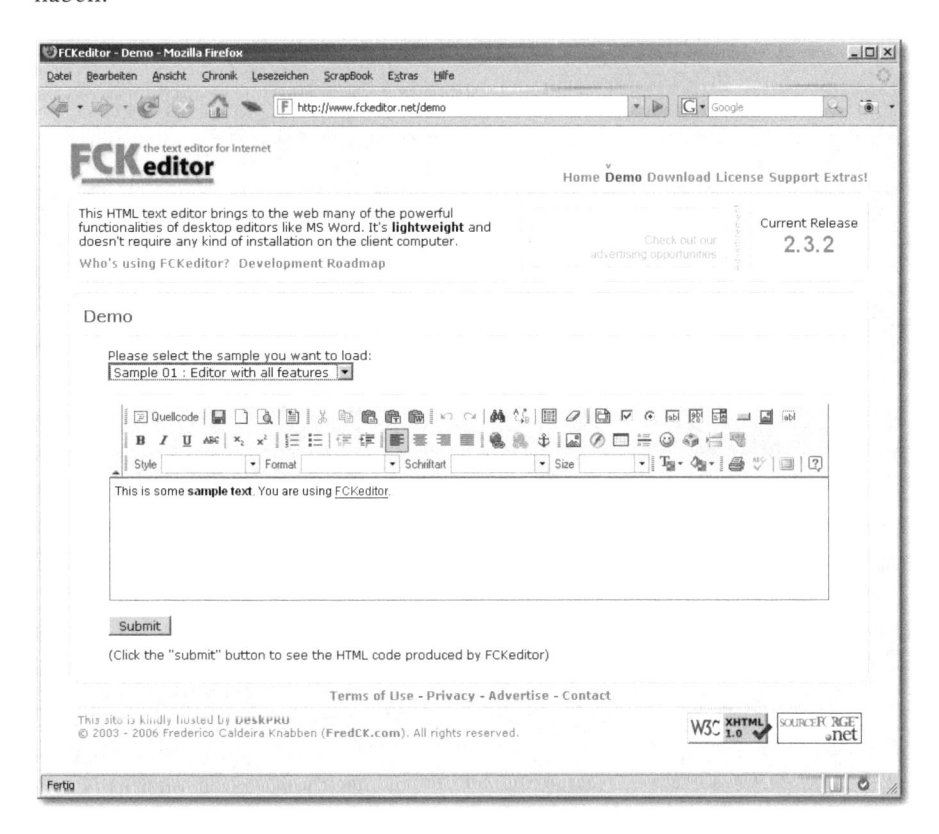

Abbildung 8.11 Demo des FCKEditors mit allen Möglichkeiten

8.8.2 Editierbare Elemente erzeugen

Das Erzeugen von editierbaren Elemente für eine bestehende Webseite ist denkbar einfach. Fügen Sie dazu zunächst im Kopfbereich der Seite die benötigen Libraries wie folgt ein.

```
<script
src="src/prototype.js" type="text/javascript"></script>
<script
type="text/javascript" src="FCKeditor/fckeditor.js"></script>
<script
type="text/javascript" src="Ajax.FCKeditor.js"></script>
```

Um ein Element mit dem Editor auszustatten, muss dieses an eine Instanz der `Ajax.FCKeditor`-Klasse übergeben werden. Die Syntax dazu stellt sich wie folgt dar.

```
new Ajax.FCKeditor(element [,{optionen}]);
```

Beachten Sie dabei, dass die Instanziierung der Elemente am Ende des Dokuments erfolgen muss, da diese andernfalls nicht vom FCKEditor erkannt werden und somit einen Skriptfehler verursachen.

Die folgende Tabelle zeigt die möglichen Optionen der `Ajax.FCKeditor`-Klasse.

Option	Default	Beschreibung
BasePath	"/FCKeditor/"	Relativer oder absoluter Pfad zur FCKEditor-Installation.
ToolbarSet	"Ajax.Editor"	Die gewünschte Toolbar des FCKEditors.
Height	Höhe des Elements in Pixel	Höhe des Editorfensters, in dem der Inhalt des Elements bearbeitet wird.
Width	Breite des Elements in Pixel	Breite des Editorfensters, in dem der Inhalt des Elements bearbeitet wird.
mouseOverMode	border:'1px solid #ff0000'	Stylesheet, das für den Mouseover-Effekt eines edtierbaren Elements verwendet werden soll.
mouseOutMode		StyleSheet, das für den Mouseover-Effekt eines edtierbaren Elements verwendet werden soll.
phpScript	"/Ajax.Editor.php"	Pfad und Name des PHP-Skripts, das für das Speichern der geänderten Daten zuständig ist.

Tabelle 8.4 Optionen der Ajax.FCKedtior-Klasse

PHP-Skript

Als Nächstes muss das mitgelieferte PHP-Skript `Ajax.Editor.php`, das für das Abspeichern der Daten zuständig ist, auf Ihrem Webserver in ein beliebiges Verzeichnis kopiert werden. Per Default erwartet diese Klasse das Skript in der Dokumenten-Root, bzw. im Stammverzeichnis Ihres Servers. Sie können das Skript aber an einer beliebigen Stelle ablegen oder auch umbenennen. In diesem Fall müssen Sie den korrekten Pfad und gegebenenfalls auch den Dateinamen über die Option `phpScript` der `Ajax.Editor`-Klasse anpassen.

FCKEditor-Werkzeugleiste

Zu Testzwecken beinhaltet diese Klasse eine stark vereinfachte Werkzeugleiste mit dem Namen `Ajax.Editor` für den FCKEditor. Diese Werkzeugleiste ist per Default die Standardleiste für alle editierbaren Elemente. Wie Sie diese Werkzeugleiste installieren und anpassen, erfahren Sie im Abschnitt 8.8.3.

Ein einfaches Beispiel

Im folgenden Beispiel wird das Element mit der CSS-ID `bsp` durch den Anwender editierbar gemacht. Dabei werden die Standardoptionen der Klasse verwendet.

```
<html>
<head>
<title>Ajax.FCKeditor</title>
<script
src="src/prototype.js" type="text/javascript"></script>
<script
type="text/javascript" src="FCKeditor/fckeditor.js"></script>
<script
type="text/javascript" src="Ajax.FCKeditor.js"></script>
</head>
<body>

<div id="bsp">Ein einfaches Beispiel, ohne besonderen Inhalt.</div>

<script type="text/javascript">
new Ajax.FCKeditor("bsp");
</script>

</body>
</html>
```

Klickt der Anwender nun per Doppelklick auf das editierbare Element, öffnet sich der Editor mit dem bisherigen Inhalt zur weiteren Bearbeitung. Mit wenigen Handgriffen können Sie nach diesem Prinzip beliebige Elemente mit entsprechender Funktionalität ausstatten. Dabei gilt es zu beachten, dass sich diese Elemente innerhalb eines `div`-Containers befinden müssen.

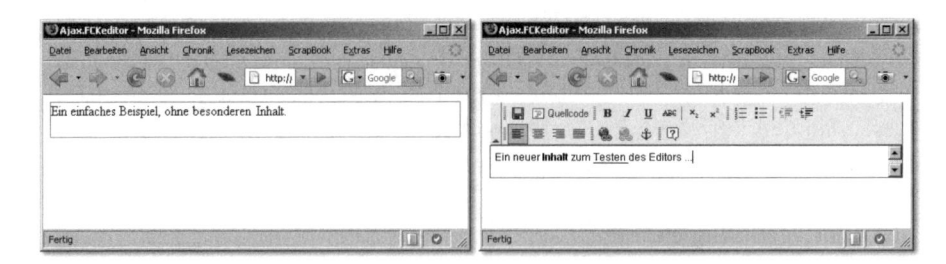

Abbildung 8.12 Per Mausklick öffnet sich das Editorfenster für den Anwender.

Die folgende Konfiguration wandelt das Beispiel leicht ab, indem es einen angepassten Rahmen für die `mouseOverMode`-Funktion einbindet. Sobald ein Anwender mit der Maus über das editierbare Element streift, wird jetzt diese CSS-Angabe angewandt.

```
new Ajax.FCKeditor("bsp", {
    mouseOverMode : function()
    {
      Element.setStyle(this.element, {border:'30px dotted #ff0000'} );
    }
});
```

Diese Klasse orientiert sich bei der Übergabe möglicher Optionen am Standard von Prototype (siehe Kapitel 7, *JavaScript und Libraries*, Abschnitt 7.1).

8.8.3 Die Werkzeugleiste des FCKEditor anpassen

Der FCKEditor wird per Standard mit einer umfangreichen Werkzeugleiste ausgestattet. Für manche Anwendungen sind die dabei angebotenen Möglichkeiten zum Teil gar nicht notwendig. Aus diesem Grund können Sie die Werkzeugleiste des Editors auf einfache Weise nach Ihren eigenen Bedürfnissen anpassen. Dazu müssen Sie die Konfiguration in der Datei `fckconfig.js` entsprechend ändern, die im Stammverzeichnis des Editors liegt. Möchten Sie beispielsweise eine Werkzeugleiste anbieten, mit der lediglich die Möglichkeit besteht, einen Text in dicker oder kursiver Schrift darzustellen sowie Listen und Verweise einzufügen, können Sie die Konfiguration wie folgt erweitern.

```
FCKConfig.ToolbarSets["MeineToolbar"] = [
['Save','Bold','Italic','-','OrderedList','UnorderedList','-','Link','Unlink']
] ;
```

Die dabei eingebundenen Werkzeuge sind Konstanten des FCKEditor-Frameworks, die die zugeordneten Funktionen in der Werkzeugliste einbinden. Mithilfe eines Minuszeichens (-) können Sie einzelne Tools gruppieren. Damit diese Werkzeugleiste für ein bestimmtes Element verwendet werden kann, müssen Sie diese als Option zur Instanziierung der `Ajax.FCKeditor`-Klasse übergeben. Dazu geben Sie in der Option `ToolbarSet` die gewünschte Werkzeugleiste für das Element an.

```
new Ajax.FCKeditor("bsp", {ToolbarSet:'MeineToolbar'});
```

Nach diesem Prinzip können Sie für die einzelnen Elemente unterschiedliche Werkzeugleisten einbinden. Eine ausführliche Anleitung mit den möglichen Optionen und Tools zur Anpassung der Werkzeugleiste im FCKedtior erhalten Sie über das Wiki[29] dieser Anwendung.

8.8.4 Sicherheitsüberlegungen

Bei der Verwendung dieser Klasse müssen Sie darauf achten, dass nur berechtige Personen Zugriff auf die Editor-Funktion erhalten. Andernfalls könnte jeder Besucher Ihrer Webseite beliebige Inhalte einfügen, was natürlich nicht erwünscht ist. Im praktischen Einsatz ist es daher notwendig, ein Berechtigungskonzept, entsprechend Ihren Anforderungen, zu entwickeln. Dies kann beispielsweise über ein Log-in in Verbindung mit einer Session-Verwaltung realisiert werden. Eine einfache Abfrage könnte sich dabei vom Grundprinzip wie folgt darstellen.

```
<?php
session_start();
// Bei PHP 4.0.6 oder niedriger $HTTP_SESSION_VARS
if (isset($_SESSION['login']) && $_SESSION['login'] == true ) {
?>
<script type="text/javascript">
new Ajax.FCKeditor("bsp");
</script>
<?php } ?>
```

Sie sollten sich bei der Implementierung für Ihre Anwendung ein sicheres Konzept genau überlegen, und dabei auch die Initialisierung der benötigten Libraries im Kopfbereich ebenfalls mit abfangen, d. h. für unberechtigte Anwender gar nicht einbinden. Kreativ angewandt können Sie diese Klasse als Basis für ein eigenes CM-System verwenden. Beachten Sie dabei, dass eine entsprechende Lösung oder eine Sicherheitsabfrage nicht Bestandteil dieser Klasse ist, und daher Ihnen überlassen bleibt.

---

29 http://wiki.fckeditor.net/Developer%27s_Guide/Configuration/Toolbar

Die Suchmaschinen Google und Yahoo! sorgen seit Langem für innovative Ideen und Projekte im Internet. Auch in Sachen AJAX sind sie Pioniere, was Anwendungen wie Google Maps oder Yahoo! Maps beweisen.

9 Google & Yahoo!

Nachdem Google mit innovativen Anwendungen für eine rasante Verbreitung von AJAX gesorgt hat, sind zahlreiche weitere Dienste daraus hervorgegangen. Das wohl bekannteste Angebot dürften dabei die »Google Maps«[1] sein. Dabei handelt es sich um eine Art interaktive Landkarte, über die ein Anwender in einen bestimmten Ort bis hin zur Straßenansicht zoomen kann. Einzelne Adressen bzw. Standorte können dabei weitere Informationen enthalten, was mit einem entsprechenden Symbol dargestellt wird. Per Drag&Drop ist es möglich, sich in der Karte zu bewegen. Kurze Zeit nach der Einführung wurde auch eine API[2] veröffentlicht, mit der Entwickler die Technik dieser Anwendung für eine Umsetzung auf der eigenen Homepage einsetzen können.

Mittlerweile gibt es zahlreiche, zum Teil sehr aufwändig programmierte Umsetzungen von interessanten Ideen. Hierzu zählen beispielsweise das Abbilden der Verkehrslage oder ein Verzeichnis von Tankstellen mit den Spritpreisen einer bestimmten Region. Der Kreativität des Entwicklers sind fast keine Grenzen gesetzt, was zum Beispiel eine Sammlung nicht alltäglicher Ideen auf den Seiten von »Cool Google Maps«[3] zeigt. Eine gute Übersicht bereits veröffentlichter Anwendungen mit Google Maps bietet das Verzeichnis GMdir[4]. Auch auf Wikipedia[5] finden sich zahlreiche Beiträge zu diesem Thema. Eine umfangreiche Aufstellung zu weltweiten Satellitenbildern dürfte dabei von besonderem Interesse sein.[6]

Was Google kann, können wir auch, dachte sich wohl Yahoo! und veröffentlichte ein eigenes Angebot zur Ansicht von Landkarten über das Internet. Unter dem

---

1 http://maps.google.com
2 http://www.google.com/apis/maps/
3 http://coolgooglemaps.blogspot.com/
4 http://www.gmdir.com/
5 http://en.wikipedia.org/wiki/Google_Maps
6 en.wikipedia.org/wiki/User:Joshuapaquin/List_of_interesting_Google_Maps_satellite_images

Namen »Yahoo! Maps«[7] bietet Yahoo ein ebenfalls sehr innovatives Projekt auf Basis von AJAX mit einer eigenen API an. Eine Übersicht der Projekte finden Sie unter der »Application Gallery«[8] von Yahoo!

Beide Suchmaschinendienste stellen neben den Landkarten diverse weitere Anwendungen mit einer öffentlichen API zur Verfügung, deren Erklärung und Vorstellung über dieses Buch hinausginge. Details dazu entnehmen Sie bitte den entsprechenden Webseiten von Google bzw. Yahoo!

Dieses Kapitel zeigt Ihnen die praktische Verwendung der Landkarten beider Anbieter. Beachten Sie, dass hierbei nicht alle Details der APIs im Einzelnen vorgestellt werden. Bei Interesse sollten Sie die jeweils aktuellste Dokumentation ausführlich studieren.

9.1 Google Maps

Mithilfe der Map API von Google können Sie Detailansichten zahlreicher Länder, wie beispielsweise Deutschland, Großbritannien, Irland, Kanada, Japan oder die USA, auswählen und in eigenen Anwendungen darstellen. Die Map API von Google unterstützt derzeit die folgenden Browser oder eine entsprechend höhere Version. Dabei werden mit Firefox auch alle Gecko-Browser unterstützt.

- IE 6.0+
- Firefox 0.8+
- Safari 1.2.4+
- Netscape 7.1+
- Mozilla 1.4+
- Opera 8.02+

Vor dem Einsatz der API sollten Sie sich mit den Nutzungsbedingungen[9] von Google vertraut machen.

9.1.1 Grundlagen

Bevor Sie Google Maps als Grundlage für eine eigene Anwendung einsetzen können, benötigen Sie eine gültige Entwickler-ID[10], die Sie kostenlos nach einer

---

7 http://maps.yahoo.com/
8 http://developer.yahoo.net/maps/applications.html
9 http://www.google.com/apis/maps/terms.html
10 http://www.google.com/apis/maps/signup.html

Registrierung bei Google erhalten. Diese ID muss beim Einbinden der API der Datenquelle als Parameter übergeben werden. Andernfalls würden Sie eine Fehlermeldung erhalten.

```
<script src="http://maps.google.com/maps?file=api&v=1&key=Ihre_
Google_ID" type="text/javascript"></script>
```

Über den Parameter v fordern Sie eine bestimmte Version der API von Google an. Ihre individuelle ID übergeben Sie dem Parameter key. Nachdem Sie diese externe JavaScript-Bibliothek eingebunden haben, können Sie auf die Google API zugreifen. Das folgende Beispiel zeigt eine Karte mit dem Standort London, Victoria Station, an.

```
<html>
<head>
<title>Google Maps</title>
<meta http-equiv="content-type" content="text/html; charset=utf-8"
/>
<script src="http://maps.google.com/maps?file=api&v=1&key=Ihre_
Google_ID" type="text/javascript"></script>
<style type="text/css">
#mapDiv {
    height: 300px;
    width:  500px;
}
</style>
</head>
<body>

<div id="mapDiv"></div>

<script type="text/javascript">
//<![CDATA[
var map = new GMap(document.getElementById("mapDiv"));
map.centerAndZoom(
    new GPoint(-0.1439380645751953, 51.49672123605765),
    3
);
//]]>
</script>

</body>
</html>
```

Listing 9.1 Einfache Darstellung der Google Maps ohne Funktionen

Für die Ausgabe ist dabei zunächst ein `GMap`-Objekt erforderlich, das die Karte an ein Element im Dokumentenbaum bindet. Als Argument erwartet die `GMap`-Klasse eine Referenz auf ein gültiges Element, das typischerweise ein `div`-Tag sein wird.

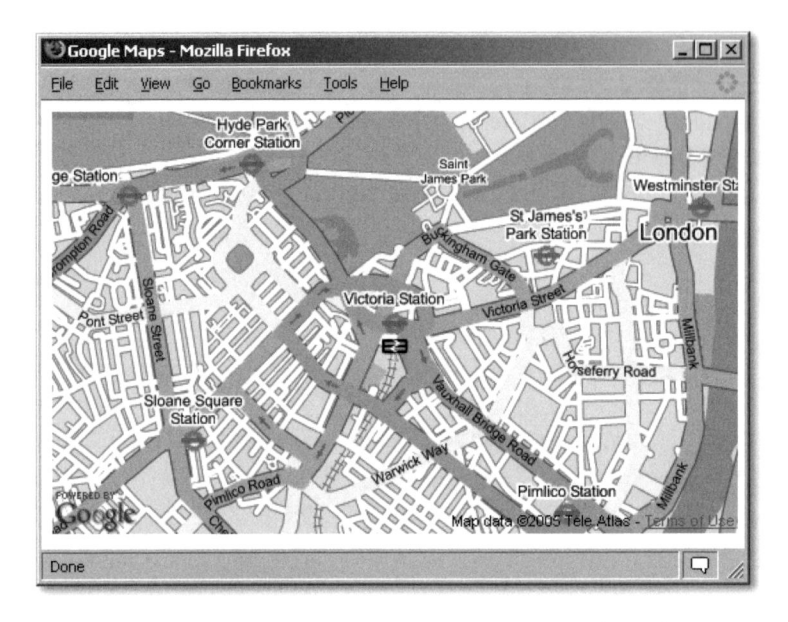

Abbildung 9.1   Darstellung der Google Maps in der Standardausgabe

Die Ausgabe der Karte erfolgt über die Methode `centerAndZoom()`, die als Argument einen gültigen Geokoordinatenpunkt und den gewünschten Zoomlevel erwartet. In diesem Beispiel wurde die gewünschte Zieladresse direkt über ein `GPoint`-Objekt übergeben.

Klasse	Argument	Beschreibung
GMap	mapContainer	CSS-ID des Elements, das die Karte beinhalten soll.
GPoint	lat	Floatwert mit dem geografischen Breitengrad eines Ortes (Latitude).
	lon	Floatwert mit dem geografischen Längengrad eines Ortes (Longitude).

Tabelle 9.1   Die elementaren Klassen der Google Maps API

Die größte Herausforderung im Umgang mit der API dürfte die Übergabe einer gültigen Koordinate für eine Zieladresse sein. Diese können Sie aber mithilfe der `GClientGeocoder`-Klasse[11] von Google mit relativ geringem Aufwand für das

---

11   http://www.google.com/apis/maps/documentation/#Geocoding_Examples

gewünschte Ziel herausfinden. Im Internet finden Sie zudem zahlreiche kostenlose Dienste[12], für das sogenannte Geocoding[13], um auf einfache Weise die Koordinaten einer Adresse zu ermitteln.

Karte anzeigen

Wie eingangs bereits erwähnt, wird die Karte über die Methode `centerAndZoom()` im Browser ausgegeben. Dabei werden zunächst die geografische Koordinate des Ziels und anschließend der gewünschte Zoomlevel der Anzeige erwartet. Der Zoomlevel kann mit einem Wert zwischen 1 und 18 gewählt werden, wobei der Wert 1 die größte Detailstufe darstellt. Die Karte wird nach dem Laden anhand der Zieladresse zentriert ausgerichtet.

Nach dem Laden der Karte kann der Zoomlevel dynamisch über die Methode `zoomTo()` der `GMap`-Klasse verändert werden.

```
<a href="#" onclick="map.zoomTo(10);">zoomTo</a>
```

In diesem Beispiel wird die Karte per Mausklick mit dem Zoomlevel 10 dargestellt.

Für die Anzeige der Karte selbst können Sie zwischen verschiedenen Formaten wählen. Dabei sind die in der folgenden Tabelle dargestellten Ansichten möglich.

Name (Konstante)	Beschreibung
G_MAP_TYPE	Darstellung der Karte als Zeichnung, zugleich die Standardausgabe.
G_HYBRID_TYPE	Darstellung der Karte in einer Kombination aus Zeichnung und Satellitenbild.
G_SATELLITE_TYPE	Darstellung der Karte als Satellitenbild.

Tabelle 9.2 Konstanten für die Darstellungsform einer Karte

Die Darstellung der Karte kann über die Methode `setMapType()` der `GMap`-Klasse dynamisch verändert werden. Als Argument wird dabei die Konstante der gewünschten Ansicht erwartet. Das folgende Beispiel zeigt die aktuelle Karte als Satellitenbild an, wobei der Zoomlevel erhalten bleibt.

```
<a href="#" onclick="map.setMapType(G_HYBRID_TYPE);">setMapType</a>
```

Nach diesem Prinzip können Sie in Ihrer Anwendung eigene Steuerelemente zum Umschalten der Ansicht anbieten.

---

[12] Eine Anwendung auf http://www.infosports.com/m/map.htm verwendet für das Geocoding intern die Google Maps API.
[13] http://de.wikipedia.org/wiki/Geocoding

Drag&Drop

Die Karte kann in der Grundeinstellung durch den Anwender per Drag&Drop verschoben werden, um sich an eine neue Zieladresse zu bewegen. Das Drag&Drop-Verhalten können Sie über entsprechende Methoden der `GMap`-Klasse kontrollieren. Dabei wird die Funktion über die Methode `disableDragging()` deaktiviert und mittels `enableDragging()` wieder aktiviert. Den aktuellen Status fragen Sie über die Methode `draggingEnabled()` ab.

```
function switchDrag()
{
    (map.draggingEnabled()) ?
        map.disableDragging() : map.enableDragging();
}
```

Dieses Beispiel ermöglicht das gezielte Aktivieren und Deaktivieren der Drag&Drop-Funktion einer Karte.

Bewegung

Eine Zieladresse kann nicht nur beim Laden der Karte angezeigt, sondern auch dynamisch über eine Aktion angesteuert werden. Dies wird über die Methode `recenterOrPanToLatLng()` der `GMap`-Klasse erreicht. Als Argument wird dazu die neue geografische Koordinate erwartet. Im folgenden Beispiel erfolgt nach fünf Sekunden vom aktuellen Standort London, Victoria Station, eine Bewegung in Richtung London, Waterloo Station.

```
window.setTimeout(function() {
    map.recenterOrPanToLatLng(
        new GPoint(-0.113983154296875, 51.503720644747645)
    );
}, 5000);
```

Diese Methode kann kreativ eingesetzt für die Animation einer Bewegung von Ausgangspunkt A nach B verwendet werden. Das folgende Beispiel durchläuft dazu automatisch verschiedene Positionen. Dabei wird alle fünf Sekunden ein neuer Standort angesteuert, bis das Ziel erreicht wird.

```
var cords = [
    [ [-0.134496688842773441, [51.49917916615191] ],
    [ [-0.133295059204101561, [51.48940009377448] ],
    [ [-0.123939514160156251, [51.48592614784763] ],
    [ [-0.112863555346679691, [51.48218467930003] ],
    [ [-0.105571746826171881, [51.488117436869885] ],
];
```

```
function animate(i)
{
    map.recenterOrPanToLatLng(
        new GPoint(cords[i-1][0], cords[i-1][1])
    );
    i++;
    if (i <= cords.length)
    {
        window.setTimeout("animate("+i+")", 5000);
    }
    else
    {
        alert("Ziel erreicht!");
    }
}   animate(1);
```

9.1.2 Steuerelemente

Um dem Anwender eine individuelle Anzeige der Karte zu ermöglichen, bietet die Google API einige nützliche Steuerelemente an. Das Einbinden erfolgt über die Methoden `addControl()` der `GMap`-Klasse. Als Argument wird dabei eine Objektinstanz des gewünschten Steuerelements erwartet. Dazu stehen Ihnen vier Methoden zur Verfügung, die in der folgenden Tabelle kurz vorgestellt werden.

Klasse	Beschreibung
GLargeMapControl	Fügt der Karte ein kleines Steuerelement für das Zoomen und Bewegen hinzu.
GSmallMapControl	Fügt der Karte ein großes Steuerelement für das Zoomen und Bewegen hinzu.
GSmallZoomControl	Fügt der Karte ein kleines Steuerelement für das Zoomen hinzu.
GMapTypeControl	Fügt der Karte ein Steuerelement für den Wechsel des Kartentyps hinzu.

Tabelle 9.3 Methoden zum Einbinden von Steuerlementen in eine Karte

Die Anwendung ist denkbar einfach. Das gewünschte Steuerelement wird dazu einfach an eine Instanz der `GMap`-Klasse gebunden. Das folgende Beispiel fügt der Karte ein Steuerelement für das Umschalten des Kartentyps hinzu.

```
map.addControl(
    new GLargeMapControl()
);
```

Falls Sie ein Steuerelement dynamisch entfernen möchten, können Sie die Methode `removeControl()` der `GMap`-Klasse anwenden. Dafür ist es aber erforderlich, zuvor eine Objektinstanz des entsprechenden Steuerelements anzulegen, da Sie ansonsten keine Referenz auf das aktuelle Objekt abbilden können.

```
var ctrl = new GLargeMapControl();
map.addControl(ctrl);
```

Dieses Steuerelement kann nun über die entsprechende Methode wieder von der Karte entfernt werden. Das folgende Beispiel verwendet dazu einen einfachen Link.

```
<a href="#" onclick="map.removeControl(ctrl);">removeControl</a>
```

Auf diese Weise können Sie Funktionen anbieten, die dem Anwender die Entscheidung überlassen, ob er aktuell ein bestimmtes Steuerelement einblenden möchte.

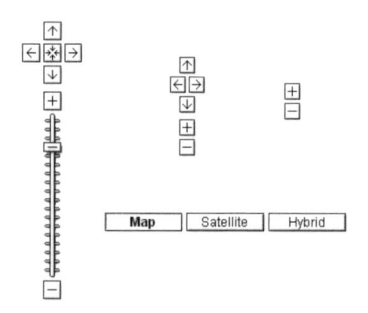

Abbildung 9.2 Die verschiedenen Steuerelemente von Google Maps

9.1.3 Markierungspunkte

Um dem Anwender bestimmte Zielpunkte zu signalisieren, können Sie an die gewünschte geografische Koordinate einen Markierungspunkt setzen, der als grafisches Symbol ausgegeben wird. Für diesen Zweck existiert eine Instanz der GMarker-Klasse, die über die Methode addOverlay() der GMap-Klasse in die Karte eingefügt wird. Als Argument wird dabei eine gültige Geokoordinate erwartet.

```
var p = new GPoint(-0.14368057250976562, 51.49672123605765);
var marker = new GMarker(p);
map.addOverlay(marker);
```

Einen Markierungspunkt können Sie natürlich auch wieder entfernen. Dazu benötigen Sie die Methode removeOverlay() der GMap-Klasse. Als Argument wird eine Referenz auf den entsprechenden Markierungspunkt erwartet. Das folgende Beispiel entfernt den zuvor erzeugten Markierungspunkt über einen Link aus der Karte.

```
<a href="#" onclick="map.removeOverlay(marker);">removeInfopunkt</a>
```

Darüber hinaus bietet die Methode `clearOverlays()` der `GMap`-Klasse eine bequeme Möglichkeit, die Markierungspunkte einer Karte komplett zu entfernen.

```
map.clearOverlays();
```

Beachten Sie dabei, dass mit dieser Methode nicht nur die Markierungspunkte, sondern auch alle Fenster mit Detailinformationen (siehe Abschnitt 9.1.4) aus der Karte entfernt werden.

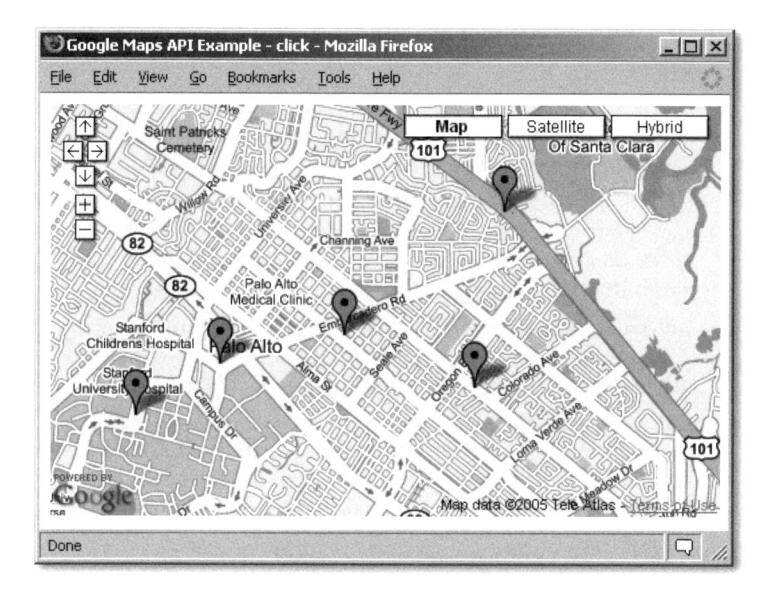

Abbildung 9.3 Markierungspunkte eines Beispiels der Google Maps API

Eigene Grafiken verwenden

Falls Sie in Ihrer Anwendung eigene Grafiken für die Markierungspunkte nutzen möchten, können Sie hierfür eine Instanz der `GIcon`-Klasse erzeugen. Für die Ausgabe einer eigenen Grafik stehen Ihnen zahlreiche Eigenschaften dieser Klasse zur Verfügung. Die folgende Tabelle zeigt diese Eigenschaften in einer Kurzübersicht.

Eigenschaft	Beschreibung
image	URL mit der gewünschten Grafik als Zieladresse. Diese kann absolut oder relativ eingebunden werden.
shadow	URL mit der Zieladresse für die Schattengrafik des Icons. Dabei wird automatisch ein Schlagschatten in der gewünschten Dimension um die Icongrafik gezeichnet.

Tabelle 9.4 Die Eigenschaften der GIcon-Klasse der Google Maps API

Eigenschaft	Beschreibung
iconSize	Angabe zur Größe der individuellen Grafik in Pixel. Falls Sie dieser Eigenschaft keinen Wert übergeben, wird automatisch die Originalgröße des Icons verwendet.
shadowSize	Die Größe des Schlagschattens in Pixel
iconAnchor	Die Koordinate in Pixel, relativ zur oberen linken Ecke der Zielkoordinate des Informationspunkts. An der angegebenen Position wird die Grafik auf der Karte ausgegeben.
infoWindowAnchor	Die Koordinate in Pixel, relativ zur oberen linken Ecke der Grafik. An der angegebenen Position wird der Anker eines Detailfensters gesetzt.
printImage	URL mit der Zieladresse der Grafik, die für einen Ausdruck der Karte zum Einsatz kommen soll. Die Größe dieser Grafik sollte dabei der Größe, der in image abgelegten Grafik entsprechen.
mozPrintImage	URL mit der Zieladresse der Grafik, die für einen Ausdruck der Karte zum Einsatz kommen soll (optimiert für Gecko-Browser). Die Größe dieser Grafik sollte dabei derjenigen der in image abgelegten Grafik entsprechen.
printShadow	URL mit der Zieladresse der Schattengrafik, die für einen Ausdruck der Karte zum Einsatz kommen soll. Die Größe dieser Grafik sollte dabei derjenigen entsprechen, die in image abgelegt wurde.
transparent	URL mit der Zieladresse einer transparenten Version der individuellen Grafik, um für den Microsoft Internet Explorer das Click-Event zu kopieren. Die verwendete Grafik sollte dazu als 24-bit PNG-Version der Originalgrafik mit einer Deckkraft von 1 % bereitgestellt werden.

Tabelle 9.4 Die Eigenschaften der GIcon-Klasse der Google Maps API (Forts.)

Um eine eigene Grafik für einen Markierungspunkt zu verwenden, benötigen Sie für die folgenden Eigenschaften gültige Werte: shaodwImage, iconSize, shaodwSize und iconAnchor. Die weiteren Eigenschaften sind optional.

Das folgende Beispiel fügt einen Markierungspunkt mit einer eigenen Grafik in die Karte ein.

```
var p = new GPoint(-0.14368057250976562, 51.49672123605765)
var icon = new GIcon();
icon.image = "marker.gif";
icon.shadow = "http://labs.google.com/ridefinder/images/mm_20_
shadow.png";
icon.iconSize = new GSize();
icon.shadowSize = new GSize(100, 100);
icon.iconAnchor = new GPoint(20, 87);
var marker = new GMarker(p, icon);
map.addOverlay(marker);
```

Die Abmessungen der Eigenschaften `iconSize` und `shadowSize` werden über eine Instanz der `GSize`-Klasse dargestellt, die als Argument die gewünschte Breite und Höhe in Pixel erwartet. Falls Sie der entsprechenden Eigenschaft eine leere Instanz oder den Wert 0 übergeben, wird die jeweilige Grafik in der Originalgröße angezeigt. Nachdem Sie die Grafik mit den gewünschten Merkmalen ausgestattet haben, wird diese als Argument für den Aufruf der `GMarker`-Klasse eingebunden und an der Zielkoordinate ausgegeben.

In Ihren Anwendungen werden Sie in der Regel mehr als einen Markierungspunkt verwenden. Damit Sie nicht jedes Mal erneut eine Instanz mit allen relevanten Eigenschaften einer individuellen Grafik erzeugen müssen, bietet sich eine Erweiterung der `GMap`-Klasse an.

Für diese Aufgabe erzeugen Sie zunächst eine neue Objektinstanz mit den Eigenschaften einer individuellen Grafik, die bis auf die Grafik selbst in den meisten Fällen gleich bleiben dürfte.

```
var myIcon = new GIcon();
myIcon.shadow = "http://www.google.com/mapfiles/shadow50.png";
myIcon.iconSize = new GSize(20, 34);
myIcon.shadowSize = new GSize(37, 34);
myIcon.iconAnchor = new GPoint(9, 34);
myIcon.infoWindowAnchor = new GPoint(9, 2);
myIcon.infoShadowAnchor = new GPoint(18, 25);
```

Das folgende Beispiel erweitert die `GMap`-Klasse um eine neue Methode `createMarker()`. Als Argumente werden dabei die geografische Koordinate, die Zieladresse der individuellen Grafik und optional eine Größe für diese Grafik erwartet.

```
GMap.prototype.createMarker = function(point, img, size)
{
    var icon = new GIcon(myIcon);
    icon.image = img;
    if (size)
    {
        icon.iconSize = size;
    }
    var marker = new GMarker(point, icon);
    map.addOverlay(marker);
    return marker;
}
```

Das Argument `size` ist hier optional. Ebenso können Sie auch die übrigen Eigenschaften zur Auswahl anbieten. Um einen neuen individuellen Markierungspunkt in die Karte einzufügen, genügt es, die neue Methode mit den gewünschten Merkmalen aufzurufen.

```
map.createMarker(p1,"marker.gif");
map.createMarker(p,"marker.gif", new GSize(100, 14));
```

Im ersten Beispiel wird ein Markierungspunkt mit den zuvor vereinbarten Standardeigenschaften ausgegeben. Das zweite Beispiel zeigt den Markierungspunkt mit einer individuellen Größe an. Als Rückgabewert der Methode erhalten Sie eine Referenz auf den neu gesetzten Markierungspunkt, die Sie für eine spätere Markierung verwenden können.

```
var marker_ref = map.createMarker(p1,"marker.gif");
```

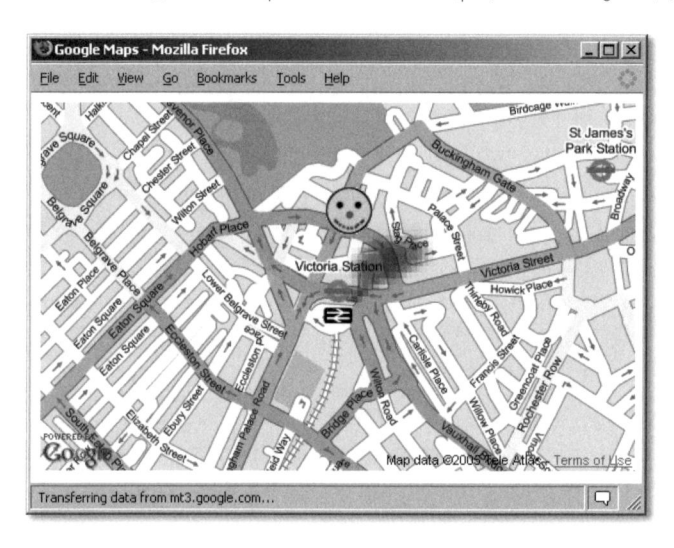

Abbildung 9.4 Ausgabe einer eigenen Grafik für einen Markierungspunkt

9.1.4 Detailinformationen

Für die Anzeige von Detailinformationen zu einer geografischen Koordinate bietet die Google API ein in die Karte integriertes Popup-Fenster an. Dieses Fenster wird als eine Art Sprechblase mit dem dafür vorgesehenen Inhalt dargestellt. Zu diesem Zweck verfügt die GMap-Klasse über unterschiedliche Methoden, von denen die wichtigsten in der folgenden Tabelle kurz vorgestellt werden.

Methode	Argument	Beschreibung
openInfoWindow		Zeigt das Detailfenster mit dem Inhalt des DOM-Objekts an der gewünschten Position auf der Karte an.

Tabelle 9.5 Methoden der GMap-Klasse zum Einbinden von Detailfenstern

Methode	Argument	Beschreibung
	GPoint	Zieladresse als geografische Koordinate als Instanz der GPoint-Klasse oder in einer geeigneten Weise.
	DOM_Element	DOM-Objekt, das zur Anzeige des Inhalts verwendet werden soll.
	pixelOffset	Position der Ansicht, relativ zur geografischen Koordinate. Für diese Angabe wird eine Instanz der GSize-Klasse erwartet.
	onOpenFn	Callback-Funktion, die ausgeführt wird, sobald das Fenster geöffnet wurde.
	onCloseFn	Callback-Funktion, die ausgeführt wird, sobald das Fenster geschlossen wurde.
openInfoWindowHTML		Gleiche Funktiosweise wie openInfoWindow(), mit dem Unterschied, dass zur Ausgabe des Inhalts ein String mit gültigem XHTML verwendet wird.
	marker	Referenz auf eine Instanz der GMarker-Klasse.
	htmlstr	Der gewünschte Inhalt des Fensters.
	pixelOffset	Beschreibung siehe openInfoWindow().
	onOpenFn	Beschreibung siehe openInfoWindow().
	onCloseFn	Beschreibung siehe openInfoWindow().
showMapBlowup		Zeigt eine vergrößerte Ansicht der aktuellen geografischen Position an.
	GPoint	Beschreibung siehe openInfoWindow()
	zoomLevel	Der gewünschte Zoomlevel der Ansicht. Als Standardwert ist dabei der Wert 1 eingestellt. Diese Angabe ist optional.
	mapType	Das Anzeigeformat der Karte.
	pixelOffset	Beschreibung siehe openInfoWindow().
	onOpenFn	Beschreibung siehe openInfoWindow().
	onCloseFn	Beschreibung siehe openInfoWindow().
closeInfoWindow		Schließt ein offenes Detailfenster. Beachten Sie dabei, dass immer nur ein Fenster geöffnet werden kann.

Tabelle 9.5 Methoden der GMap-Klasse zum Einbinden von Detailfenstern (Forts.)

Mithilfe der Methode openInfoWindow() fügen Sie der Karte eine Detailinformation hinzu. Als Argumente werden dabei unter anderem die geografische Koordinate und ein DOM-Objekt erwartet. Das folgende Beispiel bedient sich der Methode getCenterLatLng() der GMap-Klasse, um das Detailfenster im Mittelpunkt der geladenen Karte anzuzeigen.

```
map.openInfoWindow(
    map.getCenterLatLng(),
    document.createTextNode("Hello, world")
);
```

Der eigentliche Inhalt wird dabei dynamisch durch das Erzeugen eines neuen Textknotens mittels der Methode `createTextNode()` des DOM eingefügt. Sie können aber auch den Inhalt eines dafür vorgesehenen Elements aus dem Dokumentenbaum ausgeben.

```
map.openInfoWindow(
    map.getCenterLatLng(),
    document.getElementById("info")
);
```

In diesem Beispiel wird der Inhalt des Elements mit der CSS-ID `info` im Detailfenster angezeigt. Dabei wird das entsprechende Element aus seiner bisherigen Position im Dokumentenbaum gelöscht und in das Detailfenster eingefügt.

Etwas einfacher gestaltet sich das Einfügen eines Detailfensters über die Methode `openInfoWindowHtml()`, mit der Sie direkt einen XHTML-String als Inhalt übergeben können.

```
var str = "XHTML";
map.openInfoWindowHtml(
    "Ein belieger "+str+"-String"
);
```

Diese Methode eignet sich bestens für kurze Inhaltstexte. Für längere Inhalte, die unter Umständen sogar Formulare und weitere Funktionen beinhalten, sollten Sie dagegen die Methode `openInfoWindow()` verwenden.

Eine äußerst nützliche Methode ist auch `showMapBlowup()`. Mit ihr können Sie einen Ausschnitt der aktuellen geografischen Koordinate in einer vergrößerten Ansicht darstellen, die über den Zoomlevel reguliert wird. Für die Anwendung genügt es, den geografischen Punkt als Argument zu übergeben. Der Zoomlevel ist per Default auf den Wert 1, also die höchste Detailstufe, eingestellt.

```
var p = new GPoint(-0.14368057250976562, 51.49672123605765);
map.showMapBlowup(p);
```

Beachten Sie dabei, dass der Inhalt des Fensters nicht per Drag&Drop bewegt werden kann. Eine Anzeige des Fensters mit allen möglichen Argumenten kann beispielsweise so aussehen:

```
var p = new GPoint(-0.14368057250976562, 51.49672123605765);
map.showMapBlowup(
```

```
    p,
    1,
    G_SATELLITE_TYPE,
    null,
    function() { alert("Bin auf!"); },
    function() { alert("Bin zu!"); }
);
```

Dieses Fenster führt nach dem Öffnen und Schließen eine anonyme Funktion aus. Sie können für diese Argumente natürlich auch eine vorhandene Funktion einbinden, um bestimmte Aktionen herbeizuführen. Der Inhalt des Fensters wird in einer Satellitenbildansicht dargestellt. Nicht benötigte Argumente, wie in diesem Beispiel `pixelOffset`, können über den Wert `null` ignoriert werden.

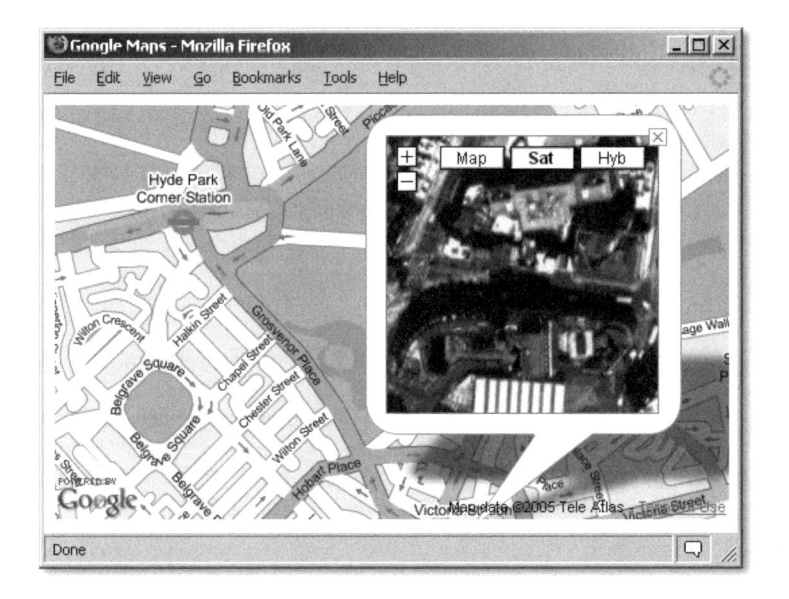

Abbildung 9.5 Ausgabe einer Detailansicht für einen Ausschnitt der Karte

9.1.5 Event-Modell

Bisher haben Sie gelernt, wie man einzelne Markierungspunkte und Fenster mit einer Detailinformation auf der Karte platzieren kann. In vielen Fällen ist es darüber hinaus notwendig, auf das Verhalten des Anwenders Einfluss zu nehmen. So ist es beispielsweise sinnvoll, ein Detailfenster an einen Informationspunk zu binden und das Fenster per Mausklick durch den Anwender öffnen zu lassen.

Um solche Events abzufangen bzw. zu ermöglichen, bietet die Google API ein eigenes Event-Modell über die `GEvent`-Klasse an. Die folgende Tabelle gibt Auskunft über die vorhandenen Methoden dieser Klasse.

Methode	Argument	Beschreibung
addListener		Fügt ein Event zur Überwachung einer Quelle in das Listener-Objekt ein und ruft eine dafür vorgesehene Funktion auf, nachdem der Event aufgerufen wurde. Als Rückgabewert erhalten Sie eine Objektreferenz auf den Listener. Damit können Sie die Überwachung wieder deaktivieren.
	source	Referenz auf das zu überwachende Objekt.
	eventName	Name des zu überwachenden Events.
	listenerFn	Name der Funktion, die beim Eintreten des Events ausgeführt werden soll.
removeListener		Entfernt den übergebenen Listener.
	listener	Referenz auf den zu entfernenden Listener.
clearListeners		Entfernt alle Listener für das gewünschte Event.
	source	Beschreibung siehe addListener().
	eventName	Beschreibung siehe addListener().
trigger		Führt das gewünschte Event auf ein entsprechendes Objekt aus. Dabei kann eine beliebige Anzahl benötigter Argumente übergeben werden.
	source	Beschreibung siehe addListener().
	eventName	Beschreibung siehe addListener().
	args	Argumente, die einem Objekt bzw. einer Funktion übergeben werden sollen.
bind		Bindet die Methode eines Objekts an das gewünschte Event. Sobald das Event ausgeführt wird, erfolgt der Aufruf einer entsprechenden Methode über das Schlüsselwort this (z.B. GEvent.bind(map, 'move', this, this.onMapMove).
	source	Beschreibung siehe addListener().
	eventName	Beschreibung siehe addListener().
	object	Objekt, an das das Event gebunden wurde.
	method	Methode, die nach dem Ausführen des Events aufgerufen werden soll.

Tabelle 9.6 Die Methoden der GEvent-Klasse der Google Maps API

Die Klassen GMap und GMarker beinhalten spezielle Events, mit denen Sie auf Aktionen des Anwenders reagieren können. Möchten Sie beispielsweise überwachen, ob der Anwender die Karte bewegt oder den Zoomlevel verändert, können Sie das entsprechende Event einer Methode der GEvent-Klasse übergeben. Die einfachste Möglichkeit ein Event zu überwachen, bietet dabei die Methode addListener().

Sehen Sie sich dazu zunächst eine Möglichkeit an, auf eine Änderung des Zoomlevels zu reagieren. Für diese Aufgabe ist es erforderlich, das `zoom`-Event der `GMap`-Klasse zu überwachen.

```
GEvent.addListener(map, 'zoom', function(){
    var txt = "Zoomlevel: "+map.getZoomLevel();
    document.getElementById("info").innerHTML = txt;
});
```

Jede Änderung der Zoomeinstellung bewirkt dabei, dass der Inhalt des Elements mit der CSS-ID `info` mit einer Angabe zum aktuellen Level aktualisiert wird.

Ein weiteres Beispiel zeigt, wie man auf das Verschieben einer Karte durch den Anwender reagieren kann. Zur Überwachung dieser Aktion dient das `move`-Event der `GMap`-Klasse. Im Folgenden soll dabei unterhalb der Karte in einem Element ein Punkt (.) ausgegeben werden, der solange wiederholt wird, bis der Inhalt eine bestimmte Größe angenommen hat. Für diese Aufgabe erweitern Sie zunächst das `String`-Objekt um eine weitere Methode, mit der Sie einen String in gewünschter Häufigkeit wiederholen können.

```
String.prototype.repeat = function(i){
    var s = "";
    var t = this.toString();
    while (--i >= 0) s += t;
    return s;
}
```

Als Nächstes wird über die Methode `addListener()` das `move`-Event auf der Karte überwacht, und über die Rückgabefunktion das entsprechende Element aktualisiert.

```
var myMoveL = GEvent.addListener(map, 'move', function(){
    var str = ".";
    var elm = document.getElementById("info");
    var len = elm.innerHTML.length;
    if (len == 100)
    {
        len = 0;
    }
    elm.innerHTML = str.repeat(len+1);
});
```

Um dieses Event wieder aus der Überwachung herauszunehmen, können Sie entweder die Methode `removeListener()` oder `clearListeners()` aufrufen. Zu diesem Zweck wurde im Beispiel zuvor eine Referenz auf das zu überwachende Event in der Variablen `myMoveL` abgelegt.

```
GEvent.removeListener(myMoveL);
GEvent.clearListeners(map,'move');
```

Sie sollten die Methode `removeListener()` immer dann verwenden, wenn Sie für ein Objekt alle vorhandenen Listener zu einem bestimmten Event entfernen möchten. Andernfalls ist es geschickter, mit der Methode `removeListener()` zu arbeiten.

Nach diesem Prinzip können Sie auf die unterschiedlichen Events der `GMap`-Klasse reagieren. Die folgende Tabelle gibt einen kurzen Überblick über die vorhandenen Events der Klasse.

Event	Beschreibung
click	Wird bei einem Klick auf die Karte ausgeführt. Dabei wird der zugewiesenen Funktion als Argument die geografische Koordinate des angeklickten Punkts übergeben. Falls Sie auf Inhalte klicken, die über die Methode `addOverlay()` der `GMap`-Klasse gesetzt wurden, erhalten Sie statt des Geocodes eine Referenz auf dieses Objekt zurück.
move	Wird permanent während des Verschiebens der Karte ausgeführt.
movestart	Wird am Anfang des Verschiebens einer Karte ausgeführt.
moveend	Wird ausgeführt, sobald das Verschieben der Karte beendet wurde.
zoom	Wird ausgeführt, sobald in die Karte gezoomt wird. Übergibt der zugewiesenen Funktion als Argumente den alten und den neuen Zoomlevel.
maptypechanged	Wird ausgeführt, falls der Kartentyp geändert wird.
infowindowopen	Wird ausgeführt, sobald ein Detailfenster geöffnet wird.
infowindowclose	Wird ausgeführt, sobald ein Detailfenster geschlossen wird.
addoverlay	Wird ausgeführt, sobald ein neues Element in die Karte eingefügt wird. Übergibt der zugewiesenen Funktion als Argument eine Referenz auf das Element.
removeoverlay	Wird nach dem Entfernen eines Elements aus der Karte ausgeführt. Übergibt der zugewiesenen Funktion als Argument eine Referenz auf das Element.
clearoverlays	Wird ausgeführt, sobald alle Elemente einer Karte komplett entfernt wurden.

Tabelle 9.7 Die Events der GMap-Klasse der Google Maps API

Events und Markierungspunkte

Ein Markierungspunkt auf der Karte ist zwar schön und gut, in den meisten Fällen möchten Sie aber den Mausklick darauf mit einer bestimmten Aktion verbinden. Bei den Beispielen in Abschnitt 9.1.4 wurde das Detailfenster sofort auf der Karte angezeigt. Damit sich dieses Fenster erst durch das Anklicken des dazugehörenden Markierungspunkts öffnet, können Sie wie folgt vorgehen.

```
var p = new GPoint(-0.14368057250976562, 51.49672123605765);
var marker = new GMarker(p);
map.addOverlay(marker);
GEvent.addListener(marker, 'click', function() {
    marker.openInfoWindowHtml("Hallo!");
});
```

Das Detailfenster wird in diesem Fall erst per Mausklick des Anwenders angezeigt. Möchten Sie, dass sich das Detailfenster beim Darüberstreifen der Maus über dem Markierungspunkt öffnet und beim Verlassen wieder schließt, können Sie beispielsweise Folgendes notieren.

```
GEvent.addListener(marker, 'mouseover', function() {
    marker.openInfoWindowHtml("Hallo!");
});
GEvent.addListener(marker, 'mouseout', function() {
    map.closeInfoWindow();
});
```

Auch die `GMarker`-Klasse bietet eigene Events an, die in der folgenden Tabelle kurz dargestellt werden.

Event	Beschreibung
click	Wird bei einem Klick auf den Markierungspunkt ausgeführt. Dabei wird der zugewiesenen Funktion als Argument die geografische Koordinate des angeklickten Punkts übergeben. Falls Sie auf Inhalte klicken, die über die Methode `addOverlay()` der `GMap`-Klasse gesetzt wurden, erhalten Sie statt des Geocodes eine Referenz auf dieses Objekt zurück.
infowindowopen	Wird ausgeführt, sobald ein Detailfenster geöffnet wird.
infowindowclose	Wird ausgeführt, sobald ein Detailfenster geschlossen wird.

Tabelle 9.8 Die Events der GMarker-Klasse der Google Maps API

Im folgenden Beispiel wird bei jedem Mausklick ein neuer Markierungspunkt auf der Karte eingetragen. Ein erneuter Klick auf diese Markierung entfernt ihn wieder.

```
GEvent.addListener(map, 'click', function(overlay, point) {
    if (overlay) {
        map.removeOverlay(overlay);
    } else if (point) {
        map.addOverlay(new GMarker(point));
        document.getElementById("info").innerHTML = point;
    }
});
```

9.1.6 Linien zeichnen

Sie können mithilfe der `GPolyline`-Klasse zu einer Sammlung von Zielkoordinaten eine optische Verbindungslinie auf der Karte einzeichnen. Dabei wird als Argument ein Array mit den geografischen Daten der Zieladressen als Instanz der `GPoint`-Klasse erwartet. Sehen Sie sich dazu das folgende Beispiel an.

```
var cords = [];
cords.push(
    new GPoint(-0.13449668884277344, 51.49917916615191)
);
cords.push(
    new GPoint(-0.12393951416015625, 51.48592614784763)
);
cords.push(
    new GPoint(-0.10557174682617188, 51.488117436869885)
);
map.addOverlay(new GPolyline(cords));
```

Für das Zeichnen dieser Verbindungslinie muss eine Instanz der `GPolyline`-Klasse an die Methode `addOverlay()` der `GMap`-Klasse übergeben werden. Neben den Geodaten können Sie beim Erzeugen des Objekts weitere Argumente für Angaben zur Formatierung der Linie übergeben. Die möglichen Argumente sind:

```
new GPolyline(
    Array mit GPoint-Daten,
    Farbwert in hexadezimaler Schreibweise,
    Linienstärke in Pixel,
    Deckkraft in %
);
```

> **GPolyline im Microsoft Internet Explorer**
>
> Damit im Microsoft Internet Explorer Verbindungslinien mit der `GPolyline`-Klasse gezeichnet werden können, müssen ein VML-Namensraum[14] und eine zusätzliche CSS-Anweisung im Dokument eingebunden werden. Erweitern Sie dafür das `html`-Tag wie im Folgenden dargestellt.
>
> ```
> <html xmlns="http://www.w3.org/1999/xhtml" xmlns:v="urn:schemas-microsoft-com:vml">
> ```
>
> Jetzt müssen Sie noch eine kurze CSS-Anweisung in das Dokument einfügen. Dies kann entweder ausgelagert oder wie im folgenden Beispiel eingebettet erfolgen.

---

14 http://msdn.microsoft.com/workshop/author/vml/default.asp
http://msdn.microsoft.com/workshop/author/vml/ref/appendix.asp

```
<style type="text/css">
v\:* {
  behavior:url(#default#VML);
}
</style>
```

Für andere Browser sind diese Angaben ohne Bedeutung, bzw. stellen kein Problem für eine korrekte Darstellung der Seite und der Funktionalität dar.

Durch die folgende Anweisung wird eine 1 Pixel dicke rote Linie mit einer Deckkraft von 0.24 % auf die Karte gezeichnet.

```
map.addOverlay(
    new GPolyline(cords, "#ff0000", 1, 0.24)
);
```

Das folgende Beispiel sammelt die Koordinaten zu jedem Mausklick des Anwenders auf die Karte. Um aus diesen Koordinaten eine Linie zu zeichnen, kann anschließend eine dafür vorgesehene Funktion aufgerufen werden, die am letzten Punkt der Linie einen Markierungspunkt mit einer eigenen Grafik ausgibt. Für diese Aufgabe wurde die in Abschnitt 9.1.4 bereits vorgestellte Methode createMarker() verwendet.

```
var x = [];
GEvent.addListener(map, 'click', function(overlay, point) {
  x.push(point);
});

function draw()
{
    map.addOverlay(
        new GPolyline(x, "#ff0000", 5)
    );
    map.createMarker(x[x.length-1],"marker.gif");
    x = [];
}
```

Damit sie beliebig viele von einander unabhängige Polygone zeichnen können, müssen Sie nach dem Ausführen der Funktion draw(), das Array x, in dem die Koordinaten zwischen gespeichert werden, wieder leeren.

Mit entsprechendem Aufwand lassen sich auf diese oder ähnliche Weise beispielsweise Reise- und Flugrouten oder sogar Ländergrenzen optisch auf der Karte hervorheben.

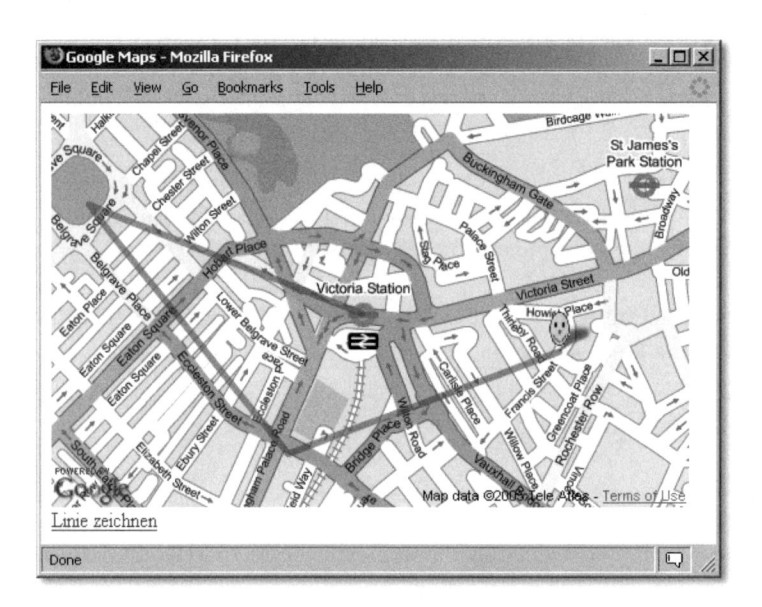

Abbildung 9.6 Die Darstellung von Verbindungslinien in einer Karte

9.1.7 AJAX

Google Maps bietet über die `GXmlHttp`-Klasse eine AJAX-Schnittstelle, mit der Sie Daten dynamisch in eine Karte einfügen können. Die Arbeitsweise orientiert sich an den üblichen Vorgehensweisen, wie sie bereits in Kapitel 6, *JavaScript und HTTP*, vorgestellt wurden, weshalb in diesem Abschnitt nicht weiter darauf eingegangen wird. Bei der Arbeit mit Google Maps werden Sie häufig bestimmte Markierungspunkte in die Karte einfügen und wieder verändern. Für diese Aufgabe bieten sich AJAX und eine dafür bereitgestellte XML-Datei geradezu an. Die Struktur dazu könnte beispielsweise wie folgt aussehen.

```
<?xml version="1.0" encoding="iso-8859-1"?>
<markers>
    <marker lat="51.49917916615191" lng="-0.13449668884277344"/>
    <marker lat="51.48940009377448" lng="-0.13329505920410156"/>
    ...
</markers>
```

Ein Markierungspunkt wird dabei in einem `marker`-Element dargestellt. Die dazugehörigen geografischen Koordinaten werden als Attributelemente eingefügt.

Über eine Instanz der `GXmlHttp`-Klasse können Sie nun wie gewohnt die Datei auf dem Server über eine entsprechende Anfrage anfordern. Der Inhalt der Datei steht anschließend bei einer erfolgreichen Antwort des Servers als XML-Objekt zur Verfügung. Die Inhalte können Sie nun der Reihe nach durchlaufen und dabei jeweils den entsprechenden Markierungspunkt auf der Karte ausgeben.

```
var request = GXmlHttp.create();
request.open("GET", "data.xml", true);
request.onreadystatechange = function() {
    if (request.readyState == 4) {
        var xmlDoc = request.responseXML;
        var markers = xmlDoc.documentElement.
                    getElementsByTagName("marker");
        for (var i=0; i<markers.length; i++) {
            var point = new GPoint(
            parseFloat(
                markers[i].getAttribute("lng")),
                parseFloat(markers[i].getAttribute("lat"))
            );
            var marker = new GMarker(point);
            map.addOverlay(marker);
        }
    }
}
request.send(null);
```

Mithilfe der `GXmlHttp`-Klasse ist es möglich, den Inhalt einer Karte auf einfache Weise dynamisch anzupassen und zu erweitern. Darüber hinaus bietet die Google API zwei weitere Klassen an, mit denen Sie XML-Dateien statisch einlesen oder mittels XSLT formatieren können. Weitere Informationen dazu finden Sie in der entsprechenden Dokumentation der Google Maps API.

9.1.8 Beispielanwendung

Das abschließende Beispiel berechnet die Entfernung in Kilometern aus einer markierten Wegstrecke. Dabei kann der Anwender beliebig viele Markierungspunkte per Mausklick auf der Karte platzieren und sich anschließend über eine Funktion die Entfernung der kompletten Strecke anzeigen lassen. Für jede Berechnung wird eine Historie mitgespeichert, über die man eine bereits berechnete Strecke wieder anzeigen kann.

Für die Berechnung von Entfernungen über Geodaten – die alles andere als trivial ist – existieren zahlreiche Bibliotheken.[15] Für dieses Beispiel wurde zur Berechnung eine Funktion aus einem empfehlenswerten Tutorial[16] zur Arbeit mit der

---

15 http://xmaps.busmonster.com/documentation.html
http://www.movable-type.co.uk/scripts/LatLong.html
16 http://www.econym.demon.co.uk/googlemaps/dist.htm

Google Maps API verwendet. In diesem Zusammenhang ist auch das »openGeoDb-Projekt«[17] zu erwähnen, das sich den Aufbau einer möglichst vollständigen Datenbank mit Geokoordinaten zu allen Orten und Postleitzahlen im europäischen Raum als Ziel gesetzt hat. Diese Datenbasis kann für eigene Projekte als ideale Grundlage dienen.

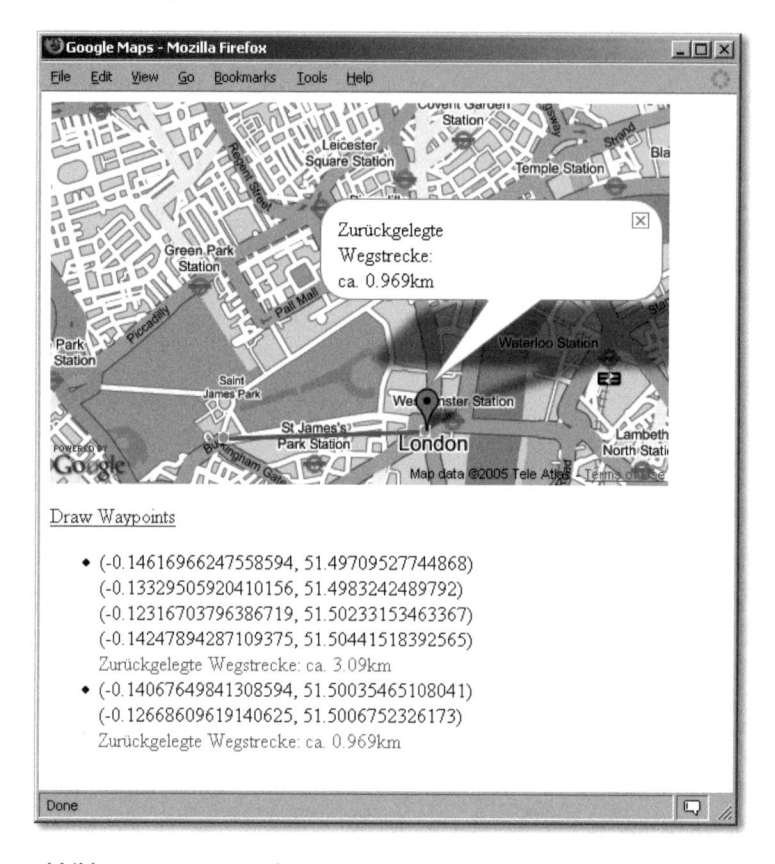

Abbildung 9.7 Dynamische Berechnung der Länge einer Wegstrecke

Zur Darstellung der Karte wird das folgende XHTML verwendet, wobei das Element mit der CSS-ID info für die Ausgabe der Historie zuständig ist.

```
<div id="mapDiv"></div>
<p>
    <a href="#" onclick="draw();">Draw Waypoints</a>
</p>
<ul id="info"></ul>
```

---

17 http://opengeodb.hoppe-media.com

Vergessen Sie dabei nicht, die Angaben zum VML-Namensraum (siehe Abschnitt 1.1.6) für den Internet Explorer mit anzugeben, da Sie sonst eine fehlerhafte Ausgabe für diesen Browser erhalten. Für die eigentlichen Funktionen wird ein ausgelagertes JavaScript eingesetzt, das im Folgenden erläutert wird.

Mithilfe der Funktionen `rad()` und `distCosineLaw()` wird später die Berechnung der Distanz zweier Punkte ausgeführt. Diese Funktionen wurden aus dem bereits eingangs erwähnten Tutorial entliehen.

```
var rad = function(x)
{
    return x*Math.PI/180;
}
distCosineLaw = function(p1, p2)
{
    var R = 6371; // earth's mean radius in km
    var d = Math.acos(Math.sin(rad(p1.y))*Math.sin(rad(p2.y)) +
        Math.cos(rad(p1.y))*Math.cos(rad(p2.y))*
        Math.cos(rad(p2.x-p1.x))) * R;
    return d.toFixed(3);
}
```

Als Nächstes wird eine Methode benötigt, um eine eigene Grafik für die Markierungspunkte einzufügen. Diese orientiert sich an dem in Abschnitt 1.1.3 vorgestellten Beispiel und wird hier deshalb aus Platzgründen nicht wiederholt.

```
... Code für individuelle Marker ...
```

Die Funktion `addList()` registriert das `Klick`-Event nach dem Laden der Seite, über das die jeweiligen Geodaten in einem Array `cords` für die spätere Ausgabe zwischengespeichert werden.

```
function addList()
{
    d = 0;
    cords = [];
    evnt = GEvent.addListener(map, 'click',
        function(overlay, point) {
        cords.push(point);
```

Nach jedem Mausklick wird auf der Karte ein individueller Markierungspunkt über der aktuellen Koordinate ausgegeben.

```
        map.createMarker(point,"p.gif",new GSize(9,9))
```

Für die Berechnung der Entfernung muss jeweils die Distanz zweier Punkte zueinander berechnet werden. Das Zwischenergebnis wird in der Variablen d abgelegt und solange addiert, bis der letzte Punkt eingetragen wird.

```
    if (cords.length==2)
    {
        d += parseFloat(distCosineLaw(cords[0],cords[1]));
    }
    if (cords.length>2)
    {
        d += parseFloat(
            distCosineLaw(
                cords[cords.length-2],cords[cords.length-1]));
    }
});
}
```

In das Array _cords werden die Koordinatenpunkte der aktuellen Markierungen für die spätere Ausgabe der Historie gespeichert. Das Zeichnen der Wegstrecke erfolgt über die Funktion draw(), in der zunächst überprüft wird, ob bereits ein Punkt auf der Karte angeklickt wurde. Ist dies nicht der Fall, wird eine entsprechende Meldung über eine Dialogbox ausgegeben.

```
var _cords = [];
function draw()
{
    if (cords.length>0)
    {
```

Die Verbindungslinien der Wegpunkte werden über eine Instanz der GPolyline-Klasse erzeugt, die die aktuellen Geodaten aus dem Array cords verwendet.

```
        var p = new GPolyline(cords, "#ff0000", 3, 1);
        map.addOverlay(p);
```

Für den letzten Markierungspunkt wird ein Detailfenster eingerichtet, in dem die zurückgelegte Wegstrecke anzeigt wird.

```
        var m = new GMarker(cords[cords.length-1]);
        map.addOverlay(m);
        var weg = "Zurückgelegte Wegstrecke: ca. "+d+ " km";
        GEvent.addListener(m, 'click', function() {
            m.openInfoWindowHtml(weg);
        });
```

Anschließend erfolgt das automatische Einblenden des Detailfensters. Dies wird über die Methode trigger der GEvent-Klasse realisiert. Damit keine weiteren

Mausklicks registriert werden, müssen Sie das entsprechende Event über die Methode removeListener() entfernen.

```
GEvent.trigger(m, 'click');
GEvent.removeListener(evnt);
```

Nachdem die aktuellen Koordinaten dem Array _cords hinzugefügt wurden, wird die Historie in einem Element mit der CSS-ID info dargestellt.

```
        _cords.push(cords);
        var e = document.getElementById("info")
        e.innerHTML += "<li id='"+(_cords.length-
                        1)+"' onclick='drawH(this);'>"+
                        cords.join("<br />")+"<br />" +
                        "<span style='color:#f00;'>"+
                        weg+"</span></li>";
    }
    else alert("Erst was anklicken!");
}
```

Über die Funktion drawH() kann per Mausklick auf ein Element der Historie der entsprechende Wegverlauf auf der Karte erneut angezeigt werden. Falls aktuell ein Detailfenster geöffnet ist, muss dieses zuvor geschlossen werden.

```
function drawH(t)
{
    if (evnt.instance)
    {
        var p = new GPolyline(_cords[t.id], "#000", 3, 0.5);
        map.addOverlay(p);
    }
    else alert("Erst Infofenster schließen");
}
```

Die eigentliche Karte wird über eine Instanz der GMap-Klasse im Element mit der CSS-ID mapDiv ausgegeben. Als Ziel wird ein bekannter U-Bahnhof in London angezeigt. Ein Event sorgt dafür, dass nach dem Schließen der Detailansicht alle Markierungen von der Karte entfernen werden, und die Überwachung der Mausklicks auf die Karte erneut initialisiert wird. Diese Funktionen werden nach der vollständigen Übertragung der Seite über das onload-Event ausgeführt.

```
window.onload = function()
{
    map = new GMap(document.getElementById("mapDiv"));
    map.centerAndZoom(
        new GPoint(-0.13449668884277344, 51.49917916615191),
        3
```

```
        );
        addList();
        GEvent.addListener(map, 'infowindowclose', function() {
            map.clearOverlays();
            addList();
        });
}
```

Dieses Beispiel lässt die vielfältigen Möglichkeiten der Google Maps API bereits erahnen. Kreativ zum Einsatz gebracht, ergeben sich interessante Anwendungen. Bei Interesse an einer vertiefenden Lektüre zu Google Maps sollten Sie sich mit den Inhalten des Webangebots GoogleMapi[18] auseinandersetzen. Bleibt nur zu hoffen, dass auch Europa und im Speziellen Deutschland in absehbarer Zeit kartografiert werden.

9.2 Yahoo! Maps

Die Maps API[19] von Yahoo erlaubt es, für eigene Projekte Karten verschiedener Länder, wie beispielsweise Deutschland, Großbritannien, Kanada oder die USA, einzubinden. Um den Umgang mit dieser API zu üben, kann aber auch ein beliebiger Ort dienen.

Sie können dabei zwischen unterschiedlichen APIs wählen. In der einfachsten Variante lässt sich eine Karte über einen Query-String aufrufen. Für individuelle Projekte bietet sich eine Schnittstelle zu Flash bzw. AJAX an. Im Folgenden wird die AJAX-API vorgestellt.

Aktuell unterstützt die API von Yahoo! die folgenden Browser sowie eine entsprechend höhere Version. Dabei werden mit Firefox auch alle Gecko-Browser unterstützt.

▶ IE 6.0+

▶ Firefox 0.8+

▶ Safari 1.2.4+

▶ Netscape 7.1+

▶ Mozilla 1.4+

▶ Opera 8.02+

---

18 http://www.mapki.com
19 http://ws1.inf.scd.yahoo.com/maps/index.html

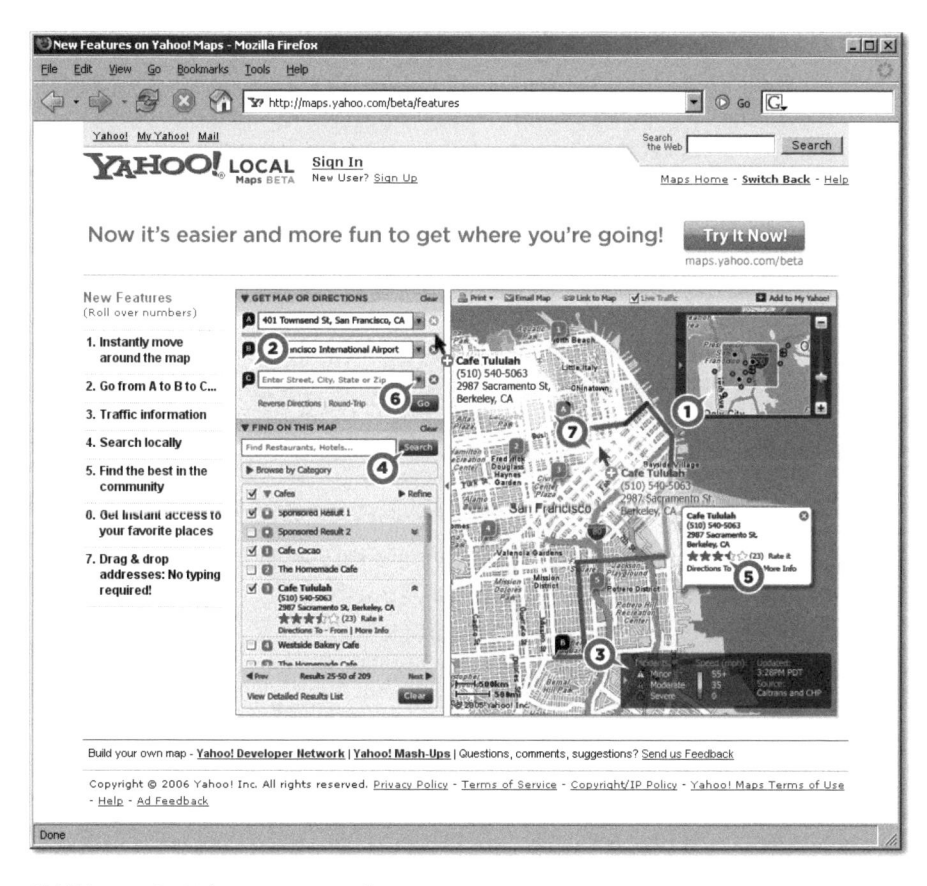

Abbildung 9.8 Yahoo! Maps mit allen Features

> **Nutzungsbestimmungen**
>
> Gemäß den Nutzungsbestimmungen von Yahoo! Maps darf die API nur für nicht kommerzielle Projekte eingesetzt werden. Pro Tag und IP sind 50000 Seitenaufrufe erlaubt. Wird dieses Limit überschritten, erfolgt die Ausgabe einer Fehlerseite. Aktuelle Details zu den Nutzungsbedingungen entnehmen Sie der entsprechenden Webseite der Yahoo! Maps API.

9.2.1 Grundlagen

Um mit der API zu arbeiten, benötigen Sie zunächst eine gültige ID, die der Anwendung als Parameter übergeben werden muss. Die Registrierung[20] ist kostenlos. Nachdem Sie Ihre persönliche ID erhalten haben, können Sie die Bibliotheksdatei wie folgt in Ihr Dokument einbinden.

---

20 http://api.search.yahoo.com/webservices/register_application

```
<script type="text/javascript"
src="http://api.maps.yahoo.com/ajaxymap?v=2.0&appid=Ihre_Yahoo_
ID"></script>
```

Der Parameter v erwartet dabei die gewünschte Version der API und `appid` Ihre Entwickler-ID von Yahoo!. Sie sollten jeweils die aktuellste Version der API verwenden, die Sie der Dokumentation entnehmen können. In der eingebundenen Datei sind alle relevanten Methoden für die Arbeit mit den Yahoo! Maps und AJAX enthalten.

Für die Darstellung der Karte ist es zunächst erforderlich, eine leere Ebene einzurichten, und anschließend die Karte über ein entsprechendes Objekt einzufügen. Die zugrunde liegenden Klassen dafür heißen `YMap()` und `YGeoPoint()`. Die folgende Tabelle beschreibt deren Eigenschaften.

Klasse	Argument	Beschreibung
YMap	mapContainer	CSS-ID des Elements, das die Karte beinhalten soll.
	mapPortWidth	Die Breite der Karte in Pixel.
	mapPortHeight	Die Höhe der Karte in Pixel.
YGeoPoint	lat	Floatwert mit dem geografischen Breitengrad eines Ortes (Latitude).
	lon	Floatwert mit dem geografischen Längengrad eines Ortes (Longitude).

Tabelle 9.9 Die elementaren Klassen der Yahoo! Maps API

Ein einfaches Beispiel soll die Verwendung der API verdeutlichen. Dabei soll als Ergebnis die Stadt Québec in Kanada auf der Karte angezeigt werden.

```
<html>
<head>
<title>Yahoo! Maps</title>
<meta http-equiv="content-type" content="text/html; charset=utf-8"
/>
<script type="text/javascript"
src="http://api.maps.yahoo.com/ajaxymap?v=2.0&appid=YahooDemo"></scr
ipt>
<style type="text/css">
#mapDiv {
    height: 500px;
    width:  500px;
}
</style>
</head>
<body>
```

```
<div id="mapD      'iv>

<script type="      vascript">
//<![CDATA[
var pnt = new Y(      t(46.82449601026205, -71.19964599609375);
var map = new  Y.     ument.getElementById('mapDiv'));
map.drawZoomAndCe     it, 8);
//]]>
</script>

</body>
</html>
```

Listing 9.2 Einfache Darste   er Karte über die Yahoo! Maps API

Über die Methode drawZc   nter() der YMap-Klasse wird die Karte am Bildschirm ausgegeben und b   auf den Koordinatenpunkten des Ortes zentriert ausgerichtet. Diese N   erwartet zwei Argumente, die in der folgenden Tabelle erklärt sind.

Methode	Argume		hreibung
drawZoomAndCenter			am Bildschirm ausgeben und am Koordinaten- zentrieren.
	YGeoPoint		-/Längengrad des Ortes als YGeoPoint-Objekt.
	ZoomLevel		ufe der Karte mit einem Wert zwischen 1 bis ei 1 die höchste Detailstufe darstellt.

Tabelle 9.10 Die Methode drawZoomA   () der YMap-Klasse im Detail

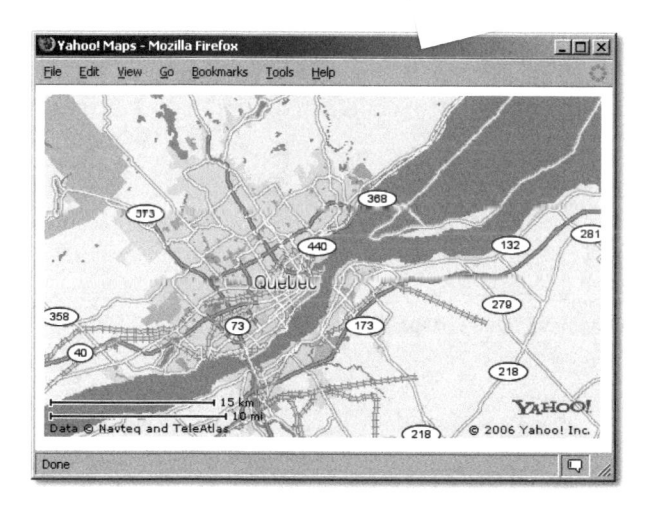

Abbildung 9.9 Québec in einer einfachen Anzeige

9.2.2 Steuerelemente

Mit dem einführenden Beispiel haben Sie bereits eine voll funktionsfähige Karte erzeugt, in der sich der Anwender per Drag&Drop bewegen kann. Für eine sinnvolle Anwendung fehlen aber noch zahlreiche Features, die zum größten Teil über die Methoden der Klasse `YMap()` abgebildet werden. Um den Anwendern das Zoomen und Bewegen innerhalb der Karte zu ermöglichen, können Sie Steuerelemente in die Anzeige der Karte einblenden. Um einen kleinen Kompass anzuzeigen, erweitern Sie das Map-Objekt um die Methode `addPanControl()`, wie im Folgenden gezeigt.

```
map.addPanControl();
```

Der Kompass erscheint nun in der oberen rechten Ecke der Karte. Per Mausklick auf ihn kann man sich nun in die gewünschte Himmelsrichtung bewegen.

Für das stufenlose Zoomen der Karte gibt es zwei Methoden: Mittels `addZoomShort()` binden Sie eine Minileiste unterhalb des Kompasses ein, die über einen Plus- und Minus-Button das Zoomen ermöglicht. Mit `addZoomLong()` geben Sie eine vertikale Slidebar für das Zoomen aus.

```
map.addZoomLong();
map.addZoomShort();
```

Bedenken Sie dabei, dass nur eines der beiden Zoom-Steuerelemente angezeigt werden kann. Sie können den Zoomlevel auch individuell über die Methode `setZoomLevel()` der `YMap`-Klasse einstellen. Als Argument wird dabei der gewünschte Level als Integer-Wert erwartet.

```
<a href="#" onclick="map.setZoomLevel(1);">Stop Drag&Drop</a>
```

Auf diese Weise könnten Sie ein eigenes Steuerelement für das Zoomen der Karten entwerfen, das allerdings außerhalb der Karte eingebunden werden muss.

Abbildung 9.10 Die Steuerelemente von Yahoo! Maps

> In der aktuellen API sind auch Methoden für das Entfernen der einzelnen Steuerelemente vorgesehen. Diese scheinen zum Zeitpunkt, als dieses Kapitel geschrieben wurde, neben einigen weiteren Methoden aber noch nicht zu funktionieren.[21]

Eine weitere interessante Möglichkeit ist, die Drag&Drop-Funktion der Karte zu unterbinden. Dies bietet sich insbesondere in Verbindung mit dem Kompass oder eigenen Steuerelementen an. Diese Aufgabe übernimmt die Methode `disableDragMap()` der `YMap`-Klasse, die per Mausklick oder direkt beim Laden der Seite aufgerufen werden kann.

```
map.disableDragMap();
<a href="#" onclick="map.disableDragMap();">Stop Drag&Drop</a>
```

Das erneute Aktivieren der Drag&Drop-Möglichkeit kann über die Methode `enableDragMap()` der `YMap`-Klasse geschehen.

```
<a href="#" onclick="map.enableDragMap();">Start Drag&Drop</a>
```

Eine nützliche Eigenschaft in diesem Zusammenhang bietet die Methode `isDragMapEnabled()`. Laut Dokumentation soll damit ein boolescher Wert zurückgegeben werden, mit dem Sie überprüfen, ob die Karte zum aktuellen Zeitpunkt mit der Drag&Drop-Möglichkeit ausgestattet ist. Leider ist auch diese Methode zum aktuellen Stand dieser Recherche noch nicht implementiert, obwohl Sie bereits dokumentiert ist. Eine eigene Routine sorgt aber für den gleichen Effekt. Dazu erweitern Sie das Objekt zunächst um eine zusätzliche Methode mit dem Namen `switchDragable()`.

```
YMap.prototype.switchDragable = function()
{
    if (this.isDragable)
    {
        this.disableDragMap();
        this.isDragable = false;
    }
    else
    {
        this.enableDragMap();
        this.isDragable = true;
    }
}
```

---

[21] Falls Sie Yahoo! Maps anwenden, sollten Sie regelmäßig die API-Seiten nach Neuigkeiten durchsuchen. Aber auch die spezielle »Developer Support Group« von Yahoo! kann in manchen Fällen weiterhelfen: http://groups.yahoo.com/group/yws-maps/.

Nach der Initialisierung des Objekts erweitern Sie dieses um eine neue Eigenschaft mit dem Namen `isDragable` und dem booleschen Startwert `true`. Dies ist notwendig, um den Status der Drag&Drop-Möglichkeit festzuhalten, damit dieser über die Methode `switchDragable()` dynamisch verändert werden kann.

```
map.isDragable = true;
```

Nun können Sie ein geeignetes Steuerelement für Ihre Anwender anbieten, mit dem der Anwender die Drag&Drop-Möglichkeit bei Bedarf aus- und einschalten kann.

```
<a href="#" onclick="map.switchDragable();">Switch Drag&Drop</a>
```

9.2.3 Markierungspunkte

In einer Karte können Sie zu beliebigen Standorten einzelne Markierungspunkte einbinden. Diese werden mit einem entsprechenden Symbol dargestellt. Klickt ein Anwender auf ein Symbol, wird eine zugehörige detaillierte Beschreibung angezeigt. Für diesen Zweck existiert die `YMarker`-Klasse, die wiederum die `YImage`-Klasse optional enthalten kann, mit der Sie eine eigene Grafik für die Markierung einbinden können. Die Standardgrafik für den Markierungspunkt ist eine kleine orange umrandete Sprechblase, die gerade mal Platz für zwei Buchstaben bietet. Sie ist daher nur für einfache Markierungen, wie beispielsweise ein Frage- oder Ausrufezeichen, geeignet.

In der folgenden Tabelle sind die relevanten Klassen für das Einbinden von Markierungspunkten aufgeführt.

Klasse	Argument	Beschreibung
YMarker	YGeoPoint	YGeoPoint-Objekt mit dem Breiten- und Längengrad eines Ortes.
	YImage	YImage-Objekt mit einer eigenen Definition für die Markierung (optional).
	ID	CSS-ID des Elements, das als Marker dienen soll (optional).
YImage	src	URL der einzubindenden Grafik.
	YSize	YSize-Objekt, das die Dimension der Grafik beschreibt.
	offsetSmart-Window	Position des erweiterten Infofensters relativ zur linken unteren Ecke des Markers (erwartet ein YCoordPoint-Objekt).
YSize	width	Breite der Grafik in Pixel.
	height	Höhe der Grafik in Pixel.

Tabelle 9.11 Klassen für die Arbeit mit Markierungspunkten

Yahoo! Maps | 9.2

Eine einfache Markierung können Sie auf zwei Arten in eine Karte einbinden. Sehen Sie sich dazu zunächst die `YMarker`-Klasse an. Um am Zielort aus dem einführenden Beispiel eine Markierung zu setzen, gehen Sie wie folgt vor.

```
var marker = new YMarker(pnt);
marker.addLabel("!");
map.addOverlay(marker);
```

Zunächst wird dabei ein `YMarker`-Objekt erzeugt und über dessen Methode `addLabel()` eine Beschriftung für die Markierung angegeben. Um die Markierung auf der Karte auszugeben, müssen Sie die Methode `addOverlay()` der `YMap`-Klasse aufrufen, und als Argument das eben erzeugte Objekt übergeben.

Für die Arbeit mit Markierungspunkten stehen Ihnen eine Reihe von Methoden zur Verfügung, deren Bedeutung Sie der folgenden Tabelle entnehmen können.

Methode	Argument	Beschreibung
addLabel		Beschriftung der Markierung.
	label	Einfacher Text, ein String oder ein XHTML-Block.
closeSmartWindow		Schließt ein Erklärungsfenster einer Markierung.
openSmartWindow		Öffnet ein Erklärungsfenster für eine Markierung und zeigt den übergebenen Inhalt an.
	InfoValue	Einfacher Text, ein String, ein XHTML-Block oder ein DOM-Objekt mit einer nodeValue-Eigenschaft.
reLabel		Ändert dynamisch die Beschriftung einer Markierung.
	label	Einfacher Text, ein String oder ein XHTML-Block.

Tabelle 9.12 Methoden der YMarker-Klasse der Yahoo! Google Maps

Methode	Argument	Beschreibung
addMarker		Setzt eine Markierung an die gewünschte Koordinate.
	YGeoPoint	YGeoPoint-Objekt mit dem Breiten- und Längengrad des Ortes.
	ID	CSS-ID des Elements, das als Marker dienen soll (wird dynamisch erzeugt).
addOverlay		Fügt eine Markierung in die Karte ein.
	YMarker	YGeoPoint-Objekt mit dem Breiten- und Längengrad des entsprechenden Ortes, der eingefügt werden soll.
getMarkerIDs		Gibt ein Array mit den CSS-IDs aller vorhandenen Markierungen zurück.
removeMarker		Entfernt eine bestimmte Markierung von der Karte.
	ID	CSS-ID des Elements, das entfernt werden soll.

Tabelle 9.13 Methoden der YMap-Klasse der Yahoo! Google Maps

Methode	Argument	Beschreibung
removeMarkersAll		Entfernt alle Markierungen.
removeOverlay		Entfernt eine bestimmte Markierung von der Karte.
	YMarker	YGeoPoint-Objekt, das von der Karte entfernt werden soll.
showSmartWindow		Öffnet ein Erklärungsfenster für eine Markierung und zeigt den übergebenen Inhalt an.
	YGeoPoint	YGeoPoint-Objekt mit dem Breiten- und Längengrad des entsprechenden Ortes.
	InfoValue	Einfacher Text, ein String, ein XHTML-Block oder ein DOM-Objekt mit einer nodeValue-Eigenschaft.

Tabelle 9.13 Methoden der YMap-Klasse der Yahoo! Google Maps (Forts.)

Wie man eine Markierung über das YMarker-Objekt setzt, haben Sie bereits im Beispiel zuvor gesehen. Eine weitere Möglichkeit, eine Markierung zu setzen, bietet die Methode addMarker() der YMap-Klasse.

```
map.addMarker(pnt,'m1');
document.getElementById('m1').innerHTML = "M1";
```

An der gewünschten Stelle wird auf diese Weise ein neues Element mit der CSS-ID m1 erzeugt, auf das Sie über die Methoden und Eigenschaften des DOM zugreifen können. Diese Variante zum Erzeugen einer Markierung eignet sich besonders für kleine Symbole, die auf der Karte platziert werden sollen.

Für individuelle Markierungen benötigen Sie natürlich eigene Grafiken. Um solche Grafiken als Markierungselemente zu verwenden, bietet die Yahoo! Maps API eine sogenannte YImage-Klasse an. Eine mögliche Umsetzung für eine eigene Grafik könnte wie folgt aussehen.

```
var myImage = new YImage();
myImage.src = 'marker_grafik.gif';
myImage.size = new YSize(100,20);
var marker = new YMarker(pnt,myImage);
marker.addLabel("Neuer Marker");
map.addOverlay(marker);
```

Zunächst wird dazu ein neues Objekt für die Grafik erzeugt, und die entsprechenden Eigenschaften werden gesetzt. Dieses Objekt wird nun der gewünschten Markierung als Argument übergeben. Der weitere Ablauf für das Einbinden des Markierungspunkts in die Karte bleibt unverändert.

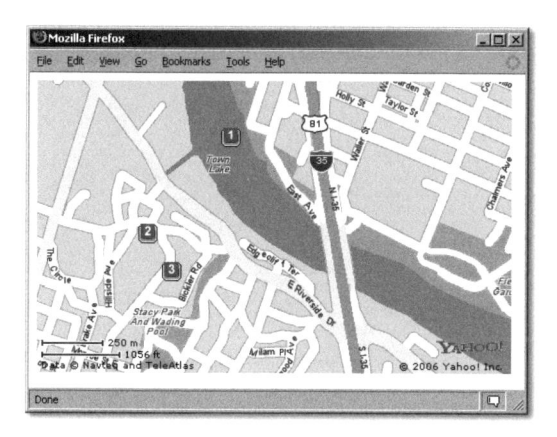

Abbildung 9.11 Die Standardausführung der Markierungspunkte

9.2.4 Detailinformationen

Bisher wurden nur einfache Markierungen in die Karte eingefügt. Möchten Sie weitere Informationen oder Aktionen anbieten, sobald der Anwender beispielsweise auf einen Punkt klickt, müssen Sie die Markierungen um eine entsprechende Funktion erweitern. Eine Detailinformation können Sie unter anderem über die Methode `openSmartWndow()` der `YMarker`-Klasse einfügen.

```
marker.openSmartWindow("Detaillierte Information");
```

Sofern diese Anweisung direkt in die Karte eingebunden wurde, öffnet sich die Detailinformation sofort nach dem Laden der Seite. Dies dürfte aber in den wenigsten Fällen beabsichtigt sein. Die `YEvent`-Klasse erlaubt das Registrieren bestimmter Events, die die gewünschte Aktion gezielt ausführen. Diese Klasse besitzt lediglich die folgende Methode.

Methode	Argument	Beschreibung
Capture		Diese Methode überwacht das Eintreten eines entsprechenden Events für die Karte oder einer Markierung.
	Objekt	Referenz auf ein `YMap` oder `YMarker`-Objekt, für das das Event überwacht werden soll.
	Event	Event, das überwacht werden soll. Dieses Event muss eine Eigenschaft des `EventsList`-Objekts darstellen und kann die folgenden Aktionen überwachen: ▶ changeZoom ▶ endAutoPan ▶ endPan

Tabelle 9.14 Die Methode Capture() der YEvent-Klasse der Yahoo! Maps API

Methode	Argument	Beschreibung
		▶ onPan
		▶ startAutoPan
		▶ startPan
		▶ MouseClick
		▶ MouseDown
		▶ MouseDoubleClick
		▶ MouseOut
		▶ MouseOver
		▶ MouseUp
		Spezielle Events der YMarker-Klasse:
		▶ openSmartWindow
		▶ closeSmartWindow
	Funktion	Funktion, die ausgeführt werden soll, sobald das Event eingetreten ist.

Tabelle 9.14 Die Methode Capture() der YEvent-Klasse der Yahoo! Maps API (Forts.)

Um das zuvor gezeigte Beispiel in der Art zu erweitern, dass sich die Detailinformation durch das Anklicken auf die entsprechende Markierung öffnet, gehen Sie wie folgt vor.

```
YEvent.Capture(
    marker,
    EventsList.MouseClick,
    function()
    {
        marker.openSmartWindow("Detaillierte Information");
    }
);
```

Auf diese Weise können Sie beliebige Events überwachen und entsprechende Aktionen ausführen. Statt eines Informationsfensters können Sie im Hintergrund Routinen mittels AJAX ausführen oder zu einem neuen Standort auf der Karte springen. Die Umsetzung dazu bleibt Ihrer Kreativität überlassen. Ein einfaches Beispiel soll die Verwendung noch einmal verdeutlichen.

```
var pnt = new YGeoPoint(46.82449601026205, -71.19964599609375);
var map = new  YMap(document.getElementById('mapDiv'));
var marker = new YMarker(pnt);
marker.addLabel("1");
map.addOverlay(marker);
YEvent.Capture(
    marker,
```

```
    EventsList.MouseClick,
    function()
    {
        marker.openSmartWindow(' \
        <a href="#" onclick="map.removeMarker(marker.ID)"> \
        Markierung L&ouml;schen?</a> \
        ');
    }
);
map.drawZoomAndCenter(pnt, 8);
```

Sobald der Anwender auf die Markierung klickt, öffnet sich das zugehörige Detailfenster. Per Klick auf den Infotext wird die Markierung samt Detailfenster von der Karte entfernt.

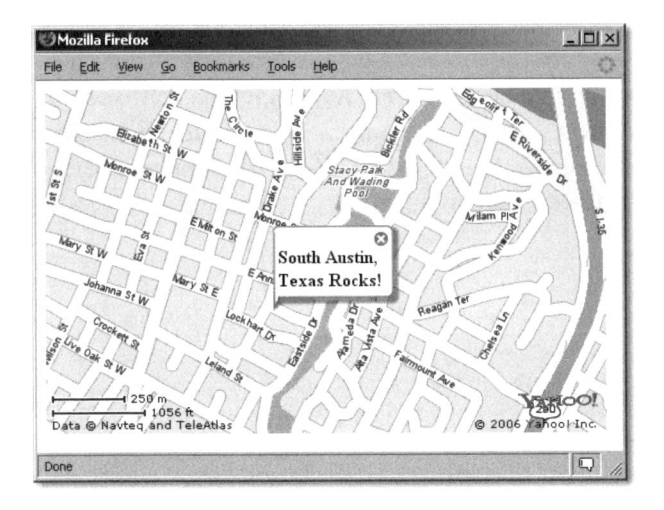

Abbildung 9.12 Markierungspunkte mit einer Detailinformation

9.2.5 Beispielanwendung

Als abschließendes Beispiel für eine eigene Yahoo! Map soll eine nicht ganz ernst gemeinte Anwendung dienen. Dabei handelt es sich um eine Art Adressbuch, in dem Sie die Adressen von Freunden und Bekanntschaften eintragen können, die dann optisch auf der Karte angezeigt werden. Der Einfachheit halber beschränkt sich das Beispiel auf den Namen und eine kurze Info zur Person.

Die zugrunde liegenden Daten für die Markierungspunkte werden in einer JSON-Struktur dargestellt. Der Aufbau dieser Datenstruktur sieht so aus:

```
var YData = {
    "marker" :
```

```
    [
        {
            "lat"  : 46.81,
            "lon"  : -71.21,
            "img"  : 2,
            "name" : "Alexandra",
            "info" : "Mag gerne rote Rosen."
        },
            ...
    ]
};
```

Die Merkmale `lat` und `lon` stellen dabei die Längen- und Breitengrade dar. Mit `img` kann zu jedem Eintrag eine geeignete Grafik bestimmt werden, die in diesem Fall numerisch abgespeichert wird. Die beiden letzten Merkmale sollten selbsterklärend sein.

Das XHTML der Seite ist bewusst einfach gehalten. Auf das für die Formatierung zuständige CSS wird hier nicht näher eingegangen. Der untere Bereich der Anzeige enthält ein Steuerelement, mit dem gezielt zu einer bestimmten Person aus dem Datenbestand gesprungen werden kann.

```
<div id="mapDiv">
    <div id="mapYahoo"></div>
    <div id="ctrl">
        <form>
            <select onchange="YMapDemo.
              goToLocation(this.selectedIndex)"></select>
            <input type="button" value="Random"
                class="btn" onclick="YMapDemo.loadRandom()" />
        </form> >1.3</strong></li>')">Insertion.Bottom</a>
    </div>
</div>
```

Für die Bereitstellung der Funktionalität des Skripts wurde das altbewährte Literal-Objekt mit der im Folgenden vorgestellten Struktur gewählt. Die Eigenschaft `map` beinhaltet dabei eine Referenz auf das später erzeugte `YMap`-Objekt. Damit zu jedem Eintrag eine beliebige Grafik als Symbol für die Markierung auf der Karte gewählt werden kann, benötigt die Anwendung einen Zeiger auf ein entsprechendes Objekt, das in `img` für die spätere Verwendung vorgehalten wird. Die Eigenschaft `lvl` bestimmt den Zoomlevel beim Laden der Karte. In das Array `pnt` werden die Geodaten der einzelnen Einträge zwischengespeichert.

```
var YMapDemo = {
    map: "",
```

```
    img: "",
    lvl: 5,
    pnt: [],

    loadMap:function() { ... },
    buildImg:function(i) { ... },
    setMarker:function() {... },
    getMarker:function(pnt,i) { ... },
    setOption:function() { ... },
    goToLocation:function(i) { ... },
    loadRandom:function() { ... }
}
```

Für das Laden der Karte und das Setzen der Markierungspunkte ist die Methode `loadMap()` zuständig.

```
    loadMap:function()
    {
        this.map = new YMap(document.getElementById('mapYahoo'));
```

Zunächst wird ein neues Objekt aus der `YMap`-Klasse abgeleitet und in der Eigenschaft `map` für den späteren Zugriff gespeichert.

```
        this.setMarker();
        this.setOption();
```

Die einzelnen Markierungspunkte werden über die Methode `setMarker()` in die Karte eingebunden. Mit `setOption()` wird die Formularauswahl für den direkten Sprung zu einem Eintrag erzeugt.

```
        this.map.addPanControl();
```

Für eine vereinfachte Navigation soll über eine entsprechende Methode ein Kompass eingebunden werden.

```
        this.map.drawZoomAndCenter(this.pnt[0], this.lvl);
    },
```

Schließlich wird die Karte im Browser ausgegeben und am ersten Eintrag zentriert ausgerichtet. Die Methode `buildImg()` ist notwendig, um für jede Markierung eine eigene Grafik anzubieten.

```
    buildImg:function(i)
    {
        this.img      = new YImage();
        this.img.src  = i+'.gif';
        this.img.size = new YSize(36,36);
```

```
            this.img.offsetSmartWindow = new YCoordPoint(20,40);
    },
```

Der Hauptteil der Anwendung wird über die Methode `setMarker()` dargestellt. Dabei werden alle Elemente der Datenstruktur durchlaufen, um anschließend die einzelnen Markierungspunkte der Reihe nach auf der Karte zu platzieren.

```
    setMarker:function()
    {
        for(var i=0; i<YData.marker.length; i++)
        {
            this.pnt[i] = new YGeoPoint(
                YData.marker[i].lat,
                YData.marker[i].lon
            );
```

Über die Angabe der Längen- und Breitengrade wird ein neues Objekt erzeugt, das diese Geodaten speichert.

```
            this.buildImg(YData.marker[i].img);
```

Zu jedem Eintrag erfolgt nun die Zuweisung eines entsprechenden Symbols, und zwar über die zuvor erklärte Methode `buildImg()`.

```
            var marker = this.getMarker(this.pnt[i],i);
            this.map.addOverlay(marker);
```

Das eigentliche Erzeugen der Markierungen erfolgt über die Methode `getMarker()`, die als Argument die Geodaten und den aktuellen Index der Datenstruktur erwartet. Als Rückgabewert wird dabei eine Referenz auf die aktuelle Markierung ausgegeben, die anschließend an die Methode `addOverlay` der `YMap`-Klasse übergeben wird, um die Markierung in die Karte einzufügen.

```
        }
    },
```

Für die Darstellung der Detailinformationen ist die Methode `getMarker()` zuständig. Die Informationen werden dabei den Markierungspunkten zugewiesen.

```
    getMarker:function(pnt,i)
    {
        var marker = new YMarker(pnt,this.img);
        marker.addLabel(
          "<span style='padding-left:40px'>"+
          YData.marker[i].name+"</span>"
        );
```

Um eine Detailinformation zu erstellen, erzeugen Sie eine neue Objektinstanz der `YMarker`-Klasse und fügen anschließend das gewünschte Label mit der entsprechenden Methode ein. In diesem Beispiel ist dies der Name der jeweiligen Person.

```
var html = "<div style='width: 150px; margin: 0 3px 2px
            3px;'>"
         + "<b>" + YData.marker[i].name + "</b><br/>"
         + YData.marker[i].info + "</div>";
```

In der Variablen `html` wird anschließend der Inhalt für die Detailinformation zwischengespeichert und der Methode `openSmartWindow()` übergeben.

```
YEvent.Capture(
    marker,
    EventsList.MouseClick,
    function()
    {
        marker.openSmartWindow(html);
    }
);

return marker;
},
```

Jeder Markierung wird ein Event zugewiesen, das nach Mausklick auf diese das Detailfenster öffnet. Mittels der `YEvent`-Klasse werden diese Events automatisch im Hintergrund überwacht, und bei Bedarf wird die zugeordnete Aktion ausgeführt.

Für die gezielte Auswahl einer Person existiert ein Formularmenü mit den Namen der enthaltenen Personen. Die Inhalte werden über die Methode `setOption()` automatisch gefüllt.

```
setOption:function()
{
```

Dazu wird zunächst das entsprechende Formularelement ermittelt und in einer Variablen gespeichert.

```
var html = document.getElementById("buecher");
var fsel = html.getElementsByTagName("select")[0];
```

Eine Schleife durchläuft nun den Inhalt der Datensätze. Die Namen der Personen werden dabei dem `select`-Element als `option`-Element und der aktuelle Index als `value`-Attribut zugewiesen.

```
        for (var i=0; i<YData.marker.length; i++)
        {
            var fopt = document.createElement("option");
            fopt.setAttribute("value",i);
            fopt.appendChild(
                document.createTextNode(YData.marker[i].name)
            );
            fsel.appendChild(fopt);
        }
    }
};
```

Damit sich ein Anwender gezielt zu einem Eintrag bewegen kann, wird über die Methode `goToLocation()` eine entsprechende Methode der `YMap`-Klasse aufgerufen. Sie erwartet als Argument ein Objekt mit den Geodaten des Ziels. Über den Indexwert der Formularauswahl wird dazu der entsprechende Eintrag aus dem Array `pnt` ermittelt.

```
goToLocation:function(i)
{
    this.map.panToLatLon(this.pnt[i])
},
```

Die Funktion `loadRandom()` ermöglicht die zufällige Auswahl einer Person aus der Datenbank durch den Anwender. Über einen einfachen Algorithmus wird eine Zufallszahl in Abhängigkeit von der Datenmenge ermittelt und anschließend zur entsprechenden Markierung über die Methode `goToLocation()` gescrollt. Beachten Sie dabei, dass nur in größeren Datenmengen ein vernünftiger Zufallsfaktor entstehen kann.

```
loadRandom:function()
{
    var i = Math.floor(
            (this.pnt.length-1)*Math.random()
        );
    this.goToLocation(i);
}
};
```

Über das `onload`-Event wird das Skript nach dem Laden der Webseite initialisiert. Die Karte steht dem Anwender nun zur Verfügung.

```
window.onload=function()
{
    YMapDemo.loadMap();
};
```

Abbildung 9.13 Die fertige Anwendung – »Ein Adressbuch der etwas anderen Art«

Diese Anwendung sollte nur als Beispiel dienen. Für eigene Erweiterungen können Sie zusätzliche Informationen einfügen und Einträge via AJAX editieren.

10 Inhalt der Buch-DVD-ROM

Beispiele

Sämtliche Quellcodes aller Beispiele aus dem Buch, geordnet nach Kapiteln, finden Sie im Ordner *quellcode*.

Cheat Sheets

Links zu nützlichen Übersichtstabellen zu unterschiedlichen Schwerpunkten, wie beispielsweise AJAX, CSS, PHP oder XHTML.

Referenzen

Sprachreferenzen zu DOM, E4X und JavaScript befinden sich im Ordner *referenzen*.

- Mozilla JavaScript 1.5 Guide
- Mozilla JavaScript 1.5 Reference
- Mozilla DOM Referenz
- ECMA-262 Edition 3, JavaScript 1.5
- ECMA-262 Edition 4, JavaScript 2.0 (proposal)
- ECMA-357, ECMAScript for XML (E4X)

APIs

Links zu den wichtigsten, kostenlosen APIs für die Arbeit mit AJAX. Die jeweiligen Bibliotheken oder Frameworks sind dabei in die jeweiligen Programmiersprachen unterteilt.

Module

Alle PHP-Module, die im Buch verwendet werden, sowie weitere nützliche Module für die Arbeit mit AJAX finden Sie im Ordner *quellcode*.

Dokumentationen

- SELFHTML
- SELFPHP

Video-Training

Im Ordner *videotraining* finden Sie ausgewählte Lektionen zu AJAX aus dem Video-Training *JavaScript & AJAX* von Christian Wenz.

Index

#comment 29
#document 29
#IMPLIED 32
#text 27, 29, 60, 138
$() 272

A

Ablaufdiagramme 13
abort() 183, 185
ActiveX 131
ActiveXObject 132, 189
addClassName 275
addRule() 96
Adressbuch 120
AJAX 11
  abort() 185, 202
  ActiveXObject 189
  ajaxRequest-Klasse 189
  Automatische Updates 204
  Cache 208
  Eigenschaften 185
  Externe Quellen 210
  GET-Request 195
  Hallo Ajax 188
  HEAD-Request 192
  Historie-Problem 217
  JavaScript ausführen 205
  JSON 209
  Ladezustand anzeigen 200
  Methoden 182
  Microsoft.XMLHTTP 182
  MSXML-Parser 180
  Objekt erzeugen 179
  onreadystatechange 186, 189, 191
  open() 183, 190
  POST-Request 198
  readyState 186, 189, 201, 203
  responseText 186, 187, 189, 205
  responseXML 186, 187, 242
  send() 184
  setRequestHeader() 184
  Shoutbox 224
  status 186, 189, 202
  statusText 186, 202

  Verbindung unterbrechen 202
  W3C 179
  XMLHTTP 178, 180, 235
  XMLHttpRequest 143, 178, 189
AJAX blog 16
AJAX Info 16
AJAX Matters 16
Ajax.Autocompleter 397, 401
Ajax.FCKeditor 19, 444
Ajax.InPlaceCollectionEditor 332
Ajax.InPlaceEditor 328
Ajax.PeriodicalUpdater() 249, 386, 435
Ajax.Request 240
Ajax.Updater 245
ajax13 13
ajaxDir 413
Ajaxian 16
Ajax-Klasse 235
ajaxPass 424
ajaxRequest-Klasse 189
  abortReq 202
  doRequest() 190, 192
  setRequestHeader() 191
  wState 190
  wState() 192, 193
allgemeine Header 175
Amazon E-Commerce Service 376
anonyme Funktion 194
Antwortcodes 168
appendChild() 34, 36, 60, 137, 148, 226
application/x-www-form-urlencoded 198
Archive_ZIP 423
Array
  ismember() 377, 414
  remove() 378
Array-Operator 102
assoziatives Array 32, 102
async 133, 134
Asynchron 184
Attribute 24, 30, 54
ATTRIBUTE_NODE 25, 29
attributes 29, 31, 55
Attributknoten 30
Autocomplete 396
Autocompleter.Base 397

Index

Autocompleter.Local 397
Autocompleter-Klasse 397
Automatische Updates 204

B

Base64 426
Baumstruktur 42
Behaviour 366
Bilder bearbeiten 14
body-Element 26
Buchladen 144
Builder-Klasse 333

C

Cascading Style Sheets 46, 69
CDATA 32
CGI 17, 165
childNodes 25, 26, 27, 29, 136, 137, 146
clearTimeout() 203
Client-Request 167
Clockr 15
cloneNode() 34, 36
COMMENT_NODE 24, 25, 29
Common Gateway Interface 165
Conditional Comments 220
createAttribute() 57, 58, 59
createDocument() 133, 134
createElement() 58, 59, 137, 148, 226
createRange() 407
createTextNode() 59, 148, 226, 464
CSS 12, 69
  addRule() 96
  after 81
  alternative CSS 85
  before 81
  color 78
  cssQuery() 90
  cssRules 78, 86
  cssText 86, 88, 89
  currentStyle 74
  deleteRule() 95
  disabled 90
  getComputedStyle() 74
  getPropertyValue() 75, 85
  href 87
  IEtoW3C 87
  insertRule() 96

left 73
Maßeinheit 73
media 91
Notationsregel 71
position 73
Positionsangaben 71
Pseudoelemente 81
Regeln für Stylesheets 95
Regel-Objekt 78
removeProperty() 85
removeRule() 95
rules 78
Schriftfarbe 72
selectorText 89
Selektor 90
setProperty() 85
style 74, 85, 88
Style-Eigenschaften 71
style-Objekt 70, 73, 75, 85
styleSheets 79, 85
StyleSwitcher 79, 81
title 91
top 73
type 91
CSS-Selektoren 370
cssText 86, 89
currentStyle 74

D

Dateibrowser, dynamischer 13
Datenaustausch 116
Datenbankdesign 14
Datentyp xml 152
dbQuery.php 410
deep 34
defaultView 45
DELETE 167
delete 104, 163
deleteRule() 95
dir.php 421
disabled 90
DOCTYPE 33, 134
doctype 45
Document Object Model 21
Document Type Definition 130
document.implementation 133
DOCUMENT_NODE 25, 26, 29
documentElement 45, 132, 136, 141, 146

Index

document-Objekt 25, 45
Dokumentenbaum 22
DOM 12, 21
  #comment 29
  #document 29
  #text 27, 29, 60, 138
  addRule() 96
  appendChild() 34, 36, 60, 148, 226
  Attribute 24, 30, 54
  Attribute bearbeiten 54
  ATTRIBUTE_NODE 25, 29
  attributes 29, 31, 55
  Attributknoten 30
  Baumstruktur 42
  body-Element 26
  cloneNode() 25, 26, 27, 34, 36, 136
  COMMENT_NODE 25, 29
  createAttribute() 57, 58, 59
  createElement() 58, 59, 148, 226
  createTextNode() 58, 59, 226, 464
  currentStyle 74
  defaultView 45
  deleteRule() 95
  doctype 45
  DOCUMENT_NODE 25, 26, 29
  documentElement 45
  document-Objekt 25
  Dokumentenbaum 22
  DOM-API 22
  Eigenschaften 24, 25, 45
  ELEMENT_NODE 25, 27, 29, 138, 139
  Elemente erzeugen 58
  Elemente selektieren 48
  Elementknoten 23
  firstChild 25, 26, 27, 49, 147, 228
  getAttribute() 55, 141, 147
  getAttributeNode() 55
  getComputedStyle() 74
  getElementById() 44, 48, 72, 73, 147, 189
  getElementsByClassName() 51
  getElementsByName() 48, 49
  getElementsByTagName() 48, 50, 71, 136, 147
  getPropertyValue() 85
  hasAttribute() 55, 56
  hasAttributes() 34
  hasChildNodes() 34, 40
  implementation 45
  innerHTML 47
  insertBefore() 34, 37
  insertRule() 96
  Kindelemente 36
  Kindknoten 26
  Knoten 23
  Konstanten 24, 26
  lastChild 25, 26, 27, 34
  Methoden 33
  Mutter-/Kindbeziehung 24
  nextSibling 28
  Node Tree Viewer 41
  nodeName 27, 42
  node-Objekt 22, 24, 25, 45
  nodeType 24, 26, 27, 43, 139, 146, 227
  nodeValue 27, 42, 47, 49, 147, 228
  ownerDokument 29
  parentNode 29
  Planetensystem 63
  previousSibling 28
  removeAttribute() 55, 56, 80
  removeAttributeNode() 55, 56
  removeChild() 34, 37, 146
  removeProperty() 85
  removeRule() 95
  replaceChild() 34, 38
  setAttribute() 55, 57, 80, 82
  setAttributeNode() 55, 57
  setProperty() 85
  styleSheet-Objekt 47
  styleSheets 45, 46, 77, 79, 85
  tagName 53
  Text 24
  TEXT_NODE 25, 27, 29, 59
  Text-Objekte 24
  Undo-Funktion 37
  Wurzelknoten 26, 43
  Zugriff auf einzelne Elemente 44
  zusätzliche Attribute 30
DOM Node Tree Viewer 41
DOM-API 22
DOMParser 140, 141
DOMParser() 135
Drag&Drop 336, 376, 380, 385, 413
DTD 32, 33, 130
Dynamic HTML 21

E

E4X 129, 150, 188
  @-Zeichen 155
  Attribute auslesen 155
  Elemente auslesen 153
  Elemente löschen 163
  Filter 155
  for each 153
  length() 153
  Platzhalter 161
  rekursiver Operator 153
  Struktur verändern 159
  Vergleichsoperanden 156
  Wildcard-Zeichen 154, 160
ECMA-262 Standard 21
ECMAScript 109
ECMAScript for XML 150
ECS 376
eigene Datentypen 110
Eigenschaften 24, 25, 45
ELEMENT_NODE 25, 27, 29, 138, 139
Elementknoten 23
empty() 407
enablePrivilege() 212
Entity-Header 176
escape() 197
Escape-Sequenz 140
eval() 119, 205
Event
  onload 73, 82
Event-Bubbling 302
Event-Cache 300
Event-Capturing 302
Events
  Rangfolge 302
Externe Quellen 210

F

file.php 422
File_Archive 423
Firefox 452
firstChild 25, 26, 27, 29, 49, 141, 147, 149, 228
Flickr 12
Fooplot 16
for each 153
for/each 161
for/in-Schleife 102, 112
Formularanwendungen 15
Fußnoten 19

G

Geokoordinaten 474
GET 167, 174, 195, 242
GET oder POST 200
getallheaders() 185
getAllResponseHeaders() 183, 185
getAttribute() 55, 141, 147
getAttributeNode() 55
getComputedStyle() 74, 77
getcwd() 421
getElementById() 44, 48, 72, 73, 122, 147, 189
getElementsByClassName() 51, 273
getElementsByName() 48, 49
getElementsByTagName() 48, 50, 71, 122, 136, 137, 141, 147
getPropertyValue() 75, 85
GET-Request 195
getResponseHeader() 183, 185
getSelection() 406
globale Variablen 106
Google Maps 12, 15, 451
  addControl() 457
  addListener() 466
  addOverlay() 458
  AJAX 472
  Beispielanwendung 473
  Bewegung 456
  centerAndZoom() 454
  clearListeners() 467
  clearOverlays() 459
  Detailinformationen 462
  Drag&Drop 456
  Eigene Grafiken 459
  Entwickler-ID 452
  Event-Modell 465
  Events und Markierungspunkte 468
  GEvent-Klasse 465
  GIcon-Klasse 459
  GMap-Klasse 454
  GPoint-Klasse 454
  GPolyline 470
  GXmlHttp-Klasse 473
  Linien zeichnen 470

Markierungspunkte 458
openInfoWindow() 463
recenterOrPanToLatLng() 456
removeListener() 467
removeOverlay() 458
showMapBlowup() 464
Sprechblase 462
Steuerelemente 457
VML-Namensraum 470
Zoomlevel 455
Google Suggest 12, 396
GoogleMapi 478

H

Hallo Ajax 188
hasAttribute() 55, 56
hasAttributes() 34
hasChildNodes() 34, 40
hasClassName() 278
Hash-Struktur 146
HEAD 167, 192
header() 83, 188
Header-Informationen 167, 173
HEAD-Request 192
Hexadezimal 89
Historie 218
Historie-Problem 217
href-Eigenschaft 79
HTTP 165
 allgemeine Header 175
 Antwortcodes 168
 DELETE 167
 Entity-Header 176
 GET 167, 174, 195, 242
 HEAD 167, 192
 Header-Information 173
 OPTIONS 167
 POST 167, 198
 PUT 168
 Request-Header 177
 Response-Header 177
 TRACE 168
 Wertebereich 168
HTTP-Header 173, 185
HTTP-Request 242
Hypertext Transfer Protocol 166

I

IE 6.0 452
img-Tag 22
implementation 45
in 103
innerHTML 37, 47, 122
insertBefore() 34, 37
insertRule() 96
instanceof 104
Instanz 101, 105
ismember() 377, 414
ISO-8859-1 130

J

JavaScript 21
JavaScript Object Notation 116
JSON 12, 116, 122, 188, 209, 379, 418
 parse() 119, 210
 stringify() 119, 210
JSON-Struktur 119

K

Kindelemente 36
Kindknoten 26
Klassen 100
Knoten 23
komplexe Strukturen 110
Konstanten 24, 26
Konstruktorfunktion 100

L

lastChild 25, 26, 27, 29, 34
Last-Modified 194
Leerzeichen 28, 138
length-Eigenschaft 92, 119, 136, 153
Literale 109
Literal-Objekt 25, 64, 109, 117, 121, 145, 209, 225, 367, 378, 406, 426, 490
load() 132
loadXML() 146

M

Mailinglisten 15
match() 61

mebbo 16
media 91
Methoden 33
Microsoft 21
Microsoft Internet Explorer 7 180
Microsoft.XMLHTTP 182
Mozilla 452
MSXML-Parser 180
Mutter-/Kindbeziehung 24

N

Netscape 21, 452
Netvibes 12
newNode 34
nextSibling 28, 29
nodeName 27, 29, 42
node-Objekt 22, 24, 25, 45
nodeType 24, 26, 27, 43, 137, 139, 146, 227
nodeValue 27, 30, 42, 47, 49, 141, 147, 228
null 103, 107

O

ObjectGraph Dictionary 16
Object-Objekt 110
Objekteigenschaft 103, 106
Objektinstanz 100
Objektklasse 104
Objektmethoden 105
Objektvariable 100
oldNode 34
onkeyup 424
onload 122, 150, 189, 381, 391, 402, 421, 440
onload-Event 134
onreadystatechange 186, 189, 191
onunload 391
OOP 99
  Closures 127
  eigene Datentypen 110
  Eigenschaften 101
  JSON 116
  Klassen 100
  komplexe Strukturen 110
  Literale 109
  Methoden 104

Object-Objekt 110
prototype 107
Prototypen 107
Vererbung 127
OOP-Notation 99
open() 183, 190
opendir() 421
openGeoDb-Projekt 474
Opera 452
Operator
  delete 104, 163
  in 103
  instanceof 104
  new 100
  typeof 103
OPTIONS 167
ownerDocument 29, 30

P

Parameter 105
parentNode 29, 30
parse() 210
parseFromtString() 140
parseInt() 74
PasswordStrength 429
Passwort Tipp 425
Passwörter 424
PclZip 423
PEAR 403, 422, 423
  Archive_ZIP 423
  File_Archive 423
  Serializer 229, 441
  Services_JSON 422
  Text_Password 429
  Unserializer 229, 441
PHP
  $_GET 196
  array_push() 230
  base64_decode() 429
  file_exists() 392
  file_get_contents() 383, 422
  flock() 231
  getAllResponseHeaders() 185
  getResponseHeader() 185
  header() 188
  PasswordStrength 429
  PclZip 423
  switch 199

Picresize 14
Planetensystem 63
POST 167, 198
POST-Request 198
Präsentationen mit AJAX 13
Praxisbeispiele 375
  ajaxBooks 376
  ajaxChat 384
  ajaxComplete 396
  ajaxDict 404
  ajaxDir 413
  ajaxPass 424
  ajaxTic 430
previousSibling 28, 30
Protopage 13
Prototype 19, 107, 234, 386
  $() 272
  $()-Funktion 272
  $A() 258
  $F 316
  $H 320
  $R 323
  activate() 309
  activeRequestCount 237
  add() 283
  addClassName() 275
  After() 285
  ajax 235
  Ajax.Base-Klasse 236
  Ajax.PeriodicalUpdater 249
  Ajax.Request 240
  Ajax.Responders 237
  Ajax.Updater 245
  Ajax-Klasse 235
  all() 288
  any() 289
  Array 253
  basc.js 259
  Before() 285
  bind() 264
  bindAsEventListener() 264, 266
  Bottom() 285
  callback 270
  camelize() 324
  Class-Klasse 259
  classNames() 276
  clear() 254, 309
  collect() 289
  compact() 254

  create() 259
  currentlyExecuting 270
  decay 249
  detect() 290
  disable() 314
  document.getElementsByClassName 273
  each() 288
  element() 303
  Element.ClassNames-Klasse 282
  Element-Klasse 274
  empty() 276
  enable() 314
  entries() 290
  escapeHTML() 325
  evalScripts 245, 249
  evalScripts() 325
  Event-Klasse 300
  extend() 261
  extractScripts() 325
  Field-Klasse 308
  find() 290
  findAll() 290
  findElement() 305
  findFirstElement() 312
  first() 255
  flatten() 255
  focus() 310
  focusFirstElement() 315
  Form.Element.EventObserver-Klasse 319
  Form.Element.Observer-Klasse 317
  Form.Element-Klasse 315
  Form.EventObserver-Klasse 319
  Form.Observer-Klasse 317
  Form-Klasse 308, 311
  Formulare 308
  frequency 249, 270
  Function-Objekt 264
  getDimensions() 276
  getElements() 312
  getElementsByClassName() 273
  getHeight() 277
  getInputs() 313
  getStyle() 277
  getTransport() 235
  getValue() 316
  grep() 292
  hasClassName() 278
  Hash-Klasse 320
  hide() 278

Index

include() 293, 323
indexOf() 256
inject() 293
insertion 245, 284
Insertion-Klasse 284
inspect() 256, 261, 263, 322
invoke() 293
isLeftClick() 304
keys 321
last() 256
makeClipping() 279
makePositioned() 280
map() 295
max() 295
member() 296
min() 296
Number-Objekt 268
Object-Objekt 261
ObjectRange-Klasse 322
observe() 268, 301
onComplete 241
onException() 239
onFailure 241
onSuccess 245
parseQuery() 326
partition() 297
PeriodicalExecuter-Objekt 270
pluck() 297
pointerX() 305
pointerY() 305
present() 310
register() 237, 238
reject() 298
remove() 283
removeClassName() 275
reset() 315
responders 237
reverse() 257
scrollTo() 281
select() 298
serialize() 311, 316
set() 284
setOptions() 235
setStyle() 281
shift() 257
show() 278
sortBy() 299
start() 250
stop() 250, 307

stopObserving() 268, 303
stripScripts() 326
stripTags() 326
succ() 269
Tastatureingaben 307
times() 269
toArray() 299, 327
toColorPart() 268, 269
toggle() 278
Top() 285
toQueryParams() 326
toQueryString() 321
Try.these()-Funktion 271
undoClipping() 279
undoPositioned() 280
unescapeHTML() 327
unregister() 237, 240
update() 282
values() 321
visible() 282
without() 258
zip() 299
Prototype-Objekt 108
Punktnotation 32, 105, 153, 209
Punkt-Operator 70, 101
PUT 168

R

random 150
Rangfolge von Events 302
readdir() 421
readyState 132, 186, 189, 201
Rechtschreibprüfung 13
Regeln für Stylesheets 95
RegExp 158
regulärer Ausdruck 206
Rekursion 41, 42, 136
rekursiv 39, 74
rekursiver Operator 153
remove() 377
removeAllRanges() 407
removeAttribute() 55, 56, 80
removeAttributeNode() 55, 56
removeChild() 34, 37, 146
removeClassName 275
removeProperty() 85
removeRule() 95
replace() 28

replaceChild() 34, 38
Request-Header 177
Response-Header 177
responseText 186, 187, 189, 205
responseXML 186, 187, 242
Returnwert 106
RGB-Tripel 89
RGB-Werte 89
Rollover-Effekte 21
RSS-Newsfeed 213
rules 78

S

Safari 452
Schachbrett 113
Schlüsselwort
  null 103, 107
  this 106, 372
  with 103
script.aculo.us 19, 328
  Ajax.Autocompleter 397, 401
  Ajax.PeriodicalUpdater() 435
  Autocompleter.Base 397
  Autocompleter.Local 397
  Autocompleter-Klasse 397
  Draggable 337
  Droppable 340, 415
  Effect.Appear() 361, 428
  Effect.BlindDown() 364
  Effect.BlindUp() 364
  Effect.DropOut() 363
  Effect.Fade() 362
  Effect.Fold() 365
  Effect.Grow() 365
  Effect.Highlight() 359
  Effect.MoveBy() 358
  Effect.Opacity() 357
  Effect.Parallel() 358
  Effect.Puff() 362
  Effect.Pulsate() 365
  Effect.Scale() 360
  Effect.Shake() 363
  Effect.Shrink() 366
  Effect.SlideUp() 364
  Effect.Squish() 365
  Effect.SwitchOff() 363
  Grundeffekte 355
  Kombinationen 361

Sortable 347
selectedIndex 145
selection 407
selectorText 89
Selektion 406
send() 183, 184
Serializer 441
serializeToString 143
Services_JSON 422
Session 384
Session-Array 81, 84
setAttribute() 55, 57, 80, 82, 137, 148
setAttributeNode() 55, 57
setProperty() 85
setRequestHeader() 183, 184
setTimeout() 203
ShoutBox 224
Sidekiq 15
Signed Scripts 216
SpiderMonkey 151
Sprungmarke 218
status 186, 189
statusText 186
Strategiespiel 430
String
  trim() 406
stringify() 210
style 70
Style-Attribut 72
Style-Eigenschaften 71
style-Objekt 70, 73, 75
Stylesheet-Eigenschaften 76
styleSheet-Objekt 47
Stylesheets 45, 46, 77, 79, 85, 87, 88, 92
StyleSwitcher 79, 81, 85, 91
Suchportal 15
Synchron 184
synchrone Datenübertragung 133

T

Tabellenkalkulation 13
tagName 30, 53
Taschenrechner 198
test() 158
Text 24
text/html 140
text/xml 188
TEXT_NODE 25, 27, 29, 59

Text_Password 429
Text-Objekte 24
this 70, 106, 372
Thumbstacks 13
TinyMCE 13
title 91
toLowerCase() 89
TRACE 168
trim() 406
try/catch 180
type 91
typeof 103, 142, 152, 162

U

Uhrzeit 15
Umfragen 15
undefined 103
Ungarische Notation 101
Unicode-Zeichensatz 130
UniversalBrowserRead 212
unloadCache() 300
Unserializer 441
UTF-8 130

V

Validator 33
verschachtelte Schleife 137
Visuelle Effekte 328, 354
VML-Namensraum 470

W

Warenkorb 376
Warenkorbsystem 15
Web 2.0 11
WebFX 48
Widget 15
with 103, 106
writely 13
Wufoo 15
Wurzelknoten 26, 43, 131
WWW SQL Designer 14
WYSIWYG-Editoren 444

X

XHTML 12
XML 12, 129
  async 133, 134
  Attribut 131
  Codierung 130
  createDocument() 134
  Datentyp 152
  document.implementation 133
  documentElement 132
  DOMParser 140
  DOMParser() 135
  E4X 150
  encoding 130
  Header 130
  length() 153
  parseFromString() 140
  readyState 132
  XMLSerializer() 143
XML laden 131
XML parsen 135
XML vs. Text 197
XML-Datei 130
XMLDOM 131
XML-Elemente 131
XMLHTTP 178, 180, 235
XMLHttpRequest 143, 178, 189
  abort() 183
  getAllResponseHeaders() 183
  getResponseHeader() 183
  Methoden 182
  open() 183
  send() 183
  setRequestHeader() 183
XML-Namespace 134
XML-Objekt 151, 188
XMLSerializer() 143
XML-Signatur 130, 152
XPath 153
XPath-Prädikate 155
XSLT 12

Y

Yahoo! Maps 12, 452, 478
  addLabel() 485
  addMarker() 486
  addOverlay() 485

addPanControl() 482
addZoomLong() 482
addZoomShort() 482
Beispielanwendung 489
Detailinformationen 487
disableDragMap() 483
Drag&Drop 483
drawZoomAndCenter() 481
enableDragMap() 483
Entwickler-ID 480
Markierungspunkte 484
Nutzungsbestimmungen 479
setZoomLevel() 482
Steuerelemente 482
YEvent-Klasse 487
YGeoPoint() 480
YImage Klasse 484
YMap() 480
YMarker-Klasse 484

Z

Zeichensatz 152
Zeilenumbrüche 28, 41, 138
Zeitüberschreitung 185
Zimbra 16
Ziparchiv 413
zipIt() 420
Zippen der Packliste 423
Zippen von Dateien 420
Zufallsfaktor 150
Zufallszahl 150, 208
zusätzliche Attribute 30
Zuweisungs-Operator 101
zweidimensionales Array 111

Einstieg, Praxis, Referenz

Dynamische Webseiten realisieren

Für Einsteiger, Fortgeschrittene und Profis

839 S., 2007, 7., aktualisierte Auflage, mit DVD
39,90 Euro
ISBN 978-3-89842-859-0

JavaScript und AJAX

www.galileocomputing.de

Christian Wenz

JavaScript und AJAX

Das umfassende Handbuch

Dies ist die 7. Auflage des Standardwerkes zu JavaScript. Sie wurde vollständig überarbeitet und aktualisiert. Der erste Teil vermittelt eine umfangreiche Einführung in JavaScript mit unverbrauchten, originellen Beispielen. Im zweiten Teil kommen die JavaScript-Kenner voll auf ihre Kosten: Ein eigenes umfangreiches AJAX-Kapitel wurde ergänzt, weitere Themen sind Browserkompatibilität, Formulare, DHTML, Kommunikation mit Java-Applets – kurz: Die ganze Palette des praktischen Einsatzes der Sprache. Im letzten Teil des Buches befindet sich eine ausführliche Referenz zum Nachschlagen.

>> www.galileocomputing.de/1349

Standardkonformes Webdesign

Accessibility und Usability

Farbe, Grafik und Typografie

347 S., 2006, 29,90 Euro
ISBN 978-3-89842-735-7

Professionelles Webdesign mit (X)HTML und CSS

www.galileocomputing.de

Björn Seibert, Manuela Hoffmann

Professionelles Webdesign mit (X)HTML und CSS

Die Qualität einer Website entscheidet über ihren Erfolg. Wie gut finden sich die Besucher zurecht? Wie durchdacht ist die Navigation, wie ansprechend das Design? Um professionelle Seiten zu bauen, reichen HTML- und CSS-Kenntnisse alleine nicht aus. Dieses Buch zeigt Ihnen anhand eines Beispielprojekts, wie Sie Ihre Website mit (X)HTML und CSS effektiv und standardkonform umsetzen. Hier wird erklärt, wie Sie Ihre Site strukturieren, welche Elemente Sie wozu einsetzen und wie Sie professionelles Design durch abgestimmte Farbschemata erzeugen. Ein Buch voller Profi-Wissen!

>> www.galileocomputing.de/1133

Programmierung mit regulären Ausdrücken

Praxislösungen in PHP, Perl, MySQL und JavaScript

Inkl. Aufgaben und Lösungen

456 S., 2006, mit CD, 39,90 Euro
ISBN 978-3-89842-626-8

Reguläre Ausdrücke

www.galileocomputing.de

Wolfgang Wiedl

Reguläre Ausdrücke

Kein Programmierer kommt an ihnen vorbei, aber nur wenige beherrschen sie wirklich: reguläre Ausdrücke. Die Möglichkeiten, die sie bieten, sind immens; die Anwendung aber nicht immer einfach. Reine Theorie hilft oft nicht weiter.
Dieses Buch gibt Ihnen Praxis-Know-how an die Hand. Die Anwendung regulärer Ausdrücke in den großen Sprachen fürs Web – PHP, Perl, JavaScript und MySQL – werden ausführlich behandelt. Zahlreiche Beispielskripte helfen Ihnen, reguläre Ausdrücke in den Griff zu bekommen.

>> www.galileocomputing.de/967

Hat Ihnen dieses Buch gefallen?
Hat das Buch einen hohen Nutzwert?

Wir informieren Sie gern über alle Neuerscheinungen von Galileo Computing. Abonnieren Sie doch einfach unseren monatlichen Newsletter:

www.galileocomputing.de

Galileo Computing

Professionelle Bücher. Auch für Einsteiger.